美国的
反智传统

文化与社会如何塑造
美国对智识的态度

[美] 理查德·霍夫施塔特 著

居方 译

江苏人民出版社

图书在版编目（CIP）数据

美国的反智传统：文化与社会如何塑造美国对智识的态度／（美）理查德·霍夫施塔特著；居方译.—南京：江苏人民出版社，2024.1

书名原文：Anti-Intellectualism in American Life

ISBN 978－7－214－27823－4

Ⅰ.①美… Ⅱ.①理… ②居… Ⅲ.①文化研究—美国 Ⅳ.①G171.2

中国国家版本馆 CIP 数据核字（2023）第 012782 号

书　　　名	美国的反智传统
著　　　者	理查德·霍夫斯塔特
译　　　者	居　方
责 任 编 辑	李晓爽
装 帧 设 计	周安迪
责 任 监 制	王　娟
出 版 发 行	江苏人民出版社
地　　　址	南京市湖南路 1 号 A 楼，邮编:210009
照　　　排	江苏凤凰制版有限公司
印　　　刷	苏州市越洋印刷有限公司
开　　　本	718 毫米×1000 毫米　1/32
印　　　张	15.375　插页 5
字　　　数	399 千字
版　　　次	2024 年 1 月第 1 版
印　　　次	2024 年 1 月第 1 次印刷
标 准 书 号	ISBN 978－7－214－27823－4
定　　　价	98.00 元

（江苏人民出版社图书凡印装错误可向承印厂调换）

序 言

通常，作者会在序言中解释创作的缘起、目的以及书中提到的主要术语，这些正是这本书前两章的主要内容。但是，我认为在开头必须要说清楚，在本书中我只是以"反智主义"为线索，探讨美国社会与文化中那些不尽如人意的方面。虽然书中引用了大量的文献，但是这本书绝不是正式的历史记录，它主要是根据我个人的观点组织、整理出的具体细节。书中的主题也是按照我自己的想法展开讨论，所以难免显得零碎。

如果人们大量地阅读关于社会底层的文献来了解我们这个社会，则一定会感到民族自尊心受到了伤害。其实，这只会转移我们的注意力，让我们忘记要做的正事：弄清楚美国文化中存在的问题。它还可能会鼓励那些虚伪、自以为是的欧洲人更加瞧不起美国文化——他们经常掩饰自己对美国的批评。尽管美国人喜欢自吹自擂，受不了别人的批评意见，但是即使他们不是最善于自我批评的，他们的自我意识也是世界上最强的。他们总是担心有什么不足之处——国民公德、民族文化或者国家意志。这种不确定感赋予了知识分子一种重要的作用。然而，这不免让一些外国理论家利用美国人这种自我批评的心态，夸大或者曲解他们的本意，最终造成不可避免的危害。但是，如果因为害怕被利用或者误用而放弃自我批评、自我纠正，恐怕这将是最糟糕的理由。在这方面，我非常认同爱默生所说的："让我们如实地陈述事实吧。美国背着肤浅的恶名。伟大的人，伟大的民族，是不会吹嘘和装傻的，而是勇敢地面对生命中所有的恐惧。"

目　录

第一部分

绪　论

第一章

我们这个时代的反智现象

1

尽管本书中主要探讨的是美国早期的历史,但是它的构思却来源于20世纪50年代美国政治的状况和知识界的处境。此前,人们对"反智主义"一词少有耳闻,但是在那十年间,美国国内陷入相互指责,彼此辱骂的境况,它也因此成为人们耳熟能详的词语。过去,智识普遍不受重视的遭遇虽然令美国的知识分子沮丧或不满,但是像现在这样,知识圈外几乎沆瀣一气反对知识分子,知识圈内进行自我批评,有如一场全国性的运动,实在少见。

这主要是由麦卡锡主义引起:它诱发了民众的恐慌,让人们认为知识界的批评意见对国家有害无益。当然,知识分子并非麦卡锡猛烈攻击的唯一目标,他还有更深的盘算。但是,知识分子深陷战火之中,每当看到他们受到攻击,麦卡锡的支持者就欢呼雀跃。一群不知名的"裁判者"在全国各地纷纷效仿他,对知识分子和高校界进行攻讦。由麦卡锡挑起的一系列对知识分子的指控,引发了疯狂的恶意,使全国陷入愚蠢与无知。1952年的大选正是在这种气氛中进行,双方候选人一个才智出众,一个庸俗不堪,形成鲜明对比,竞选也充满了戏剧性。民主党候选人阿德莱·史蒂文森(Adlai Stevenson)是一个头脑聪明、风格高雅的政治人物,他对知识分子的吸引力超过了近代历史上的任何人。他的对手是共和党候选人德怀特·艾森豪威尔(Dwight D. Eisenhower)将军。他思想传统,不善言辞,受到不讨人喜欢的副手尼克松的摆布,整个竞选的基调似乎不是将军本人说了算,而是由他这位竞选搭档和共和党内麦卡锡派左右。

　　无论是知识分子本身,还是他们的批判者,都把艾森豪威尔那次决定性的总统竞选获胜看作美国对知识分子的否定。连《时代》这家以其观点著称的周刊,也摇了摇头,令人难以置信地表现出担忧:艾森豪威尔的胜利,"揭示了一个早就让人怀疑、充满警示的事实,那就是,在美国的知识分子与民众间一直存在着一道不仅深而且不健康的鸿沟"。"大选结束后不久,历史学家小阿瑟·施莱辛格(Arthur Schlesinger, Jr.)用尖刻的笔调对结果提出了异议,他发现"知识分子们现在的处境,在上一代人身上是无法想象的"。民主党统治的20年间,知识分子普遍被理解和尊重,然而此后,商界势力重新上台,庸俗化随之而来,现在这种情况是商业至上不可避免的结果。如今,知识分子被贬低为"学究"、怪物,执政党既不了解他们,也无意重用他们。他们将成为一切问题的替罪羊,从高额的所得税,到珍珠港遭袭。"反智主义,"施莱辛格说,"一直就像商人中的反犹主义一样……在今天的美国社会,知识分子……正在逃亡。"[1]

　　共和党上台后,这一切似乎都被合理化了。用史蒂文森的话说,当"新政"的支持者被汽车经销商取代后,知识分子和他们所崇尚的价值观似乎就被抛弃了。其实,他们早在杜鲁门政府时期就被经常出入法庭的政客们掩盖了光芒。如今，国内到处都是这样的言论和报道，例如国防部长查尔斯·E. 威尔森（Charles E. Wilson）认为不应该对纯科学研究进行投入，艾森豪威尔总统喜爱阅读西部小说，以及他将知识分子定义为废话连篇、矫揉造作的人。但是，在艾森豪威尔总统时期，美国的政治气氛发生了转变：现在执政的本来就是共和党，所以麦卡锡掀起的政治风暴自然冷淡收场。这位来自威斯康星州的参议员因为树敌太多使自己陷入孤立的境地，并遭到多方的谴责，最终泄了气。1957 年，苏联人造卫星的成功发射，终于激发了美国民众潜在的自省精神，重新反思这个国家的未来。它不仅打击了美国人的虚荣心，也让人们开始重视"反智主义"给教育制度和美国人的日常生活带来的后果。忽然之间，国民对智识的不屑似乎不只是一件让人难堪的事，更是威胁到生存。这些年来，整个国家关心的主要是教师是否忠于祖国，现在，总算开始怀疑他们的收入是否偏低了。科学家一直都在呼吁过分强调安全问题会打击开展研究的士气，现在他们的意见也有人聆听了。过去，只有一小部分批评人士对美国教育的松懈提出异议，现在，电视、杂志、商人、科学家、政治人物、军队官员和大学校长，到处都在讨论这个问题，并且很快就发展成一场全国性的反思活动。当然，这一切并不会让治安委员会成员的告密立即消失，也不会驱散美国人生活中的反智情绪。甚至在受到苏联人造卫星成功发射最直接冲击的教育领域，公众关心的似乎只是培养出更多制造人造卫星的人才，而不是激发和提高才智本身。一些人甚至说，有天赋的儿童应该被当作冷战时期国家宝贵的资源。尽管如此，此时全国上下整体的氛围已经发生了明显的转变。1952 年，似乎只有知识分子才饱受反智阴霾之苦，到 1958 年的时候，大部分会思考的人都相信这种情况会严重影响到国家的盛衰。

今天，我们已经可以冷静地看待 20 世纪 50 年代的政治文化。如果在麦卡锡主义时代,甚至在艾森豪威尔执政期间,公共生活中可能会看到知识分子遭遇迫害,现在则不大可能。华盛顿又重新张开双臂,欢迎哈佛的教授和罗德奖学金的获得者。如果曾经有人怀疑智识会阻碍个人的政治前途或政府取得成功,那么现在完全不会有这种想法。显然,新上任的肯尼迪总统乐于接受新观点,尊重知识分子,在处理国事等正式场合,着意表现出对他们的敬重。他喜欢与聪明的人在一起,听取他们的建议,最重要的是,他刚执政便开始努力搜寻各行业的杰出人才。另一方面,如果有人认为招纳这些人才肯定会彻底改变我们的处事方式,那么随着时间的推移,他们一定会打消这种想法。如今,知识分子可以自由讨论"反智"这个问题,而不会卷入过分的党派纷争,不必自怜自艾。

2

　　20世纪50年代政局的混乱和教育界的争论,使得"反智"一词成为美国人对自身文化进行评价的核心词语;不需要对此多做解释,我们就经常不知不觉地用它来描述负面现象。那些忽然意识到这一点的人常常认为,反智主义是生活中某些领域出现的新力量,是新形势的产物,它发展的势头可能无法阻挡。(令人惋惜的是,美国的知识分子对历史的理解肤浅,再加上现代人已经生活在某种大灾难的阴影下太久,所以当知识分子看到社会变革中小小的旋涡时,仿佛巨浪来袭一般。)对研究美国历史文化的学生来说,20世纪50年代普遍存在的反智主义情绪,并不是一个新鲜事物。相反,他们对此非常熟悉。反智主义并不是直到20世纪50年代,才第一次在这个国家出现。事实上,我们的反智情绪要早于我们对民族意识的认同,它的历史相当悠久。不过,通过对这段历史的研究我们可以发现,美国对知识分子的尊敬程度并不是一直在走下坡路,也不是最近才突然下降,而是循环波动的。此外,当今社会对知识分子的不满,并不表明他们地位的衰落,反而说明他们越来越重要。关于这一点,我们几乎没有系统性地了解过,历史上对这个问题也没有详细的记录。虽然有大量的文献表明美国的知识分子与美国社会之间长期存在着争执,但是这些资料主要集中在知识分子对美国的看法,只有很少是关于美国如何看待"智识"和知识分子。[2]

"反智主义"没有明确的定义,原因之一是它的模糊性,这倒令它更容易在争论中被用作"绰号"。但是无论如何,它都没有一个现成的定义。它是一种观点,但它并不是一个简单的提议,而是许多相关提议的集合。它也是一种态度,但它通常不是一种单纯的爱或恨,而是模棱两可的爱恨交加,很少有人彻底地讨厌智识或者知识分子。它还是一个历史主题,但它不是一条连续的主线,而是随着时间不断变化,并从各方面获取动力的一股力量。在这本书中,我没有给它下一个严格或者狭隘的定义,这样做是不合适的。给出一个逻辑上合理,但是从历史的角度看过于武断的定义,这没有什么好处,因为如果那样,就得把某一个特点从所有特点中剥离出来。我所关注的正是这些特点的集合,它们是众多可能产生交集的态度和观点的历史联系的集合。我认为反智的态度和观点有一个共同点,那就是敌视和怀疑智性生活及其代表者,不断贬低这种生活的价值。如果我们大胆地给它下个定义,这种笼统的概括恐怕是最接近的答案。[3]

这么看来,要研究反智主义的历史,显然不能用与研究一个人的生活、某个机构的发展或者某一场社会运动同样的方法。要想着重分析美国人思维方式形成的大环境、大背景,则必须充分发挥想象,重建当时的场景,或者捕捉这种环境。

　　在举例说明什么是"反智主义"之前，也许我可以先解释一下什么不是"反智主义"。例如，除非附带提到，否则我并不打算讨论美国知识分子界内部的矛盾或者争执。与其他地区的知识分子一样，美国的知识分子也经常对他们在社会中扮演的角色感到不满。他们也会陷入自我怀疑，甚至自我仇恨之中。有时，他们还会对自己所在的整个圈子发表猛烈的抨击。这种内部的批评虽然发人深省，也很有意思，但不是我关心的内容。我并不打算讨论知识分子间无礼或不妥的相互评判。例如，没有人比梅肯（H. L. Mencken）对美国教授进行更多的嘲讽；没有人比玛丽·麦卡锡（Mary McCarthy）更恶毒地在小说中描写其他作家。但是我们并不会由于这个原因，把梅肯与威廉·F. 巴克利（William F. Buckley）归为与教授为敌的一类人，也不会拿麦卡锡小姐与她的本家、已故参议员麦卡锡相提并论。[4]毕竟，批评其他知识分子，是知识分子最重要的职能之一，而且他们也一贯积极地发挥这种职能。虽然我们不一定能指望他们会这么做，但是我们希望他们在批评别人时，可以更加宽容、文雅和准确。因为只要是知识分子，他们就会持有不同的立场，所以我们只好接受他们有时喜欢争辩。

　　最后，我们必须明确，此处所说的"反智主义"不同于我称之为"反理性主义"的哲学学说。尼采、索雷尔（Sorel）、伯格森（Bergson）、爱默生、惠特曼、威廉·詹姆士（William James）等思想家，或者威廉·布莱克、D. H. 劳伦斯和海明威这样的作家，也许被称作反理性主义者；但是这些人都不是我所说的，社会学和政治意义上典型的反智主义者。反智主义运动经常会援引"反理性主义"思想家的言论，也确实如此，光爱默生一个人就可以为他们提供许多素材。但是，这些人所体现的反理性主义与我讨论的内容只有很小一部分关系。在这本书中，我最关心的是普遍存在的社会态度、政治行为，还有中下阶层对知识分子的看法，很少涉及哲学理论。其中我最感兴趣的那些社会态度,指的是会对社会形势产生影响,严重阻碍智识和文化生活的态度。只需从近代史中引用一些事例,就能生动清楚地解释"反智主义"的定义。

3

我们不妨先以一些对美国知识分子最为不满的一群人为例,来说明何为"反智主义"。

案例1

在1952年的大选期间,全国似乎都需要寻找一个能够表达对知识分子蔑视的词语,在当时,这种情绪已然成为美国政坛再自然不过的主题。"学究"(egghead)一词原本没有什么恶意,[5]但是很快就成了贬义词,在它常用的意思"趣味高雅的人"(highbrow)之外多了一层尖刻的言外之意。竞选结束后不久,右翼畅销小说家路易斯·布罗姆菲尔德(Louis Bromfield)就曾说过,也许有一天,这个词将被收录进字典:[6]

学究:假装有知识、虚伪的人,通常是教授或是他们的弟子。从本质上说,他们很肤浅,遇到任何问题都太情绪化,像女人一样。傲慢无礼,过于自负,瞧不起更有经验或能力的人。思想混乱,沉溺于多愁善感和福音派鼓吹的狂热中。中欧社会主义的簇拥者,反对起源于古希腊,经过法国的发展,最终传播到美国的民主与自由的思想。深受尼采哲学道德观的影响,但是这种已经过时的观念经常导致他们锒铛入狱或者颜面尽失。自命不凡,喜欢钻牛角尖,以至于尽管被弄得头昏脑胀，问题却仍然未能解决。 真是一个正在滴血的苍白的心灵。

"最近这次大选"，布罗姆菲尔德说，"证实了一些问题，其中很重要的一点是'学究们'的想法和感受与其他人都相去甚远。"

案例 2

大约两年后,艾森豪威尔总统似乎正式接受了对知识分子的这种近乎鄙视的看法。在 1954 年洛杉矶共和党代表大会的演讲中,他提到一个工会领袖跟他说,明白事实真相的人民群众会永远支持正确的决定。总统还补充道:[7]

> 当我们的周围有这么多爱耍嘴皮子的所谓知识分子，到处宣扬与他们意见不同的人们是多么错误时，听到这位工会领袖这么说，真是令人很欣慰。
>
> 顺便提一下，我听到一个对知识分子非常有趣的定义：一个说的比他懂的还多的人。

案例 3

在 20 世纪 50 年代的争论中,一个老生常谈的关键问题是专业知识在政治生活中的重要性。也许正是 1957 年,一位连锁店老板麦克斯韦尔·H. 格鲁克(Maxwell H. Gluck)被任命为美国驻锡兰大使,掀起了排斥专家,选用外行人的高潮。据他自己的估计,在 1956 年的大选中向共和党捐了两到三万美元的政治献金。但是,与之前许多被任命的官员一样,他缺乏政治和外交方面的经验。当被参议员富布莱特(Fulbright)问到是否能

胜任这个职位时,格鲁克先生面露难色:[8]

> 富布莱特:你认为你可以处理锡兰哪些问题?
>
> 格鲁克:其中的一个问题就是那里的人民,我相信除了那些我不熟悉的事务,我可以,嗯,需要再次重申的是,我认为我可以促进两国建立良好的关系,让他们增强对美国的好感……
>
> 富布莱特:你认识美国驻印度大使吗?
>
> 格鲁克:我认识约翰·谢尔曼·库柏(John Sherman Cooper),他是前任大使。
>
> 富布莱特:你知道印度总理是谁吗?
>
> 格鲁克:知道,但是我无法念出他的名字。
>
> 富布莱特:你知道锡兰的首相是谁吗?
>
> 格鲁克:我不知道,一时想不起来。

格鲁克对即将就任的职位准备如此不充分,不禁令人们怀疑他被任命是因为他的捐款。1957 年 7 月 31 日的在新闻发布会上,一位记者提出了这个问题,艾森豪威尔总统的回答是,绝不可能有人因为政治献金而获得政府任命。关于格鲁克是否能胜任,他辩解到:[9]

> 既然有人提到他对外交事务缺乏了解,那么我们就说说选择他的过程:一些我非常敬重的人向我推荐了一份候选人名单,他从中脱颖而出。 他的企业经营背景已经经过审查,FBI 的报告表明他没有任何问题。 当然,我们知道他没有去

过锡兰，对这个国家也不甚了解。但是，如果他具备这个职位所需要的品质，是我们期待的人选，他当然可以学习这些知识。

需要指出的是，格鲁克先生就任大使一年后，便辞职了。

案例 4

美国对纯科学的鄙视，严重妨碍了国防部展开深入调查和在研发上取得进展，一想到这点，美国的科学家就感到愤愤不平。1954 年，密苏里州都参议员斯图尔特·赛明顿（Stuart Symington）在美国参议院军事委员会（Senate Committee on Armed Services）质询国防部长威尔逊时，引用了威尔逊在早前说过的话，即如果要做纯科学的研究，那么应该由其他部门，而不是国防部提供资助。威尔逊部长在国会听证会上还说道："如果油炸过后的土豆为什么颜色会变深是一项军事课题，那么我对此没什么兴趣。"在追问威尔逊部长时，参议员赛明顿指出他的证词中提到的不是研究土豆，而是研究炸弹、核动力推进装置、电子元器件、导弹、雷达等的经费不足。威尔逊部长回道：[10]

> 那些领域的重要研究和开发正在进行……
>
> 可是另一方面，让这些向来光想不做的人实实在在地找到问题本质，列出计划和他们期望得到的结果，却很困难……他们只想得到一大笔资金可以自由支配，而不受到严格监督……
>
> 首先，如果你清楚自己正在做什么，为什么它不是纯粹的科学研究，那就会让问题更加复杂。

案例 5

20 世纪 50 年代官场上提到的反智主义，主要指传统的生意人对在他们能力或控制之外的领域从事工作的专家的不信任，无论是科学实验室、大学或是外交事务。右翼人士对知识分子的敌意更为突出和严重，就像民众中通常会对受过良好教育、令人尊敬和认可、出身高贵和有修养的人产生厌恶一样。20 世纪 50 年代，右翼对知识分子的攻击措辞激烈，例如"国务院中……那些哈佛教授、思想扭曲的知识分子"；"身上挂满了优秀毕业生 Phi Beta Kappa 标志和学术奖章"，却没有"诚信和常识"可言的高才生；"令人尊敬的美国人，社会地位高贵，文化修养好，合格的士绅学者，拥有各种学位……为阿尔杰·希斯（Alger Hiss，美国政府官员，1948 年被指控为苏联间谍，1950 年被指控作伪证，入狱五年）辩护的最佳人选"；"穿着条纹西裤、假装英国口音、浮夸的外交官"；那些"在洒满香水的客厅小心翼翼温柔地"反对共产主义的人；"侮辱美国的心脏地带，伟大的中西部和西部人民"的东部人；"他们的祖先可以追溯到 18 世纪，甚至更早"，但是对国家的忠诚依然让人怀疑的那些人；能够读懂"希斯-艾奇逊（Hiss-Acheson，国务卿）集团（他们都毕业于贵族学校 Groton School）内部特殊用语的人"。[11]《自由人》（Freeman）杂志的社论作者从这些言语中，捕捉到了法国反贵族运动——扎克雷起义的精神：[12]

真正令人震惊的是这些受过大学教育的暴徒攻击麦卡锡时的不理性……假设麦卡锡确实是"尊敬的"媒体所认为的那种无赖，难道就能以此为这一年多里纽约和华盛顿高才生云集的编辑室中爆出的攻击辩护吗？ ……麦卡锡一定拥有某种特殊的特质，它就像动物能够感应和识别磁场一样，总是排斥哈佛、普林斯顿和耶鲁的毕业生。 我们现在终于知道这是什么了：年轻人天生就无法接受社会等级的观念。

麦卡锡倒确实发现了美国的一些地区社会等级现象非常严重的主要原因。他在已出版的惠灵演讲中,说到了问题所在:[13]

那些人受到这个国家的各种优待,却依然背叛祖国。 出卖这个国家的,不是没有他们幸运或者少数族裔的弱势群体,而是那些享尽这个世界上最富裕的国家所能给予的最优厚待遇的人, 他们拥有豪宅,接受最好的高等教育,供职于政府里最好的职位。 在国务院中尤其如此,那些含着金钥匙出生,聪明的年轻人其实是最差劲的。

案例6

大学,尤其是名牌大学,不断遭到右翼批评人士的攻击,但是根据《自由人》杂志的一位记者的说法,对藤校的偏见似乎只由于一个主观的原因,即共产主义正在全国的大学中大肆传播:[14]

我们的大学培养出来的是未来的野蛮人,他们打着学习的幌子,其实是无知和愤世嫉俗的草包,摧毁人类文明的残存。推倒高墙的不是下层农民: 他们只会遵照这些有知识的同胞们的指令行事……他们将把个人的自由从人类思想中抹去……

如果今天你要把孩子送去读大学,你实际上是在培养一个明天的刽子手。 理性主义的重生得指望学院外那些零零散散的修道院了。

案例 7

右翼分子对大学的敌意一方面是他们不愿意顺从和不满社会等级分化，另一方面也反映出美国总统杰克逊时期对专家的厌恶情绪。业余经济学家弗兰克·乔多洛夫（Frank Chodorov）是右翼分子最积极的发言人之一，他撰写的《所得税：万恶之源》（*The Income Tax：The Root of All Evil*）一书认为，普通人与所谓的专家在能力上其实是一样的：[15]

　　洛克菲勒兄弟基金会邀请一群著名的经济学家来诊断经济萧条的问题，他们最终提出了一个解决办法，《纽约时报》稍作删减后，用两页的版面进行了报道。这些专家声名显赫，如果非经济专业出身的人要对他们开出的诊断处方提出质询，那真是太狂妄自大了。但事实上，我们每个人也肯定是一个经济学家，因为我们都要赚钱谋生，这就是经济学的全部内容所在。只要脱去了专家们硬给它们套上的冗词赘语，任何一个识字的家庭主妇，只要具有一点常识，就应该可以评价他们开出的药方。

案例 8

来自密歇根州的众议员乔治·唐德罗（George Dondero）一向对共产主义在学校的传播保持警惕，还极力反对艺术领域的各项运动，包括立体主义、表现主义、超现实主义、达达主义和未来主义等。尽管有些读者可能认为下面这段话是反对文化，而不是反对知识分子的，但是我还是得提一提

他发表过的这些言论:[16]

　　那些所谓某某主义的艺术都是俄国革命的武器，现在传到美国来了，已经渗透到许多艺术中心，可能会威胁、压制和颠覆我们原有文化的传承。出现在国内的这些所谓现当代艺术，包含了堕落、邪恶与毁灭的所有要素……

　　各种所谓的"主义"都来自国外，它们绝不应该在美国的艺术中占有一席之地……它们全都是毁灭的工具和武器。

案例 9

　　本书将在后面的章节中讨论美国基督教福音派的"反智"传统，因此，这里不妨先援引一个例子。下列引文都来自当代最著名的福音派传道士比利・葛培理(Billy Graham)，在 1958 年的盖洛普民调中，他被公众选为仅次于艾森豪威尔、丘吉尔和艾伯特・史怀哲(Albert Schweitzer)，"全世界最令人尊敬的人":[17]

　　对许多人而言，过去的道德标准已不再适用于今天，除非得到那些所谓"知识分子"的支持。

　　我深信如果我们只教育心智而忽略心灵，那么不完全的教育比没有教育更糟……让那种没有信仰的人在世间游荡，他就跟一个怪兽差不多，他的教育半途而废，这比没有接受教育更危险。

　　公立学校和大学已经遍布全国。如果教育仅仅是培养学生的才智，那么美国注定会道德溃败。

过去的几年中，一般人的知识已经打败了知识分子的支持者，现在即使是大学教授也愿意聆听牧师的声音了。

我们用理性、理性主义、心智文化、科学崇拜、政府功能、弗洛伊德主义、自然主义、人文主义、行为主义、实证主义、唯物主义和唯心主义代替了《圣经》。这都是所谓知识分子的杰作。成千上万的"知识分子"竟然宣称道德是相对的——也就是说，不存在规范或者绝对的标准……

案例 10

苏联人造卫星发射成功后，美国的教育成了众矢之的。加州的教育体制是遭到最猛烈批评的对象之一，它曾以热衷于尝试开设不同的课程而著名。当旧金山学区委派一组专家学者对当地学校进行调研时，他们在报告中提出，学校应该回归加强学术水平的建设。六所教育机构对此进行了强势回击，他们批评调查报告的作者只关心"学术这些小事"，太势利了，不自量力地试图把"教育心智，培养智力"定为教育的目的，并重申"教育还应包括其他目标，例如培养公民品德，提高职业技能，为未来家庭生活的幸福做准备，在伦理与道德、审美与精神方面实现自我价值，拥有健康的身体"。这些教育专家认为，美国教育特别为人称道之处在于：[18]

努力避免陷入僵化的教育体制。但是，这并不意味社会不再认可学术能力的重要性，但是它确实承认过去的教育体制单纯强调知识，只注重知识的积累，这往往导致堕落。那些想要使课程"固定下来"，框住教育目标的人实际上误解了教育在美国式民主中的功能。

案例 11

　　下面将引用一篇家长报告中的内容。教师不断抱怨当前教育制度放松了对学业标准的要求，这篇报告对此作出了回应。全文非常值得一读，因为它生动解释了为什么家长完全赞成不要对孩子的学业要求过高，学校应该采用新的教学理念。我们将在下文中读到，家长对学校老师有一种刻板的印象，它有着深厚的历史渊源：[19]

　　　　还是幼儿园的老师了解孩子。他们的教育是以孩子为中心。在学校里，一整天都是游戏、音乐、绘画和友谊带来的快乐。一年级、二年级、三年级，孩子们的生活总是充满了欢乐……直到有了数学课，一切就变了！失败就像幽灵，日夜困扰着我们。家长们开始参加各种心理学讲座，去了解如何应对孩子们的自卑感。我们吃力地从四年级升入五年级。必须想想办法才行。很多题目连父亲也不会做。我觉得找老师谈一谈。

　　　　然而，学校并不欢迎我。没有人跟我打招呼或者知道我要来。走廊阴沉沉的，两侧是一间间排列规则、大门紧闭的房间，里面传出不并熟悉的声音。在向一位匆匆路过的学生问了怎么走之后，我才找到教室，然后紧张地敲了敲门。我尽可能面带微笑地跟老师说了我的名字。然后，她说了一句"哦，是的"。好像她已经知道我此行的目的，快速拿起点名册，就像电影里的黑帮迅速掏出手枪一样。

　　　　学生的名字整齐地按照字母的顺序依次排列。老师用苍白的手指顺着页边找到我女儿的名字。每个名字后面都有一个方框，里面有一些我看不懂的标记符号。她的手指在纸上移动，我发现我女儿的标记和其他孩子的不同。 她得意地抬起头，好像不用再多说什么了。 原来，她是把她的那套标准硬是塞到每个活泼可爱的孩子的所有活动中。 我关心的是他们的全部生活，完整的人格，而老师只在乎数学能力。 我宁愿自己没有去找她。 我没有得到任何结果，只能难过地离开。

案例 12

下面引用的是亚瑟·贝斯特(Arthur Bestir)的话,虽然已经非常有名,但是值得我们重复一遍。这段内容选自他的演讲,并已出版。贝斯特是伊利诺伊州的一个初中校长,他并未因为这些言论被降职,反而在纽约长岛的大颈得到了一个类似的职位,这里的中学在全国的排名相当靠前。随后,他又获邀到一个中西部大学的教育学院作访问学者。[20]

这些年来，我们非常重视读写和数学能力的培养。 我们认为它们对每人都很重要，无论他们贫穷或富裕，天资如何，是否喜欢这些课程。 老师一直强调"每个人都应该学习"这些知识。 校长也说道："所有受过教育的人都要会阅读、拼写和写作。"一旦有学生表现出对某一门课的厌恶，他就会收到警告：如果没有掌握这些知识，今后就会如何如何。

每一个学生都必须学习阅读、写作和数学！ 就是这样。

我们已经可以不用成天喊这种口号的了，可是那些曾经的优等生做了母亲，或者雇了一个连单词都能拼错的年轻女职员的老板，总会不时地对教育问题大发牢骚……一切都倒退到从前……

如果我们意识到不是每个孩子都必须学习阅读、计算、写作和拼写……许多孩子就是不能掌握这些技能或者不愿意去学……那么我们就应该努力改进初中的课程。

要想实现这一点，有很多工作要做。但是，这一天终究会到来。总归有一天，我们会接受：要求每个男孩具备阅读能力与要求每个人会拉小提琴一样，都是不合理的；同样的，认为每个女孩都应该拼写正确与认为人人都应该烤出一个不错的樱桃派一样，都是荒唐的。

每个人都是不同的。我们也不愿意让每个人都一个样儿。我们也绝不会这么做。如果大人们都能明白这一点，那么每个人都会更幸福……孩子们在学校里，也会更开心……

如果我们能说服一些人，学会读写和数学不是通往幸福、成功的必经之路，那下一步就是要减少初中生在这些学科中花费的时间和精力……

一所东海岸的初中经过长时间认真的研究，最终承认该校大约20%的学生无论如何都将无法达到规定的阅读能力要求……因此，他们为这些孩子开设了其他的课程。相对于那些坚持"每个学生毕业时必须掌握乘法表"的初中，这才是正确的做法。

虽然以上这些例子的出处和出发点各不相同，但是它们都清楚地体现了反智主义的观念。当然，知识分子可能是自命不凡，骄傲自满，性格软弱的势利眼，他们也很可能道德败坏、具有危险性和颠覆性。一般人具有的常识，特别是经得起实践检验的常识，虽然未必更高一筹，但是完全可以替代学校里学到那些的知识和技能。因此,难怪知识分子可能发挥影响的机构,例如大学,极其堕落腐败。在这些情况下,相对于随着新思想和新艺术应运而生、旨在培养心智的教育,对心灵的严格要求与传统的宗教和道德原则可能对人生更有帮助。即使是小学教育,如果学校只重视学生文化知识的学习,而忽略他们身体和情感的全面发展,这种教育则是缺少关爱的,最终只会造成社会的堕落。

4

为了避免造成误解,也许需要在此说明的是,像本书这样专注于一个主题进行探讨的著作,难免会过分强调该主题在整个美国文化史中的重要性。我绝不会妄想把复杂的美国历史简化成仅仅是"学究"(egghead)和"蠢货"(fathead)之间的论战。即使美国的历史可以从文化和知识方面的冲突来研究,但也不能简单地把所有人分成知识分子和知识分子的反对者两派。社会中的大部分人,甚至于大部分聪明机敏的人,都不是知识分子。我们对待智识和知识分子的态度其实非常模棱两可,以至于我们对当前一些文化问题的立场也始终摇摆不定。虽然我们对"学究"的不信任感根深蒂固,但是我们非常渴望获得启蒙和文化。关于美国反智传统的作品不可能是对社会的全面评价,就像企业破产的故事并不能代表美国商业社会的全部历史。尽管我坚信,反智主义在美国普遍存在,但它是绝不是主流。我多次发现,也希望读者们注意到这一点:尽管对知识分子批评最猛烈的主要是不停叫嚣的少数人,但是一种更温和、更良性的反智主义更为常见。或许这本书应该写成一部比较研究的作品,但是没有。这本书的重点是美国的反智主义,因为我研究的重心是美国社会。我并没有假设反智主义在其他地方不存在，但是我认为这个问题在美国已经到了非常严重的地步。我相信在大多数社会，它都会以不同的形式或程度出现。例如，它可能是苏格拉底被毒芹毒死，也可能是城镇居民与大学师生发生的冲突；它可能是对知识分子的审查和严格控制，也可能是国会对他们进行的调查。我更倾向于认为虽然它具有普遍性，但它是可能是英国的文化传统，在英美社会中格外突出。几年前，英国女作家弗吉尼亚·伍尔夫的丈夫伦纳德·伍尔夫（Leonard Woolf）曾说过，"没有人比英国人更加鄙视和不信任智识和知识分子"。[21] 也许伍尔夫没有仔细考虑过，在这方面，美国人自认为无人能及（这不难理解，因为一百多年来美国人的吹嘘已经令英国人感到厌烦）；但是如果一个经验丰富，对自己国家的文化如此了解的英国知识分子，做出了如此评论，也许能让我们停下来好好思考一下。尽管美国知识分子面临的处境已经非常严重和紧急，但是他们的许多遭遇，世界上其他地方的知识分子也会遇到，而且在美国生活中的其他方面，他们可以得到一些补偿，聊以自慰。

　　本书只是一项批判性研究，而不是知识分子对美国社会的控诉。我绝没有暗示知识分子是巴比伦沉没的道德之舰，支持他们顾影自怜，虽然他们有时很容易陷入这种情绪。我们不必因为强调尊重智识，承认他们对社会的文化传承和健康发展的重要性，就主张知识分子应该享受更高的待遇，发挥更大的影响力，或者认为我们的社会对他们不够尊重。任何了解知识分子的人都不会过于"美化"他们，然而，"是人就会犯错"与他们对传播智识发挥重要作用之间的关系，类似于教会的双重性——尽管神职人员与凡人一样会犯错，但教会依然是无上神圣的。在此我们需要注意的是，智识本身的价值有可能被高估，因此在实际生活中理性地对待它，不应被称为反对知识分子。艾略特曾说，"人们对缺乏人性的知识能力的欣赏，充其量不过是像对待国际象棋神童那样"[22]，大概没有人会反对这种观点。然而，在这个充满危险的世界，如果整个美国社会过高地评价智识的重要性，或者认为它的价值至高无上，以至于忽略了其他的价值，这并不足以令我们担忧。

也许，认为反智主义通常以一种纯粹的形式存在，这才是最危险的。显然，许多反对智识的人几乎都抱有一种矛盾的心态：他们对知识分子既心生钦佩和敬畏，也怀有猜疑和怨恨，这种情形在人类历史的许多时期与社会曾多次出现。不管怎样，反智主义绝不是一味仇视思想智识的人的发明。相反，正如受过良好教育的人最大的敌人是那些受教育有限的人，反对知识分子的急先锋通常是沉迷于某些思想的人，他们固执地坚持那些已经被淘汰或者过时的观念。几乎所有的知识分子都曾遭遇过被排挤的经历，同样地，几乎所有反对知识分子的人都对智识抱有偏执的热情。反智主义若想字字珠玑、载入史册，或者广泛传播成为当代热议的话题，必须有具备一定能力的代言人。他们绝不会是文盲或者无知之人，而是边缘的知识分子，即将成为知识分子的人，牢骚满腹的知识分子，或者蹩脚文人中的领袖，他们一本正经，满怀崇高理想，希望引起世人关注。我发现有些反智领袖是福音派传教士，他们当中许多人聪明绝顶、博学多才；有些是原教旨主义者，非常善于表达自己的神学观；有些是政治家，其中一些人精明而有城府；有些是商人或者代表了美国文化中实用性需求的人；有些是右派的媒体工作者，他们自诩为知识分子，矫揉造作；还有各种边缘作家（参见20世纪五六十年代初被称为"垮掉的一代"的青年）；以及对知识圈中大量离经叛道的言论大为不满的反共高手；因此，还有共产党的领袖，当知识分子可为他们所用时他们会利用他们，但是他们对知识分子关心的事极其鄙视。虽然如此，这些人反对的并不是思想文化本身，他们的敌意甚至也不是针对知识分子。事实上,这些反智主义的代言人几乎都对某些思想非常执着。虽然他们可能痛恨某些当代知识分子领袖,但是他们却是历史上一些知识分子忠实的追随者,例如亚当·斯密,中世纪重要的哲学家托马斯·阿奎那(Thomas Aquinas)、加尔文,甚至马克思。

如果说那些举着反智大旗的人,一定将此视为势必奉行的教义或原则,则不仅错误,也是刻薄的。事实上,反智通常是其他想法无意引发的结果,这些想法有些是无可厚非的。几乎没有人认为自己是反思想或者反文化的。也不会有人早上起来后,对着镜子里的自己笑着说:"啊哈,今天我要痛扁一个知识分子,阻止一个观点!"我们很难一口认定哪个人从本质上就是反对知识分子的,如果真是这样,那真是太糟糕了。无论如何,把人分成三六九等,或者污蔑别人没有任何意义,这也不是我的本意;重要的是,我们要找出某些态度、运动和观点的历史发展趋势。[23]就这方面而言,有些人一会儿偏左,一会儿偏右,摇摆不定。其实,通常在两股截然相反的力量中竟然都存在"反智"的现象。商人和工会领袖对知识分子的态度可能惊人地相似。同样的,激进的教育中包含强烈的反智元素,而它的死敌——右翼分子——也有他们自己的反智宣言,虽然风格不一,但立场坚定,没有一丝含糊。

声讨一个不折不扣、绝对邪恶的观点,当然是件非常简单的事,但是我们在此讨论的问题不属于这种情况。倘若反智主义已经像我认为的那样,成为美国文明的一种普遍现象,那是因为它通常自有其道理。首先,反智主义在我们的思想中扎根是因为福音派基督教的影响,当然,基督教还传播其他人道主义思想和民主观念。它之所以进入我们的政治生活,是因为它与我们对平等的诉求息息相关。在教育领域,它也势不可挡,在某种程度上,这是由于我们的教育理念遵循福音派主张的"人人平等"。因此,虽然"反智"的出发点也许没有什么恶意，但是必须不断小心谨慎地将它与善意的冲动区分开，只有这样才能既保护后者，也可以防止反智主义的浪潮过头。我并不是说要将它一扫而空，因为这不可能，而且执迷于把某种误论彻底消灭与我们这个时代所有的妄想一样，都是危险的。

注 释

1. 小阿瑟·施莱辛格,《政治领域的知识分子》,《党派评论》(*Partisan Review*)第 20 期,1953 年 3 月—4 月,第 162—165 页,此处引用的是《时代》,第 159 页。

2. 就我所知,默尔·柯蒂(Merle Curti)是美国唯一一位对这个问题进行深入研究的历史学家,他的专著《美国的困境》(*American Paradox*, New Jersey, New Brunswick, 1956)与他在美国历史协会的主席发言《知识分子与他人》(*Intellectuals and Other People*)[刊登在《美国历史评论》(*American Historical Review*)第 60 期(1955 年 1 月),第 259—282 页]中,都讨论过此问题。雅克·巴尔赞(Jacques Barzun)在《智性之屋》(*House of Intellect*, 1959, New York)中以当代的视角,从知识界和文化界两方面深入探究了这个主题。《社会问题学报》(*Journal of Social Issues*)第 9 卷,1955 年第 3 期专门发起对反智主义这个话题的讨论,多位作者发表了自己的观点。

3. 在 1962 年《代达洛斯》(*Daedalus*)夏季刊中,莫顿·怀特(Morton White)撰写的《反思反智主义》(*Reflections on Anti-Intellectualism*)第 457—468 页一文对此做了一个有趣的定义。怀特对"反智"与"反智性主义"的区分颇为有用,他认为前者指的是敌视知识分子,后者是批判在知识与生活中都主张理性的思维。他具体分析了两者各自的策略与相似之处。

4. 这些事情不断提醒我们,在美国和世界上的其他地方,知识分子群体是非常多元的。尽管有一些例外,但是无论是圈内圈外,人们都认同这一点。而知识分子圈对针对他们的评判有双重标准:来自内部的批评多半是善意的,视其情形更有可能被接受;但是来自外部的批评,即使是相同的批评,也会被敌视,被贴上"反智的"标签,被视为潜在的危险。例如,几年前,许多知识分子批评大型基金会投入过多的资金支持预算高昂的"项目",而不是颁发奖学金赞助个人研究者。但是,当"里斯委员会"(Reece Committee)对这些基金会进行调查时,同样是这些知识分子,却不欢迎来自这家外来机构的批评。并非他们不接受这些批评,而是他们既不喜欢也不信任任何做出批评的机构。

   当然,这种现象并不仅限于知识分子,只要有组织存在,就会很普遍。一个政党或者少数族群团体的成员同样可能对批评持双标准,这取决于批评来自哪里。此外,这样的双重标准虽然从逻辑上说不通,但是也有其历史的合理性,因为不幸的是,这些批评合适与否与它们的动机有关。知识分子们批评这些基金会是因为他们希望能建设性地调整基金会的政策,但是里斯委员会展开的调查却可能损害或者彻底废除这些政策。同样,所有人都知道关于犹太人或黑人的笑话,出自自己人之口还是外人之口,意思截然不同。

5. 斯图尔特·艾尔索普(Stewart Alsop)在他的专栏中最先使用了这个词,里面记录了这位记者与他的弟弟约翰的一次交谈。艾尔索普说,共和党内那些聪明人通常都很仰慕民主党总统候选人史蒂文森。"当然",约翰答道,"学究都喜欢他。但是,在你看来,究竟有多少学究呢?"见约瑟夫和斯图尔特·艾尔索普著的《记者行业》(*The Reporter's Trade*),纽约,1958 年,第 188 页。

6. 路易斯·布鲁姆菲尔德,《学究的胜利》(*The Triumph of the Egghead*),见《自由人》(*The Freeman*)第 3 期,1952 年 12 月 1 日,第 158 页。

7. 白宫新闻稿,《总统在洛杉矶斯塔特勒酒店在南加州共和党团体早餐会上的讲话》,1954 年 9 月 24 日,第 4 页。总统很有可能知道国防部长威尔逊曾讲过类似的话,因为有人曾引用他的话"学究其实并不理解自以为知道的事情"。见理查德和格拉迪斯·哈克尼斯(Gladys Harkness)的文章《查理·威尔逊的才思与智慧》(*The Wit and Wisdom of Charlie Wilson*),《读者文摘》(*Reader's Digest*)第 71 期,1957 年 8 月,第 197 页。

8. 《纽约时报》1957 年 8 月 1 日。

9. 同上。

10. 美国参议院军事委员会,《听证会》(1956 年 7 月 2 日)第 16 卷,美国第 84 届国会第 2 次会议,第 1742、1744 页。

11. 这些形象来自哥伦比亚大学学生伊曼努尔·沃勒斯坦因(Immanuel Wallerstein)的硕士论文《麦卡锡主义与保守派》(*McCarthyism and the Conservative*),文章里对 20 世纪 50 年代的那些替罪羊做了详细叙述,1954 年,第 46 页之后的部分。

12. 《自由人》(*Freeman*)第 6 期,1951 年 11 月 5 日,第 72 页。

13. 《国会议事录》(*Congressional Record*)(1950 年 2 月 20 日),第 81 届国会第 2 次会议,第 1954 页。

14. 杰克·施瓦茨曼(Jack Schwartzman),《自然法与校园》(*Natural Law and the Campus*),见《自由人》第 2 卷,1951 年 12 月 3 日,第 149,152 页。

15. 《使用前请摇匀》(*Shake Well before Using*),《国家评论》(*National Review*)第 5 期,1958 年 6 月 7 日,第 544 页。

16. 《国会议事录》(1949 年 8 月 16 日),第 81 届国会第 1 次会议,第 11584 页;另见唐德罗(Dondero)题为《我们学校里的共产主义》(*Communism in Our Schools*)的演讲,《国会议事录》(1946 年 6 月 14 日),第 79 届国会第 2 次会议,第 3516—3518 页和题为《隐藏在艺术中的共产主义阴谋对美国博物馆的威胁》(*Communist Conspiracy in Art Threatens American Museums*),《国会议事录》(1952 年 3 月 17 日),第 82 届国会第 2 次会议,第 2423—2427 页。

17. 麦廉·麦克洛克林(William G. McLoughlin, Jr.),《葛培理:世俗年代的宗教复兴者》(*Billy Graham: Revivalist in a Secular Age*),纽约,1960 年,第 89,212,213 页;另见盖洛普调查,第 5 页。

18. 《评判与改进教育:当代问题》(*Judging and Improving the schools: Current Issues*),加州伯林盖姆,1960 年,第 4,5,7,8 页。饱受攻击的文章为威廉·C. 巴克(William C. Bark)等人所著的《旧金山课程调查委员会报告》(*Report of the San Francisco Curriculum Survey Committee*),旧金山,1960 年。

19. 罗伯特·E. 布朗利(Robert E. BrownLee),《一个家长的呼声》(*A Parent Speaks Out*),《进步教育》(Progressive Education)第 17 期,1940 年 10 月,第 420—441 页。

20. A. H. 劳赫纳(A. H. Lauchner),《如何改进初中课程?》(How Can the Junior High School Curriculum Be Improved?),《国家中学校长委员会公告》(Bulletin of the National Association of Secondary-School Principals)第 35 卷,1951 年 3 月,第 299—301 页。这里的省略号并不是本书作者省略了一些内容,而是原文中的标点。这篇文章是在委员会会议上的演讲稿。见亚瑟·贝斯特(Arthur Bestor)在《回归学

习》中的评论,第 54 页。

21. 《G. E. 摩尔》(*G. E. Moore*)刊于《遇见》(*Encounter*)第 7 期,1959 年 1 月,第 68 页。应该指出的是,文章的背景表明伍尔夫说这句话是有特定条件的。

22. 《对文化定义的注释》(*Notes towards the Definition of Culture*),伦敦,1948 年,第 23 页。

23. 我发现如果讨论一下约翰·杜威(John Dewey)曾在一些教育理论中谈到的反对知识分子的影响与结果的观点,将非常有意思。但是,仅凭此就认为杜威是反对知识分子的,这种说法则是荒谬和无礼的。

第二章

智识不受欢迎

1

在探讨究竟为何智识在我们这个社会不受欢迎之前，似乎有必要先谈一谈人们通常对智识的认识。如果要理解对这个词语的普遍偏见，不妨从它常见的用法开始。任何对此感兴趣的读者在阅读美国的通俗文章时，都会对"智识"（intellect）和"智力"（intelligence）这两个词的含义中的巨大差异感到惊讶。前者经常被用做修饰语，而后者却不会。没有人会质疑智力的价值。它是一种抽象的能力，通常被人尊重，那些智力超凡的人常为人们称道。聪明的人总是被人赞扬；虽然有识之士有时也被人们称赞，尤其是当他们的智识与智力相关时，但是他们也经常遭到怨恨和猜疑。正是他们，而不是那些聪明的人，可能被认为是不可靠的、花架子、缺乏道德，或者危险的，有时，他们反而因为所具有的智识，被说成是"愚蠢无知的"。[1]

尽管"智力"与"智识"的差别是由于人们的主观臆断而并不是客观判定，但是从使用这两个词语的常见背景，可以发现它们之间区别的本质，这似乎也为人们所公认:智力指的是在相对有限、直接和可预测的领域内具备的优秀才智。它是一种可控、可靠、可调整的实际能力,是生命体所具有的最突出、最令人喜爱的能力之一。智力只在特定但是明确的框架下发挥作用,并能迅速撇开那些无助于解决问题的想法。最后,它太常见了,人们每天都在使用,不管是头脑聪明或者简单的人都很欣赏这种能力。

另一方面,智识指的是思维能力中批判、创造和深思的能力。智力侧重于理解、掌控、重新调整或安排事物,智识则旨在调查、深思、探索、批判、想象或者从理论上说明事物。智力是在一个具体情况下理解事物的直接含义并对此评价;智识则是对不同的评价进行再评估,从整体上探寻各种情况的内在意义。智力是动物具备的一种值得称赞的能力;智识却是一种人类特有的能力,它体现了人类的尊严,既受到肯定也受到攻击。当我们明白了它们的区别后,就不难理解为什么有时我们会说,聪明的人可能相对智识不足,同理,具有智识的人聪明程度不一。

也许这种区分看起来过于抽象,但是它却经常体现在美国的文化中。例如,在教育领域,对具有聪明才智的人的选拔和培养毫无疑问是重中之重的。但是,教育的目的在多大程度上是培养人的智识,一直是热议的话题。在大部分公立教育中,反对智识的人士占据了上风。或许,最明显的例子莫过于美国人对发明创造的技能非常推崇,却不够重视探索纯科学的能力。我们伟大的发明天才爱迪生被美国公众捧上了神坛,他已经成了一个传奇人物。我估计,在纯科学领域取得的成就都不可能与爱迪生媲美,因为他那些惊人的发明直接影响了我们日常的生活。不过,人们可能认为纯科学领域中的伟大天才约西亚·威拉德·吉布斯(Josiah Willard Gibbs)在学术界应该享有同样的盛誉,因为他是现代物理化学理论的奠基人。但是,尽管吉布斯在欧洲赫赫有名,但是他的生活一直远离公众的视线,甚至在他执教 32 年的耶鲁大学,他的学术成就也不为人所知。虽然耶鲁在 19 世纪取得的科学成就,令其成为美国大学中的佼佼者,但是在这 32 年间,能够读懂吉布斯的研究的学生不过六七个,学校也从未授予他任何荣誉学位。[2]

当我们说起"智识"在社会中的遭遇时,会遇到一个特殊的困难。这种困难源于我们不得不从职业的角度谈论它,尽管我们知道它不仅和职业有关。在日常用语中,"智识"被认为是特定职业或者行业的标志。我们常把作家、教师、批评家、科学家、编辑、记者、律师和牧师等称为知识分子。如雅克·巴尔赞(Jacques Barzun)所说,知识分子是提着公文包的人。人们很难否认这种简单的概括。知识分子所处的地位和发挥的作用常和提着公文包的职业联系在一起。但是,从"知识分子"一词的严格意义来说,几乎没有人会认为从事了某个行业,就一定是知识分子,即使这个行业对学识有很高的要求。在大多数行业中,虽然"智识"也许会有所帮助,但是仅有"智力"也能完全胜任。例如,我们知道并非所有学术圈的人都算得上是知识分子,我们也经常为此感到遗憾。我们明白,"智识"与经过职业培训练就的"智力"不同,它包含的一些要素与行业无关,而只与个人有关。因此,当我们在担忧智识和知识分子群体在社会中的地位时,我们考虑的不仅是某种职业所处的地位,还有与某种心理品质相关的价值。

尽管我们文化中的能手——律师、编辑、工程师、医生、一些作家和大部分教师的工作都需要大量的知识,但是不能因此就说他们是知识分子。任何一个从事需要专业知识或者准专业知识的工作的人,为了完成工作必须储备丰富的知识。如果他想出色地完成工作,必须聪明地运用这些知识。但是,从他的专业技能来说,他只是把它们当作工具。若借用马克斯·韦伯在研究政治学时使用的概念,那么问题的核心则是专业人士依靠知识工作,而不是为了知识工作。他的职业角色和技能并不能保证他一定是知识分子,他只是一个脑力工作者,一个专业技师。也许,他碰巧是一个知识分子。若真如此,那是因为他赋予了这份工作一种对待知识不同的看法,而这并不是他的工作所必需的。作为一个专业人员,他必须掌握大量可以交换的知识技能。虽然他的水平很高,但是如果他的工作不具备某些特点,例如客观的才智、概括的能力、自由的思考推断、实地观察、创新力与激烈的批评,他就算不上是一个知识分子。也许在其他地方,他是一个知识分子,但是在工作中,他只是一个利用知识完成所布置的任务的脑力劳动者。正是这点,即最终的目的是出于某种利益或者思考过程本身以外,概括了狂热分子和脑力工作者的特征,前者偏执于某一个观点,后者则为了经济利益而不是自由的思考运用知识。他们的目标是外在的,不是自发的,而知识分子的生活在一定程度上,具有自发性和内在驱动力。此外,它还有一个独有的特点,我认为这是他们对待知识的两种不同态度间权衡的结果,这两种特征包括玩兴(playfulness)和虔诚(piety)。

　　若要说清楚到底什么是知识性的(intellectual),就必须区分作为知识分子的教授或者律师与不是知识分子的教授或者律师有何不同。或者更准确地说,为什么我们认为一位教授或者律师有时纯粹是专业人士,而有时他们又是知识分子? 其中的区别并不在于他们运用的知识,而是他们对待知识的态度。我在前面曾经提过,在某种程度上,他们是为知识理念而生——他们有志于尽其一生去探索知识理念,就像一种对宗教的虔诚信仰。当然,这并不让人感到意外,因为知识分子的工作原本就与神职人员的职责一脉相承:理解存在的最终价值的特殊含义。苏格拉底曾说过,未经思索的人生不值一过,正是这个意思。历史上,许多知识分子都结合他们各自的时代、地区和文化,表达了类似的观点。但丁在《论帝治》(*De*

Monarchia）中曾写道："总的说来，人类的目的是不断实现智力所能达到的全部能力，首先是思考推测，然后通过拓展，并以其为目的，采取行动。"因此，最高贵并且最接近神圣的事，莫过于追求知识。洛克的《人类理解论》（Essay Concerning Human Understanding）的第一句写道："理解既然使人高出于其余一切有感觉的生物，并且使人对这些生物占到上风，加以统治。"这句话在某种程度上是上一句话的通俗说法。纳撒尼尔·霍桑（Nathaniel Hawthorne）在《福谷传奇》（The Blithedale Romance）的结尾中说道，人类生活的终极目标是"有意识地追求智性和感性的生活"。最后，法国当代作家安德烈·马尔罗（Andre Malraux）在他的小说中也曾问道："一个人怎样才能实现生命的全部价值？"他的回答是："尽可能将各种生活经验转变成有意识的思考。"

虽然"智性主义"（intellectualism）不是持怀疑态度的人所特有的，但却是他们信奉的原则。多年前，一位同事为打算读他研究生的学生写了一篇短文，便让我先读一下。这篇文章表面上是解释在他所研究的学科中，如何培养智力和思维，实际上却详细地阐述了他对投身智性工作的个人看法。尽管里面包含了极度怀疑的观点，但是我却觉得是在阅读一篇虔诚的誓言，就像理查德·史提尔（Richard Steele）所著的《职业呼召》（The Tradesman's Calling）或者科顿·马瑟（Cotton Mather）写的《行善箴言》（Do Good）。在他的文章中，智性的工作被认为是一种召唤，他的口吻与那些新教徒作家差不多。他把工作当作一种全身心的投入和对自我的严格要求。之所以这么说，是因为这份工作不只关乎娴熟的技术和专业的知识，它是思考探寻，追求真理。知识分子的生活具有一种最基本的道德内涵。正是他们这种对待知识的态度，我称之为"虔诚"。知识分子是有奉献精神的人——一旦做出承诺，他们就会尽心尽责，忠于职守。其他人只是承认思想和抽象的概念对于人类非常重要，他们却是真切地感受到这一点。

当然，这一切不仅是纯粹的自我严格要求，或者包括思考和理解的生活本身。因为虽然智性的生活也许是最高级的人类活动，但是它也是一种媒介，其他价值得通过它才能在人类社会中提升、再次肯定或者实现。知识分子经常共同扮演着道德先锋的角色，在公众不得不面对一些基本的道德问题前，尽可能提前预见、解决它们。这些思想家认为自己应该成为理性和正义的捍卫者，因为这些价值与他们追寻的真理息息相关。有时候，当他们的特殊身份受到一些粗暴行径的威胁时，他们会作为公众人物，奋力出击。这让我们联想到伏尔泰为卡拉斯家族进行辩护，左拉为德雷福斯（Dreyfus）发声，美国的知识分子们因为萨科（Sacco）和范泽蒂（Vanzetti）受到的不公审判而愤慨。

如果只有知识分子关心这些价值，那真是太不幸了。况且，他们的热情也经常受到打击。但是，知识分子的确比其他人更关心这些价值。在当代西方社会中，知识分子阶层有着优秀的历史传统。在所有可被称为特权阶级的社会阶层中，只有他们始终最关心弱势群体的状况。之所以有这份责任感，是因为他们相信，这个世界应该更加重视他们对理性、正义和秩序的渴望。正是出于这种信念，他们为人类贡献了许多价值，而他们也因此制造了不少麻烦。

2

然而，正因为知识分子很可能会带来危害，所以他们觉得光有虔诚是不够的。我在前面说过，他们生活的目的可能是为了实现某种坚信的理念，但是，必须要防止他们只抓住一种观点不放，以至于执迷不悟或者无理取闹。尽管我们仍然会把一些狂热分子视为知识分子，但实际上狂热本身不是问题，说到底还是人的问题。当一个人对某个观点的执着沦为某些狭隘的成见，或者某种完全为外在目的服务的工具，那么无论他多么投入或者真诚，他的"智识"已经完全被狂热吞没了。缺乏追求知识和思想的责任感当然不对，但是沉迷于某种特殊的观念则会导致危险。它在政治上带来的后果与在宗教上的一样显而易见："智识"的作用，可能被过度迷信狭隘的信仰和准则所掩盖。

因此，虔诚需要加以平衡，以防它被过于刻板地运用；这就是我所说的"玩兴"，大多数知识分子都有这个特点。说起心智的利用（play），知识分子显然乐于从心智自身出发，充分发挥它的功用，并认为这才是生命中最重要的价值之一。可以说，知识分子把这看作是一件非常快乐的事。这样看来，智识可以被看成是生命体在满足了必需的实用功能和基本生存后，释放出多余的心智精力时，一种健康的精神状况。德国诗人席勒曾说，"当人在嬉戏玩耍时，他才是一个真正意义上的人"。英国社会学家维布伦（Veblen）经常把人类的智性称作"无聊的好奇心"，这么讲有点不妥，因为人们总是一刻不停、积极地追求有趣的思想。正是这种不断努力的追寻，使知识分子对真理有着独特的见解，对教条嗤之以鼻。

追求真理可以算是知识分子心中最重要的事了，但是这么说对于他们所做的工作既是过奖了，也不够全面。与追求幸福一样，追求真理本身会给人带来满足，然而有时结果却很难说得清。真理一旦触手可及，就会失去光环。随着时间的推移，即使是人们一直确信无疑的真理也会改变。简单的真理令人感到乏味，但是太多的真理放在一起又变得真假难辨。如果知识分子玩兴盎然，那么任何他们原本很确信的事，都会令他们不满意。在他们看来，"智性"生活的意义不在于拥有真理，而是追求新的不确定的事物。美国艺评家哈罗德·罗森博格（Harold Rosenberg）对这种"智性生活"做过清楚的总结，他说知识分子就喜欢把答案变成问题。

　　知识分子把对"玩兴"的追求，充分体现在他们的思想成果中，包括法国学者阿伯拉德（Abelard）创作的《是与否》（*Sic et Non*）和达达主义的诗歌。在使用"玩耍"和"玩兴"这两个词语时，我并不是说他们不够严肃，实际上，恰恰相反。观察正在玩耍的孩子或者大人，任何人都会发现"玩耍"和"严肃"之间并不矛盾，有些时候，"玩耍"甚至比工作需要更高的专注度。此外，"玩耍"也不表示脱离实际。在美国社会的讨论中，"实用性"经常被用作评价"智识"的标准。但是从原则上，智识既不实用，也不是不实用，而是非常实用的。对于过度偏执的狂热分子，以及只追求知识技能的市场价值的脑力工作者，他们只关心智识是否有助于实现外部目标，而不是它们形成的过程。然而知识分子从不在意这些目标。这并不是说他们鄙视实用性，因为许多实际问题也包含"智性"的趣味，非常吸引人。同样，我们也不能说他们是不切实际的，因为他们只是关心问题的其他方面而已，而不是它们是否有实际用途。认为知识分子从本质上就是不切实际的观点根本站不住脚，我们随手就能举出许多例子：经济学家亚当·斯密、美国第三任总统托马斯·杰弗逊、英国空想社会主义家罗伯特·欧文、德国工业家沃尔特·拉特瑙（Walter Rathenau）和经济学家凯恩斯。他们这些知识分子无论在政治上还是经济上，都是出了名的切合实际。可是，实用性并不是他们对智识感兴趣的根本原因。艾克顿（Acton）曾用一个反语表达了这种观点，他说："我认为我们的研究绝不应该是漫无目的（purposeless）的。我们应该怀着一颗单纯而无所求的心去探寻，就像研究数学一样。"

　　詹姆斯·克拉克·麦克斯韦尔（James Clerk Maxwell）是英国数学家与

理论物理学家。他对电话发明的反应,非常能说明知识分子对于纯实用性事物的看法。他受邀就这项新发明的工作原理做一个讲座。在讲座的开场,他首先说起当消息最先从美国传来时,自己很难相信这样东西真的被发明出来了。但是,随后他继续说道:"这个小东西最终出现在人们面前,它的每一个配件都是我们熟知的,一个外行人就可以把它们拼装起来,虽然刚开始对它的貌不惊人有些失望,但当发现它真的能够发出声音后,失望之情也就少了一些。"也许,虽然它造型简单,但是它体现的"某个深奥的物理原理,或许值得学术界花一个小时研究一下",兴许可以弥补这份遗憾。然而情况并非如此,麦克斯韦尔遇到的每一个人都能理解电话的物理过程,甚至连报刊科学版的记者都能几乎全部说对![3] 这个讨厌的东西真令人失望,它并不深奥、难懂、深刻或者复杂,从"智性来说"它不是一个新玩意儿。

在我看来,麦克斯韦尔的评论实在不怎么样。他纯粹是从一个科学家的角度来看待电话的发明,而不是从历史学家、社会学家,甚至一个居家生活的人的立场来看。因此,他完全限制了自己的想象力。无论从商业、历史或者人的角度来看,电话都是一项令人兴奋的发明。作为一种交流的工具,即使可能给我们带来一些麻烦,但是它绝对打开了我们想象的天窗。但是,麦克斯韦尔狭隘地只从自己关心的物理学领域出发。在评价电话时,他偏要表达对事物"智识方面"的兴趣。对他这样的物理学家来说,这种新工具没有什么可以令人"玩味"的地方。

也许有人会问,知识分子身上体现的这两种特征"玩兴"和"虔诚"是否存在某种致命的冲突。它们之间当然会有矛盾,但是还不至于是致命的,它只是人性的众多矛盾中的一种,而且它能够带来创造力。事实上,人类可以理解和表达不同,甚至对立的观点。他们能够发挥想象力,认同,甚至接受与自己的情感和思想截然相反,但在人文主义的表达或者许多领域的探索中,可以造就一流成果的情感和思想。人类本身就是矛盾的结合,借用美国实用主义法学创始人霍姆斯(Holmes)的话说,就算是"智性的"生活也未必依照逻辑,它是按照经验的。想想你身边的知识分子,有些人是把"玩兴"放在第一位的,而有些人则是格外地"虔诚"。但是在大多数知识分子身上,这两种特点都会存在,它们相互牵制。思想家的张力取决于他们对这两方面的平衡。一方面,过于追求"玩兴"会导致太注重琐事,将过多的智力耗费在表面技巧上,只是玩票,而没有真正的创新。另一方面,过于虔诚又会使人变得刻板,陷入狂热,好像自己就是救世主,在道德要求方面要不过于尖刻,要不过于高尚,而无论哪一种,都不应该是"智识"的体现。[4]

从历史上看,我们或许可以把"玩兴"和"虔诚"分别看作在"智性的"作用下,残留的贵族精神和传教士传统。"玩兴"似乎是有闲阶级独有的一种气质,它对于富有创造性的想象力和人文主义的探索学习一直都相当重要。"虔诚"则让人回想起知识分子继承的传教士精神,即追求和拥有真理是最神圣的事业。作为他们的接班人,现代的知识分子也会像贵族一样,容易受到清教徒和平等主义者的仇视,像传教士一样,受到反教权主义和反对等级制度者的普遍攻击。因此,在这样一个民主和唯信仰论的国家,知识分子的尴尬处境就毫不出奇了。

对于知识分子来说,可悲的是他们最珍视的自我价值与最重视的工作并不被社会认可。我们的社会之所以重视他们,是因为从大众娱乐到武器设计,他们有许多实际的用途,但是无法真正理解那些在我看来对于"智性"至关重要的特点。他们在各个方面体现出来的"玩兴"对大部分人来说,是一件奢侈品。在美国,对于思想心智的追求可能最不受人待见,人们对此没有什么"兴致"。虽然他们的虔诚不一定是危险的,但似乎会招致麻烦。更何况,这两种品质对实际生活的意义也不大。

3

之前我曾提过,关于智识和知识分子,美国人最关心的问题之一是它们的实用价值。在我们所生活的时代,反对知识分子的原因与以前有所区别,其中一个原因是我们对于智识缺乏实用性的认识已经发生变化。在 19世纪的美国文化中,商业价值毫无疑问占据主导地位。那时,大多数的商人或者专业人士不需要接受多少正规教育,就可以取得辉煌的成就,因此学术教育经常被认为是没什么用途的。人们认为受教育是只为了更好的个人发展,而不是追求独特的思想品质。因此,学习与生活相关的实用技能则被认为更有用,而对智性和文化的追求则被看作不接地气,缺乏男子气概,是不切实际的。虽然这种观点通常用粗俗、缺少文化教养的语言表达,却和美国生活中的现实和需求大致有所呼应。这种对学校的心智培养的怀疑态度一直延续到 20 世纪。当然,在我们这个时代,美国生活已经变得更加复杂,与世界的关系也更加紧密。在生活中的大多数领域,接受正规的学习已成为成功的必备条件。与此同时,现今社会的复杂程度如此之高,以至于老百姓仅凭自己的才智来应付,已经不可能了。在早期美国民粹主义的理想中,普通民众必然要具备全面性生活能力。通常人们认为这样就足以从事各种行业的谋生,或是管理好公共事务。然而今天,如果不会使用那些不甚熟悉的电器设备,连做早饭都成问题;当他坐下来边吃早饭边翻阅早报时,说实话,对于那些重大而复杂的问题,他根本无法理解其中的大部分。

在纷纭复杂的现实世界，人们已经意识到接受教育的重要性。过去对智识和学校教育风趣而善意的戏谑，如今已演化为对知识分子们的恶意憎恨，因为他们是许多领域的专家。当然，认为知识分子是糊涂虫，教授们都心不在焉的老观念依然存在。但是今天，它越发成为一种对来自内心深处的恐惧，一厢情愿、颇怀感伤的心理防范。知识分子曾经因为人们不需要他们，遭遇温和的嘲讽；如今却因为人们太需要他们，遭到痛恨和厌恶。他们现在变得太有实用价值，太重要了。他们之所以成为憎恶的对象，是因为他们的运气越来越好，而不是更差。引发人们对他们猛烈攻击的不是他们对社会没有实际价值，总是钻研那些抽象的东西，而是他们取得非凡的成就，具有影响力，生活舒适（大家却将其想象为奢侈），并且社会非常依赖他们的能力。智识就像某种权利或者特权那样，遭到人们痛恨。

也许有人会立刻反驳，事实上，我们所说的不是知识分子，而是专家。有些知识分子虽是专家，但对人们的生活并不重要，他们对公众意识的影响也没那么大。[5] 这是毋庸置疑的；但是我认为社会上对知识分子的普遍看法，主要源于那些有影响力的知识分子。知识分子可以发挥专家或者意识形态倡导者这两方面的作用，影响着公众的思想。无论是哪一方面，他们都会激起人们强烈的恐惧和憎恨，这些情绪在某种程度上也是合情合理的，它们加剧了社会中普遍存在的无助感。这是因为专家会让大众认为自己沦为被不断操控的对象，意识形态的倡导者则会让人们担心传统将被颠覆。此外，他们还加剧了随着现代化的到来而产生的高度精神压力，这些都会令人们更加痛恨知识分子。

近30年来，甚至连对公共事务不大熟悉的人，都逐渐意识到专家们的重要性。起初是在罗斯福"新政时期"，为了应对大萧条，成立了那些广为人知的智囊团和各种分支机构。随后在二战期间，政府设立了战略服务局

（the Office of Strategic Services）和科学研究开发局（the Office of Scientific Research and Development）。今天的中情局（CIA）、原子能委员会（Atomic Energy Commission，简称 AEC）、智库兰德公司（Rand Corporation）和总统经济顾问委员会（President′s Council of Economic Advisers），还有所有从事战争武器和战略研究的机构，它们讨论的问题都距离普通人的日常生活非常遥远，却经常会决定他们的命运。大部分人宁愿在政治上选择被动地接受，因为他们无法做出正确的判断。但是在公共事务和私营企业管理上，基层的政客和小商人认为大部分的事情都在他们的掌控之中，但是自罗斯福就任以来，他们就不得不面对那些受过更高教育、更加经验老到的专家，因而经常有挫败感。与大众一样，这些人不再像以前那样积极参与重要的决策，所以知道的具体信息也更少。然而，他们越不了解权力世界内在的情况，他们就越容易对权力的运用产生怀疑，还会挑起大众对此的担忧。来自小镇的律师和商人成为国会议员后，虽然不能阻止专家在决定国家重要方针上发挥的重要作用，但是他们可以通过国会调查进行报复、恐吓。原来，他们是怀着一种道德使命开展这些活动。毕竟，有太多专家发起的政策遭到挫败。这些失败在民众看来，不仅仅是人为错误造成的，更是冷漠自私的操纵、阴谋，甚至是叛国的结果。阿尔及尔·希斯（Alger Hiss）等人的例子就是让他们产生这种想法的证明。一些涉及高科技、引人关注的间谍活动，似乎更证实了公众对现代社会的猜想，即它被秘密的力量操控，里面尽是些有许多不可告人秘密的窃贼。[6]

在物理学领域，虽然很多专家都遭到怀疑，但是他们提出的建议被认为是不可或缺的。然而在社会科学领域，专家们的意见则可能被视为愚蠢无理，或者会对社会构成威胁。关于美国国家科学基金会（National Science Foundation）是否应该向社会科学提供资助，一位国会议员提出反

对意见：[7]

　　　　除了我，我想每个人都会自认为是社会科学家。我确信我不是，但我相信其他人会认为上帝赋予了他们特殊的权力，可以帮助别人做决定……一般的美国人不希望某个专家闯入他们的生活，窥探他们的个人事务，告诉他们应该如何如何。如果国会中大家都认为颁布这部法律的目的是设立某种机构，这个机构中留着短发的女人和留着长发的男人扰乱了人们的个人生活，调查他们是否爱他们的妻子等等，那么我不会让这部法律通过。

　　在政客们看来，专家们在小罗斯福时期就够令人讨厌了。他们可以自由出入白宫，然而总统却与其他政治人物保持距离。冷战期间，这种情形更糟了，因为牵涉到国家最高利益的事务往往只由专家决定。正如爱德华·希尔斯（Edward Shils）指出，民粹主义文化推崇的是由平民领导、民众具有决定权的政府，并且把公开透明奉为圭臬，现在这种情况只会令人们更加愤怒。因此，这些政客表达了大部分民众的感受。虽然民众的生活离不开专家，或者无法不受他们的摆布，但是他们可以通过嘲弄那些干瞪眼的教授，不负责任的智囊团成员，或者疯狂的科学家。当政客们对从事破坏活动的教师、可疑的科学家，或者据说会出卖国家的外交事务顾问穷追猛打时，他们会鼓掌叫好。在美国，有一种思维方式已经发展成传统，即把仇恨上升到信念的高度。因此，在政治中的集体仇恨，与其他现代社会出现的阶级斗争，没什么区别。不满者心中充满了难以捉摸又不知道找谁发泄的怨恨，脑子里尽是关于秘密和阴谋的幻想，他们一次又一次找到了替罪羊,包括共济会成员、废奴主义者、天主教徒、摩门教徒、犹太人、黑人、移民、酿私酒的人或者国际金融家等。在这种无知的传统下,知识分子终于成为这个社会众多替罪羊中的一员。

如果我们这个时代的反智主要源于大众对于知识分子作为专家不断渗透到人们的生活感到震惊,那么知识分子对自己成为一个特殊的社会阶级的认知,主要是因为自身的神圣性与世俗性,被尴尬地相提并论。当他扮演神圣的角色时,他是一个先知、学者或者艺术家,能获得某种认可——虽然在程度上打了些折扣,但也不能全部否定:在现代都市文明的间隙中,他可以享受隐私和匿名权;他会因为自我牺牲精神而赢得尊重;如果他是一位学者,他会受益于某种学术自由的原则;基金会、图书馆、出版社、博物馆和大学都为他服务。他的生活是多么体面和有尊严。但是一旦他以专家的身份出现时,他就得因为参与公众的生活,而扮演世俗的角色。他会惊恐地发现,成为公众人物不仅会使自己深陷缺乏道德素质的争论——这在政治生活中是常有的事,还会失去自己的隐私——这在整个社会也屡见不鲜。他也许会忘记自己遭受的恶意中伤并非特意针对他或者他的同类,因为几乎任何活跃在政坛的人物都会有这样的经历。即使是美国历史上最伟大的政治家,例如杰弗逊、林肯、富兰克林·罗斯福,都不例外。正如爱默生曾说:"一个人只要稍微有些名气,就会被人谩骂或者诽谤,这不正是美国人最大的特点吗?"[8]

4

虽然公众对以专家身份出现的知识分子感到恐惧,但还是得接受他们。相比之下,那些以意识形态者身份出现的知识分子,则绝对是人们怀

疑、怨恨和不信任的对象。如果说专家有控制或者毁掉一个普通人的危
险,那么人们普遍认为意识形态者已经摧毁了美好的美国社会。为了理解
这种想法的背景,有必要先回顾一下知识分子在政治上一向反对右翼人士
的传统。当然,这不仅限于美国的政治生活。当代社会把知识分子看作一
个社会阶层,一股独立的社会力量,甚至连这个词本身,都被认为体现了政
治和道德上的反抗。从广义上来说,知识分子在历史上一直都存在,但是
直到工业社会和思想启蒙出现之前,知识分子才成为一种独立的职业,对
他们来说,也没有团结一致的必要,更不用说动员起来。因此,即使 19 世
纪中期他们做了很多事,例如筹划了 1848 年在欧洲各国爆发的一系列武
装革命,沙俄农奴解放运动和美国废奴运动,此时在英语中还没有什么词
可以把他们作为一个整体加以解释。

　　"知识分子"(intellectual)一词最早出现在法国,并很快传到国外。在
法国当时是由德雷福斯案件引起,知识分子界中许多人被发动起来,抗议
反对德雷福斯的阴谋,参与与法国反动分子的意识形态之战。[9] 当时,双方
都使用了这个词语,右派用此侮辱对方,但是德雷福斯的支持者却把它当
作自豪的旗帜。"让我们使用这个词吧,"他们中有人在 1898 年写道,"因
为它是多么神圣。"次年,在一封信里提及德雷福斯事件中的法国知识分子
时,威廉·詹姆士(William James)写道:"我们美国的'知识分子'必须努力
捍卫我们与生俱来、宝贵的个人主义,以防它们被这些机构剥夺(例如教
会、军队、贵族和皇室)。每一个伟大的机构都必然会腐败,尽管它可能也
在做善事。只有每个人都拥有自由,才能实现真正的理想。"[10] 就我所知,
美国最早使用这个术语是在"激进的"、乌托邦式、反对建制派等背景下出
现,这一点非常重要。至少从进步时代(美国大约从 19 世纪 90 年代到 20
世纪 20 年代的一段重要历史时期)开始,在政治上,大部分的美国知识分

子领导者都投身于可能被称为自由（按照美国人对这个词的定义）、进步或者激进的事业。[11] 当然，美国的政治图谱没有那么复杂，虽然它的中间派对法国人来说相当偏右，但是知识分子相对中间派的位置在两国其实差不多。不可否认美国有许多保守的知识分子，甚至有一些是反动分子；但是如果在美国有所谓的知识分子阶层的话，那么这个团体即使不是极端激进（这不太适合作为一个团体的立场），也算是中间偏左的。所以，右派人士始终把他们视为死对头，总喜欢模糊温和的激进派与革命者之间的界线。

　　只要知识分子阶层的进步思想大致与公众普遍接受的"反抗精神"一致，例如在"进步年代"和"新政时期"，他们受到极右翼抨击的可能性就非常小。但是在 20 世纪 30 年代，大部分知识分子都对共产主义抱有同情，这给了右翼分子攻击他们的把柄。但是，在谈到反智的案例时，保持公正的立场非常重要。说知识分子因此被右翼分子的政治宣传迫害，或者知识分子在 20 世纪 30 年代对共产党的同情被夸大了，抑或在过去最有影响力的知识分子绝不是共产党或者他们的支持者，都失之偏颇。这些观点有一定的道理，因为一直以来对知识分子的指责都源于一个事实，即在 20 世纪 30 年代，共产主义对知识分子的吸引力确实大于对其他人的吸引力；并且在一些著名的案件中，共产主义的信仰最终导致一些人从事间谍活动，背叛自己的国家。我认为，首先我们得意识到共产主义者和他们的支持者在智性和道德上的前后矛盾，不仅给了反智主义者攻击他们的有力武器，而且令他们对于自己过去的轻率行为感到惭愧，对曾经参与政治活动感到罪恶，从而导致许多知识分子在面对 20 世纪 50 年代麦卡锡主义的大整肃时，表现出无助而麻木的状态，甚至时常喜欢互相指责和谩骂。例如，我们会略带苦涩心酸地回想起 1939 年 8 月，在纳粹与苏联签订和平协议的前夕,大约 400 名自由派知识分子联合签名,反对谴责"苏联和其他极权国家是一丘之貉的荒谬言论",认为苏联是和平的"堡垒"。在希特勒和斯大林签署协议的同一周,这份文件就在《国家》(Nation)杂志中登载出来。[12] 因此,当这些措手不及的知识分子面对麦卡锡主义者猛烈轰击时,不再具有历史、道德或者心理上的优势。

　　然而在我看来,对于任何希望理解美国的反智主义背后的原因的人来说,重要的是要知道,知识分子作为意识形态的倡导者引起的不满,已经超越了所有对他们可能是真正的共产主义者或者是共产主义支持者的谴责。"新政时期"参与政府事务的知识分子,雷克斯福德·盖伊·特格韦尔(Rexford Guy Tugwell)就是最好的例子。这些知识分子其实跟共产党没有任何关系,却被视为与他们志同道合的人,因而遭到仇视和敌对。当今的美国社会,虽然共产党的数量已经少到可以忽略不计,但是拿他们做替罪羊的呼声依然不绝于耳。如果调查者无法找到确凿的证据证明他们与共产党有牵连,他们就故伎重演,指责他们与共产党是一伙的,或者故意模糊自由派与共产党之间的区别。事实就是:右翼人士太需要共产党了,他们的行为已经荒谬到无论如何都不愿意放弃这个攻击目标。[13]20 世纪 50 年代麦卡锡主义大整肃的真正作用绝不是抓捕间谍、防止谍报活动(如果只是为了这个原因,警察部门就足够了),或者接发真正的共产党员,而是要发借机发泄怨恨和挫折的情绪,去惩罚和报复那些与共产党根本没有任何关系的人。这就是为什么他们恣意发起无情的攻击,而且如果受害人是有头有脸的人物,则会比抓到布尔什维克的无名小卒更令他们得意。那些自称赞同麦卡锡的目标,但是反对他采取的方法的追随者,其实弄错了,对于他的铁杆支持者来说,真正吸引他们的是麦卡锡采用的手段而不是目标,因为他所谓的目标其实非常含糊。在他们看来,麦卡锡接连不断地发起攻击是一件好事,因为这样可以扩大怀疑的范围,逮捕到更多的人,包括那些已经不再是共产党,甚至从未成为共产党的人。实际上,他们赞同他进行恐吓胁迫,因为这正好满足了他们的报复心理,可以令那些因"新政"闻名的知识分子名誉扫地。

如果大肃整只是针对共产党,那它就会在搜查的时候更精确谨慎。然而事实上,发起这场运动的领导者们似乎并不在乎共产党和"怪物"之间的区别。真正的共产党人通常地位低微,而不值得花费大量时间和精力去追捕。对一个军队出身、默默无名却观点激进的牙医,麦卡锡不会把精力浪费在他的身上,但是他可以此为契机攻击军方及其背后的艾森豪威尔政府。这些"审判者"企图从打击自由派、新政拥护者、改革派、国际主义者和知识分子中获取满足感,最后连没能成功遏制自由派政策的共和党政府也成了他们抨击的对象。需要注意的是,其中牵涉到一连串的政治对立,包括把"新政"与福利国家联系在一起,福利国家又与社会主义牵连起来,社会主义最后又与共产主义连在了一起。在这场轰轰烈烈的讨伐运动中,共产主义并不是目标,而是被用作攻击的武器。难怪那些对美国国内势单力薄的共产主义者发起最猛烈攻击的人,却对于声势浩大的国际共产主义运动无动于衷,而后者才是国际政治舞台的重头戏。

麦卡锡主义者对知识分子的迫害有其深厚的历史根源,它的追随者对此做过最准确的描述,它们包括对小罗斯福总统的憎恨,对"新政"改革措施的坚决反对,渴望废除或者摧毁联合国,憎恶黑人,推崇反犹主义和孤立主义,热衷于废除个人所得税,担心饮用水氟化后可能会导致中毒,反对教会中出现的现代主义等。麦卡锡口中的"20年的背叛"清楚地表明这种怨恨的情绪由来已久,它在这场迫害运动参与者的助长下,越积越深,而其右派代言人弗兰克·乔多洛夫(Frank Chodorov)却更一针见血地指出,他们对美国的背叛早在 1913 年,随着个税修正案的通过就开始了。

很明显,对这些人来说,有些事比 20 世纪 30 年代那些离经叛道的言论和冷战时间的安全问题更严重,甚至超过了韩战遭受的挫折,那就是麦卡锡时代的到来,使得一些一直以来反对现代性的呼声更加响亮。直到 19世纪 90 年代(在某些方面甚至是直到 1914 年),美国都是一个与外界孤立的大陆,它是一个乡村社会,新教徒占据社会的多数,工业资本主义繁荣发展。但是,经过几十年的发展,在进入 20 世纪后,美国不得不逐渐面对那些并不令人愉快的现实:首先是社会上出现国际主义和怀疑论的思潮,随后美国再也无法因为军事上的绝对安全而奉行孤立主义,传统资本主义的塌陷,需要以中央集权福利国家的形式保证资本主义的顺利运转,最后因为二战、韩战和冷战,全社会不断付出沉重的代价。因此,位于美国中西部心脏地带的人民,总是对现代社会中的困境感到不满,他们通常是宗教上的原教旨主义者,推崇带有偏见的美国至上原则,在外交政策上奉行孤立主义,在经济上坚持保守主义。

但是,即使我们不喜欢他们作出的反应,却也不能不对那些深陷困境的人们报以同情。他们自始至终都只关心个人财富的积累,在很多方面都非常单纯,然而现在却被推向一个陌生而复杂的世界,远离他们“正常的”生活,因此不得不在短时间内学习应对。也许,美国人对于现代世界的普遍反应,最了不起的一点就在于他们的耐心和宽容。在短短两代人的时间里,那些直到“一战”前还随处可见的乡村新教徒个人主义文化,将不断受到时代变化的冲击。宗教、文学和艺术上的现代主义,道德上的相对主义,伦理道德和公共法律方面遵守的种族平等原则,以及大众传媒方面的色情泛滥，都是他们不得不面对的现实。紧随其后的是达尔文主义（参见斯科普斯审判[14]）、弗洛伊德主义、马克思主义和凯恩斯主义，在政治、生活品位和道德良知这些方面，他们得听从于那些受过教育、来自大都会的新一类美国人了。

作为意识形态的倡导者，知识分子们经常引领社会的革新，促使人们接受新的事物，他们自然会被认为是打破美国原有传统的推动者，因此也会遭到更多的指责。毕竟，在历史上，我们一直都是一个意识形态统一的国家。随着18世纪和19世纪欧洲盛行的各种对立思潮逐渐衰退，欧洲盛行的各种对立思潮对美国不再有影响力，这个新生的国家最终明白不应采纳那些争执不休的意识形态，而是要找到另一种途径，以证明利用折中和坦率的方法，勤奋工作，运用常识，要比坚持用抽象的方法治理国家更好、更实际。正是在这个方面犯下的大错，国内各派各执己见，导致了内战的爆发。这也更好地说明了，最好不要过于相信政治上的抽象概念和意识形态概括的一般性原则。美国人为自己不受国外各种"主义"的影响而自豪，正如他们一向为自己不会像欧洲那样"腐败"和"堕落"而得意。

但是在过去的几十年里，美国人民已经痛苦地认识到，美国无法再保持政治、军事方面的孤立，它还意味着在意识形态方面，再也无法奉行孤立主义政策。我们无法回避来自世界各地各种强大的意识形态的影响，世界上数百万人正受到各种思潮的鼓动，殖民主义、种族主义、国家主义、帝国主义、社会主义、共产主义、法西斯主义等等。不无讽刺的是，我们还无法理解它们。一直以来，美国人构想的世界是这样的：只要效仿美国的制度，这个世界才能得以拯救。世界各地的人们应该像我们一样，抛弃意识形态，接受美国式的民主观念，并在工作和对幸福生活的努力追求中，践行这种观念，用常识指导我们的生活。然而可笑的是，无论是否能够实现这种愿望,美国人都会遭受冲击。如果这些不是美国人所说的行动力——通过积极投身各种运动改变社会,相信生活可以变得更好,殖民地的人民可以像美国人民那样获得解放、不再忍受贫困和压迫,落后的国家可以实现工业化,那里的人民也可以享受高水平的生活,追求幸福是每个人的职责,那么在世界各地逐渐被人们接受的究竟是什么? 那些沦为殖民地的国家虽然坚决反抗我们对他们的领导,却努力学习我们的行动力,就连俄国人也一边羡慕我们的工业化,一边对美国的大国地位提出挑战。然而,我们并没有意识到这种模仿带有意识形态的色彩,产生了我们从未预料的结果。人们学习的是美国的行动力,而不是我们所说的美国式的生活方式。

在最保守狭隘的美国人看来,执迷于抽象概念、无视常识的民族似乎无法理解和利用美国制度的优点,一些致命的道德缺陷会使有些国家出现制度上的问题,尤其是那些接受了邪恶意识形态的国家。可是苏联一直以来都保持着强大的国力,特别是取得了人造卫星成功发射等航天事业上的非凡成就,给了美国人的自信心当头一棒。美国正面临着一个强大的对手,他足以构成一个长期存在并难以消除的威胁。此外,毫无疑问,在美国人眼中具有毁灭性的各种外国“主义”的助长下,苏联这个对手不断壮大。这个陌生而看似无端的意识形态世界令美国人感到非常不安和受到威胁,所以他们怀疑这倒合了知识分子的胃口,甚至认为是他们造成了这种状况——在某种程度上,倒真是如此。在一些人看来,20 世纪发生的巨变是一场精心策划的阴谋造成的,或者至少是一系列致命而愚蠢的错误的结果,他们将此迁怒于知识分子,这毫不令人感到意外。也许,是他们夺走了使美国成为强国的法宝。知识分子已然成为国际关注的焦点,而此时这些令人不快的变化正在纷纷涌现。就算不是他们的过错,他们也会被人紧紧地盯着。

5

有些人始终怀疑"智识"是一股颠覆社会的力量,向他们解释它其实是安全和温和的东西,则是白费力气。在某种程度上,多疑的保守派和文化程度较低的激进派是对的:智识是危险的。如果不对它加以约束,它会重新审视、分析或者质疑一切事情。[15]"让我们承认保守派所说的吧,"杜威曾经写道,"我们一旦开始思考,没人敢保证会有什么后果,我们只知道许多事物和制度注定会失败。每个思想家都会给这个看似稳定的世界带来某些危险,没人能清楚地预测取而代之的又是什么。"[16]此外,也没有人可以保证知识分子阶层会谨慎地克制自己可能产生的影响,唯一确定的是,在任何一个社会,限制智识的自由发挥比任由它的使用,会产生更糟糕的结果。与文化纠察队对他们的臆想相反,知识分子几乎从来不曾威胁社会的稳定。但是,智识却总是在与某些事物进行斗争:压迫、欺骗、教条、利益或者错误的观念,它们始终都是知识分子阶层密切关注的内容,是他们揭发、指责或者嘲讽的对象。

几个世代以来,那些受"智识"之苦,或者畏惧、憎恶它的人,对它究竟是什么,它在社会中发挥什么作用,逐渐产生一种背道而驰的错误观点。当代"智识主义者"不再需要编造一个新的理由,因为这种观念已经由来已久,深深扎根于美国社会之中。本书接下来的章节将会详细讨论这种观念是如何在美国不断发展,并找到自己的表达方式。但是,在此我想简要地概述"反对知识分子"事件中反复出现的假设,以及我们应该如何看待它们。

事实上,反智是建立在众多虚构且完全抽象的敌对情绪的基础之上。

他们认为"智识"与"情感"相对，因为"智识"在某种程度上缺乏温情。"智识"还与"品格"相对，因为人们通常认为"智识"只是代表聪明，而聪明很容易转变成狡猾或者恶毒。[17]"智识"也与实用性相对，因为理论常被视为实践的对立面，所以"纯粹"理论的思维会遭到鄙视。人们还认为它与民主相对，因为智识被看作卓尔不群，因此与平等背道而驰。一旦这些充满敌意的看法被大家接受，"智识"或者"知识分子"就会遭殃。有谁愿意冒着牺牲温情、坚定的品格、实用性和民主的危险，向这种充其量只算聪明，却有可能是危险的人表示敬意呢？

当然，这些虚构的敌意最根本的错误，在于它们没有努力寻找智识在人类生活中真正的局限，而是将智识与人类的其他品质简单粗暴地分离，而它们本可以结合在一起。无论是讨论个人品格的形成还是人类漫长的历史，都不应该用如此简单抽象的方式提出问题。同理，也不能顺着这种质疑的思路为智识辩护，解释它不是与情感、品格或者实用性相对的。我们不应该认为智识是某种与其他人类优秀品质相悖的要求，它会让我们付出高昂的代价，而应该把它看作是这些优秀品质的补充，会使它们更加完美。理性的人几乎都不会否认发挥"智识"的力量是人类尊严最基本的体现，也不会否认追求智识至少也是一项合理的人生目标。如果我们把心智视为情感的指引而不是威胁，明白智识既不是品格的保证也不会危害到它，肯定理论的价值而不是认为它没有实践重要，或者我们在民主的追求同时切合实际、合情合理地接受卓越的人和事，那么这些所谓的敌对情绪就站不住脚。这样看来，一切问题似乎很简单，但历史上却很少有人这么认为。因此，这本书的目的在于追溯美国历史中的一些社会运动，"智识"本应是人类的美德，却在这些运动中被否定，被污蔑为邪恶。

首先，必须在美国宗教的历史框架内追溯反智主义。这不仅仅是因为理性主义和信仰之间一直存在着矛盾——尽管这一直是个令人困扰的问题，而是因为现代的思想方式，无论是宗教的还是世俗的，美国早期的宗教史已经预示到它们的出现。在任何文化中，只要人们认为宗教主要是关于"心灵"或者精神上的直觉，理性思想与之相比无关紧要或者是低层次的，我们就会相信人类的理性能力就是无益的，或者危险的。而且只要一个社会对有学问的人或者专业人士产生怀疑，人们就会批判或者贬低知识分子阶层，不管他们是否是神职人员还是世俗的知识分子。在当代文化领域，福音派运动是宗教上"反智主义"和唯信仰论最有力的推动者。当然，除了美国，还有其他国家的文化也受到福音派的影响。但是，美国的宗教文化主要是由福音派思想决定的，因为在福音派与传统基督教派的力量对比中，前者很早就占据了优势。要理解这一点，只需要看一看英国的宗教发展史。在英国，传统教派总是努力吸收或者归化大部分的福音派运动，而在美国，福音派运动迅速地推翻并取代了传统崇拜礼仪的教会。

与福音派的精神相比，原始主义（primitivism）也产生了类似的影响，它赢得了美国人民的广泛信任。我们对此需要特别注意，因为本书没有对它单独进行讨论。原始主义一方面与基督教有关，一方面与异教信仰有关，也许它吸引人的地方就在于基督徒可以在原始主义中既保持自己信仰，也可以与异教徒的奢侈生活沾点边。或者相反，异教徒可以从原始主义中寻找到信仰的慰藉。在某些方面，原始主义体现的是对早期基督教精神的追求，和在人类身上重现"自然"的力量的要求。因此，人们可以更接近自然或者上帝，尽管两者间的差别向来都不甚明了。但是，在原始主义的精神内涵中，始终都更倾向于直觉的"智慧"，而不是理性，因为前者是自然形成或神授的，后者是后天培养或人为的。

原始主义虽然形式多样，但一直都是西方和美国社会一股重要的推动力量。每当知识分子阶层对人类理性有序的生活带来的结果感到失望、产生怀疑，或者试图打破伴随人类文明而来的常规、冷漠或造作的优雅时，原始主义发挥的作用就越发明显。在美国，原始主义影响了很多有文化教养的人，虽然他们不可能跟拓荒者一起积极参与复兴运动，却认同他们对文明中种种表现的反感。超验主义（transcendentalism）就体现了原始主义的思想，它的推崇者有时将其称为知识分子的福音主义。[18] 从帕克曼（Parkman）到班克罗夫特（Bancroft）再到特纳（Turner），[19] 在他们的作品中，原始主义一直是一个重要的元素。美国的许多作家在书写印第安人和黑人时，它也是一个永恒的主题。从广受欢迎的西部拓荒者丹尼尔·布恩（Daniel Boone）和戴维·克罗克特（Davy Crockett），到现代的西部片和侦探小说中的人物，都具有原始主义的精神，他们是孤独的冒险家，这些传奇神话令英国小说家 D. H. 劳伦斯一针见血地总结道，美国人灵魂的本质是"顽强、孤独、坚忍，就像一个杀手"。原始主义还具有神秘的性魅力，它已经成为美国文学中重要主题，许多美国作家深受奥地利心理分析学家威尔海姆·赖希（Wilhelm Reich）的影响，在他们的作品中经常出现这个主题。此外，原始主义也是美国政坛的一股重要力量，它影响着众多政治人物的公众形象，例如安德鲁·杰克逊（Andrew Jackson）、约翰·C. 弗里蒙特（John C. Fremont）、老罗斯福和艾森豪威尔。

　　这一切毫不意外：美国是那些反抗欧洲文明的压迫和腐败的人建立起来的，美洲这片土地打动他们的不是正在形成的、简单的社会制度，而是自然和荒野的世界。人们从腐朽的文明逃往世外桃源，离开欧洲拥抱大自然的渴望，在一次次从东海岸向西部深入，从安定的世界向边疆地区进发中不断再现。无论美国人的心灵多么迫切地想要摆脱组织有序的文明社会，但是我们都无法轻易逃离；至于文明，虽然无法完全撇清与它的联系，但是我们仍然认为其中有些东西是有害的。

如果福音主义和原始主义培育了美国人的"反智"意识，那么商业社会则确保了"反智主义"在美式思维占有一席之地。从托克维尔（Tocqueville）开始，研究美国的学者大都会认为在美国，积极的商业活动已经压倒了对社会的思考。托克维尔发现，美式生活中的民主和商业性的特点主要体现在积极行动、快速决策，它突出了一种粗略和急切的心态，强调要迅速作出决定，及时抓住机会，因此美式生活并不提倡深思熟虑和严谨周密。[20]

征服这个新大陆并在此建立和发展工业的任务相当艰巨，因此人们更务实地追逐名利。但是除此之外，美国商业最吸引人之处不仅是可以满足贪欲和对权力的渴望，还包括它向人们展现了美好的前景。它吸引着建设者、赌徒和统治者，它比狩猎带来更多的运动感，比政治带来更多的权力满足。正如托克维尔所说："在民主国家，没有什么比商业活动更伟大，更辉煌，"而从事商业活动的人，"不仅为了获取利润，还为了在追求利润中不断获得兴奋感。"[21] 除了在少数的传统社会外，没有其他阶级或者价值可与之抗衡——不用再攀亲附贵了，举国上下没有比从事商业活动更强烈的渴望。商业发展不仅吸引着充满活力、志向远大的人，还给社会的其他方面制定了标准，许多专业人士——律师、医生、教师，甚至牧师——都竞相模仿商人，把他们的行业规范运用到自己的行业中。事实上，这也是美国的知识分子一直以来深为不满的原因之一：他们与这些专业领域的人士无法融洽相处，这都是因为那些人和商人搞到了一起。最终，商业使我们的文化边缘化、女性化，因为它建立了一种男性的意象，即男人不关心智识和文化活动。这些留给女人就行了，通常是伊迪丝·华顿（Edith Wharton）[22] 那一类的女性。她曾经说到，男人们是如此害怕独自面对文化，以至于他们成群地追捕它。

　　虽然我们的宗教和商业都深受美式生活中平均主义思想的影响,但是平等的精神在政治和教育领域则更加明显。[23] 我们统称为杰克逊式民主的观念已经完全抛弃了贵族阶层的领导,后者在美国已经逐渐失势。早前,文学与学识被污蔑为无用的贵族阶级的特权,实际上美国的知识分子并不反对这种说法,因为他们中的大部分是支持民主事业的。一个普通美国人的理想应该是建立一个不需要文学和学问却能运作良好的社会,或者,在这个社会中只需要最基础的文学和智识,普通人可以掌握使用即可。因此,19 世纪早期的美国,它的目标是普通老百姓有一定读写能力,掌握丰富的一般性常识,独立、自尊,关心公共事务,而不是提倡发展一流的科学和文学,建立一流的大学。

　　我们不断注意到,尤其是近些年,"智识"成为美国人憎恨的对象,它被视为一种优秀的才能,一种脱颖而出的渴望,它是对平均主义的挑战,一般人无法企及这种能力。这种现象在教育体系中尤为明显。在许多方面,美国的教育为人称道,但是我相信世界上只有美国,握有制定教育制度大权的人是那些敌视智识、极力偏袒"后进"学生的人。虽然相关历史资料有限,但是这本书的最后一部分将解释我们的教育是如何建立在社会普遍接受的前提的基础上——狭隘地偏重"实用性"和"科学"性,错误的平均主义观点,还有用原始主义的角度看待孩子。

注 释

1. 我并不是说这种区别只出现在美国，因为它似乎非常普遍，只要存在一种讨厌知识分子，并且不愿抛弃他们对"智力"固有观念的社会阶级，就会产生这种现象。因此，在法国，当知识分子作为一种社会力量出现后，有人发现莫里斯·巴雷斯（Maurice Barres）在 1902 年的一篇文章中写道："我宁愿做一个聪明人（intelligent），而不是一个知识分子（intellectual）。"维克多·H. 布隆伯（Victor H. Brombert），《智力的英雄：法国小说研究，1880—1955》(The Intellectual Hero: Studies in the French Novel, 1880—1955)，费城，1961 年，第 25 页。

2. 吉布斯遇到的境况经常被认为是由于美国人对待纯科学的态度造成的。对于它代表的普遍状况，参见理查德·史考克（Richard H. Shryock）的文章：《19 世纪美国对基础科学的漠视》(American Indifference to Basic Science during the Nineteenth Century)，《世界历史科学档案》(Archives Internationales d'Histoire des Sciences) 1948 年第 5 辑，第 50—65 页。

3. W. D. 尼文（Niven）编，《麦克斯韦科学论文集》(The Scientific Papers of James Clerk Maxwell) 第 2 册，剑桥，1890 年，第 742 页。

4. 朱利安·班达（Julien Benda）在 1972 年出版的《知识分子的背叛》(La Trahison des Clercs) 中曾提起这些指控。他说，有许多当代知识分子把自己出卖给了这种救世主一般的政治，丢掉了知识分子的价值，"今天，如果我们提起 Mommsen、Treitschke、Ostwald、Brunetiere、Barres、Lemaitre、Peguy、Maurras、d'Annunzio、Kipling 这些人，我们必须承认这些"文人"表现了极其饱满的政治热情——具有行动力，渴望立竿见影的效果，专注于渴望实现的目标，并蔑视论证、放纵、仇恨、固执的想法"。[译自理查德·奥尔丁顿（Richard Aldingon），《知识分子的背叛》，波士顿，1955 年，第 32 页。]

5. 关于专业技能的发展对于知识分子来说是否也存在危险，知识分子圈内有大量的讨论。有人提问，把知识分子当作专家，让他们降格为单纯的脑力技术员，是否会贬低他们的作用。例如，参见休斯（H. Stuart Hughes），《知识分子过时了吗?》(Is the Intellectual Obsolete?)，《通向和平之路及其他论文》(An Approach to Peach and Other Essays) 第 10 章，纽约，1962 年。我会在最后一章回到这个问题。

6. 关于受大众欢迎的政治人物与专家对峙的情况，爱德华·希尔斯（Edward Shils）在《秘密的折磨》(The Torment of Secrecy)（格伦科，1956 年）一书中进行了深入的探讨。

7. 国内外贸易委员会小组委员会上的证词（1946 年 5 月 28—29 日）第 2 部分，第 79 届国会众议院，第 11、13 页。

8. 《日志》(Journals)（1909—1914）第 4 卷，1862 年 6 月，波士顿，第 436 页。

9. 关于知识分子"intellectual"一词的来历和早年在法国使用的情况，参见维克多·H. 布洛姆波特（Victor H. Brombert）所著《知识分子英雄》(The Intellectual Hero) 第 2 章。这个词在俄语中对应的是

intelligensria 一词,它在 19 世纪中期之后出现,原意是从事自由职业者,但是随后就发展成反抗统治政权者。见休·赛盾·华生(Hugh Seton-Watson),《俄国的知识分子》(*The Russian Intellectuals*),《遇见》(*Encounter*)1955 年 9 月,第 43—50 页。

10. 《威廉·詹姆士的信件》(*The Letters of William James*)第 2 卷,波士顿,1920 年,第 100—101 页。

11. 有关他们在这方面的投入与结果,参见西摩·M.利普塞特(Seymour M. Lipset),《美国的知识分子:他们的政治观与地位》(*American Intellectuals*:*Their Politics and Status*),《代达罗斯》(夏季刊),代达罗斯,1959 年,第 460—486 页。关于美国知识分子所处的地位,他发表过许多评论,但是我不认同他所说的美国知识分子的地位无论如何都很高的说法。

12. 《国家》(*Nation*)第 149 期,1939 年 8 月 19 日,第 228 页。

13. 参议院巴里·戈德华特(Barry Goldwater)曾不无讨好地坦言这种不情愿。1959 年 6 月,他确切地说道:"我绝不接受美国已经没有共产党这种说法。我相信只要我们尽力搜寻,肯定能找到。"引自詹姆斯·韦克斯勒,《一个愤怒的中年编辑的反思》(*Reflections of an Angry Middle-Aged Editor*),纽约,1960 年,第 44 页。

14. 译者注:1925 年在田纳西州发生著名的审判中,一位名为斯科普斯(Scopes)的教师由于讲授进化论而被控告,该审判又被称为"猴子审判"。

15. 也许即使对其加以约束,它似乎依然如此。苏联和东欧社会主义国家有大量知识分子地下组织。

16. 《品格与事件》(*Character and Events*),纽约,1929 年,前言第 6 页。

17. "我们总是认为,无知的坏人要比有才华的坏人好些,"研究早期印第安纳社会的学者 B. R. 霍尔(B. R. Hall)说,"因此,人们常常想诋毁这些聪明人的道德品质;遗憾的是,聪明与邪恶,无能与美德通常成对出现。"霍尔,《新的采购,在遥远西部的七年半》(*The New Purchase, or Seven and a Half Years in the Far West*),1843 年;普林斯顿,1916 年编,第 170 页。这种观点甚至在以理性和智性著称的清教徒中也存在。参见科顿(John Cotton):"你越是博学聪明,就越容易受到撒旦诱惑……在耶稣会的修行中……请戒除溺爱,主教的辉煌荣耀和美好的教长之位。不要被眼前这些浮华的盛景,空虚的炫耀和美好的景象欺骗,不要被他人的喝彩蒙蔽。"(《从七个小瓶中取出的粉末》,《第六个小瓶》,伦敦,1642 年,第 39—40 页。)

18. 乔治·雷普利(George Ripley)在 1839 年攻击基督教的神体一位论(Unitarianism)和哈佛神学院时说:"我知道那些真诚的人传播福音的真理给心灵与良知带来的巨大作用和好处,他们相信理解灵魂中的神性,需要其直觉的力量……尽管我认同逻辑思考的重要性,但是我确信上帝并不想通过这种神圣的方法摧毁原罪强大的控制力。逻辑虽然可以发现错误,但是无法让我们看见上帝的荣耀;它虽然可以反驳谬论,但是无法让心灵充满神圣的爱……也许有人认为,'博学'通常是宣传教义影响信徒的基础,但是耶稣在众人中挑选 12 位门徒时可没有考虑这一点。他坚信要把信仰传播给'没有学问的小民',最崇高的真理要托付给最平凡的心灵;因此,'神岂不是叫这世上的智慧变成愚拙吗?'……耶稣……认为书本传递的智识,在'启迪每一个人的心灵之光'面前是微不足道的。历史证明,贫苦的人才是上帝在人世间伟大的使者……耶稣没有建立使徒学院,也没有复兴先知学派,他并不崇敬学识的自豪,事实上,他曾表露这反而是理解真理的阻碍;感谢上帝,他对聪明智慧的人隐藏天国的秘密,却将其告诉无知之人。"《最新形式的无信仰》(*The Latest Form of Infidelity Examined*),《关于最新形式的无信仰的信件》(*Letters on the Latest Form of Infidelity*),波士顿,1839 年,第 98—99,111,112—113 页。这段话的论点与福音主义论点类似。他们常说,宗教信仰主要不是通过逻辑或者学识传播的,这的确无可厚非。由此可以引申出这样的观点(根据耶稣的判断和历史的经验),最好是由无知或者没有学识的人来传播。这样看来,似乎这些人拥有的智慧和真理高于有知识教养的人。事实上,学识和教养可能是真理传播的障碍。既然传递真理是人类最重要的使命,那么那些像婴儿一样无知的人比那些痴迷于逻辑和学问的人更能胜任这项任务,因为他们具备最重要的美德。相应地,虽然我们尽量避免得出这样大胆的结论,但是作为一种人类的品质,谦卑的无知终究胜过有教养的心灵。从本质上讲,这种观念得到美国的福音派基督教和美国式民主的认同。

19. 关于特纳对原始主义的讨论,参亨利·纳什·史密斯(Henry Nash Smith)所著的《处女地》(*Virgin Land*)(坎布里奇,1950年)中最后一章深刻的阐述;查尔斯·L. 桑福德(Charles L. Sanford),《寻找乐园》(*The Quest for Paradise*)(乌尔班纳,1961年)对美国的原始主义也有精彩的描述。

20. 《美国式的民族》(*Democracy in America*)第2卷,第525—526页。

21. 同上,第642—643页。

22. 译者注:伊迪丝·华顿(Edith Wharton),美国女作家,主要作品有长篇小说《高尚的嗜好》《纯真年代》《战地英雄》等。

23. 观察美国学术界的人常常会心酸地问,为什么美国人对运动方面的优异表现几乎无一例外地加以赞赏,而智识方面出类拔萃反而会遭到憎恨?在我看来,这种憎恨实际上是民主对"智识"的重要性隐含讥刺的致敬。我们都同意运动技能是暂时的、有其特定性,而且在大部分人看来,在诸多人生重要的事情中它无足轻重,之所以赞赏擅长体育运动的人,是因为这是我们赢得的,它们给我们带来了欢乐。相反,对大多数人来说,智识既不能娱乐我们,也不是没有恶意的。况且每个人都明白它可以成为一种长期的重要优势,因此它就跟大多数人的平凡形成了对立。

第二部分

心灵的信仰

第三章

福音主义精神

1

美国人的内心世界是近代新教思想的产物。他们最先通过宗教接触到智识生活，因此宗教自然最早成为反智的推动力量。任何在美国早期的宗教活动中贬低理性和学识的东西，也会在随后的世俗文化中贬低它们的作用。思想首先要实用，任何学说或者思想的改进都无足轻重，有思想的人应该服从有感染力或者能治事的人，这些观念绝不是 20 世纪的发明，它们其实是美国新教思想留下的遗产。

心智（mind）与心灵（heart），情感（emotion）与智性（intellect），它们之间的紧张关系，在任何基督教文化中都存在。因此，不能说只有美国才有宗教上的反智。早在发现美洲大陆之前，信仰基督教的团体就一直分裂为两派：一派认为智性在宗教中应该发挥重要作用；另一派却认为智性应该服从情感，或者应该完全受情感由情感代替。我并不是说在美国这片新大陆上产生了一种更恶毒的新的反智形式，而是想指出，在传统建制派与宗教复兴派或者狂热派运动的力量对比中,天平明显倾向后者。因此,一向富有才学的牧师就失势了,他们所代表的理性的宗教信仰也因此遭到打击。在美国早期,由于新教思想的影响和反对建制的传统,基督教两派之间由来已久的矛盾显得格外突出,最终狂热派与宗教复兴派获得压倒性的胜利。美国的反智主义如此声势浩大,影响广泛,得益于美国宗教历史中的一些特性,首当其冲的是美国缺乏一系列强有力的对知识分子友善的制度,以及在激烈的派系斗争中,福音派占据了上风。

　　一个教会或者教派的风格在很大程度上与其成员的社会阶层有关,某个社会团体崇拜的形式和信仰的教义也许不适合另一个社会团体。富有阶层通常喜欢把宗教理性化,严格遵行烦琐的圣餐仪式。中下层的人,尤其是不识字的,他们更容易被感性的宗教打动。这些感性的信仰者有时会受到鼓动,反对繁复的宗教风格、圣餐仪式,以及上层教会的神职人员,也就是说,他们反对贵族式的礼仪和道德。[1]下层社会的宗教信仰很可能会掀起世界末日般的暴动,强调内在宗教体验的重要性,反对深奥、形式化的宗教,要求简化圣餐仪式,拒绝接受有学问的牧师的观点,有时甚至排斥任何专业的牧师。

　　在美洲殖民地发展的早期,这里吸引了许多不满欧洲现状或者生计堪忧的人,是当时批评者眼中宗教"狂热派"先知们的理想国。这种狂热最根本的推动力来自人们渴望与上帝直接接触。[2]这些狂热的信徒并非摒弃神学信仰或者圣餐仪式,而是渴望在内心深处与上帝交流。他们觉得没有必要通过礼拜仪式表达自己的信仰,他们的宗教信仰也不需要知识基础。他们对知识与对艺术一样不感兴趣:尽管传统教会认为绘画和音乐会让心灵更接近上帝,但是狂热派的信徒却将它们看作是对内心的纯真和直接与上帝交流的侵犯或者阻碍。当然需要指出,卫理公会派认为赞美诗还是有帮助的。狂热派对个人内在体验的坚持,经常导致一种胡闹的主观主义,它可能会彻底摧毁传统的宗教权威,使外在的宗教表现形式瓦解。

在一定程度上,这可以解释为什么狂热派中总会产生不同派系及其分支。当然,狂热派并没有否定神职人员的权威性,他们不过是想拆分它,因为总有一些传道者具有某种威望,可以凭借超凡的能力激发人们对内心信仰的渴望。对于狂热派而言,神职人员这种权威往往是因人而异,与他的个人魅力有关,而不是制度性的。因此,狂热派教会的领导者,例如卫理公会,需要有强大的组织领导力,才能使其信徒团结在这个信仰下。当然,那些相对不那么狂热的福音派,并不支持过于个人主观主义的即兴崇拜信仰。他们坚信真正的宗教权威来源于《圣经》,并且要加以正确的诠释。但是,虽然各种派系对"正确的诠释"有不同的理解,但是他们都否定了学识和理性知识的重要性,最极端的狂热派和反智派甚至认为每个人的心中都有自己的《圣经》,因而拒绝传统学院派对《圣经》的解读。随着历史批评派[3]的兴起,在这些原教旨主义者看来,是否应该由个人自由地解读《圣经》是一个生死攸关的问题。

当美国还是英国的一个弱小的殖民地,处于西方文明的边缘时,英国发生的宗教反抗运动已经开始显现出将对美国的宗教信仰产生巨大影响的迹象。当英国的宗教改革派认为宗教改革不够彻底,无法满足信仰者的社会与精神需求时,千禧年派(Millennarians)、再洗礼派(Anabaptists)、寻求派(Seekers)、叫嚣派(Ranters)与贵格派(Quakers)纷纷攻击现有体制和神职人员,宣扬要建立一种穷人的宗教,主张用直觉感性和灵感启发取代知识和教义,要求提高普通传道者在教会的地位,反对受过专业教育的神职人员,因为他们"空虚无用,缺乏权威"。在清教徒革命时期,新模范军[4]中的传教士对专业人士和知识分子发起猛烈抨击,毫不留情地攻击神职人员、大学教师和律师等。大部分的清教徒在内心里当然赞成神职人员应该接受良好的教育，但是左派的牧师与平等派（Levellers）、掘地派（Diggers）一道，在杰拉德·温斯坦利（Gerrard Winstanley）[5]的带领下，把大学称作"恶臭不堪的一潭死水"，指责通识教育（liberal education）并不会减少人们的罪恶，只会不断激起穷人争取平等的情绪。[6]

在美国，圣公会派（Anglicans）、长老会（Presbyterians）和公理会（Congregationalists）都有严格的教会制度规范，它们的牧师组织严谨，接受过高等教育，在最开始的时候尚可以控制住这种使教会平等化的倾向。但是自从有异见人士开始不断找碴儿，它们就难以招架了。特别是在南部边远地区，一些人曾一度脱离教会。还有人对传统教会进行批判和攻击，特别是在新英格兰地区，因为在那里激进的宗教信仰是生活中的主要内容。例如，早在马萨诸塞湾的殖民者经历了几十年的艰苦岁月最终在这里立足之前，安妮·哈钦森（Anne Hutchinson）女士的种种行为就对此地产生了非常恶劣的影响。她对博学的神职人员和大学教育的敌视，引起了传统权威的极度焦虑。[7]这位女士后来不幸受到迫害，一方面是因为她坚决不向传统教会妥协，但是另一方面更主要是因为人们普遍担心她会颠覆传统的社会生活。直到18世纪的"大觉醒"时期，这些狂热派才在各殖民地大获全胜，成为当地的主流教派。从那时起，美国东海岸就为19世纪不断掀起的福音派"反智"浪潮开了先河，也为"反智主义"的传统奠定了基础。迄今为止，这个传统都是在宗教信仰的背景中继承的。但是，要理解"大觉醒"运动，我们就必须了解殖民地这些传统教会牧师的境况，尤其是清教徒牧师，因为在美国的历史上，他们曾经几乎可以称得上是知识阶层统治者，或者更准确地说，他们是与统治权力密切相关的知识分子阶层。

2

与大多数知识分子团体一样,清教徒的牧师也会犯严重的错误,因此当他们掌握权力时就会非常危险。但是,对我们来说很重要的一点是,当人们想到清教徒牧师时,几乎只记得他们犯下的错误,即使他们所处的社会更应该为那些错误负责,这也是当时美国知识分子界处境的真实反映。此外,还需要注意的是,清教徒牧师的形象相当令人厌恶,就如牧师科顿·马瑟(Cotton Mather)这个名字所代表的那样,它不仅不断出现在通俗的历史读本中,还造就了我们对知识分子的看法。这些美国一流的知识分子就此声名狼藉,连后代的知识分子也经常批判他们。

几乎不会有其他的社会群体比马萨诸塞湾的殖民地更重视学问和"智识"。摩西·科伊特·泰勒(Moses Coit Tyler)对美国殖民时期文学史中的说法虽然有些夸张,但也是可以理解的:[8]

新英格兰殖民地在建立之初,既不是农业社会,也不是以制造业或者贸易为中心,而是一个由思想界组成的群体。它是思想交流的舞台和场所,最能代表它的器官不是手或者心,而是大脑……也许不会有其他的群体更重视知识,更尊敬与学习有关的象征和工具。他们的社会是建立在书本的基础之上……在约翰·温斯罗普[9](John Winthrop)来到塞勒姆港仅仅六年后,马萨诸塞的人民就自筹经费建立了一所大学;因此当刚收获不久的田地里新种的树苗尚未长得粗壮,郊外的村庄还依然可以听见野狼的嚎叫时,他们的孩子就已经在野外开始学习古

　　希腊哲学家亚里士多德和修昔底德斯，古罗马诗人贺拉斯
（Horace）和历史学家塔西佗（Tacitus），希伯伦《圣经》
了……在他们当中，知识阶层的确就是贵族阶级。

　　在美国第一代清教徒当中，那些有识之士不仅数量众多而且受人尊
敬。在每40或50个家庭中，就有一个读过大学，他们通常毕业于剑桥或
者牛津。清教徒希望他们的牧师都是有学问的，但是在整个殖民时期，新
英格兰公理教会中却只有5%的牧师有大学学历。这些清教徒移民注重知
识，他们中的领导者大多学识渊博，因而形成了重视智识和教育的传统。
300年来，这一传统使得新英格兰地区在全国的教育学术一直名列前茅。

　　我们千万不要以为哈佛早期的毕业生只接受了一些简单的神学方面
的教育。很多人认为，哈佛等殖民时期成立的大学在创立之初只不过是神
学院，而清教徒的先辈们对"教会中的牧师缺乏知识"的担忧似乎加深了
这种看法。事实上，那些创建哈佛的牛津和剑桥毕业生一直以来都深受人
文主义精神的影响。在这些殖民地大学的创立者们看来，神职人员接受的
基础教育与普通人接受的通识教育没有多大区别。所谓的专业性神学院
只不过是近代专业化分工的产物，是教派间相互斗争的结果，也是对大学
中愈发明显的世俗化作出的回应。但是，当时的殖民者却不能理解这种观
点。他们认为相比于某些需要饱学之士的行业，教会中更需要受过良好教
育的牧师。但是，他们也想让牧师与其他群众领袖或者政界人士一样，接
受通识课程的教育。而结果也正如其所料，在哈佛最早的两代学生中，只
有一半人毕业后成为牧师，其他人则选择了世俗的行业。

　　清教徒社会中不仅培养出富有学养的有识阶层，还给予他们充分发挥
自己才能的机会。清教徒的牧师受人敬重，反过来他们也积极地回馈社

会。随着殖民地的状况逐渐稳定,牧师们开始有时间通过文字表达自己的想法,其中一些人的创作能力着实令人惊叹。作为一种重视学识的宗教派别,清教徒非常注重对《圣经》的阐释和理性解读,尽可能避免过于狂热、感情用事。清教徒的布道结合了哲学、虔诚和学问;这也正是清教徒推崇的大众教育的目标之一,即让普通信徒都能够理解这些布道的内容。至少在殖民时代的早期,这个目标是实现了。

然而除此之外,他们还做出了许多成绩。当我们评价清教徒殖民者在知识文化方面取得的成就时,需要谨记的是,即使在 1700 年,即第一批殖民者来到美洲大陆的 70 多年后,这里的人口也大约只有 10.6 万人,他们稀疏地分布在新英格兰各处,即使是在当时最大的城市波士顿, 1699 年时的人口也只不过 7000 人。而且,17 世纪 70 年代与印第安人之间的战争又使得人口遭到重创,大约每 16 个参战男性中就有一个阵亡,一半的村镇损失惨重。尽管居住在偏远地区,生活贫苦,还时常陷入各种困境,他们依然创建了哈佛大学,培育出许多民众领导者和教会牧师,而且牛津剑桥这些老牌名校很快就接受哈佛毕业文凭为同等学力。也正是在这所大学,年轻人不但研究、阐释《圣经》和神学著作,他们还阅读古希腊著名诗人赫西奥德(Hesiod)、荷马(Homer)、索福克勒斯(Sophocles)、阿里斯托芬(Aristophanes)等古典时期作家的作品。大量的历史资料表明,马萨诸塞湾的有识阶层都是有良好修养的人,对神学和文学都非常感兴趣,他们成功地把欧洲文明最优秀的传统带到了这个新世界。除了哈佛大学,这些领导者还建立的许多中小学、出版社和一些值得称赞的图书馆。牧师们创作了众多质量上乘的布道词、历史著作和诗词,同时也参与了一些政治话题的讨论,正是这些讨论启发了美国独立战争期间政治方面的论著。这些清教徒的先辈们不仅为该地区的教育制度打下了坚实的基础,而且在他们的群体中极力提倡教育的重要性,因此新英格兰以及这里的人民在 3 个世纪以来,在美国文化的历史中一直享有盛誉。牧师不仅向人们传播宗教也启蒙人们的思想,既促进科学的发展也培养神学的信仰,在小村庄中树立个人对知识文化尊重的楷模,如果不是他们致力于此,那里恐怕将是另一番景象。[10]

现代人对清教徒牧师最普遍的看法是他们不仅具有自身群体共有的缺点,也会发动对其他人的迫害。然而,这种观念可能需要重新评判。今天我们所在的是一个思想开明的现代社会,以这个标准来看,那个时代的确不够宽容,而当时的牧师也确实如此。此外,尤其是来到新英格兰的第一代清教徒牧师,他们身上有一个知识分子在政治事务上易犯的错误,即认为他们可以让全社会都实现极高的道德标准,遵守宗教的规范,整个社会坚持统一的信条。为了证明这一点,他们甘愿冒着生命危险横渡大西洋,来到这片蛮荒之地开垦发展。当然,他们做得太过头了,在一次次尝试之后,以失败告终。

但是,评价包括清教徒牧师在内的知识分子群体最公道的方法,不是拿现代人对宽容和启蒙的标准考量他们,而是要参考其所处的时代,所生活的社会和服务的信徒来衡量。当代自由主义的思想往往会认为,这些牧师是社区的领导者,他们主导了那些引起人们恐慌的事件,例如塞勒姆女巫案[11],因此他们应该对社会中出现的过激行为负责。

然而,事实远比这个复杂得多。牧师本身就不是一个统一的群体,在最早来到新大陆的牧师离世后,随着殖民地社会不断壮大,他们也日渐呈现出多样化。[12]也许,这种差异性最明显之处体现在不同代系之间和他们对区域的选择。老一代的牧师,尤其是那些身处偏远的农村地区的牧师,他们坚守着清教主义最根本的教义信仰。但是到了 17 世纪末,大都市中出现了一群年轻的牧师,他们在宗教上更加自由和宽容,对欧洲知识分子运动的最新情况了如指掌。他们中的大多数在沿海地区新兴的城镇执行教务。

有大量的证据表明,像英克里斯(Increase)和科顿·马瑟这些学识更高、更具有开放观念的牧师,都属于知识分子阶层,受到了人们的尊重。他们对教会的领导不是依靠强有力的控制和权威,而是发挥他们的影响力,鼓励人们更加宽容,追求更多知识,发展科学,同时尽力克服那些乡绅、普通群众与较不开明的牧师常会有的偏执狭隘。到了 17 世纪末,相比于那些年长、没有受过教育但是控制了大部分农村教区的教友,或者为了迎合人数不断增长的选民经常鼓吹宗教原教旨主义的地方政客,教会中主要的牧师在思想上要开放得多。

1680 年以后,在对待浸礼会和贵格派等异见教派的态度上,清教徒牧师要比波士顿的普通群众更加宽容和随和。波士顿地区较有影响力的牧师,包括马瑟父子,在这方面都要比乡村地区年长的牧师更为自由开放。大城市的牧师从英格兰引进了许多主张对教义和形式更包容的最新书籍,随着时间的推移,他们逐渐与恪守传统的加尔文教派分道扬镳,这引起了年长教友的强烈不满。大约在 18 世纪中期以前,科学发展几乎都是依靠教会支持,例如哈佛大学第一位平信徒科学家是约翰·温斯罗普教授,他从 1738 年开始任教。当时,有关科学最具争议性的问题是是否应该预防接种天花疫苗,而那些身为神职人员的优秀知识分子又一次带头支持这项创新的举措。特别是科顿·马瑟,即使愤怒的反对者向他的书房投掷炸弹,他依然立场坚定,丝毫没有退缩。甚至在塞勒姆女巫审判案中,虽然牧师们的表现不一,但总要比平信徒出身的法官和大众更理性。虽然与一些西方杰出人物一样,大多数牧师相信女巫的存在,但是他们强烈反对在恐怖的塞勒姆女巫案中,还没有确凿的证据就极其草率地进行审判,许多牧师也呼吁大众要尽可能保持理性。[13]

到17世纪末,清教徒的宗教观念中出现了一些会影响到牧师的生活和地位的特征。清教主义一直都强调智识与情感间微妙的平衡,前者在新英格兰被视为真正的宗教信仰的基础,而后者对于保持和增强教徒对清教主义的虔诚必不可少。事实上,这种平衡是非常不牢靠的,因此在教会内部渐渐产生分裂。其中一派虽然遵循社会规范,世故稳重,对知识分子的看法较为开放包容,但是在宗教上表现得更加淡漠和正统。另一派则更倾向于宗教复兴主义,容易被狂热的思想打动,在他们发起的那些激进的运动中,他们的支持者则反对知识分子,推崇唯信仰论[14]。乔纳森·爱德华兹(Jonathan Edwards)恐怕是新英格兰的主要牧师中,唯一一位既体现了新英格兰尊重智识和信仰虔诚的传统,又能够接受新观念的人。到了18世纪中期,与美洲大陆的其他殖民地一样,新英格兰的宗教已经萌生了出一股成熟的"反智"力量,它将给注重学识的牧师造成巨大的冲击。

3

那些有学识的牧师遭到的第一次较大攻击和指责,发生在18世纪中期的"大觉醒"运动期间。虽然这些宗教复兴派对于智识和学问本身并未造成负面的影响,但是他们却为今后对有学识的牧师进行攻击开创了先例,并掀起多场运动,要求宗教仪式简化,教会管理非专业化。

美国的"大觉醒"运动是类似欧洲宗教改革的另一种表现,尤其是德国虔信派(pietism)和英国卫理公会(Methodism)的兴起,但是相比之下,美国为宗教"觉醒"提供了特别成熟的土壤。许多美国人既不是异见派,例如在实力强大的圣公会(Anglican)或者公理会(congregational)教会中蠢蠢欲动的浸礼会派,也不属于任何教派,他们根本不去教堂。无论从空间上还是从心理上,人们已经远离牧师的掌控范围。在一些地方,尤其是弗吉尼亚,许多圣公会的牧师与民众已经非常疏远,对他们几乎没有什么影响。就连新英格兰,人们对宗教的热情也逐渐淡去。到了18世纪三四十年代,新英格兰的公理教会(还有纽约和宾夕法尼亚等中部殖民地的长老教会)已经一蹶不振,只适合作为上层社会寄存信仰教义沉闷的场所。它们遵从抽象高深的宗教传统,已经无法再吸引普通的民众。过去由宗教改革引起激烈争论的教义问题,才促成了不同教派的兴起,但是现在它们已经毫无意义。[15]第一代清教徒和他们受过良好教育的下一代早已是过去时,他们的宗教情怀也随之烟飘云散。牧师也缺乏动力,因此也不再如以往那样受人尊敬。虽然他们非常有修养,也多才多艺,但是有些时候,他们太有修养,太多才多艺,太世俗,以至无法做好牧师应尽的本分。他们的布道枯燥乏味,佶屈聱牙,总是纠缠于古老的教义争论,令教徒昏昏欲睡。作为一名"觉醒者",乔治·怀特菲尔德说道:"参加礼拜的会众之所以死气沉沉,是因为牧师像死人一样,沉闷地布道。"[16]从马萨诸塞往南一直到弗吉尼亚等地,人们的宗教热忱已经蓄积多时,就等能够唤起它们的传道者出现。

大觉醒运动始于1720年,一个名叫西奥多·弗里林海森(Theodore Frelinghuysen)的年轻牧师受英国和荷兰清教主义启发,来到新大陆,他的布道深深激发了新泽西荷兰改革派教会的信徒。他在新泽西引发的"复兴派"运动在纽约和宾夕法尼亚等中部殖民地的苏格兰与爱尔兰长老会信徒中,掀起了第二波浪潮。1726年,他们中有一位叫威廉·谭南(William Tennent)的牧师,在宾夕法尼亚的内沙米尼(Neshaminy)建立"小木屋学院"。在接下来的20年里,这个简陋的神学学校培养了大约20名年轻人,在长老教会中传播复兴派思想。1734 年,复兴派已经发展为新英格兰地区一支独立的教派。乔纳森·爱德华兹是大觉醒时期牧师中的一位特殊人物,他将清教徒重视教义、学习书面布道词的传统,与复兴派激情澎湃的虔诚信仰,成功地结合在一起。尽管他的布道词在 1734 和 1735 年间在北美的南安普顿以及周围村镇取得了不俗的凡响,但是与乔治·怀特菲尔德相比,影响力有限,后者是英格兰卫斯理斯(Wesleys)牧师的助手,这个能言善辩的年轻人在 1738 年和 1739 年两次来到北美传播福音。他的第二次到访从佐治亚开始,并两次前往北方地区,最终于 1740 年秋到达新英格兰。大卫·格瑞克(David Garrick)曾经评价道,怀特菲尔德只要念出“美索不达米亚”这个词,听众就会突然情绪激动,因此他在北美的布道吸引了一大批狂热的信徒。数以千计的人从乡村来到城镇聆听他的布道,许多人听后忽然醒悟自己是有罪之人,感到精神上的重生。在他第一次造访新英格兰之后,谭南的儿子吉尔伯特(Gilbert)也来到这里,但是他让复兴派发展到几近疯狂的地步,以至于许多原先欢迎“精神觉醒运动”的人也对此感到不满。

在复兴派的狂热推动者中,还有一位来自长岛,名叫詹姆斯·达文波特(James Davenport)的牧师,他毕业于耶鲁,1742—1743 年间在康涅狄格和马萨诸塞进行传道。他大肆攻击传统教会的牧师,公然挑战教会的惯用礼仪,例如一边唱着歌一边走进教堂参加集会,引起当局的极大不满。1742 年夏天,他在康涅狄格被以“借宗教集会之名,扰乱公共秩序”为由,受到审判,但是他侥幸地逃过了更严厉的处罚,只是被驱逐出此地,原因是他被认为已经“失去了理智”。几个月后,他又来到波士顿,并因为诽谤牧师被判入狱,可是他再次以精神失常为由被释放,而回到长岛后却因为疏于职守,未在本教区履行应尽职责被审判。在康涅狄格的新伦敦又一次经历了类似事件后,他最终同意辞去牧师职务,并于1744年,写了一篇看起来自相矛盾的悔过书。虽然吉尔伯特·谭南的布道最初给了达文波特很大的启发,但是他对后者进行了严厉的谴责。这也表明中间派的"觉醒者"与一般的牧师一样,都对这种偏激而不加节制的宗教运动保持警惕。[17]

至于这些传统教派的牧师,他们中的绝大多数起先对于四处游走的复兴派持欢迎的态度,认为他们可以给教区信众带来热情活力。甚至连波士顿的本杰明·科尔曼(Benjamin Colman)这样杰出的自由派知识分子也这样看。但是当"大觉醒"逐渐壮大,这些传统教派的牧师们开始意识到"觉醒者"并没有把他们看作志同道合的同事,而是实实在在的竞争者,并且是低劣的对手。

吉尔伯特·谭南在他的布道词《论未转变的教会的危险性》(*The Danger of an Unconverted Ministry*)中,表达了他所代表的复兴派对老一辈牧师(正统的、有学识的、正规的法利赛人)的看法,认为他们是狡猾残忍、冷血无情、偏执不忠的伪君子,看不起老百姓。他质疑那些"没有觉醒的"牧师的动机和虔诚,认为他们不是同道中人,而是敌人。"如果他们可以,他们不绝不会让一个真正虔诚的人进入教会,不过这偏偏让人们想加入他们的教会。"谭南可没有讨好任何人的意思,但是他相信自己指出了一个关键的问题,而且不可否认的是,他的主张的确算是宗教上的民主。如果在现行的教会组织下,牧师冷若冰霜,没有皈依信仰,一个觉醒的人未经他们批准就不能进入教会,那么信徒们究竟怎样才能加入一个"虔诚的教会"呢?[18]就像一个真正的新教教徒那样,谭南再次提出这个重要的问题:如何在宗教组织被垄断的情况下,传播信仰?对于现有的传统教会来说,这个问题就变成了:如果谭南和怀特菲尔德这些觉醒派布道者极力把传统教会看作他们的敌人,如何在继承教会传统原则的同时,与他们分庭抗礼呢?

　　事实上,传统教派的牧师发现他们很难招架觉醒派的挑战。那些年复一年终日生活平淡乏味、无法给信徒带来宗教激情的传统牧师,却不得不在每天严肃的日常生活中提振群众的精神意识,的确为难他们了。尚且不说怀特菲尔德这样口若悬河的激情传道者,甚至连和吉尔伯特·谭南和达文波特这样不怎么慷慨激昂、得靠不停顿足才能激发听众热情的人相比,传统教派的牧师都处在下风,仿佛上了年纪的家庭主妇,眼看丈夫被唱诗班前排风情万种的年轻女子勾引,却束手无策。除了才华出众、令教友难以望其项背的爱德华兹以外,其他的复兴派成员几乎很少认为需要与他们的听众讨论理性,或者致力于解决教义中棘手的问题。同样,除了他,他们都摈弃了书面的布道词,采用即兴发挥的方式直接对听众宣讲。他们涉及的是宗教体验中最终极的问题——负罪感、渴望获得救赎、祈求上帝的关爱和仁慈,对鼓励教徒们夸张地表达情绪绝不犹豫,所以随后复兴派中出现了癫痫痉挛、惊声尖叫、哀怨呻吟、匍匐前行、间歇性痴呆等极其夸张的现象。例如,谭南经常通过情绪激动地顿足,以至于语无伦次,令他的听众最终因胆战心惊而信教。这样的表演显然很受欢迎,在为期3个月的新英格兰之旅中,他经常在冰天雪地中布道,激烈的演说甚至可以令信徒激动地趴在30多厘米深的积雪中。见此情形,蒂莫西·卡特勒(Timothy Cutler),一位对此持异见的圣公会派教徒说:"在他[怀特菲尔德]之后,又来了一个谭南——一个放肆无礼、聒噪吵闹的怪物! 跟信徒们说的尽是他们被上帝'诅咒''诅咒''诅咒了'! 然而,这却让他们像着了魔一般。在我所见过的最寒冷的冬天,人们不分昼夜在雪地里打滚,就是为了让他拼命地嘶叫,而许多人终于在筋疲力尽后,结束了这一天。"[19]

　　不久,复兴派的那些最极端的倡导者开始对殖民地的所有教派发起挑战,包括公理派、荷兰改革教派、长老会或圣公会。正如前文所说,新英格兰的公理会与其他地方的长老派始终强调牧师必须是学问渊博的专业人士。一直以来，他们的牧师备受敬重，不仅是因为他们博学多才，也因为他们心灵虔诚的宗教素养。但是，学识是必备条件，因为学习并理性地理解教义是宗教生活的关键。此外，一般常规的教会都按照规章制度办事，牧师被教会请来，接受委托主持宗教活动，他们与教友间的关系好比稳定、严肃、有序的婚姻。不可能出现未经许可的布道者，也不会有不请自来的讲经。

　　所有这些默认的规矩现在都受到挑战。最激进的复兴派传道士的所作所为破坏了牧师这个职业的尊严；他们侵犯、分裂了传统教会牧师所在的教会；他们谴责传统教会冷漠没有感召力，无法使灵魂再生，试图破坏他们的声誉；[20] 他们中的许多人宣扬虔诚的灵魂而非学习《圣经》才是获得救赎的关键；最后，他们不顾谭南等"觉醒者"的反对，甚至任命一般教徒，也就是他们所谓的普通规劝者，即一般教友，进行宣传布道，从而颠覆教会由专业牧师主持的传统。此后不久，许多教会就纷纷瓦解，一些主要的教派如公理派与长老会逐渐四分五裂。显然，整个情况已经失控了。正如以斯拉·斯泰尔斯(Ezra Stiles)在 20 年后回忆到："民众已经认真、清醒、严肃地失去了理性。"[21]

4

　　很快，传统教派就开始不欢迎这些复兴派的"觉醒者"们了。到了1743 年，牧师们已经提出抗议，不是因为任命没有经过专业教育的一般教徒为牧师或者那些人擅自来到教区宣讲这些过分的行径，虽然事实上没有人会赞成他们这么做，而是因为"大觉醒运动"本身的意义。只有少数一些人(也许最多占 1/3)坚持他们的做法给宗教带来了"令人快乐的复兴",但是大多数人认为这只是充满迷信的激情爆发,反对传统和理性权威,是对智识的挑战。查尔斯·昌西(Charles Chauncy),这个有点沉闷却思想开明的波士顿牧师界的领袖,是坚决不向复兴派妥协的人之一,他写过一本小册子,对"觉醒者"进行了最全面对批判。这本书名为《对当下新英格兰宗教状况的思考》(*Seasonable Thoughts on the State of Religion in New England*),发表于 1743 年,表达了他对那些粗鲁无礼、公然挑战教会制度的暴发户的愤怒:这些人来自各个职业阶层,根本就没有资格,却狂妄自大,傲慢无比。他抗议道,复兴派为这些"普通的规劝者"打开了大门,"他们自以为是地觉得可以做别人的心灵导师,而事实上这些来自各行各业没有受过专业训练的人,根本就是枉费心机。这些没有学识的人,只不过是有些小把戏,就自认为不用学习就可以指导人们的灵魂"[22]。

"他们也不愿意学习!"这就是"伟大的觉醒派"最核心的问题之一。"过去"曾犯下的错误现在又出现了,昌西说,那些离经叛道、受到民众欢迎的布道者放言:"他们不需要任何书,只要《圣经》就够了。""他们辩解说,布道不需要学习,只要有圣灵的指引就可以比研习经书的牧师做得更好。他们这么说,好像圣灵与研究经书学习教义是相悖的。"在昌西看来,这是复兴派最根本的问题所在:[23]

他们认为只需依靠圣灵的帮助,而鄙视教义的学习。 正因为如此,许多人不重视学校或者学院;只要有一颗善良的心,他们就能够直拆到根基[24]。 因为同样的原因,大批的普通教徒成为牧师,受人崇拜,尽管他们中很多人连基本的常识都不具备……除此之外,还有许多牧师布道时连《圣经》都没有,也不学习教义；他们给自己找了个理由，说提前准备会限制圣灵的作用。

在肯定经书对于宗教的重要性，以及认为正确解读《圣经》极其重要的人看来，下面的说法就纯粹是异端邪说了：只要拥有圣灵，一个人不需要阅读和学习教义教理，就能完全理解上帝的旨意，成为上帝拯救他人灵魂的使者。这体现了复兴派的觉醒者与传统的教派之间的本质差别：按照一贯的历史传统，正确、理性地理解《圣经》和上帝的旨意，还是唤醒与上帝之间关系的内在信念的意识和情感，哪个更重要？

一个复兴派牧师团体是这样解释他们的观点的：[25]

只要信仰虔诚，上帝将赋予每位兄弟布道的权力。 布道的基本资格是由圣灵决定的。 对典籍经书如数家珍，人文科学知识丰富都不是绝对必要的条件。 不过，它们如果能被用在合适的地方，倒的确是有益的，但是如果缺少圣灵，用它们来替代，那么对使用者或者追随者们来说，则是个陷阱。

在保守的人看来，这种看法就是对学习教理教义的全盘否定，而且如果以这么感性的方式布道，进行宗教崇拜，那么必将宗教活动中的理性全部摧毁。"因为只有理性的人才有信仰宗教的能力，"一位来自南方反对福音派的人写道：[26]

如果没有理性，就没有真正的宗教信仰。 在宗教中永远存在两个基本要素——真理和意义，理性是它们的评判依据。 信

仰之所以高尚，完是因为它是内在灵魂的信仰，如果宗教知识
关于出身、心情、兴趣或任何外在的条件或其他动机，那么所
有的宗教就会没有多大区别。尽管良好的教育让我们明白应该
信仰真正的宗教，但是如果我们没有真地理解其中的道理，那
么这种信仰对我们是无益的。上帝是不会乐见我们向他呈上
"蠢人的奉献"。

可以理解的是,在受到复兴派运动影响的殖民地,许多保守派牧师虽
然刚开始对他们满怀期待,但是很快就产生厌恶,害怕复兴派会威胁到自
己的地位、教会本身以及所有真正的宗教。复兴派不仅忽视基本的教义,
还不遵守甚至诋毁正规教会的组织构架。即兴的演说可能会让宗教中所
有的理性元素荡然无存,因为许多福音派牧师自己也承认,他们的布道来
自"圣灵直接的启示,把思想塞进他们的大脑,把话语填入他们的嘴里"。
传统的保守派认为,即使在受过良好教育的牧师身上出现这种恶劣的行为
也是不好的,如果是"普通的规劝者"则会更加危险,因为他们是"没有受
过教育,没有多少知识,不能理解福音的伟大教义的普通人"[27]。最后,这
些复兴派数量的激增不仅在许多教会内部制造出分裂争端,传统教会的牧
师也担心福音派会对教会重视教育学习的根基造成巨大冲击,他们可能会
伤害到学院的教育和传统的牧师教育培训制度。

这些担忧虽说有些夸大其词,但是复兴派的确曾试图攻击学院体制,
并在最极端的时候还发生过焚书事件。甚至连温和派的怀特菲尔德也曾
要求一些书籍必须焚毁,并成功说服他的追随者这么干。1743 年 3 月,达
文波特号召新伦敦的民众把个人拥有的珠宝以及奢侈的个人物品都烧掉,
马瑟、科尔曼、昌西等传统教会牧师所写的书籍和训诫词也统统要烧掉。

在一个星期日的早晨,码头上堆起了高高的柴火,达文波特和他的追随者唱着《荣耀颂》(*Gloria Patri*)和《哈雷路亚》,吟诵着祷告:"这些作者给人们带来的痛苦,还有他们四处散布的谬论,如今随着这些燃烧的书稿升起的黑烟,全都下地狱吧……"[28]

复兴派对教育的直接影响是复杂的。在长老会等组织中,里面有许多在苏格兰大学接受过良好训练的牧师,所以复兴派会格外谨慎,因为如果对知识学习表现出敌意,可能会招来他们的指责。威廉·谭南在他的"小木屋学院"中培育了不少能干的学者,他的儿子吉尔伯特也并非像常被描绘的那样,是一个粗鄙之人。更重要的是,在 1746 年,长老会中的复兴派成员成立了新泽西学院,即普林斯顿大学的前身,以确保他们有自己的教育场所。其他的教育机构也应运而生,例如布朗大学、罗格斯大学(Rutgers)和达特茅斯学院,它们都是深受复兴派影响的人所建立。只是到了后来,复兴派才一致与教育为敌。然而必须指出的是,复兴派带来的后果是使教育让位于宗教中的派系之争,并巩固了学校受教派控制的传统。这些积极的宗派主义者最想要的并不是建立学校,而是有他们自己的教育机构,这样就可以推动他们所关心的教义和信仰,从而取代通识教育。即使是爱德华斯这样的博学之士也批评过哈佛和耶鲁,指责它们未能成为"虔诚的发源地",花太多功夫"培养人文学者"而不是致力于宗教教育。[29]

怀特菲尔德本人是一个有责任感的福音派牧师,但是也对新英格兰的这两所学校表示不满。他抱怨它们的光芒逐渐消失,变得"一片漆黑,人们都可以察觉到这种黑暗"。当他于 1744 年重返新英格兰时,曾在他第一次到访时热烈欢迎的牧师,现在大部分都不再接受他了,耶鲁和哈佛的教师们也发表文章对他加以谴责,回应他对学校发表的言论攻击,并对他提起了反诉。怀特菲尔德的反对者说,他要"诋毁和颠覆"新英格兰的学院,从而推翻在那里的传统教会的牧师,创建全新的模式,培养他们的继任者。
我们没有必要相信这种说法。但是,一些复兴派曾当着众教友的面,谴责
当地传统教派的牧师,说他们即使不是魔鬼的化身,也缺少真诚的信仰,难
怪有人担心他们会被彻底的推翻。[30]

当然,焚毁书籍、攻击大学并不是复兴派的一般做法,而是一些极端案
例。他们的出发点并不是要分裂教会,抨击学校,或者诋毁智识和学问,之
所以这么做,无非是想实现他们最基本的目的,即复兴宗教,让灵魂更接近
上帝。在新英格兰和中部殖民地掀起的"大觉醒运动",虽然尖刻地攻讦昌
西等人,但是其反智的效果非常有限,因为这些地方的公理会和长老会根
基深厚,一贯注重学识和理性。然而,即使在新英格兰地区,"大觉醒运动"
中的那些复兴派也会有走向极端以至于失控的可能。像昌西一样的反对
者认为"大觉醒运动"中的狂热和反智主义是本质上的,而复兴派的支持
者却觉得,发生这些情况不过是一个出于善意的运动偶尔出现失误,它原
本只是希望让人们皈依对基督的信仰。从短期来看,在新英格兰教会普遍
保守克制的背景下,他们的支持者可能是对的;但是反对者正确地预见到
复兴派的内在趋势和今后的发展方向——尤其是当它逐渐走出尊重传统
和崇尚克制的新英格兰,深入到美国广大的内陆地区以后。近来一位研究
新英格兰"大觉醒运动"的历史学家以一种充满同情的笔触总结道,这项
运动"证明了缺乏智性的狂热福音主义出现的可行性,并可能受到人们的
追捧,"他认为在大觉醒运动时期"贬低'学习教育'的只是少数人,但是之
后却成为新教主义的主要特征"[31]。

毫无疑问的是,传统上对"大觉醒运动"的看法是正确的:它让普通人
以一种更随和的方式接触宗教,除了由中上层人主导并主要为他们服务的
传统教会,还赋予了他们另一种选择,可以说"大觉醒运动"促进了美国民

主精神的发展。它告诉民众他们有权选择自己喜欢和能理解的牧师布道，甚至在一些情况下自己也可以上台宣讲，因此复兴派打破了传统建制派的控制，增强了普通人的坚定自信和自立精神，这些都是后来外国人对美国人的普遍看法。此外，"大觉醒运动"也促进了人道主义事业的发展，包括废除奴隶制和改变奴隶和印第安人的信仰。对于一个善良的"大觉醒运动"的参与者来说，他们关心每一个灵魂的福祉。但是，尽管他们新建了许多大学，我们仍须谨记他们对智识和宗教学习造成的负面影响。"觉醒者"并不是最先贬低心智的人，但是在他们的推波助澜下，反智的势力日渐壮大；他们使美国的反智主义第一次获得了短暂的胜利。随着"大觉醒"的出现，美国宗教史上的清教徒时期告一段落，福音派的时代到来了。此后的复兴派只不过是在更大的舞台上，重复上演 18 世纪复兴派的优缺点而已。

5

随着复兴派逐渐离开公理会和长老会占多数的新英格兰和中部殖民地，来到生活在马背上或荒野的南部和西部地区，它变得更原始、更情绪化、更注重感受到上帝之光时"狂喜的"表现形式。布道的牧师教育程度越来越低，更倾向于鼓励人们用身体反应表现对信仰的皈依，因此匍匐前行、惊声尖叫、吼叫咆哮等行为都大大增加。从一开始，怀特菲尔德在南部殖民地展开的布道就收到成效。在他的宣讲和中部殖民地长老会中复兴派的激发下，福音派运动蔓延到了弗吉尼亚和北卡罗来纳，到 18 世纪四五十年代甚至到达更南部的地区。在这些地方，复兴派发现许多人不去教会，而且那些乡下的圣公会牧师经常不修边幅，因此相比于北部地区，他们更容易对这里的传统教会发起攻击。此外，这里的圣公会与上流社会关系紧密,所以思想上更民主、持有异见的复兴派的影响就更突出。在南部,尽管有萨缪尔·戴维斯(Samuel Davies,他后来成为普林斯顿大学校长)这样杰出的长老会牧师,但是浸礼会和之后的卫理公会占据多数,相比长老会和公理会,它们都不太重视牧师的教育。所以,复兴派的这些惊人做法,如提倡任用无报酬巡回布道的牧师、鼓励普通信众向世人布道、抨击传统教派的牧师,遇到的阻碍很小。

南方的复兴派在传递福音之光时,遇到的不仅是不去教堂的民众,他们通常也非常粗野、残忍,文明程度很低。查尔斯·伍德马森(Charles Woodmason)神父是一位圣公会牧师,他在 18 世纪六七十年代曾在卡罗来纳的大片偏远地区传教时,描绘了当地野蛮且令人恐惧的生活状况,记录下"那些巡回布道的牧师挑拨民众反对传统的教会和牧师的事迹,他们的行为令任何一位士绅都会感到极度不安、无法忍受"。虽然他的言语未免有些刻薄,但是很能说明问题:

> 在这片辽阔的乡村地区,除了集会、教理问答、吟唱华兹(Watts)的圣诗、班扬(Bunyans)所写的《天路历程》(*Pilgrims Progress*),和拉塞尔斯(Russels)、怀特菲尔德、厄金斯(Erskines)等复兴派的布道词以外,几乎没有任何书籍。他们对阅读历史也毫无兴趣,即使念给他们听也不愿意,就像我们在英格兰看到的粗俗之人,他们鄙视知识,不尊重那些有学问的人,在艺术、科学或者语言等各个方面,他们态度都极其恶劣并充满仇视,甚至连当地的重要人物也都是这样。

许多年后,伍德马森在报道中还说到,浸礼会中的复兴派和新光明派

（New Light）都极力反对权威,成功地打击了传统的教会后,现在他们还要摧毁政府。"执法者似乎注意到了这种情况:他们就像 1381 年英国农民起义中的领袖约翰·拉克斯特劳（John Rackstraw）和沃特·泰勒（Wat Tyler）一样,这些激进的教派想要彻底破坏知识分子这个行业,对他们来说,人类对知识的探寻与上帝的精神相悖。"[32]

伍德马森笔下的 18 世纪的卡罗来纳虽然有点夸张,但是也反映了在当时迁移的人口中逐渐出现的情况。独立战争结束之后,大量人口向西推进,殖民地社会中的传统制度逐渐失去影响力,因为制度的变革无法跟得上人口不断迁移的速度。横跨阿勒格尼山脉的西弗吉尼亚,在 1790 年时人口大约为 10 万人,在 30 年后增加到 225 万人。在短短数年之内,许多家庭迁移了两三次。各种社会组织因此解散,各项约束规范也随之消失。教会、社会组织和文化机构也纷纷关闭,它们还没有来得及重新组建,那些不断迁移的家庭就又开始了更远的征程,去开拓辽阔的荒野和大草原。萨缪尔·J. 米尔斯（Samuel J. Mills）是美国圣经协会的创始人之一,他在 1812—1815 年间与两个同伴一起展开了一场西部之旅。他发现许多社区虽然已经建成多年,但是没有学校或教堂,它们也无意于建立这些机构。在当时伊利诺伊的首府卡斯卡斯基亚（Kaskaskia）,他们甚至找不到一本完整《圣经》。[33]

约翰·梅森·佩克（John Mason Peck）是伊利诺伊与密苏里地区最早的一位浸礼会传教士,他曾回忆"1818 年,这些人聚居在边疆地区临时搭建的简陋房子里,他们的生活条件非常简朴":[34]

大约 9 点,我被带到了我要找的家庭。 这家人是早期在边疆地区临时搭建的简易房里生活的典型代表, 也许对他们的一些详细描述可能会让读者觉得可笑，因为今天（1864年）在密苏里已经很难再找到这样的居住状况了。　在玉米地附近的一间极其简陋的小木屋里，住着一大家子：家长和他的妻子、两个结了婚的女儿和一对即将成年的儿女。　他的两个女婿以及他们的三四个小孩也一起生活在这里。　这位老人说他读过书，但是认识的字"非常有限"。　他的妻子希望能得到一本诗歌，但是她不识字。　这个家庭中的其他人根本不需要书籍，或者"任何这样的垃圾"。　我向他们介绍到自己：我是一个浸礼会的牧师，走遍全国各地向人们传播福音。　这位老人和他的妻子都曾是浸礼会信众，至少当他们暂住在城镇的时候，他们是浸礼会的教友。　那些"暂住地"在当时指的是弗吉尼亚和卡罗来纳的内陆地区，以及肯塔基与田纳西两地历史较为悠久的区域，他们之前都在那里生活过。　但是这些地方在当时不太可能有浸礼会的牧师讲经。　老人告诉我他在一个叫作弗朗索瓦街的地方参加过浸礼会的集会，他还记得法勒长老（Elder Farrar）住在迈克尔街。　但是老妇人和年轻人则说，在他们不断拓荒的大约九年里，从未见过一位浸礼会的牧师。　他们偶尔参加一次卫理公会的集会。　对于许多散居在密苏里边远地区的人来说，这种状况非常普遍。　这些"巡回传教"的牧师总是受到年长者的热情欢迎，但是年轻人对他们有些顾忌，不愿意来到牧师传教的小木屋，进去听他们的传教或者祷告。　这些都证明他们是多么落后，或者忙于一些其他的事情，所有的精力都花在操持家务上了……

　　但是，在他们的家里看不到桌椅，哪怕任何一件家具。　这样简陋的生活在偏远的边疆地区很常见，这些人从"暂住地"迁移到此，主要依靠马匹驮运，因此除了那些生活必需品，比如厨具、寝具和一两件衣物，无法运输任何奢侈的"家用设施"。而一家之主如果不具备生活在偏远地区的人必备的手艺和开创精神，不会做一张家人吃饭用的餐桌，他就太没用了。我说的这种当时的家中必需品有两样，一个是一块大一点的台面，用那时的话说就是一个"支柱"，把一块大约1.2米长，直径大约四五米的大木头劈成两半，再把它砍成一块厚木板，插上四条高度合适的桌腿，就做成了一个凳子或者长凳一样的桌子。另一个大致是一个木框，四周安上四条腿，再用小木钉把打磨平整的板子固定在上面。在这里成百上千个小木屋里，都可以见到这样的桌子……

接下来说说他们的食物，就可以完整地描绘出这些居住在棚户中的人的真实的生活面貌。馊掉的培根在煮熟后散发出恶臭味，当然，在大多数时候他们连这种变质的食物都吃不上。作为配菜的菜豆半生不熟，挤出的牛奶在存了整整一季后制成的酸酪乳，几乎根本不能吃。这些迁移者的早餐时间基本上是10点以后了，他们丰盛的早餐就是白水煮的玉米而已。

这些传教士经常被这么艰苦的生活状况吓到了。其中有一位记录了他于1833年在印第安纳小镇的遭遇：[35]

那里充满了无知，环境十分肮脏，完全没有一点儿智识可言。对文学的极力抗拒随处可见。除了怀尔德弟兄（br.

Wilder）和我，这里没有一个人受过教育。 就我所知，这儿没有一个人懂文法或者地理知识，也没有老师能够教授这些知识。 在一些社区，连一个学校都没有。 家长和孩子一样无知。 有些人倒是在一年中的几个月学点什么，但是他们读的尽是些非常老旧、离谱的东西。 他们一个个都是浅薄无知之人。学校里如果什么都不教也没什么过错。 显然，胸怀壮志、追求进步在这里根本不存在。 无论男女老少，没有人会因为不识字而感到难堪，这顶多就和长着一个长鼻子差不多。 我们教会前些时候选出一名长老，可是他连《圣经》都不会读。 我甚至无法列举出 10 个能阅读识字的家庭，无论是关于政治还是宗教方面的内容。 他们去邮局花的钱加在一起也没有我一个人在邮局的开支多。 我不必再提醒你，这个污浊不堪的地方中究竟滋养了多少卑鄙的心态：嫉妒、偏执、猜忌、盲从、恶毒……

但是，这些生活贫困，不时还要面对印第安人攻击、热病和疟疾威胁、醉酒斗殴的男男女女，根本就负担不起教育，更别说提高文化素质。对他们来说，拒绝他们无法拥有的事物比承认缺少它们要容易得多。

另一位此时也在印第安纳的牧师则用一种更富同情的口吻写道："这里的人民非常贫穷，远离集市，他们勤恳地耕作在这片新开拓的土地上。"但是，他认为他们的文化程度与经济状况一样贫困匮乏：[36]

这里的社会还处在一种分散的状态，人们来自南方各地……宗教教派五花八门，传教者不胜枚举，许多人不识字。有些人甚至还在安息日宣讲！ 还有人居然说耶稣不是神！ 但是他们却联手起来，一致反对教育，认为不一定非得受过教育才能成为教师，辱骂那些领薪水的有学问的牧师。在西部，这种错误和无知什么时候才能结束？

当然，描绘美国当时社会的艰苦状况，为福音派的传播找到了最充分的理由。必须指出的是，他们并没有要拉低高雅文化，反而是把文明社会中常见的约束和制度传播到那些几乎毫无文化可言的地区。他们当中最杰出的人在其所在教区自然是学识文化都很出众的领导者，而最差的也不至于让原有的状况更糟。教会组织派往家庭中传教的传教士，其实是在不断地与各种分散社会的力量相抗衡——越来越多的人不去教堂或者没有信仰，婚姻未经教会批准、生活没有约束、酗酒斗殴等。尽管福音派所到之处颇受欢迎，但是他们的传教依然受到重重阻碍，轻则在他们宣讲时诘问起哄，重则置他们于危险之中。传道士彼得·卡特莱特（Peter Cartwright）是卫理公会派最著名的巡回传教的牧师，他曾记录下在营地布道会遭到带着刀、棍、马鞭的捣乱分子袭击的经历，他们就是要破坏活动的进行。在某个星期日的上午，一群暴徒打断了他的布道，他不得不带领信徒予以还击。对于这些历尽艰辛来到西部传教的牧师来说，用东部传统教会里的那套方法是行不通的。如果不能形成一套适合当地的传教方法，无法在某种程度上，认同或者激发听众心中的感情或者偏见，例如反对权威、贵族、东部的文化和学识，他们就无法让这些不断迁徙的人皈依对基督的信仰。虽然不同的教派对这个基本诉求有各自的处理方法，但是总体上说，教友的地位提升了，牧师的地位降低了。简而言之，文化本应依靠精英阶层进行传播，可是为了适应这里原始粗野的社会制度，社会精英的价值被贬低了。如果我们要对福音派牧师进行评判，那么从他们的诚意、勇气、牺牲精神和知识这些方面考虑就足够了。但是，因为我们的目的是评价文明的变迁和文化的发展，所以我们必须谨记当时出现的社会状况。那是一个充满勇敢和个性之人的社会，一个坚韧与狡黠兼具的社会，但绝不是一个会产生诗人、艺术家或者学者的社会。

注 释

1. 参见哲学家 H. 理查德·尼布尔（H. Richard Niebuhr）："相比于受过良好教育、精熟圣餐仪式的牧师，一般信徒更受到青睐，因为他们更能满足宗教的情感需求（例如，对未受过教育或者经济上贫困的阶级来说），反对统治阶级文化和利益，而后者优越的生活方式是以牺牲贫苦人民的幸福为代价的。"《宗派主义的社会根源》（*The Social Sources of Denominationalism*），子午线，1957 年编，第 30 页。

2. 我的这番话主要借用诺克斯（Msgr. R. A. Knox）在《狂热》（*Enthusiasm*）（牛津，1950 年）一书中的观点。

3. 译者注：历史批评派（Higher Criticism/ Historical Criticism）是 18 世纪开始在欧洲兴起的一个以对经典文本进行文学分析的学派。该派学者通常把《圣经》归于一般性的经典文本，对其进行科学研究以确定其起源和意义。

4. 译者注：新模范军是英国内战期间，英国议会于 1645 年建立的一支军队，由克伦威尔执掌。

5. 译者注：温斯坦利是护国公克伦威尔时期，英国新教改革家和政治活动家。他也是英国"平等派"和"掘地派"的创始人之一。

6. 哲学家尼布尔对穷人的宗教进行过概括，同上，第 2、第 3 章。利奥·绍尔特（Leo Solt）在《清教革命中的反智主义》（*Anti-Intellectualism in the Puritan Revolution*）中也有相关讨论，参见《教会历史》（*Church History*）第 14 期，1956 年 12 月，第 306—316 页。D. B. 罗伯特森（D. B. Robertson）也曾有所探讨，见《平等民族的宗教基础》（*The Religious Foundations of Leveller Democracy*），纽约，1951 年，特别是第 29—40 页。

7. 正如塞缪尔·艾略特·莫里森（Samuel Eliot Morison）所说，激进的清教徒中的敌意，是"信仰的一部分。忠实的狂热者将大学称为'反基督者的妓院''撒谎者之屋''在上帝面前散发着最令人恶心的臭味'"。爱德华·约翰逊（Edward Johnson）则认为安妮·哈钦森（Anne Hutchinson）与她的同伴极度痛恨学识，他们极力劝说人们要小心，别被知识毁掉心灵。她的一个追随者对他说："跟我来……我给你们介绍一个女士，她宣讲的福音比任何一个穿着黑袍、上过大学的牧师都好。这位女士有另一种灵魂，她得到许多天启……我宁可听这位从未读过书的人来宣讲精神的力量，也不要听你们这些饱学之士布道，尽管你们可能满腹经纶。"J. F. 詹姆士编，爱德华·约翰逊，《新英格兰救世主的奇迹天意》（*Wonder-Working Providence of Sions Saviour in New England*），纽约，1910 年，第 127—128 页。

8. 《美国文学史 1607—1775》（*A History of American Literature*, 1607—1775），纽约，1949 年，第 85—87 页。

9. 译者注：马萨诸塞第一任州长。

10. 莫里森在《殖民时期新英格兰的智性生活》（*The Intellectual Life of Colonial New England*）（纽约，1956 年）中，曾对清教徒对早期殖民地文化做出的贡献进行过激烈的辩护和分析；参考托马斯·G. 怀特（Thomas G. Wright）所著的《早期新英格兰的文学文化》（*Literary Culture in Early New England*），剑桥，1920 年；肯尼斯·默多克（Kenneth Murdock），《殖民时期新英格兰的文学与神学》（*Literature and*

Theology in Colonial New England），剑桥，1949 年。

11. 译者注：塞勒姆女巫审判（Salem Witchcraft Trials）是 1692—1693 年间发生在马萨诸塞殖民地的一系列针对被控从事巫术活动者的审判事件。这次事件共造成 20 人被处决，另有 200 多人被逮捕或监禁。在近 300 年后的 1992 年，马萨诸塞州议会通过决议，宣布为所有受害者恢复名誉。

12. 关于 1680—1725 年间牧师的状况，见克利福德·K. 希普顿（Clifford K. Shipton），《冰川期新英格兰的牧师》（*The New England Clergy of the"Glacial Age"*），《马萨诸塞出版物中的殖民时期社会》（*Colonial Society of Massachusetts Publications*）第 32 期，波士顿，1937 年，第 24—54 页。

13. 在执行完第一次绞刑，许多牧犯候审期间，一些牧师写信给州长和审判委员会，指出"谨慎调查非常重要，以免受到魔鬼引诱轻信，从而造成一连串惨剧冤案。"由民间人士构成的当局却无视牧师们的抗议，继续以所谓的"幽灵启示得来的证据"指控嫌犯时，领头的牧师再次提出反对，其中 14 名牧师向州长递交了请愿书。在他们的坚持下，州长菲普斯（Phips）最终叫停了审判。希普顿，《新英格兰的牧师》（*The New England Clergy*），第 42 页。

14. 译者注：唯信仰论指的是认为基督教徒既蒙上帝救恩，就无须遵守摩西律法的学说。

15. 佩里·米勒（Perry Miller），《新英格兰的灵魂》（*The New England Mind: from Colony to Province*），坎布里奇，1953 年，一书中对教会在制度上和教义上的衰落做过精彩描述。

16. 引自高斯塔（Edwin Scott Gaustad），《新英格兰的大觉醒运动》（*The Awakening in New England*），纽约，1957，第 27 页。

17. 关于达文波特的记载，参见高斯塔，同上，第 36—41 页。爱德华兹也在他 1746 年的著作《宗教情感的论述》（*Treatise Concerning Religious Affections*）中表达过对这种偏激表现的厌恶。

18. 吉尔伯特·谭南，《论未转变的教会的危险性》（*The Danger of an Unconverted Ministry*），波士顿，1742 年，第 2—3，5，7，11—13 页。

19. 泰尔曼（L. Tyerman），《怀特菲尔德神父的一生》（*The Life of the Rev. George Whitefield*），第 2 卷，伦敦，1847 年，第 125 页。见尤金·E. 怀特（Eugene E. White），《新英格兰大觉醒运动的衰落：1741—1746 年》（*Decline of the Great Awakening in New England: 1741—1746*），《新英格兰季刊》（*New England Quarterly*）第 24 卷，1951 年 3 月，第 37 页。

20. 昌西整理了吉尔伯特·谭南攻击传统教派的牧师时，给他们起的一些绰号："可受雇干杂活的人（hirelings）；毛虫（caterpillars）；学问渊博的伪善者；像狐狸一样狡猾、像狼一样残忍的人；烂醉如泥的伪君子；恶棍；蛇的后裔；愚蠢的建筑工；魔鬼派对教会里的人；保姆；不会叫的死狗；瞎子；死人；魔鬼附体的人；上帝的叛徒和敌人；又瞎又聋的向导；撒旦的子嗣……凶残的伪君子。"《对当下新英格兰宗教状况的思考》（*Seasonable Thoughts on the State of Religion in New England*），波士顿，1743 年，第 249 页。其中大部分都出现在谭南的《论未转变的教会的危险性》。

21. 高斯塔，同上，第 103 页。

22. 见《对当下新英格兰宗教状况的思考》，第 226 页。

23. 同上，第 256—258 页。

24. 译者注：《圣经》诗篇中说道："耶路撒冷遭难的日子，以东人说，拆毁，拆毁，直拆到根基。"（Remember, O LORD, the children of Edom in the day of Jerusalem; who said, Rase it, rase it, even to the foundation thereof.）

25. 伦纳德·W. 拉巴里(Leonard W. Labaree),《对大觉醒运动的保守态度》(*The Conservative Attitude toward the Great Awakening*),《威廉和马丽季刊》(*William and Mary Quarterly*),丛书第 3 本,第 1 卷,1944 年 10 月,第 339—340 页,选自特雷西(Tracy),《大觉醒》(*Great Awakening*),第 319 页。

26. 引自拉巴里,同上,第 345 页,选自《南卡罗来纳公报》(*North Carolina Gazette*)1741 年 9 月,第 12—19 页。

27. 同上,第 336 页。

28. 怀特,同上,第 44 页。

29. 《作品》(*Works*)第 4 卷,纽约,1830 年,第 264—265 页。

30. 关于新英格兰的学院对"大觉醒运动"的反应,见理查德·霍夫斯塔特(Richard Hofstadter)和沃尔特·梅茨赫尔(Walter P. Metzger),《美国学术自由的发展史》(*The Development of Academic Freedom in the United States*),纽约,1955 年,第 159—163 页。

31. 高斯塔,同上,第 129,139 页。

32. 理查德·J. 胡克(Richard J. Hooker)编,《革命前夜的卡罗来纳的边远地区》(*The Carolina Backcountry on the Eve of the Revolution*),教堂山,1953 年,第 42,52—53,113 页,记载了这些南部边远地区的文化传统。另见卡尔·布里登博(Carl Bridenbaugh),《传说与现实:南部殖民地社会》(*Myths and Realities: Societies of the Colonial South*)第 3 章,巴吞鲁日,1952 年。

33. 古迪孔兹(Colin B. Goodykoontz),《美国边疆地区的家庭传教》(*Home Missions on the American Frontier*,Caldwell),爱达荷,1939 年,第 139—143 页。在移民迁徙时期,不仅是新教的教会领区面临宗教活动瓦解的危险。一位印第安纳的牧师在 1849 年也写过,他所在教区的爱尔兰移民"几乎不知道上帝的存在。他们不愿参加教理问答,即使他们参加,也不知道该干嘛"。施罗德修女(Sister Mary Carol Schroeder),《文森教区的天主教会:1847—1877》(*The Catholic Church in the Diocese of Vincennes*,1847—1877),华盛顿,1946,第 58 页。

34. 鲁弗斯·巴布科克(Rufus Babcock)编,《拓荒生活四十年:神学博士佩克回忆录》(*Forty Years of Pioneer Life: Memoir of John Mason Peck*),费城,1864 年,第 101—103 页。

35. 古迪孔兹,同上,第 191 页。

36. 同上,第 191—192 页。霍尔(Baynard R. Hall)对早期印第安纳的类似状况也有记载:《新的购入》(*The New Purchase*),普林斯顿,1916 年,第 120 页。

第四章

福音主义与复兴派

1

现在回想起来，对于现代人来说，19世纪早期美国社会的发展状况的确为基督教教会的组织结构和牧师选择标准的改革和创新，提供了特殊的土壤。几百年来，基督教都保持着单一教会的传统，而不是众多教会门派林立的状况。但是，美洲大陆的殖民地从一开始，就是由代表不同教派信仰的移民团体组成，它们有些是"左派"，有些是"右派"，是欧洲"宗教改革"运动的结果。所以，很早大家就清楚地意识到不可能在这片土地上维持一种"垄断、强制性"的宗教组织。到了18世纪中期，这片殖民的大陆已经逐渐接受宗教上的相互宽容，并以法律作为保障。

因为宗教的多元性带来了教派的分立，所以美国人彻底抛弃了教会古老的制度，改为采取一种宗教自由的态度。在18世纪末、19世纪初美国各州宗教自由的大背景下，那些起初被视为异端的教会团体逐渐发展成稳定的组织，它们的组织构架虽然没有过去的教会那样严格，但是已经非常牢固和严谨,绝不可以再被当成异端了。在如今这种自发性的、宗教信仰"自由竞争"的环境下,逐渐壮大的新兴教派和日渐式微的传统教派间平起平坐,最终形成所谓的"宗派主义"[1]。美国的宗派主义的本质是:教会成为自愿性质的组织。普通的信徒可以自由选择忠于哪个教派,没有教会可以强迫他们加入,连那些传统的教会会员继承制也逐渐衰落。根据以往欧洲的教会制度,大部分信徒归属的教会由他的出身决定,国家强行规定他不得随意脱离,宗教活动的形式由该教会的礼拜仪式决定。然而,美国的普通信徒却并非如此,他们不是一生下来就属于某个教派,或者必须继承某些圣餐仪式。在美国,教派是一种自愿性质的团体,根据个人的宗教体验,他可以自行选择是否加入。

这种自由的选择绝不是虚构的。18 世纪末美国人的生活尚未安定,一直处于变化中,独立战争也打破了许多原有的组织,因此在 1790 年的时候大约 90% 的美国人都不去教会。在随后的几十年里,这种令人震惊的"宗教无政府状态"大为改观,信徒们找到了各自所属的门派,大部分人都加入适合自己的教会。但是,在这个过程中,始终都是个人自由决定加入哪个教会。他们的选择实际上也是前辈们作出的决定,它们包含了美国人对告别过去的渴望,对未来的期待,和对历史传统的摈弃。在美国政治中有一条非常普遍的观念,即欧洲代表了过去的腐败,必须要努力克服。新教中的各派也基本上都产生于这种对基督教历史的看法。[2] 他们普遍认为基督教的历史发展是堕落腐败的过程,而不是宝贵的制度形式的积累,基督教最初的纯洁性已经荡然无存。因此,这些虔诚的人期望的并不是保留传统的形式,而是要闯出一条新路重新实现这种纯洁性。"这是一个自由的时代,"福音派长老会的杰出代表艾伯特·巴恩斯(Albert Barnes)在 1844 年写道,"人类将获得自由。各种条条框框下的信仰是过去留下的愚蠢或者僵化了的智慧,跟不上自由运动、不断开拓的眼界和时代变化的潮流。"[3]

这种变化的目标是回到基督教创立之初时纯真朴质的状态,只有从《圣经》中才能找到答案。即使那些对美国宗教发展方向不感冒的人,也无法否认它的重要性。1849 年,德国改革派教会的代言人就曾经说过,各教派强调加入教会是个人选择的结果,以及要加强对《圣经》的阅读:[4]

> 必然是对所有历史权威的反抗,除非过去的解释被认为是正确的;当然在这种情况下,衡量真理的唯一标准,绝对不是过去的权威,而是该教派本身的灵魂……一个真正的教派从不会在乎能否为自己找到历史出处。从这个角度说,它只希望自己出自美国本土,直接来源于《圣经》,或者通过天国得到《圣经》的启示……教会的发展需要有历史的传承,这种观念对于这些教派来说无足轻重。

因此,将大部分的教派紧密团结在一起的不是传统或者忏悔,也就是说,不是教义信念的古老制度,而是那些新出现的目标或者动力。因为在各教派间并没有特别统一的教义礼仪,过去教会中获取知识学识的主要渠道——对神学问题的理性讨论,则被认为是对目前状况的一种干扰,会造成分裂的局面。所以虽然对教义的理性讨论没有完全被放弃,但远没有那些更实际的目标重要。[5] 任何教派的观点或者做法,如果不利于传播宗教的共同福祉,就会被毫不犹豫地放弃。[6] 这种传教本身就是福音主义的意义。在这样一个流动性很强的社会,考虑到有大量的人不去教堂,没有信仰,因此各个教派最基本的任务是使他们找到信仰的归宿,其他都是次要的。

各教派努力争取的这些人,以前没有受过宗教传统的约束,也没有接触过圣餐仪式和烦琐的教义。因此通过这些仪式和教义赢得他们的皈依似乎不可行。再现基督教初期宣教者身上纯真质朴、充满感情的感召力,才是最有用的。因此,在这方面复兴派取得了成功,而传统派遭到失败。情感的宣泄取代了宗教机构中强制性的规定。只要用简单的道理就可以让单纯的人重拾信仰,有说服力的牧师不需要复杂的教理教义,只需不断向他们提出一个最简单的问题:选择天堂还是地狱,就行了。同样的道理,救赎是个人的选择:有罪之人应该"选择宗教",而不是宗教选择有罪之人。总之,任何能让人皈依宗教的方法,就是好方法。作为一名不知疲倦的灵魂拯救者,德怀特·L. 穆迪(Dwight L. Moody)曾这样说道:"只要你能让一个人信仰上帝,至于你是如何做到的并不重要。"[7] 早在实用主义成为美国人的哲学信仰之前,福音主义者就以一种粗略的方式表达出这种思想。对于普通信徒来说,对信仰的一个务实的检验办法是他们皈依信仰的体验,对于牧师来说,则是能引导人们皈依信仰。牧师能否成功地转变人们的信仰,决定了他布道的内容究竟是否是真理。[8]

不同教派制度的出现和福音派思想的流行使教会本身发生了转变。无论属于那种教派,这些教会或多或少都朝着某种公理主义[9](congregationalism)或地方主义(localism)的方向发展。这种地方主义与复兴主义的结合,鼓舞了教会中的不同意见者站出来,加剧了教会的分裂,只要他们最终能使人们皈依对基督的信仰,谁能管得了他们? 此外,普通信徒的地位也得到了提升。牧师再也无法依靠强大的中心教会的支持,而是得靠自己的才智维系与教区信徒的关系。他们倒是尽其所能地建立了自己的威信,但是美国的传统更倾向于让更多的普通教友参与对教会的管理。在南部,甚至在一向坚持牧师权威性的圣公会派教会中,管理教会的权力也已经转移到教区委员的手中。于是在美国各处,牧师的表现似乎要由教友评价,在某种程度上,受他们"差使"。甚至在 18 世纪,克雷格夫(Crèvecoeur)就评价过荷兰人对牧师的态度,他们"把牧师当作雇来的人,如果干得好,就按照约定付给他们薪水;如果干得不好,就把他们开除,不再需要听他们的布道,把他们的教堂关上几年"[10]。

因此,这些牧师不能再像以往在"旧世界"时那样,依赖教会组织的权威、他们自身的地位立足。要想成功,他们得像政客一样娴熟地应对教会事务,并精通俗世那套运筹帷幄的技巧。此外,那些将激发宗教热情与民族主义集于一身,志在给这个国家带来变革,把基督教传播到西部的牧师,则会受到高度的重视。在 1800—1850 年间,各个社会机构都致力于实现这些目标。对此,一位牧师抱怨"在大多数情况下,人们希望牧师像公共事业机构的管理者或者慈善机构的负责人一样发挥作用",对他们的评价通常是通过"他们在促进社会改革方面取得的成就衡量……"[11] 因此,西德尼·E. 米德(Sidney E. Mead)指出:"事实上,牧师已经丢失了传统神职人员应尽的职责,而成为一个就任圣职的公职人员,在上帝的召唤下,管理世俗化的教会,开展具体的活动。"[12]

最后,评价牧师的工作往往只有一个标准:他拯救了多少灵魂。对当地牧师的评判,要么看他的个人魅力,要么看他能否发动当地教会的信众参加那些重要的巡回牧师的宣讲,真正唤醒信徒的灵魂。[13] 在宗教界使用"星级"制度的评价方法远远早于电影业。随着福音派的推动力愈演愈烈,选拔培养牧师逐渐采用复兴派的标准。福音主义者认为理想的牧师应该是一个受大众欢迎的斗士和规劝者,面对这种越来越成为主流的观点,清教徒的主张——牧师应该是智识和教育方面的领导者——逐渐不受待见。神学教育本身变得不再重要,只要简单地了解教义知识就足够了。在很大程度上,教会减少了与世俗社会在智识方面的交流,不再认为宗教是完整的智性生活体验的一部分,并且放弃了对理性的研究,把它们纯粹看作自然科学的领域。最终在 1853 年,一位优秀的牧师不得不抱怨道:"人们普遍认为如果牧师有学问,他一定缺乏虔诚,而一个极其虔诚的牧师一定是缺乏智识的。"[14]

2

上述内容只是非常概括的介绍,以此来对美国宗教下结论将是危险的,因为各地区的差异性和多样性使美国的宗教问题格外常复杂。但是,我认为这些概述大致反映了美国各教派间包容共存的普遍现象和福音主义对社会的显著影响。当然,某些重要的保守派教会并没有太受到福音派的影响,或者说完全不受它们的影响。其中,罗马天主教会(Roman Catholic Church)和路德派成员(Lutherans)等教会团体,除了表面形式上,在其他方面并未受到福音派运动的波及。苏格兰圣公会派(Episcopalian)等教派则是根据各地的情况受影响程度不一。而像长老会和公理会派则因福音派运动产生了内部的分裂。

如果把美国刚独立时的社会与 1850 年时的社会相比,前者主要包括阿勒格尼山脉以东的区域,后者则幅员辽阔,许多教派从原教会独立,福音派尤其传播迅速,发展了大量的信徒。在美国独立战争后,圣公会、长老会和公理会派是三个最大的教派。前两个是在欧洲建立形成的,最后一个则是美国社会的产物。到了 1850 年,这种局面已经发生非常明显的变化。在此之前,全国最大的教派是罗马天主教会。而现在在新教中,曾经的少数异见派卫理公会和浸礼会,已经成为最主要的教派。长老会、公理会和路德派都排在它们的后面。苏格兰圣公会派已经降到了第八位,这说明作为一种代表着上层社会的保守教派,它在美国社会的地位已岌岌可危。[15]

　　总体而言,在广大的西部地区和新兴的城镇,发展和壮大基督教新教派的影响,依靠的是走大众路线的福音派,而不是传统教会。卫理公会和浸礼会的"大获全胜"证明了它们顺应美国当时社会状况的能力。福音派成功地取代长老会和公理会等教派成为主流,也表明它们有能力推动传统教会组织结构的改变。

　　因此,福音派是传播新教的主要力量,它通过宗教的复兴令布道高潮迭起。从18世纪末到19世纪,复兴派掀起的改革热浪,席卷了美国各地。第一波浪潮大约是在1797—1835年间,它对田纳西和肯塔基这些"新西部"地区的影响力格外明显,随后是纽约州的西部和中西部各州。这股热浪尚未退去,始于1840年的新浪潮又横扫各个城镇,这说明复兴派的影响力绝对不是只局限于农村[此后,穆迪、桑迪(Billy Sunday)和比利·葛理培(Billy Graham)等牧师也非常清楚这点]。在动荡的1857—1858年间,复兴派的势头达到高潮,声势浩大的运动波及纽约、波士顿、费城、辛辛那提、匹兹堡、罗切斯特、宾厄姆顿(Binghamton)、福尔里弗(Fall River)以及许多小一些的城镇。[16]

　　然而,复兴派并不是这场运动的唯一重要力量。大约到了1830年的时候,福音派已经发展出许多团体,例如传教修会、《圣经》和圣教书会、教育团体、主日学校联盟、斋戒组织等,它们大多是跨教派的组织。这些组织的首要目标是要让密西西比河谷地区的人民皈依对基督的信仰,把他们从宗教意识冷漠、不虔诚或者执着于天主教的信仰中拯救出来,其终极目标是让每一个美国人都信仰基督,以至于遍及全世界。在很长一段时间里,这个伟大的追求令这些教派间的分歧暂时消弭,怀疑主义、消极态度和天主教是它们共同的敌人。在各教派合作的范围以外,上述团体则向感兴趣的个人敞开大门;如果教会的牧师不想参加一些活动,它们也会为一些积极的教友提供参与领导的机会。1795—1835年间,在复兴派激进运动的大部分时候,福音派团体始终保持着合作关系。直到大约1837年,这一势头才大为减弱,一方面是由于教派间的分歧不断扩大,教派内部也产生裂痕,另一方面也是由于福音派运动已经实现了它们的主要目标。[17]

无论从哪个标准来看,这场运动都可称得上成功。有充分的数据显示,福音派在这段极其困难的条件下,传教活动取得了惊人的成绩。在18世纪中期,美国教会的人数少于任何一个信仰基督教的国家。虽然美国宗教方面的统计数据不太准确,但是据估计在1800年,每15个美国人中就有一个加入教会,到1850年时这个比例上升到1∶7。在1855年,美国大约有2700万人口,超过400万人参加了教会。虽然对20世纪的美国人来说,大多数人都去教会,上面的数字可能不算什么,但值得注意的是,尽管加入教会对现在的人来说可能没有什么特别的意义,非常普通,但在当时却是一件非常严肃而且要求严格的事。所有的福音教派都要求信仰者必须经历个人信仰的皈依,严格遵守宗教的戒律。根据记载,1860年美国大约有3100万人,而教堂的座位有2600万个,[18]所以从这个角度说,"去教堂的人"远多于"加入教会的人"。在福音派成员中卫理公会派和浸礼会派的人数最多,加起来几乎占到整个新教教徒中的70%。

3

福音派的浪潮最先向西部地区推进,随后席卷了众多新兴的城市,在此过程中愈发清楚的是,基督教在美国主要有三大教派:卫理公会、浸礼会和长老会。通过对这些教派的分析，我们可以厘清福音派运动对美国文化的影响。

　　在所有福音派团体中，长老会派是最重视知识文化的，他们把新英格兰的公理会和殖民时期长老会的传统带到了西部地区。1801 年，按照"联盟计划"（Plan of Union）的约定，长老会与公理会展开合作，结果导致公理会在新英格兰以外的地区逐渐失去了影响力。这项计划的基础是它们共同遵从加尔文主义的神学信仰。因为马萨诸塞以外的大部分公理会都不反对长老会的教会组织形式，所以纽约和中西部地区的公理会教会渐渐融入了长老会之中。但是，公理会也给中西部的长老会带来了鲜明的文化趣味和新英格兰特色。

　　长老会通常对教义非常严格。它们吸纳了大量工商界人士，也因而成为非传统教派中代表精英阶层的教会。[19] 长老会派的成员热衷于发展高等教育，并使其为教会服务。然而，他们最终成为坚守教义的受害者，走向分裂。受到公理会盟友的影响，一部分长老会牧师开始传播纽黑文神学思想，这是一种相对自由化的加尔文主义，它相信上帝会对大部分人赐予恩宠，并通过福音派复兴运动的精神和实践传播宗教。老派的加尔文主义者更为保守，他们遵循来自苏格兰和苏格兰—爱尔兰的传统，以普林斯顿大学和普林斯顿神学院为中心，不接受新派的观点。1828—1837 年间，不断的争执和对异教的审判破坏了教会的稳定。巴恩斯、莱曼·比策（Lyman Beecher）、阿萨·马汉（Asa Mahan）和比策的儿子爱德华等长老会中的福音派领袖，都被指控散布"异端邪说"。最终在 1837 年，老派将新派逐出教会，因此全国的长老会教友必须在他们中间做出选择。除了教义上的分歧，老派还认为新派对于跨教派的传教团体过于包容和接纳，而不积极反对日渐壮大、支持和煽动废除教义的教徒。耶鲁大学、欧柏林学院（Oberlin

College）和辛辛那提雷恩神学院（Lane Theological Seminary）是新派福音主义的重要聚集地。查尔斯·格朗松·芬尼（Charles Grandison Finney）是其中一个重要人物，他是继爱德华斯、怀特菲尔德之后、在穆迪之前最著名的复兴派人士。

芬尼的例子很好地说明了"长老公理会福音主义"的含义是多么的模糊不清，叫人无法对"宗教反智主义"下一个简单的定义。芬尼和他的同伴都是新英格兰知识分子传统的继承者，他们肯定了延续教育的重要性，虽然不一定算得上要发展教育。欧柏林学院和卡尔顿学院（Carleton College）这些优秀的高校都可以视为新英格兰重视教育的传统在西部地区的延伸，以使智识的传播不断保持活力。在其他福音派团体中，很难找到像芬尼、马汉、比策这样既有文化修养又聪明机智的人。人们不禁会问，在内战之后究竟有多少福音派人士能像芬尼那样写出那么高水平的回忆录呢？这些人的内心由于不断研究加尔文主义和新加尔文主义神学变得更加坚强，为了发展出他们自己的神学理论而更加自律。但是，他们的文化观相当狭隘，教育在他们的眼中也只是一种工具。他们非但没有扩大智识的传播和影响，反而限制它的发展。

虽然今天只有对美国宗教或社会史特别感兴趣的人才会记得芬尼，但是我们必须承认他是美国历史上的一位伟人。他是康涅狄格州一个向西部拓荒家庭的子弟，先后在纽约州中部的奥奈达县（Oneida County）和安大略湖畔度过了童年时光。他曾在新泽西州做过一段时间老师，通过律师考试后在纽约州的中部城市尤蒂卡附近从事律师行业，直到29岁才信仰基督。正如他所言，他在一间漆黑的律所里祈祷精神的启示时，"接受了圣灵的洗礼"，这是他一生中数次与上帝神秘接触中的第一次。第二天，他对一位客户说："我接了主耶稣的案子，所以无法再为你辩护了。"[20] 此后，他完全投入到教会事业。1824 年,他被长老会任命为牧师。在 1825—1835 年间,他发起了一系列复兴派运动,从而在当时福音派牧师中声名鹊起,并成为美国宗教史上最著名的人物之一。

芬尼天生大嗓门,善于在讲坛上表演。但是,他最宝贵的天赋是他那双电眼,当他凝视着对方时,饱含深情,仿佛先知般可以预见未来,让人过目难忘,也许除了南卡罗来纳州参议员约翰·C. 卡尔霍恩(John C. Calhoun),在美国 19 世纪的肖像画中无人能及。他那时而理性时而感性,批评与温柔兼具的宣讲对于教会的教友,无疑充满了震撼力。"上帝让我以一种绝妙的方式打动他们,"在回忆早期一次成功的复兴派运动演说时他写道,"教友们东倒西歪地从椅子上倒下,哭喊着祈求上帝的怜悯……教会里的所有人几乎不是跪倒在地,就是趴在地上。"[21]

芬尼自创了一套神学思想,他是一个独具个人特色的乡村哲学家,他代表了美国人追求前所未有的思想观念的独立精神,令托克维尔印象深刻。做长老会牧师候选人期间,他婉拒了一些牧师打算送他去普林斯顿大学学习神学的提议,他说道:"我清楚地告诉他们,我不会像他们那样深受传统的影响,我认为他们接受的教育是有问题的,他们不符合我理想中一位信仰基督的牧师该有的模样。"虽然他承认自己是神学领域的新手,但是拒绝接受任何与自己观点相悖的指导和纠正。"关于神学,除了《圣经》,我什么都不读。我对《圣经》的阅读和理解,就如同钻研法律书籍一样。"他还说:"我根本无法因为某人是神学方面的权威,就接受他的学说……我只在《圣经》以及我内心信仰的哲学和思想中寻找答案……"[22]

芬尼曾说,在教会教友面前发言,就像是对着陪审团发言一样。他借鉴了从事法律工作的经验,把清教徒重视理性和劝导的传统带上了讲坛,尤其是当他面对受过教育的中产阶级信徒时。尽管他的布道感情充沛,但是就连一些与他同一阵线的福音派组织也认为他过于理性。1830 年，它们警告他，有些朋友曾经问起"他是不是有成为一个知识分子的危险呀？"[23]但是，芬尼却对自己能将个人的布道风格与听众的感情结合起来引以为豪，他在小乡村布道时强调情感的尽情表达，而在罗切斯特这样较为发达的西部城镇则会增加一些理性的劝导。"听了我的布道，法官、律师和受过教育的人纷纷皈依了对上帝的信仰。"[24]

无论如何，芬尼完全没有变成一个"知识分子"的危险。大体说来，他布道的方法和他对牧师教职的理解，确实都符合复兴派的传统。虽然他不提倡布道者应该缺乏知识，但是他认同无论用什么方法，只要能让信众的心灵被感化即可。他对书面的布道词不屑一顾，因为这样的布道不能激起信徒自发性的感动。他还把俗世文化看作对心灵拯救的潜在威胁。

芬尼很少用到他在成为牧师时学到的内容，也不采用在他看来受过教育的牧师才会使用的布道方法。正如他所说因为没有享受"高等教育带来的好处"，所以他很清楚自己会被教会同仁看成外行，知道自己不受尊重。在他刚刚担任牧师的前几年，他就明白了大家都觉得"如果像他这样都能成功的话，那么学校教育将名誉扫地"。做了一段时间的牧师之后，他开始相信"在很大程度上，学校的教育会毁掉一个牧师"，因为他们虽然大量学习《圣经》和神学知识，但是却不知道怎么运用它们。实践才是最重要的，"除非亲身经历布道的过程，否则一个人是无法学会如何布道的"。这些学校里培养出来的牧师，他们的布道词"降格为散文小品……这种朗读优雅的文学作品根本不是宣讲传道。它对于爱好文学的人是一种享受，但没有一点儿精神教化的作用"[25]。

芬尼反对任何形式的优雅，无论是文学还是其他事物。对他来说，衣服上的修饰、家居布置品味的提升、生活方式的改善与抽烟、喝酒、打牌、看戏一样,都是一种精神上的堕落。至于文学,他说:"我不相信一个了解上帝之爱的人会喜欢读世俗的小说。"他甚至用威胁的语气说:"让我看看你的房间,你的起居室,任何放书的地方。这都是谁写的书?拜伦、斯各特、莎士比亚,还有一群不务正业、亵渎神明的人。"连那些通常认为对牧师来说必须学习的拉丁文,在他看来也无足轻重。学生们在东部的学校"学了四年的古典作品,里面没有一点关于上帝的内容",等到他们毕业,"这些受过良好教育的学生掌握了拉丁文,就嘲笑那些谦卑的基督徒,说他们无知蒙昧,尽管后者知道如何使 500 多个人皈依对上帝的信仰"[26]。在芬尼看来,虔诚和智识是对立的,"从学院里出来的年轻牧师,他们的心就像学院的墙一样冰冷生硬"。"神学院教育的问题在于它们只顾教会他们知识,完全忽略了他们道德情感的培养。""这是一群智力发达的人,他们只关心智识,为此痴迷。这些年轻人没有坚定的精神信仰……虽然他们的智识长进了,但是他们的灵魂一片荒芜。"[27]

很难说芬尼对美国神学院教育的描述是否准确,但是他的态度代表了当时福音派的普遍看法。因此,不管这些初出茅庐的年轻牧师知识多么渊博,他却总是对这样的教育非常反感。

4

我曾详细地介绍过芬尼,因为他是长老会中福音派运动的代表人物:在长老会的牧师中,他既不是最有教养的,也不是最粗俗无知的。福音派运动的初衷是为了寻找一种能感化心灵、拯救灵魂的新方法,其目的在于弱化长老会和公理会中重视智识和教育的传统。卫理公会是美国信众数量最多的教派,在感化美国人的心灵,使他们皈依对基督的信仰方面远比长老会要成功,而它发展的历史却截然相反。美国的卫理公会是在没有任何"智识"传统的背景下发展起来,它既不重视教育,也不要求牧师必须接受过严格的训练。然而随着时间的推移,该教派特有的激进思想逐渐减弱,它成为一个主流的教派,其中的成员也越来越关心教育。到了19世纪中期,卫理公会中经常出现争执,有些人非常怀念过去牧师虽然没有什么知识但能通过巡回宣讲感化信众的日子,而另一些人却非常渴望像以前那样,受过良好教育的牧师对受人尊敬的教徒布道。卫理公会和浸礼会这两个教派的历史,充分说明美国的宗教从来就不是一个统一的整体。一方面,许多教徒都宣称积极支持反智的福音主义运动;另一方面,在主要的教会组织中,总会存在要求以温和不引起争执的方式学习神学的声音。从这点上说,美国的宗教界早就上演了菲利普·拉夫(Philip Rahv)口中的文学界的"野蛮与文雅"之争。

卫斯理是一位毕业于牛津大学,求知若渴的牧师,他不仅智识超群,也很容易地赢得别人的信任。虽然他为卫理公会派树立了为人称道的智识传统,但是他的教友却对将此发扬光大不感兴趣。福音精神的本质无疑是使复兴运动成为"反智"的战场,但是美国当时的社会状况确实为这场"反智"运动提供了格外有利的条件。[28]

卫斯理与美国卫理公会教派的创始人弗朗西斯·阿斯伯里(Francis Asbury)都是巡回宣讲的牧师,他们这么做并不是因为方便,而是有其他原因。他们认为常驻牧师(和许多英国的教区牧师一样)时间久了会逐渐僵化,就无法再引领信众信仰上帝,而巡游的牧师却可以不断给宗教注入新的活力。在美国这片土地上,卫理公会采取的巡回宣讲策略非常适合,它可以让不断迁移的民众重新回归对上帝的信仰。早期美国卫理公会的成功靠的就是巡回宣讲的牧师,他们展现出在牧师培训中学不到的活力、灵活、勇气、勤奋和奉献精神,放下身段去传教,这些都令他们引以为豪。他们当然有理由以此为荣,经过不懈的努力,他们给民众带来了福音。无论天气多么恶劣,出行条件多么艰苦,他们从不计较报酬微薄,不辞辛劳地传教布道。在暴风雪的天气里,常听到人们说:"今晚没人出门,除了牛和卫理公会的牧师。"他们经历的艰难困苦足以检验他们的真诚,[29] 他们的确取得了非凡的成绩,让那些从不去教会的人重新信仰上帝。1775 年,也就是阿斯伯里来到美国的第四年,美国卫理公会当时还是一个大约只有 3000 人的小教派,80 年后,经过辛勤付出,卫理公会一举成为新教中最大的教派,拥有超过 150 万信徒。

无论那些反对者再怎么呼吁"高尚的"教派中需要受过良好教育的牧师,巡回宣讲的传道士明白他们的方法很管用。他们自成一派,发展出一套简单的宗教实用主义,它只有一个核心原则:尽可能在最短时间内拯救最多的灵魂。因此,那些受过良好教育的牧师所用的复杂的经书仪式只不过是花架子,有时甚至会造成严重的阻碍。尽管巡回宣讲的牧师知识和思想有限,但是只要他们的宣讲有成效,能让人们信仰上帝,就行了。至于为什么,很少人知道答案。

卫理公会的领导者很清楚,正如他们的批判者指出的那样,他们吸引的都是穷人和没有受过教育的人,而他们认为这也是一种美德。阿斯伯里曾经被耶鲁大学的学生惹恼,原因是他们"太有教养了",在他看来就连贵格派也太"值得尊敬"——"啊,这个词真该死"。[30] 就全国而言,卫理公会在吸收信徒上轻而易举地超过了其他教会。值得一提的是,因为新英格兰地区的居民大多认同受过良好教育的牧师,所以他们在该地区发展教徒的工作遇到重重困难,进展缓慢。但是到了 19 世纪早期,卫理公会派也开始进入当地人们的宗教生活。首先,他们像新英格兰大觉醒运动时那样,高举旗帜"一直以来,我们更关心的是保持教会的生命力,而不是保护受过良好教育的牧师"[31]。杰斯·李(Jesse Lee)是新英格兰卫理公会的领袖,当有人质疑他所受的教育时,他只简单地回答,他的教育足以让他走遍美国。[32]其他卫理公会的教徒也经常遇到这种情况,因为他们要与受过良好教育的牧师竞争。经过一段时间,新英格兰成为检验卫理公会能否在此生存的试金石,而结果证明这里有它发展的空间。卫理公会派渐渐接纳了新英格兰崇尚体面、文雅、教育的观念,这也宣告了今后在其他地区,他们也要作出一些调整和转变以适应当地的情况。

例如在康涅狄格州的诺维奇(Norwich),1800 年时,有人在文章中把卫理公会派描述为"最软弱、没有学问、无知的底层人群"[33]。但是到了 19 世纪中期,一位公理会成员在回忆起附近里奇菲尔德(Ridgefield)卫理公会教会发生的变化时,说了下面这段话,可能对其他地方的卫理公会来说也是如此:[34]

> 尽管他们在一开始似乎是从社会边缘人群中发展起来的,但是这些人现在与当地其他宗教团体的成员一样受人尊敬。他们不再聚集在谷仓、学校或者偏僻的地方礼拜;也不再身型干枯,脸庞消瘦,披头散发;在传教时,不再使用文法不通、词汇低俗的语言,或是发出很重的鼻音……牧师们现在可是受过良好教育,有修养、高贵的人。

卫理公会派逐渐在全国范围内传播,沿着偏远的边疆地带深入教育水平较低的南部,这些地区教育水平普遍较低。该教派反对权威、教育和传统的立场一直占据上风,但是当它在成功地成为美国的主流教派之后,它依然要发起攻势,反抗上流社会对它的挑战。在管理较为分散的教派中,当地教会也许可以更自由地决定自己的风格;但是在组织严密、管理高度集中的卫理公会中,有关教会风格的争论则越来越激烈。从《卫理杂志与季刊》(*The Methodist Magazine and Quarterly Review*)这个走高端路线的刊物与它在 1841 年后的另一个版本《卫理季刊》(*The Methodist Quarterly Review*)中可以看出教派内部不断变化的观念。很显然,在 19 世纪 30 年代初,卫理公会依然认为自己是传统教会团体的攻击对象,因此它们在两派之间举棋不定,一派是巡游宣讲牧师的支持者,一派是普通教徒和受过良好教育并要求改革的牧师。[35] 1834 年,一位名叫桑德兰德(La Roy Sunderland)的牧师发表的一篇文章使这个问题更尖锐化,事实上他建议所有卫理公会的牧师都应该接受良好的教育,从而减少巡游传教的现象。他大声疾呼:

> 卫理公会中是否有任何一个部门规定,要想成为传播福音的牧师,必须接受一定的教育? 没有! 它的这些做法难道不是为了表明教育根本就不是必要的吗? 我们……在会议中不是一直认为如果有天赋,蒙主圣恩,理解力深刻,不就足够了吗?

一位传统学派的代表回答了桑德兰德的问题。他说那些主张严谨的神学教育将传教看作一种“生意”,一种交易,像“‘法律和医学’一样的世俗性职业,只需要接受类似的‘培训’,这是错误的”。但是我们现有的牧师并不是一无所知的,这样说他们,无非是“证实了我们的敌人的说法”。卫理公会不是已经建立了自己的学会、学院,甚至大学吗?“现在所有的年轻人可以接受教育,因此他们的道德不会受到异教徒教师的影响而堕落,也不会因自己是卫理公会的一员遭到教授或者校长嘲笑。"[36] 随着时间的推移,从这份期刊的内容就可以看出,改革派战胜了传统的捍护者,因为关于旧时巡回传教的内容越来越少,而在过去很长一段时间内,这都是常见的内容,更多的文章是关于基本的神学主题和有关智识的问题。

事实上,在 19 世纪三四十年代期间,卫理公会派处在剧烈动荡的煎熬之中。在与一贯强调巡回宣讲的福音主义和反智主义的较量中,对"体面"的向往赢得了胜利。重视对信徒和牧师的教育再次成为重要议题。总体而言,早期的卫理公会派对教育的重视程度不够。[37] 因为在卫理公会创立之初,教会中既缺乏受过良好教育的成员,也对发展教育不感兴趣,无论是最底层的信徒还是阿斯伯里本人。[38] 对于大部分卫理公会的信徒来说,他们无法负担得起教育的费用,而且对于只需要向普通人传播简单的福音的牧师来说,神学教育似乎是浪费时间。

因为得不到经济支持,这些早期建立的学校往往以失败告终。但是在 1816 年阿斯伯里去世以后,一群主要来自新英格兰、强烈要求推广教育的改革派,开始针对人数渐多且素质提升的信徒宣传教育的重要性。在 19 世纪 20 年代末,他们的努力初见成效,在卫理公会的资助下,建成了两三所学会和一些口碑不错的小型学院。例如 1831 年在康涅狄格州创立了卫斯里安学院,随后还有宾夕法尼亚的迪金森学院(Dickinson College,1833 年被长老会接管),阿勒格尼学院(Allegheny College,建于 1833 年),印第安纳阿斯布里学院[Indiana Asbury,建于 1833 年,随后改名为德堡大学(DePauw)]和俄亥俄州的卫斯理安学院(建于 1842 年),这些只是其中最著名的学校。从 1835 年到 1860 年,教会创立了超过 200 多所学校和学院。但是与过去一样,其中许多学校因为缺乏资金来源而得不到较好的维护。

卫理公会派对于教育的普遍看法无疑是主要原因,但是与以前相比,它确实进步了不少,过去人们甚至认为教育对于宗教来说没有什么价值。一方面,卫理公会中的一些领袖呼吁要加强牧师的教育,另一方面,越来越隐晦的批评使得他们更需要捍卫自己的宗教立场[39],因此卫公理派对教育的偏见终于被打破了。但是,他们依然没有完全打消对神学院的疑虑,认为那里是异端邪说的源头,所以卫理公会最早建立的两所神学院都取名为"圣经研究所"(Bibilical Institute)。这些学校的创始人仍然来自新英格兰这个全国教育水平最高的地区,而不是那些卫理公会势力最强大或者人数最多的区域。[40]

但是卫理公会中老派的传统捍卫者并不打算向新派的教会妥协,还有它们设置的学会、学院、神学院等机构和发行的期刊等。彼得·卡特莱特(Peter Cartwright)是巡回布道的传教士中最有名的一位,他在 1856 年写的著名自传中直截了当地全面记录了老派福音主义者对此的看法,证明了他们坚定的"反智"立场,非常值得我们在这里详细地引述。[41]

现在,让我们想象一下,如果卫斯理先生在开启他美好光辉的一天之前,不得不等待一群饱读诗书、受过良好神学教育的牧师,才能开始拯救灵魂的工作,那么卫理公会今天会发展成什么样呢? ……如果阿斯伯里神父要等着与那些有文化修养的牧师一起宣讲传教,那么整个美国将到处都是没有虔诚信仰的人……

长老会以及新教教会中其他加尔文主义分支教派,过去经常提倡牧师要受过良好教育,教堂里应该有座椅、乐器,教会或者国家应给牧师发薪水。 卫理公会派的人普遍反对这些观

点，因为正是那些不识字的卫理公会派的传教士点燃了全世界
人民心中信仰的燎原之火，至少在美国是这样，而相比之下其
他牧师只不过是划了几根火柴……

我并不想贬低教育，但是我认识太多受过良好教育的牧
师，他们让我想起生长在桃树的树荫下，没有经历过任何风雨
的莴苣，或者在露水中跨着大步，还以为是多了不起的小鹅，
我实在看不下去。现在，这些神学教育和训练牧师的机会都不
再是实验了。其他教派早已尝试过，结果是彻底失败……

我真是为我们深爱的卫理公会担心。大力创建学院、大学
和神学院，扩充组织机构，增加杂志社成员，让我们最优秀的
牧师在其中担任职务，这样做就是把牧师固定在一个地方，使
他们世俗化，不再巡回宣讲传道。如果失败了，我们就会沦为
苏格兰公理会这样的教派，与其他教派犯同样的错误……

难道这不是明摆的吗？这么多牧师进入这些机构和学校担
任教职，是造成缺乏从事日常教务的牧师的主要原因之一。此
外，这些单位中的校长、教授、编辑通常领着高薪，而辛苦奔
波的传教士不仅要在风雪肆虐的恶劣天气下工作，微薄的收入
还使他们经常入不敷出。难怪很多人受到这些高薪要职的诱
惑，不愿意从事传道的普通工作，去拯救灵魂……

也许，在上千名四处奔走、向当地民众传播福音、从事拯
救灵魂的光辉使命、建立卫理公会教派的牧师当中，只有不到
50人接受过比普通英语教育高一些的教育，而大多数人没有；
虽然没有一个人在神学院或者圣经研究所接受过培训，但是他
们中有数百人在宣扬福音方面取得巨大成功，比任何一个现代

著名的神学博士都更能抓住人们的灵魂，因为后者只顾着到大学、编辑部或者其他机构谋取报酬丰厚的校长、教授等职位，而不愿意走到群众中拯救他们的灵魂；他们想着建立可以让他们享受富庶生活的新机构，数百万贫困垂死的罪人，却因为没有受到上帝的恩典，没有听到福音，将下地狱……

　　我不会降格以求，说我是支持学识的，牧师应该提高修养，因为这么做是放弃我们坚守的真理最简单的方法，也会让那些有学问修养的牧师站出来宣称，反对和践踏他们崇高事业的牧师都支持无知，认为无知才会带来虔诚。这些有学问的牧师把神学当作一门科学一样来研究，可是他们给这个世界带来了什么？让我们回顾一下历史吧！人的内心产生自豪感是件很容易的事，正是因为受过良好教育引发的骄傲使这些牧师堕落，无法传播福音。但是我不会以怨报怨，相反，我要感谢上帝让我们接受教育，教育了那些优秀高尚的福音派牧师。但是，主张牧师要接受高等教育的人是否知道，大量只接受过普通教育的牧师对我们讲习的内容有何看法？没错，我们当中许多呼吁牧师要提高教育和修养的人，在谈论早年拓荒时期，发展卫理公会派和建立教会的那些缺乏文化的前辈时，总是情绪激动，慷慨激昂。虽然我不会甜言蜜语地奉承这些锦衣玉食的神学博士，但是，他们真正想说的是他们要感谢那些无知的人，他们能有今天的成功多亏了这些人。

　　毫无疑问，这正是一些批判巡回布道牧师的人的心里话，但是卡特莱特也许该承认这不无道理。他的福音派兄弟也不会否认这一点。正如在芬尼之前的一些福音派教徒曾说过的:"与未受过教育的人相比,跟受过教育的人一起共事更难,他们的心思更加复杂,也更喜欢质疑。"[42]

5

浸礼会与卫理公会的历史在许多方面有相似之处,但是因为浸礼会教会的组织较为松散,比较抵制变革,坚持牧师不需要特别多的教育背景,甚至认为他们不应该领薪水,因此相比于卫公理会,他们改革的时间较晚,也不够深入。正如威廉·沃伦·斯威特(William Warren Sweet)所言:"没有哪种教会像浸礼会那样,对受过高等教育与领薪水的牧师那么反感。19世纪初期,这种偏见不仅存在于偏远地区的信徒中,而且几乎整个教派都是如此。"[43]

当然,那些受过高等教育的牧师与传统的教会曾经让浸礼会派信徒吃尽苦头,在公理教会占据上风的马萨诸塞州和圣公会派占多数的弗吉尼亚州,他们都深受迫害。他们向来喜欢从自己的教友中选出一些人来担任牧师,因此浸礼会的牧师可能是一个耕田的农民,或者制作板凳的木匠,就像任何一位教友那样,在主日、平日礼拜以及主持受洗或葬礼等仪式时,就不工作了。他没有什么时间读书。这些整天忙忙碌碌的人也不喜欢来自其他传教士的竞争,他们甚至竭尽全力抵制那些试图与他们一起在偏远地区传播福音、来自浸礼会中心教会的团体。为了对抗"外来的"干预和"中央集权的"控制,他们向追随者灌输自己的思想。甚至有这样一种说法,即任何跟传教组织有关系的人,都不受浸礼会的欢迎。肯塔基州的一个浸礼会团体说道:"我们不接受任何加入过《圣经》中没有记载的组织的教会团体或个人。"此外,伊利诺伊州的一个团体,在一封公开信中以一种几近于怀疑任何权威的口吻公开表态:"我们敬告各教会,不要与《圣经》协会有任何关系,因为我们认为任命一小部分人,授权他们来翻译《圣经》是危险的。基督释放了我们,叫我们得自由,所以要站立得稳,不要再被奴仆的轭挟制。"[44] 我认为,人们应该抑制住想让一个全国性的组织来翻译《圣经》的冲动,而要谨记浸礼会的怀疑与不信任感来自曾经遭到的残酷迫害和嘲笑。[45]

浸礼会反对有组织的传道,主要是因为他们反对中央集权式的权威。他们觉得,任何向中央教会组织的妥协,都将"向罗马教会靠拢,走向堕落"。毫无疑问,浸礼会中从未受过教育、不领薪水的牧师会痛恨那些受过高等教育、领高薪的牧师干涉他们的教务。对于一个不拿俸禄的牧师来说,他们很容易相信那些来自东部且受过良好教育的传教士只是为了钱才来传教。[46] 当时的一位观察人士总结到,未受教育的牧师非常清楚自己的弱点。但是"他们不欢迎上帝派更有才能的人来传教,因为自尊心受到伤害而暴怒,这在狭隘与懦弱的人中很常见"。有人出来打圆场,说毕竟没人是被迫去听他们传道或者给他们钱的,除非出于自愿。然而一位浸礼会牧师对此开诚布公的反驳证实了那位人士的分析。"这位出来调解的兄弟,你要知道,森林中的大树遮住了小树的阳光,这些传教士都是非常伟大的人,人们都去听他们的布道,就没人听我们的了。这就是我们反对他们的原因。"[47]

然而,像其他保守的卫理公会教徒一样,浸礼会派也难以完全阻挡呼吁牧师应接受教育的压力。在此,只有一种方法能同时满足对自我尊重的渴望与期待他人的尊重。一个弗吉尼亚州的浸礼会组织早在 1789 年就决定建立一所自己的神学院,理由如下:[48]

我们周围其他教派的兄弟再也不能嘲笑我们不懂教义教

规，不能因为不懂我们宣讲时使用朴素的语言而指责我们的传教活动，如果我们这么做（其他事亦如此）是为了荣耀上帝以及传播耶稣基督的精神，那么我们相信上天会赞同我们的。

浸礼会的信徒中有两种不同的声音，他们既希望得到其他教会的尊重，也喜欢原有的那种亲和、低廉的传教方式。到 1830 年，浸礼会的领袖已经对教会进行了很大的改革，他们不仅出资聘用受过教育的牧师，而且也致力于提高普通信徒的教育水平。但是要想改变浸礼会派对教育固有的偏见，仍是一个漫长的过程，需要与复兴运动留下的深刻影响不断抗衡。[49]

6

在美国内战之后，教会的社会地位发生了重大的结构性改变。随着城市不断扩大，向城市居民传播基督教便成了当务之急。当然遇到的困难也越来越多，因为教会既要了解城市劳动者的心理需求，解决他们的贫困问题，也要吸引那些从农村来到城市的人。在 19 世纪四五十年代，城市的迅速发展使复兴派教会关注的问题变得更加迫切。在穆迪和葛理培的这段时间，是否能在大城市使更多人信仰上帝，以及在全世界范围内进行传教，已然成为检验一个福音传教士成功与否的关键。如果只能吸引农村地区或者小城镇的人，那么他最多只被看作是三流的传教士。

穆迪可称得上是在芬尼之后，桑迪之前的这段时间里最有影响力的人物。他的父亲是马萨诸塞州诺斯菲尔德一个贫困的泥瓦匠，在他幼时就去世了。他在 18 岁时受到一位公理会派的巡回福音传教士的感召而信仰上帝。内战爆发前的十年,他刚好 20 出头,此时他已经开始参加教会在大城市中的传教与慈善活动。虽然他在芝加哥从事鞋类批发生意相当成功,但是 1860 年他决定放弃这个生意转而成为一名独立传教士。内战期间,他活跃于基督教青年会(YMCA),在战后不久他就成为该会芝加哥分会的会长。从 13 岁以后,穆迪就再也没有上过学,他从未谋求接受圣职,也从未成为一名牧师。

在 1873 年以前,穆迪的成就主要是他在基督教青年会和主日学校中的工作,尽管他颇有进取精神和好奇心,两度前往英国向当地基督教领袖学习传教的方法。1873 年,他受到英国同仁的邀请在一系列的福音派宣讲集会中传道,获得了人生中第一次重要的成功。1873 年夏天,他与自己的管风琴师兼歌手伊朗·D. 桑吉(Ira D. Sankey)开启了为期两年的巡回传教会,足迹遍布英国各大城市,包括约克、爱丁堡、格拉斯哥、贝尔法斯特、都柏林、曼彻斯特、谢菲尔德、伯明翰、利物浦和伦敦等。估计仅在伦敦就有 250 多万人听过他的宣讲。在卫斯理和怀特菲尔德之后,英国人就再也没有见过这么精彩的布道了。他离开美国时还是一个默默无名之辈,等到他回国时已经名满天下。从 1875 年到 1899 年他去世为止,他不仅是公认的美国福音主义领袖,也是美国新教派最伟大的人物。

穆迪与芬尼有很大的不同。芬尼是用一种令人恐怖的威力让听众震撼,而穆迪是一个和蔼可亲的人,他更乐于给人们带来对天堂美好生活的渴望,而不是警告人们下地狱就可能遭到痛苦的折磨。他身材矮胖,留着大胡子,长得很像格兰特将军,但是他们不仅仅是外表相似。与格兰特将军一样,他也是一个非常单纯的人,但是有着顽强的毅力。他吸收信徒时展现的组织能力和坚定信念,就如同格兰特将军在夺取维克斯堡(Vicksburg)的战役中所展现的一般。他们都善于集结主要力量向对方的弱点发起猛攻,直到抵抗瓦解。此外,在他们谦逊朴素的外表背后,是坚定的决心和力量。不过他们还是有许多不同之处。即使没有十足的把握,格兰特将军还是尽力去做自己不得不做的事。此外,他在从事戎马生涯之前,曾经经商失败,即使在战后当上总统也不是很成功。相比之下,穆迪是非常自信的,他在追求财富的道路上一帆风顺,之后年纪轻轻就为了宗教放弃生意。在任何需要耐力、精明、决断、果敢和人情味的现实生活领域,很难想象他曾经遭遇过失败。不过,他确实没有什么文化,甚至连文法也一窍不通,听他布道的批判者总是借此批评他。但是他熟读《圣经》,也非常了解他的听众。他孜孜不倦地布道,不追求轰动的效果,只是不停地问他们同一个问题:"你是一个基督徒吗?"随后连珠炮似的规劝众人获得救赎,他的声音响彻宽敞的礼堂中的每个角落,掀起阵阵高潮。

穆迪传递的信息很笼统,不代表任何具体的教派。因此,特别值得一提的是他曾经得到了几乎所有教派的支持,除了罗马天主教会、神体一位派和普救派(Universalist)。[50]他也完全不在乎对神学问题进行正式的讨论("我的神学!我不知道我还有神学。我希望您告诉我什么是我的神学。")[51]对他来说,当时的知识、文化和科学没有任何意义,所以在谈及这些时,他尽可能尖酸地攻击它们。从这个角度说,他坚持捍卫主流福音派的传统。虽然他无意于诋毁传统的牧师或者他们所接受的专业教育,但是他积极提倡让普通信徒参与教会事务,认为那些神学院培养的牧师"通常被教育成脱离群众"[52]。他反对任何对宗教无益的教育,还说世俗教育不会告诉人们他们真是糟透了,只会奉承他们,告诉他们"因为受过教育,所以他们如天使一般。流氓不可怕,就怕流氓有文化"。除了《圣经》,他基本上什么书都不看。"对于书,我只有一个原则。我只读能帮我理解《圣经》的书。"小说?它们"太俗气……既不和我的胃口,也引起不了我的兴

趣;即使我喜欢小说,我也不会读"。戏剧?"人们说一个人接受的教育要
包括看一些好的戏剧。让这种教育见鬼去吧。"文化?"就事论事,它不是
件坏事,"但是如果说它比一个人对上帝的信仰重要,"那真是疯了。"学
识? 对追求精神信仰的人来说,这就是个累赘:"我宁可缺乏知识,也要有
热忱的信仰,但是在我们的生活中知识太多,信仰太少。"科学? 在穆迪所
在的时代,它已经成为对宗教的威胁,而不是发现信仰,给上帝带来荣光的
方式。"相信人是上帝造的,要比相信科学家所言,人是猴子的后代容易
多了。"[53]

　　穆迪对于智识和文化的态度与福音派的传统完全一致,然而他还是与
传统的复兴派运动作别,开启了属于他那代人的新一页。这不是在目标和
态度上的不同,而是方法上的。爱德华兹那一代人习惯把复兴重生看作是
上帝降临的结果。爱德华兹在他的第一本著作中,把北安普顿的那次众人
因受到感召而重生形容为"令人惊喜的上帝之作"。使用"令人惊喜的"这
个词,说明在北安普顿传教士的概念中,这件事完全不受个人意志的控制。
我们可以推测怀特菲尔德对此有更多的理解。作为推动复兴重生的老手,
他一定知道个人意志与此有一定的关系。然而,人们更愿意相信神的旨意
是关键因素,个人意志相对来说是被动的。到了芬尼所处的年代,这种观
念逐渐减弱,美国福音派特有的传统——强调人的自发意愿——逐渐成为
主流。芬尼强调:"宗教是人的所为。"他承认,虽然上帝让人遵从他的命令
而行,但是上帝的旨意永存,正如我们现在所说的,它是一个不会变化的常
量;而人类对神意的反应是一个变量。只有当人对神意作出回应,才会发
生复兴重生。芬尼坚称,信仰的重生"绝对不是奇迹,也不依靠奇迹产生。
它纯粹是各种因素在适当条件的作用下对人生信条产生的结果"。因此,
坐等复兴重生奇迹般再现,真是极其荒谬愚蠢。"你明白为什么没有获得

重生了吗？那是因为你根本不想要。"[54]

芬尼所写的《关于宗教复兴的讲稿》就是为了回答复兴重生的正确方法，如何通过个人意志获取重生。但是，需要注意的是，芬尼所说的方法绝不是简单机械的，它们不仅是一些技巧，而是一系列复杂的指导，是关于如何引导人的内心、心灵与意志，最终获得伟大的信仰重生的经验。然而，穆迪这一代人必须将复兴主义与新诞生的工业时代精神相结合，因此这注定穆迪与芬尼要采用不同的方法。我们不能说像穆迪这样充满动力和虔诚的人缺乏内在的精神力量，但是需要指出的是，在其他福音派传教方式的基础上，他增加了一些新元素——商业组织的方法。芬尼的宗教复兴运动是属于安德鲁·杰克逊总统和比策那个时代的，而穆迪则属于钢铁大王安德鲁·卡内基和马戏之王巴纳姆（P. T. Barnum）的时代。

芬尼在布道时虽然也是经过精心准备的，但是很少借用其他的工具。相反，穆迪则在布道中引入了一套强大的机制。[55]首先，他会派人前往当地的福音派教会设法获得他们的邀请。在随后的大量广告宣传中，不仅张贴海报，还在报纸上刊登通知（后者往往穿插在娱乐版）。教堂一般容纳不下太多的听众，即使是最大的教堂。因此，他们选择礼堂，如果没有的话，他们就新建一座。这些临时修建的场所在结束后被卖掉，抵销他们之前的投入。修建穆迪在波士顿布道的场馆花费了32000美元。在城市里举行一系列的布道活动需要3万美元（纽约）到14万美元（伦敦）不等的费用。为了支付这么大一笔开支，他们还设立了财务委员会来吸纳当地商人的捐赠。但是穆迪不只是依靠小企业主的捐款，他还有许多来自大企业的赞助人。例如芝加哥的赛勒斯·迈克科米克（Cyrus McCormick）和乔治·阿莫（George Armour），费城的杰伊·库克（Jay Cooke）和约翰·沃纳梅克（John Wanamaker），纽约的J·P·摩根和科尼利厄斯·范德比尔特二世（Cornelius

Vanderbilt II）。在布道集会中需要许多人手,例如指导当地群众进入会场的引导员,在布道后的"询问交谈"中跟踪听完穆迪布道后皈依者信仰状况的助手。此外,还要有人安排音乐——桑吉和他的管风琴,当地歌手组成的合唱团的人数从 600 到 1200 人不等。几乎和做任何生意一样,穆迪宣讲会的效果有待检验。一开始穆迪本人很反对预测宣讲效果。例如,在伦敦有 3000 人皈依对上帝的信仰,在芝加哥有 2500 人,在纽约有 3500 人。但是到后来,他开始用"决心卡"来系统地记录下那些走进"询问室"的人的姓名和地址。

正如前文所述,芬尼为自己把律师执业中的一些经验运用到自己充满理性的布道中感到自豪。也许在无意中,穆迪的布道也有他早年经商的影子。有时,他说话的样子就像一个销售"拯救"的业务员。当他在"询问"集会中站在椅子上,对着大家说"现在,谁要接受主耶稣? 那就是你想要的全部。没有主,你只能受苦。有了主,你就会得到永生和一切。他为你奉献了一切。谁愿意接受他?"[56] 时,似乎在推销产品。有时他还会对人们说:"如果一个人想买一件大衣,那么他一定会买性价比最好的大衣。这是一条全世界通用的原则。如果我们告诉人们宗教信仰是最有价值的东西,我们将会赢得世界。"我们一定会认同布拉德福德对他的评价:他在用"卖鞋子的语言(布道)"[57]。与他同时代的人也看出来这点,阿博特(Lyman Abbott)写到,穆迪"就像一个生意上,他穿得像生意人,他召开布道会的方式和一个生意人一模一样,连他说话都是生意人的口吻"[58]。

至少在对待一个重大社会问题的态度上,芬尼是激进的,相反穆迪则始终是保守的——那就是奴隶问题。福音思想与商业思维的结合是日后复兴运动的一大特色,在很大程度上得归功于穆迪。他的政治观点与支持他的共和党企业家一致,他也从不讳言福音思想符合有产阶级的利益。

"我要告诉芝加哥的富人们,如果共产主义或者无神论得势了,他们的财富就会所剩无几。"他还说,"对于芝加哥的资本家来说,没有比把攒下的福音用在那些黑暗、绝望的地方更好的投资……"但是如果说他是左右逢源的骑墙派,则是错误的。他的保守思想反映了他的前千禧年派的宗教观,[59] 他对社会有一种深深的悲观主义情结。在他看来,人天生就是堕落的,不能对他们有所期待。"我曾不断听到'悔改'一词,以至于到最后都听腻了。我们需要的是借助圣灵的力量获得重生。"因此,穆迪对任何社会问题的讨论都不感兴趣。[60] 在他看来,人不可能有任何成就。真正重要的是尽可能拯救那些灵魂,以免与世界这艘沉船一同坠入海底。

7

从某一方面说,穆迪时代唤醒人们重生的方式比以往要节制得多。过去那些"激烈的"表现形式,如叫喊、呻吟、晕厥、嚎叫、大吼等,现在都行不通了。这不仅是因为虔诚的表达方式更加收敛,也是因为在城市中的唤醒传道要受到媒体的监督,任何公众反对的事情都不能做。在乡村教会和营地布道会中可以有失控的激情表演,但是如果出现在大礼堂里举行的高水平布道中,则会造成危险。复兴派中的智者一直都觉得这种极端狂热的表现形式挺令人尴尬。尽管芬尼的布道常常引发教友做出过激的举动,但是他本身却非常讨厌这些做法,认为它们反而是种障碍。穆迪坚决抵制这些现象,在宣讲时如果信徒出现过于激动的表现,他会中断讲话让引导员把这个听众请出场。甚至当听众喊了太多的"阿门"或者"哈雷路亚"时,他都会说:"别这样,我的朋友们,我可以自己喊。"[61] 他的接班人比利·桑迪认为,"一个人皈依信仰,不需要大呼小叫"。他对听众更严厉,如果有人过于激动而破坏了秩序,他会让引导员把他赶出去。"兄弟们,不用两个人一起叫喊,让我来吧。"他曾经大声说道。还有一次,他说:"等一等,这位姊妹,控制一下你的嗓门,省点力气吧。"[62] 他认为在宣讲中必须要注意礼仪,秩序井然,绝不都能有人打扰他的表演。

尽管在城市中福音派的布道要求观众保持克制,但是对传道士却没有这个要求。了解美国大众情感发展历程的人都知道,福音主义发展的一大特点是布道中使用的语言,它从一开始的口语化方言,逐渐退化到恶俗粗鲁的地步。对虔信派来说,传教就是要简单、自然、不加修饰、不讲大道理,只有这样才能打动那些淳朴的老百姓。芬尼曾说,好的布道就要像好的生活那样,省去那些矫揉造作。他那朴实无华口语化的布道,深深打动人心,他也不用提前写下讲稿,因为他认为即兴发言更直接、更容易拉近与听众的距离。如果一个人非常真诚,他曾说:"他的语言就会切中要害,简单而直接。他的语句短小精悍,有说服力。"这些话会激发人们的行动,产生明显的效果。"这就是为什么之前那些没有什么学问的卫理公会传道士、态度诚恳的浸礼会传道士,能比饱读诗书的神学家更有影响力。现在也是如此。"[63]

芬尼提出的要用口语化语言布道的确非常中肯,我们很难反驳。毕竟,大多数优秀的布道,不都包含口语化的元素吗?例如,马丁·路德就是用最直白和亲切的语言,向他的听众形象地再现了基督的诞生:[64]

　　　　一个刚刚结婚一年的年轻新娘,无法在拿撒勒的家中生下孩子,不得不大腹便便历经艰辛万苦赶了三天的路,真是太可怜了! ……而她的生产过程则更让人心生怜悯。 没人知道这是她的第一胎。 没人关心她的状况……她一点儿准备都没有:

没有灯，没有火，在深夜里漆黑一片……我猜想如果约瑟夫和
玛丽亚知道她快要生了，也许她就会留在拿撒勒……谁会告诉
这个可怜的孩子该怎么做？她还没有生孩子的经历。这个小
家伙居然没有受冻，真让我惊讶。

也许，芬尼这种平易近人的说话风格，正是继承了最优秀的清教徒布
道的传统。当然，美国传教史上最生动的描述，莫过于爱德华兹把灵魂比
作一只被一根丝线牵着的蜘蛛，全凭上帝的慈悲才不会掉进厨房里熊熊燃
烧的炉子中。难道不正是这种接地气的平实风格，令美国文学独具特
色吗？

芬尼对布道的理解确实是正确合理的。而后期福音主义的问题在于
如何维持这种朴实的风格，而不是鼓励将大众情感中最粗俗的一面发扬光
大。杰贝兹·斯旺(Jabez Swan)是与芬尼同时代的牧师，当他在描述约拿
被鱼吞到肚子里的情景时，无疑添加了一点生动通俗的语言:[65]

大鱼扑通扑通，上上下下不停跳跃，一会这儿，一会那
儿，引得水花飞起，泡沫四溅，就是要把腹中的约拿吐出来。
胃里犹如翻江倒海，最终它游到岸边，从口中吐出约拿。

穆迪布道的语速能达到每分钟 220 个单词，他的语言通俗却不粗俗，
富有激情，虽然这很符合他那个时代的特点，但是在芬尼看来也许会有些
怪异。与芬尼一样，穆迪对他称之为"散文式的布道"感到厌烦。他认为
"洋洋洒洒地布道非常愚蠢"。[66]传统的听众可能不欢迎他那种较随意的风
格("如果他不能说快点,每个参加布道的人都会失望"),伦敦《星期六评

论》(*Saturday Review*)认为他"完全是一个大吵大嚷,言语低俗之人"[67]。但是总的说来,他的布道并不粗俗。相比之下,萨姆·琼斯(Sam Jones)这些年轻人倒是口音更重,语气更强硬:"这里有一半的传道士拥有漂亮的文凭,文学学士、哲学博士、神学博士、法学博士等等。""如果有人忍受不了我们用较重的口音、较快的语速讲授真理,他最好离开这儿。"[68]这绝不是穆迪的风格,倒是后来的桑迪模仿了这种风格。

在桑迪传道的近40年(1896—1935年)间,福音派的语言风格到达了最糟糕的地步。相比之下,今天葛理培牧师所用的语言,可以称得上是太温和、得体了。桑迪的职业路径与穆迪有几分相似。他的父亲是艾奥瓦的泥瓦匠,在内战中加入了联邦军,于1862年阵亡。桑迪在极其贫困的农村度过了他的童年。1883年,他高中没有毕业就被芝加哥白长袜队的球探选入棒球队。在1883年到1891年间,他是一个棒球手。他的故事就像当时著名的体育记者林·拉德纳(Ring Lardner)笔下极端自我的外场球手那样令人难以置信。之后他的人生发生了极大的转变,他开始信仰耶稣并加入了福音教派。与穆迪一样,桑迪也是通过基督教青年会开始了福音派的传教事业。他于1886年皈依信仰,并开始在基督教青年会中发言,离开球坛后成为该会的秘书,在1896年正式开启了他的传教之路。穆迪觉得自己作为一个没有接受圣职的"世俗牧师"没什么大不了,而桑迪不同,他对授圣职仪式特别渴望,并于1903年接受了芝加哥长老会一群牧师的面试。虽然大多数问题他只能以"这对我来说太难了"作答,但是考试最终取消了,因为受桑迪感化而皈依的教友已经比所有考官感化的教友加起来还要多,他不用再回答任何问题,直接被任命为牧师。

1906年后,桑迪离开了他取得成功的中西部小镇,开始在中等规模的城镇进行布道。到1909年,他已经成为大城市中一流的福音布道者,仿佛是穆迪的接班人。政界领袖布莱恩（Bryan）、威尔逊和西奥多·罗斯福都曾以各种方式预祝他布道成功。商界大亨纷纷给他捐款，就如同对穆迪一样慷慨大方。社会名流也对他倍加推崇，数百万人前来听他的布道。1914年《美国杂志》（American Magazine）作了一项民意测验："谁是美国最伟大的人？"他与安德鲁·卡内基并列第八位。在外在形式上，他的福音布道与穆迪极其相似，但是有两点非常重要的区别。穆迪需要寻求当地牧师的协助，由他们先发出邀请再去宣讲；桑迪则更加主动，经常强行让那些态度勉强的牧师接受自己。虽然穆迪生活优越，但并不富裕，而桑迪却成了百万富翁。当有人批评听他的布道让人们花费过多时，他回到："我拯救一个灵魂只得到大约 2 美元，如果按照人数平均，我比任何一个健在的福音派牧师得到的报酬都要少。"穆迪和桑迪都很像个生意人，但是穆迪喜欢把钱花在大吃大喝上，而桑迪则尤爱锦衣华服。他穿着条纹西装，衬衫领口笔挺有型，戴着镶钻的配饰，皮鞋闪闪发亮，还配有鞋罩，俨然一个去和女孩子约会的鼓手。与穆迪一样，他也有自己的音乐伴奏——霍默·A.罗德西弗（Homer A. Rodeheaver），但是穆迪的歌手桑吉是温柔地歌唱，而罗德西弗则是用爵士乐的方式演绎赞美诗。[69]

也许芬尼会对桑迪的风格感到大为惊讶，他在让信徒复兴重生的过程中加入了娱乐的元素。他还请了一个马戏团的巨人像门童一样站在门口，突然直接模仿当时其他人的布道方式（芬尼曾经警告不要采取这种轻浮的方式），当布道进行到高潮时在讲台上当众脱掉外套和马甲，不时中断慷慨激昂的演说，加入敏捷迅速的肢体语言。桑迪对自己使用粗俗的俚语颇为自豪。他说："我为什么要在意当我使用直白简单的英语布道时，那些眼睛浮肿在旁边不停絮絮叨叨的人呢？我要让人们清楚地明白我的意思，这就是我要走进他们的生活的原因。"他还说，文绉绉的传道士"只是想讨好那些'趣味高雅的人',而忽略了广大群众"。穆迪使用的语言虽然简单,但是对桑迪来说索然无味。穆迪曾说:"教会对教徒的要求太低了,以至于没有什么意义。"而桑迪说道:"教会的门槛太低了,任何有两三套西装、一卷钞票的猪都能进来。"穆迪曾自豪地讲:"我们不需要智识和钱,神的话语就可以给我们力量。"桑迪则更进一步地说:"如果所有的信徒都是百万富翁或者大学毕业生,那么美国的教会就会腐烂,坠入四十九层地狱。"[70]

一般说来,用民间风格的语言传道会尽可能使用贴近现实的方式讲解圣经故事,而桑迪有一种超凡的能力,运用流行的小镇语言让听众信仰上帝。在他的布道中,魔鬼是这样引诱耶稣的:"把这些石头变成面包,让人们可以吃一顿像样的饭。拿出你的真本事!"然后他这样描述上帝创造的奇迹:

> 但是,耶稣看了看四周,发现有个小男孩,他的妈妈给了他五块饼干和一点沙丁鱼当午餐,便对他说:"过来,孩子,神需要你。"然后耶稣告诉了这个孩子他需要的东西,于是男孩说:"耶稣,虽然这里只有一点点,但是你尽管拿去好了。"

在20世纪20年代被布鲁斯·巴顿(Bruce Barton)的《没人认识的人》(*The Man Nobody Knows*)中的语言吓到的人,可能没有意识到正是桑迪的巨大影响使他把基督描写成一个能干人:"耶稣很能干,耶稣基督能像一具六缸发动机那样威猛,如果你认为他做不到,那你真是大错特错。"他还认为应该强调耶稣"不是一个胆小鬼,阿谀奉承的人。耶稣是世上最厉害的拳击手"。

注 释

1. 读者如果熟悉西德尼·E. 米德(Sidney E. Mead)关于美国宗教历史的文章，则不难发现他接下来几页的内容有很大的启发，尤其是他在《"宗派主义"：美国新教主义的形成》(*Denominationalism：The Shape of Protestantism in America*)中深入透彻的分析，发表于《教会历史》(*Church History*)第 23 期，1954 年 12 月，第 291—320 页，以及和理查德·尼布尔(Richard Niebuhr)，丹尼尔·D. 威廉姆斯(Daniel D. Williams)编，《历史视角下的教会》(*The Ministry in Historical Perspectives*)，纽约，1956 年，第 207—249 页。
   另译者注：宗派主义认为所有的基督教团体是同一宗教的合法教会，而不管其称号、信仰和做法是什么。

2. R. W. B. 刘易斯(R. W. B. Lewis)，《美国的亚当》(*The American Adam*)，芝加哥，1955中对 19 世纪美国文学界渴望超越欧洲的过去，做过非常有启发的解释。

3. 《苏格兰圣公会中福音派的地位》(*The Position of the Evangelical Party in the Episcopal Church*)，《论文与评论集》(*Miscellaneous Essays and Reviews*)第 1 卷，纽约，1855 年，第 371 页。这篇文章对繁复的宗教仪式进行了深刻的批判，认为它们与福音派的精神相悖。

4. 约翰·W. 内文(John W. Nevin)，《教派体制》(*The Sect System*)，《摩尔西斯堡评论》(*Mercersburg Review*)第 1 期，1849 年 9 月，第 499—500 页。

5. 这个历史背景可以清楚地解释威尔·贺博格(Will Herberg)所发现的当代美国宗教的一大特征：人们普遍认为宗教信仰非常重要，但是对宗教的内涵却很不关心。（参见艾森豪威尔在 1952 年说的："我们的政府没有任何意义，除非它是建立在一个深刻的宗教信仰基础上的，我不在意它到底是什么。"）这种对信仰的"笼统信仰"是几个世纪以来教派间共存包容的产物。见贺博格，《新教，天主教与犹太教》(*Protestant，Catholic，Jew*)第 5 章，安克编，纽约，1960 年，详见第 84—90 页。

6. 即使在 1782 年，克雷夫格就发现，在美国"如果各教派没有聚居在同一个地方，而是与其他教派的人混居在一起，他们的宗教热情就会冷却，很快就会消失殆尽。因此，美国人对待宗教的态度就和他们对待国家一样：团结起来……所有教派就像所有的族裔那样，共同生活在这片土地上。从东海岸到西海岸，大家对宗教的内容都不太在意，这也是当代美国人最主要的特点之一。很难说得清这究竟会产生什么结果，也许可能还会出现其他的制度。迫害、宗教自豪感、爱反驳，这些都是宗教导致的结果。但是，这些在美国都不存在，在欧洲盛行的宗教热情在这里受到限制，美国幅员辽阔，在传播的过程中这些被蒸发了。在欧洲，这些是一触即发的炸药，但是在美国的旷野中它渐渐熄灭，没有留下任何影响"。《一个美国农民的书信》(*Letters from an American Farmer*)，纽约，1957 年，第 44,47 页。当然在 1790 后的几十年里，宗教热情又有所恢复，但是区分不同教派间差别的热情与以往大不相同了。

7. 引自威廉·G. 迈克洛林(William G. McLoughlin)，《比利·桑迪是他的真名》(*Billy Sunday Was His Real Name*)，芝加哥，1955 年，第 158 页。华盛顿·连格莱登(Washington Gladden)这样经验老到的牧师也曾

说过，他宣传的神学"每天需要经过神坛上的千锤百炼，务实的检验是唯一可行的方法：'它有用吗？'"《回忆集》（*Recollections*），波士顿，1909 年，第 163 页。

8. 查尔斯·G. 芬尼（Charles G. Finney）的《关于宗教复兴的讲稿》（*Lectures on Revivals of Religion*）中的一个章节题为《聪明的牧师将会成功》（*A Wise Minister Will be Successful*），并引用了《旧约》箴言篇和第 6 篇："赢得灵魂的人是聪明的。"

9. 译者注：公理主义，又称公理制，主张各地方教会独立行事。

10. 克雷夫格，同上，第 45 页。这并不表示牧师不被重视。他们的确赢得人们的尊重，但不是因为他们从事的职业。蒂莫西·德怀特（Timothy Dwight）说，早期康涅狄格的牧师虽然没有正式的权力，但是颇具影响力。"这里的牧师受人尊敬，那是因为他们的为人和所作所为，与任何外在因素或者他们的职业无关。"米德，《教会中福音派思想的兴起》（*The Rise of the Evangelical Conception of the Ministry*），第 236 页。

11. 安德鲁·P. 皮博迪（Andrew P. Peabody），《教会的工作》（*The Work of the Ministry*），波士顿，1850 年，第 7 页。正是新教徒牧师对西方的基督教信仰，表现出爱国主义和政治家一样的担忧，才使托克维尔评论道："如果你与这些基督教文明的传教士对话，你会惊讶地听到他们老是说起社会的各个方面，这些牧师就和政治家一样。"菲利浦斯·布拉德利（Phillips Bradley）编，《论美国的民主》（*Democracy in America*）第 1 卷，纽约，1945 年，第 306—307 页。

12. 《教会中福音派思想的兴起》（*The Rise of the Evangelical Conception of the Ministry*），第 228 页。

13. 牧师个人魅力一直都很重要。菲利浦斯·布鲁克斯（Phillips Brooks）说过："通过个性表现出的真理，是我们对真正教义的描述。"与他同一时代的另一位牧师威廉·朱厄特·塔克（William Jewett Tucker）同意他的观点："牧师的人格魅力越大，他越能充分地发挥自己的个性，就越能让更多的人更深刻地理解真理。"见罗伯特·S. 迈克尔森（Robert S. Michaelsen），《美国的新教教会：1850 年至今》（*The Protestant Ministry in America*：*1850 to the Present*），选自尼布尔和威廉姆斯的书，同上，第 283 页。

14. 爱德华兹，《论高度虔诚对智识能力的影响》（*Influence of Eminent Piety on the Intellectual Power*），见《作品集》（*Writings*）第 2 卷，波士顿，1853 年，第 497—498 页。"难道我们不能将心智与心灵区分，让知识和虔诚对立，宣扬情感的重要性却贬低判断力，并形成这种普遍的看法，即拥有大量的知识与获得上帝的恩典不可兼顾？"同上，第 472—473 页。

15. 蒂莫西·L. 史密斯（Timothy L. Smith）的《复兴主义与社会改革》（*Revivalism and Social Reform*）一书的第 1 章《美国新教的内部结构》（*The Inner Structure of American Protestantism*），对这些会众、教派分裂、教义承诺和不同教派间的关系做过精彩论述。1855 年，所有的卫理公会派成员（包括南部和北部）加起来达到 150 万人，浸礼会成员达到 110 万人，长老会成员 49 万人，路德派和德国改革派这些团体有 35 万人，公理会约 20 万人，苏格兰圣公会只有大约 10 万人。

16. 我对复兴主义运动的分析主要参考了迈克洛林对整个运动的精彩总结，见《现代复兴主义》（*Modern Revivalism*），纽约，1959 年。正如前面所言，蒂莫西·L. 史密斯的《复兴主义与社会改革》（*Revivalism and Social Reform*）这本书对该部分的讨论帮助也很大，它详细介绍了 1840 年以后复兴派对城市的影响。查尔斯·A. 约翰逊（Charles A. Johnson）1955 年的《边疆地区的营地布道会》（*The Frontier Camp Meeting*）对 1800—1820 年这段时期偏远的边疆地区原始简陋的生活条件进行了具体的描述，还有伯纳德·韦斯伯格（Bernard Weisberger），《他们在河里相聚》（*They Gathered at the River*），波士顿，1958 年一书，都对我有很大的启发。

17. 关于这段时期复兴派的兴起与衰落，见查尔斯·I. 福斯特（Charles I. Foster），《仁慈之行：福音派的联合阵线，1790—1837》(*An Errand of Mercy：The Evangelical United Front*, 1790—1837)，教堂山，1960 年。

18. 温弗雷德·E. 加里森（Winfred E. Garrison）对 1800 年时的情况做了估测，见《美国有组织的宗教的特点》(*Characteristics of American Organized Religion*)，发表于《美国政治社会科学院年鉴》(*Annuals of the American Academy of Political and Social Science*)第 256 卷，1948 年 3 月，第 20 页。1855—1860 年的数据转载自蒂莫西·L. 史密斯，同上，第 17，20—21 页。加入教会的人数比例从 1855 年时的 15% 上升到 1900 年的 36%，1926 年的 46%，1958 年的 63%。贺博格，《新教，天主教和犹太教》(*Protestant, Catholic, Jew*)，第 47—48 页。

19. 关于各教会的社会地位，新教中有一个好笑的说法：浸礼会的穿上鞋子就是卫理公会的；卫理公会的上了大学就是长老会的；如果长老会的人靠投资赚钱谋生，就是苏格兰圣公会的教友。

20. 《回忆录》(*Memoirs*)，纽约，1876 年，第 20，24 页。惠特尼·R. 克罗斯（Whitney R. Cross）曾对芬尼与他西纽约州掀起的宗教热情有过详细的记录，见《燃烧的地区》(*The Burned-Over District*)，伊萨卡，1950 年。

21. 《回忆录》，第 100，103 页。

22. 同上，第 42，45—46，54 页。尽管芬尼明白自己的学问不足以独自理解《圣经》，但是他依然坚持这种独立性。虽然最终他学习了一些拉丁文、希腊文和希伯来文，但是因为他"对古代语言知识的掌握有限，所以他从未认为自己可以客观公正地批评《圣经》的英文翻译"。同上，第 5 页。

23. 迈克洛林，《现代复兴主义》(*Modern Revivalism*)，第 55 页。

24. 《回忆录》，第 84 页；比较第 365—369 页。

25. 这些观点都来自芬尼的《回忆录》第 7 章《论牧师的教育》(*Remarks Upon Ministerial Education*)，第 85—97 页；比较芬尼，《宗教复兴运动的演讲录》(*Lectures on Revivals of Religion*)，第 176—178 页。

26. 迈克洛林，《现代复兴主义》(*Modern Revivalism*)，第 118—120 页。芬尼只赞成一个领域的教育，即科学。与早些的清教徒一样，他认为科学并不是宗教的威胁，而是荣耀上帝的手段。中西部地区的教会大学也继承了这种对科学的态度，并培养出许多科学家。R. H. 克纳普（R. H. Knapp）和 H. B. 古德利奇（H. B. Goodrich）对其中的原因有深入的讨论，见《美国科学家的起源》(*Origins of American Scientists*)第 19 章，芝加哥，1952 年。

27. 《宗教复兴运动的演讲录》(*Lectures on Revivals of Religion*)，第 435—436 页。

28. "这是我们的一个基本原则，"在回答一位卫理公会派反对者的提问时，卫斯理说，"抛弃理性就是抛弃宗教信仰，理性与信仰是并存的，所以非理性的信仰都是错误的信仰。"见 R. W. 伯特纳（R. W. Burtner）、奇利斯（R. E. Chiles），《卫斯理神学概略》(*A Compend of Wesley's Theology*)，纽约，1954 年，第 26 页。但是正如诺尔曼，斯科尔斯（Norman Skyes）所说，福音主义的复兴运动却导致了智识的倒退，因为在一定程度上，它起源于反对理性主义和索奇尼派，后者支持神学中不拘泥于教条和形式的自由主义主张。"相比于主要的自由主义神学家，卫斯理认为上帝甚至会介入他的日常生活的看法纯粹是迷信，"斯科尔斯评论说，"而怀特菲尔德则更糟，他完全没有接受过教育，在文化方面根本没有受到同事的影响……"见斯科尔斯，《18 世纪英格兰的教会与政府》(*Church and State in England in the Eighteenth Century*)，剑桥，1934 年，第 398—399 页。

有关英格兰福音主义复兴运动，A. C. 马基弗（A. C. McGiffert）写道："在理解人类与他们的需求时，他们从过去而不是未来寻找答案。他们加剧了基督教和'现代'间的矛盾，并加深了这种观念，即父辈的信仰不会得到后代的认同。他们不仅狭隘还信仰中世纪精神，推崇情感至上、缺乏智识，提倡粗陋的超自然主义和生硬地理解《圣经》，爱好世俗文化和艺术科学，使他们最终反对宗教。尽管福音主义取得了伟大的成绩，但是在许多方面也造成了巨大的灾难。见《康德之以前时期的新教思想》（*Protestant Thought before Kant*），纽约，1911 年，第 175 页。有关美国早期的卫理公会派在智识上的局限性，参见杜瓦尔（S. M. Duvall），《1869 年前的卫理公会派与教育》（*The Methodist Episcopal Church and Education up to 1869*），纽约，1928 年，第 5—8，12 页。

29. 这些早期的牧师很清楚，自己对信徒有影响力，在于他们与普通信徒没有多大区别，无论是文化还是生活方式。1825 年，一位英国的访问者在被介绍给一位印第安纳的卫理公会派牧师时，惊讶地发现他完全不像英圣公会的牧师那样具有威严。令他诧异的是，这位牧师住在一个普通的农舍里。正当他有些不耐烦地等待这位牧师出现时，一位美国牧师告诉他罗伯茨神父马上就来了。"我眼前的是一个普通人，不是神父。"他说道。"可是，那确实是神父。"美国人说。"不，不！不可能，这个人卷着袖子呢。"罗伯茨神父刚才在他自家的地里干活呢。见艾略特（Charles E. Elliott），《罗伯特神父的生活》（*The Life of the Rev. Robert R. Roberts*），纽约，1944 年，第 299—300 页。关于对生活在边疆地区的牧师的记载，见伊丽莎白·K. 诺丁汉（Elizabeth K. Nottingham），《卫理公会派与边疆地区》（*Methodism and the Frotier*）第 5 章，纽约，1941 年。

30. 乔治·C. 贝克（George C. Baker, Jr.），《早期新英格兰卫理公会派的历史简介：1789—1839》（*An Introduction to the History of Early New England Methodism, 1789—1839*），达拉谟，1941 年，第 18 页。

31. 同上，第 14 页。

32. 同上，第 72 页。据说以下是卫理公会的牧师在康涅狄格州布道时的一段布道词："兄弟姐妹们，我所坚持的是：学识不是宗教，教育不会给人带来圣灵。上帝的恩典与恩赐赋予了圣坛下生命的真正目的。圣彼得是一位渔夫，你认为他上过耶鲁大学吗？但是他坚如磐石，耶稣在他的身上建起了教堂。不，不，亲爱的兄弟姐妹。上帝要摧毁耶利哥的围墙时，他不需要拿起铜号，也不用擦拭圆号，完全用不着这些东西，他只拿起羊角，最普通不过的羊角，然后它变成了这样。所以，当他想要推倒耶利哥的围墙时……他不需要你们这些彬彬有礼、上过大学的士绅，只要我这样的一个普通人。"见 S. G. 古德利奇（S. G. Goodrich），《回忆录》（*Recollections of a Lifetime*）第 1 卷，纽约，1856 年，第 196—197 页。

33. 贝克，同上，第 16 页。

34. 古德利奇，同上，第 311 页。

35. 《卫理杂志与季刊》（*The Methodist Magazine and Quarterly Review*）第 7 期，1830 年 1 月，第 16,29—68 页；第 12 期，1830 年 4 月，第 162—197 页；第 13 期，1831 年 4 月，第 160—187 页；第 14 期，1832 年 7 月，第 377 页及以后各页。

36. 见桑德兰德，《论神学的教育》（*Essay on a Theological Education*），《卫理杂志与季刊》（*The Methodist Magazine and Quarterly Review*）第 16 期，1834 年 10 月，第 429 页。大卫·M. 里斯（David M. Reese），《桑德兰德神父的"论神学的教育"的简单构架》（*Brief Strictures on the Rev. Mr. Sunderland's Essay on "Theological Education"*），《卫理杂志与季刊》（*The Methodist Magazine and Quarterly Review*）第 17 期，1835 年 1 月，第 107,114,115 页。

37. 第一所卫理公会建立的"学院"，位于马里兰州阿宾顿的可克斯伯里学院（Cokesbury College），也许是一个很好的例子。成立这所学院实际上是托马斯·可克博士（Dr. Thomas Coke）的主意，他是卫斯理神父的密使,旨在把他从牛津大学学到的那一套教育理念带到美国。虽然阿斯伯里反对他应该像卫斯理在金斯伍德那里一样创立一所综合性大学的提议,但是他成功地说服卫理公会建立了一所他们自己的大学。成立于 1787 年,与大部分美国早期的学院一样,这所学院一开始还包括一个预科学校——其实它更为成功。一年内,学院的三位教师辞职。1794 年,大学部关闭,只剩下预科学院。1795 年和 1796 年,重建学院的计划因两场大火中断,并彻底叫停。阿斯伯里认为,这纯粹是浪费时间和金钱。"上帝没有号召怀特菲尔德或者卫理公会的教徒建立大学。我只希望建立学校……"见埃尔默·T. 克拉克(Elmer T. Clark)等人编,《弗朗西斯·阿斯伯里笔记与书信录》(*The Journal and Letters of Francis Asbury*)第 2 卷,第 75 页。另见参见杜瓦尔(Sylvanus M. Duvall),《1869 年前的卫理公会派与教育》(*The Methodist Episcopal Church and Education up to 1869*),纽约,1928 年,第 31—36 页。德弗罗·贾勒特(Devereux Jarratt)是弗吉尼亚苏格兰公会中福音派的成员,他熟知圣公会中牧师对教育的要求,因此他对卫理公会在阿宾顿创立学院大为吃惊:"其实,任何有头脑的人都不会预料他们能从神学院学到伟大的知识,尽管白铁匠、裁缝、织布工、鞋匠或者任何乡村的技工技术娴熟高超,但是他们完全没有文化,根本就对大学以及大学教授的内容一无所知。"见《贾勒特神父的一生》(*The Life of the Reverend Devereux Jarratt Written by Himself*),巴尔的摩,1806 年,第 181 页。

38. 南森·邦斯(Nathan Bangs)是美国第一位教会历史学家,他曾说过卫理公会反对智识是众所周知的,这亦是理所当然的。见《公理会会中卫理公会派的历史》(*A History of the Methodist Episcopal Church*)第 2 卷,纽约,1841 年,第 318—321 页。

39. 同上,第 3 卷,第 15—18 页。

40. 直到 1847 年才建立了第一所这样的神学院:卫公理派圣经研究所,它位于新罕布什尔州的康科德,随后搬迁到波士顿并改名为"波士顿大学神学院"(School of Theology of Boston University)。此后,加勒特圣经研究所(Garrett Biblical Institute)于 1854 年在伊利诺伊州的埃文斯顿创立。德鲁神学院(Drew Theological Seminary)是第三所这样的大学,由华尔街著名的盗版商丹尼尔·德鲁(Daniel Drew)出资创建,成立于 1867 年。

41. 查尔斯·瓦里斯(Charles L. Wallis)编,《彼得·卡特莱特自传》(*Autobiography of Peter Cartwright*),纽约,1956 年,第 63—65,266—268 页。

42. 见查尔斯·C. 科尔(Charles C. Cole),《东部福音派的社会观念,1826—1860》(*The Social Ideas of Northern Evangelists, 1826—1860*),纽约,1954 年,第 80 页。萨姆·琼斯(Sam Jones)是美国镀金时代最成功的复兴派教徒之一,他在回忆自己在南方的传教经历时说道:"我发现在更南端地区的人们更容易感动。他们不像美国其他地方的人那样,为智识所害。"迈克洛林,《现代复兴主义》(*Modern Revivalism*),第 299—300 页。

43. 《美国文化发展中的宗教》(*Religion in the Development of American Culture*),纽约,1952 年,第 111 页。

44. 斯威特(W. W. Sweet)编,《美国边疆地区的宗教——浸礼会,1783—1830》(*Religion on the American Frontier—The Baptists, 1783—1830*),纽约,1931 年,第 65 页。

45. 比较关于浸礼会在早期弗吉尼亚的另一种记载:"他们中有些人嘴唇上长着毛,有些人视力模糊,有些人驼背,有些人罗圈腿,有些人脚步笨拙,他们和其他人完全不同。"沃尔特·B. 波西(Walter B. Posey),《低密西西比河谷地区的浸礼会教会,1776—1845》(*The Baptist Church in the Lower Mississippi Valley,1776—1845*),列克星敦,1957 年,第 2 页。

46. 斯威特,《美国边疆地区的宗教》(*Religion on the American Frontier*),第 72 页。"我担心,金钱和神学教育对今天的许多牧师来说是一种骄傲。"同上,第 65 页。

47. 同上,第 73—74 页。有关浸礼会牧师的智识状况与牧师和信徒对教育的抵制,见波西,同上,第 2 章。

48. 韦斯利·M. 格维尔(Wesley M. Gewehr),《弗吉尼亚州的大觉醒运动1740—1790》(*The Great Awakening in Virginia, 1740—1790*),达拉谟,1930 年,第 256 页。

49. 在教育方面作出的努力,见波西,同上,第 8 章。

50. 迈克洛林,《现代复兴主义》(*Modern Revivalism*),第 219—220 页。

51. 甘梅利尔·布拉德福特(Gamaliel Bradford),《D. L. 穆迪:一个灵魂工作者》(*D. L. Moody: A Worker in Souls*),纽约,1927 年,第 61 页。

52. 迈克洛林,《现代复兴主义》(*Modern Revivalism*),第 219—273 页。

53. 布拉德福特,第 24,25—26,30,35,37,64,212 页。

54.《关于宗教复兴的讲稿》(*Lectures on Revivals of Religion*),第 9,12,32 页。芬尼对复兴运动中能动性的作用曾做过详细阐述,在他书中的第 1 章有非常中肯的分析。

55. 迈克洛林的《现代复兴主义》(*Modern Revivalism*)第 5 章《现代进步影响下的传统复兴重生》(*Old Fashioned Revival with the Modern Improvements*)精彩记录了穆迪所使用的机制。

56. 韦斯伯格,《他们在河里相聚》(*They Gathered at the River*),第 212 页。

57. 同上,第 243 页。

58.《当地人掠影》(*Silhouettes of My Contemporaries*),纽约,1921 年,第 200 页。

59. 译者注:前千禧年说大致上对世界持悲观、否定的态度,相信世界会越来越坏,甚至走向毁灭。而耶稣将会在世界毁坏之后再临,并带来 1000 年"充满无尽福祉""众信徒与基督一起作王"的时期。因此,前千禧年说指的是耶稣将在 1000 年之"前"先来临。

60. 迈克洛林,《现代复兴主义》(*Modern Revivalism*),第 167,269,278 页;布拉德福德,同上,第 220—221 页。

61. 迈克洛林,《现代复兴主义》(*Modern Revivalism*),第 245 页;布拉德福德,同上,第 223 页。

62. 迈克洛林,《现代复兴主义》(*Modern Revivalism*),第 433—434 页;《比利·桑迪是他的真名》(*Billy Sunday Was His Real Name*),第 127—128 页。

63.《回忆录》,第 90—91 页。芬尼在《关于宗教复兴的讲稿》(*Lectures on Revivals of Religion*)第 12 章中详细地解释了他对布道的理解。他认为布道话语的方式应遵守以下原则:"它应该口语化","必须是日常生活中使用的语言"。应该从实际生活中选取事例,进行启发说明。要反复强调,但是不能单调。

64. 班顿,《我在这里:马丁·路德的一生》(*Here I Stand: A Life of Martin Luther*),纽约和那什维尔,第 354 页。

65. 迈克洛林,《现代复兴主义》(*Modern Revivalism*),第 140 页。

66. 布拉德福德,同上,第 101 页。关于他的传教风格,也可参见 迈克洛林,《现代复兴主义》(*Modern Revivalism*),第 239 页。威尔伯·J. 查普曼(J. Wilbur Chapman),《穆迪的生活与工作》(*The Life and Work of Dwight L. Moody*),波士顿,1900 年中也有大量详细的描写。

67. 布拉德福德(Bradford),同上,第 103 页.

68. 迈克洛林,《现代复兴主义》(*Modern Revivalism*),第 288 页。

69. 关于桑迪的一生,见迈克洛林深刻而富有见地的传记——《比利·桑迪是他的真名》(*Billy Sunday Was*

His Real Name）。

70. 迈克洛林,《比利·桑迪是他的真名》,第 164,169 页。

71. 韦斯伯格,《他们在河里相聚》(*They Gathered at the River*),第 248 页。迈克洛林,《比利·桑迪是他的真名》,第 177,179 页。在此,桑迪所用的语言表现出一种新出现的言语暴力,这在"一战"期间的教会中非常常见。见雷·H. 阿布拉姆斯(Ray H. Arams),《传道士现有的武器》(*Preachers Present Arms*),纽约,1933 年。

第五章

对抗现代性

1

桑迪的粗俗言语只是一个表面现象，它本身并不重要，重要的是它展现了当时福音主义的立场。隐藏在俚语和恶俗之下的，是一种不顾一切战斗到底的态度，这对于芬尼和穆迪来说是相当陌生的。的确，早期的福音派传教士也要战斗——与地狱的力量顽强斗争，竭尽全力挽救更多的灵魂。但是，桑迪反抗的是另一种东西——现代性，有时人们甚至认为这是他主要的斗争对象。当然他个人性格的因素也很重要，但是除此之外，也与社会背景有关，因为原教旨主义的精神已经日渐式微。

进入 20 世纪之后，我们会发现福音主义的传统迅速面临危机。这场危机首先是内在的：它已经再也无法拖延或者回避在传统的信仰方式与现代性之间的选择，因为这两者的矛盾不仅愈发明显，而且无所不在。无论是普通信徒还是牧师，他们中的原教旨主义者再也无法容忍伟大的福音派教会中有相当多一部分成员，包括浸礼会派与卫理公会派，都屈从于或者至少部分地屈从于现代的观念。而他们对于这些"背叛者"的憎恨又加深了他们对现代性的仇视。另一方面，危机还来自外部：世俗观念对信仰正统性的挑战早在美国建立之前就存在，但是达尔文主义的影响以及新兴的城市生活方式，给福音主义造成了前所未有的冲击和挑战。此外，教育的发展、全国人口的流动以及各种思想在全国范围内的交流传播，使得知识分子阶层世俗、开放、自由的思想与原教旨主义者恪守《圣经》教义的信仰分道扬镳，越走越远。如果世俗观念只是少数精英自己的事，原教旨主义者大可置之不理，或者在言辞激烈的布道中把他们当作替罪羊进行抨击。但是现在，一方面宗教中的大众文化不断得到发展，另一方面它还要与高等文化进行接触，因此传统的宗教信仰与现代的世俗观念必然会有越来越频繁的直接冲突。

我并不是说对待世俗文化，采取一种较为平和冷静的宗教态度是不可能的。但是对于许多强硬的教派来说，他们不想这么做。对许多个人或者团体而言，宗教表达的是一种平和的信仰，个人的宁静与心灵的宽容。但是，对于激进的信徒而言，宗教也可以是敌意的溯源或发泄渠道。有一种人特别好斗，在他们看来，与他人对抗是一件非常有趣的事或者是一个难能可贵的品格。对有些人来说，仇恨就是一种信仰，在人类历史中我们能找出许多这样的事例，例如反天主教运动、反共济会以及一些离奇的激进运动。原教旨主义者中既有温和的也有激进的，我们很难判断哪一方占多数。本书讨论的是激进派，他们在宗教上极力反对现代主义，在我们的大众文化中反对现代性。这些人虽然只是一小部分，但是他们在整个福音派运动中绝不是少数派，他们认为狂热和努力就可以弥补信众数量的减少。

桑迪的布道语言中有两个明显的特点，一个是强硬，另一个是讽刺批判，这两点可以被看作一种新的大众心态的显著特征。从桑迪身上我们可以看出一种我称之为"100%的心态",持有这种心态的人认为自己要尽力救治世间所有的愚昧,坚信无人有权质疑自己。这种心态是近期才出现的,它是原教旨主义的宗教思想和美国至上精神相结合的产物,有着非常强烈的激进主义色彩。[1] 抱有这种心态的人不能容忍任何模棱两可的立场、含糊其辞或者犹豫不决,绝不允许任何批判意见,认为这种坚定的品质是坚强不屈与男子气概的体现。有人评论道,在桑迪的同时代人中,"连西奥多·罗斯福总统都不像他那样着意展现自己激进好斗的男子气概"。如果说耶稣是一个爱打架的人,那么他的门徒桑迪则是打破了传统上基督徒没有主见、娘娘腔、每个人都可以骑在他身上欺负他的形象的人。在他看来,"上帝拯救了我们,基督教不再是软弱、脸皮薄、犹豫不决、受人摆布的人信仰的宗教"。桑迪要打破"基督徒应该不理尘世,性情要温和柔弱"的形象。他曾经用老罗斯福总统的语调说道:"道德战让人更加坚强。表面的和平只会让人软弱。"他承认自己脾气火爆,并总结道:"我不会崇拜一个软弱无能,不敢出重拳的上帝。"[2]

要想评价福音派中这种愈演愈烈的斗争性的意义,我们必须回顾一下福音派运动早期发展的历史。米德曾经说过,大约在 1800 年以后,"事实上美国就不得不作出一个艰难的选择,是根据知识界通行的标准推广智识教育,还是按照教派中盛行的要求加深人们的宗教信仰?"[3]。但是在 1800 年时,这个矛盾还没有像在 1860 年后那么突出,而到了 1900 年以后,这个问题就更加严峻了。正如米德所指出的那样,在 1800 年之前,虔信派教徒与理性派人士之间有一种不成文的共识,他们基本上都认同博爱主义精神和追求宗教信仰的自由。例如,本杰明·富兰克林在费城听了怀特菲尔德的布道后,出资赞助了一所复兴派建立的慈善机构。在传统派的牧师拒绝让怀特菲尔德登上讲坛时,他依然资助建造了一所对任何传道士都开放的集会场所。在杰弗逊总统当政期间,虔信派与理性主义间的友好关系达到了顶峰。教会中异见派的团体,尤其是浸礼会派,是宗教信仰自由的坚定支持者,哪怕这个人信仰理性主义。[4]

当然,到了18世纪90年代,认为上帝创造世界后让其自然运行的自然神论在美国的影响到达高潮,对人们不再信仰上帝的担忧成为热门话题。这些恐慌主要影响到传统教派的成员,因为这涉及他们开办的一些学校和其中信仰自然神论的教徒。[5]在1795年以后爆发的复兴派运动中,传道士们经常把伏尔泰和汤姆·潘恩(Tom Paine)当作替罪羊加以指责。[6]但是,这些最早的一批福音主义者太过实际,根本无法明白对他们传道的对象——普通大众来说,真正的威胁来自知识分子中自觉的怀疑主义。他们只知道主要的敌人不是理想主义而是对宗教的冷漠态度,因此最重要的任务不是对付受潘恩批判《圣经》的言论影响的那些人,而是让那些从未接触过《圣经》的人皈依对上帝的信仰。随着福音运动在1795—1835年间的迅速发展,自然神论逐渐消沉,虔敬派与理性主义间的战争退到幕后。更令福音派关心的是如何把内陆地区的人们从罗马天主教和淡薄的宗教意识这两个恶魔中拯救出来,而不是驱散启蒙运动微弱的余光。

美国内战后,一切都发生了变化。理性主义又变成了福音主义的敌人。达尔文主义的出现深深地影响到思想的各个领域,令正统的基督教对它们抱有戒心。受过现代教育的牧师以及普通信徒对《圣经》的学术批判凸显了加尔文主义的冲击。最终,在19世纪末,因为工业化与城市教会发展引起的问题,造成了一场广泛的社会福音运动,这也是另一种形式的现代化趋势。现在,牧师和信徒都不得不在原教旨主义与现代主义中作出选择,在保守的基督教与社会福音思想之间,他们到底站在哪一边。

随着时间的推移,许多牧师——包括很多福音派的支持者,都变成了自由派。[7] 他们现在不用因为这些事情而痛苦了,包括不得不与少数理性主义怀疑论者共处于世,以及目睹传统的基督教发生现代主义的转变,即基督教原本是关于拯救灵魂的永恒问题,现在却要应付各种世俗事务,例如工会、社会问题的解决,甚至宣传社会主义。到 19 世纪末,原教旨主义者痛苦地发现他们已经不再受人尊敬,不再有影响力了。人们可以察觉到他们中间出现了一种新的宗教力量,它渴望反击一切现代的事物,包括怀疑《圣经》的准确性和可靠性的历史批评派(higher criticism),进化论、社会福音运动以及任何理性批判。正是因为当时社会状况和神学信仰这两方面的变化,才产生了这种"100%心态"。

通过比较穆迪和他最著名的接班人就可以看出福音派对待现代性的立场变得逐渐强硬。虽然穆迪的观点与随后被称为"原教旨主义"的观点相近,但是他布道的风格早在 19 世纪 70 年代前就已经形成,当时现代主义的影响还主要局限于知识分子的圈子。他对原教旨主义和现代主义之间日益显现的冲突的看法主要取决于两方面因素,一方面是他为人温和,另一方面是当时这种冲突本身的总体状况。他坚信《圣经》是上帝的话语,所以里面的内容都是充满智慧、善良。任何试图诋毁它的行为都是魔鬼的诡计。"如果《圣经》中有哪一部分不对,那么整本书就毫无价值了。"那时,人们还可以不用科学,甚至理性来理解《圣经》——"《圣经》不是为了被人们理解而产生的"。他对使用具象的语言和象征性的意义感到不耐烦,"那是现在人的说话方式,这会让一切失去意义"[8]。由此可见,穆迪的话语中完全没有偏见和挑衅。他希望和那些他尊重的宗教自由派人士和平相处,他欢迎他们出现在自己的诺斯菲尔德宣讲会上,他不喜欢保守派把他们称作异教徒。从他创立的两所教育机构就可以看出他的性格特点,一所是位于芝加哥的穆迪圣经学院(Moody Bible Institute),另一所是位于马萨诸塞州的诺斯菲尔德神学院(Northfield Seminary)。前者后来变成原教旨主义派,后者变成现代主义派,但是它们都自称是穆迪精神的继承者。

桑迪则截然不同。他从不怀疑原教旨主义就是要彻底、强硬与决不动摇。就像对待一切他不喜欢的事物那样,他把自己的语言天赋发挥到极致,毫不留情地谩骂"历史批评派和进化论":"如果《圣经》里说有地狱,那就一定有,所以你们不要这么黑心、卑鄙、堕落地说你们不相信,你们这些大傻瓜!"他还说:"成千的大学生正拼命地奔往地狱。如果我有100万美元,我会全部捐给教会,只留1美元给教育。""上帝说左,而那些学者偏要说右,让他们下地狱去吧!"[9]

2

愤怒的声音听起来越来越刺耳,对传统的挑战愈演愈烈,已经渗入社会权力与权威的核心领域,而再也无法忽视了。虽然原教旨主义者有时可能怀疑自己的宗教信仰是否虔诚,但是现在他们遭到所有人的质疑。哲学家莱因霍尔德·尼布尔(reinhold Niebuhr)的评论恰如其分:"由于他们极端的狂热,极端的正统派暴露了一个事实,即怀疑论已经进入教会的核心;因为当人们坚守的信念受到挑战时,他们就越努力地去捍卫它。"因此狂热的正统信仰是掩盖疑虑的一种手段。[10]

传统派感到仅用辩论的方式已经无法阻挡理性主义和现代主义的浪潮,得用言语暴力这种激烈的方式才能压制它们,这最终演变成封锁和恐吓。20世纪20年代对进化论发起的猛烈抨击代表了这场斗争的高潮。在此期间,桑迪在一次布道中说道,这一刻已经到来,"美国不会再容忍持异议者了"[11]。但是对于原教旨主义者来说,他们非常不幸地成了执异见者。

他们没有能力恐吓或者镇压批评他们的人,他们正逆历史的潮流而行。即使在规模较大的福音派教会内部,他们的控制力也大大削弱。大量的卫理公会与北方的浸礼会派成员,也站在宗教自由主义一边。在失去福音派内部多数人的支持后,许多原教旨主义者开始感到绝望。

20世纪20年代后来被证明是美国新教主义"文化斗争"最激烈的十年。广告、广播、大众杂志和国民教育的发展不可避免地将传统思维方式推向了与新思想的正面冲突。现在,这些生活在农村或小镇的传统美国人,受到现代生活方式的冲击,势必要与其战斗到底。他们坚决反对倡导世界各民族互相包容的"世界主义"、天主教以及知识分子主张的怀疑论与道德实验主义。三K党运动(Ku Klux Klan movement)、为禁酒令生硬的辩护、对在课堂上讲授进化论的斯科普斯进行审判,以及在1928年掀起的反对民主党总统候选人阿尔·史密斯(Al Smith)的运动,都体现了美国的保守派竭力却徒劳地重塑权威。也许他们唯一的胜利就是阿尔·史密斯的败选,但是即便如此,他依然成功地将民主党打造成一股都市的政治力量,并为此后民主党在总统大选中屡屡获胜打下基础。[12]

在20世纪20年代,传统派痛苦地大声呼喊"旧的美国"已经一去不复返,并指责知识分子是扼杀它的元凶。1926年,三K党领袖海勒姆·W.埃文斯(Hiram W. Evans)用"令人动容的"笔触写了一篇文章表达这个组织的目的,文中他认为当时社会最主要的问题是一场"具有旧时代先锋精神的美国大众"与"自由派知识分子"间的较量。他抗议道,"拥有北欧血统的美国人"的道德和宗教观念正被入侵美国的少数民族破坏,遭到自由派知识分子的公然嘲笑。埃文斯写道:[13]

　　　　我们发起的是一场普通老百姓的运动,我们的知识文化程度不高，没有训练有素的领导团队。 但是，我们要求非常严格。 我们渴望胜利，让权力重回普通人的手中。 普通人不必有太高的文化涵养，不用有太多的知识教育，他们是传统的普通美国人，他们的内心没有受外来思想的影响而腐败，始终保持着"美国人的精神"。 我们的成员和领导者都来自这些人，我们必然会反对统治着这个国家却背叛了美国精神的知识分子和自由派，我们要从他们手中夺回权力。

　　当然，我们有一个缺点，这会让我们被他们称为"乡巴佬""土包子""只配开二手福特的人"。 我们不否认这点。更糟的是，因为我们的表达能力不行，我们难以说清我们的理由并以最有效的方式发起运动……

　　每一个大众发起的运动都有这个缺陷……

　　三 K 党不认为依靠感情和直觉判断行事是个缺点，凭借冷冰冰的智识理性才是。 所有的行动都是由感情产生的，而不是推理。 我们行动的基础——感情和直觉，是经过几千年培养而成的，远比理性在人类大脑中的历史远得多……他们是美国文明的根基，甚至比伟大的历史文献还要重要。我们可以相信它们，而不是那些已经变质了的知识分子所做的精密推理。

这样的言论并非没有道理，语气也不是太过分。但是要找到一种不那么过分的方式来践行这种说法并不容易。在这方面，三 K 的斑斑劣迹可为明证。原教旨主义者的恐慌也证明了这点。一位佐治亚州的议员说道：

　　读一读《圣经》吧，它会教你如何为人处事。 读一读诗篇吧，里面有史上最优秀的诗歌。 读一读历书吧，它会教你如何看懂天气变化。 其他的书就没有必要读了，所以我反对建任何图书馆。

也许这样一个名不见经传的政客，说出这样的话的确不值一提，但是如果一个前国务卿，曾经三次参选总统的候选人这样讲，就值得人们注意了。1924 年，布莱恩在基督复临安息日会（Seventh-Day Adventists）的演讲中说："美国遭遇的所有问题都是教授进化论造成的。最好毁掉所有书籍，只保留《创世纪》前三段就行了。"[14]

在反对进化论的教育过程中，原教旨主义运动达到了顶峰，而对斯科普斯的审判则让他们铁了心要与进化论一站到底。这场审判令原教旨主义与现代主义思想之间的冲突变得富有戏剧性。问题的焦点是公立高中是否可以教授学生进化论的知识，它本身就证明现代主义已经从精英阶层特有的观念意识，发展为大众生活体验的一部分。对进化论的抵制曾经在大学的课堂中上演，在 1860 年之后的 30 年里，保守派的教士曾竭力阻止达尔文主义浪潮的来袭。但是，当时这这场论战只是发生在精英阶层，虽然反进化论者注定会失败，但是它并没有触及原教旨主义派的核心。毕竟，在那个时代只有很少一部分虔诚的信徒上过大学，即使有，他们依然可以选择那些未被《物种起源》"传染"、位处偏远地区的学校就读。可是，到了 20 世纪 20 年代，进化论的教育已经不只限于高等学府，已经出现在高中的课堂中，而大部分人都可以进入高中学习。在第一次世界大战的前 15 年里，高中的数量翻了一番，并且在战后继续增加。对美国绝大多数儿童来说，高中学历几乎成了必备，如果他们想获得成功，至少要取得高中毕业文凭。许多信仰虔诚胸怀抱负的美国人开始感到他们的孩子应该念高中，并且意识到他们肯定会受到进化论的影响。正是因为使用了一本有关进化论的课本——乔治·亨特（George Hunter）所写的《公民生物学》（*Civic Biology*），田纳西州的教师斯约翰·T.科普斯（John T. Scopes）被告上了法庭。这本书早在 1919 年就通过田纳西州教材委员会的审批。州立中学甚至在 1909 年就已经使用该书，但是直到 15 年后，它才被认定为危险的。

对于田纳西州和其他地方的原教旨主义者而言，竭力阻止学校教授进化论等同于挽救孩子们的宗教信仰——事实上，这是拯救一家人的信仰，使他们免受进化论者、知识分子和世界主义者的毒害。[15] 如果原教旨主义者有任何值得同情之处的话——我认为他们值得——那一定是在这个问题上。如果我们意识到在他们看来，反对进化论就是捍卫自己的家庭和家园，那么我们就能理解他们为什么那么激动。田纳西州议员约翰·华盛顿·巴特勒（John Washington Butler）是基本教义派浸礼会（Primitive Baptist）的信徒，他曾提议通过立法反对在该州教授进化论。他之所以这么做，是因为听说他所在的社区有一位年轻女子在上了大学之后，变成了一个支持进化论者。这让他开始担心自己的五个孩子也会和她一样。1925 年，他终于如愿以偿，该州立法通过了禁止进化论进入高中课堂的决议。"让我们帮助上帝，拯救我们的孩子吧！"在讨论巴特勒的提案时，一位州参议员大声说道。当克拉伦斯·达罗（Clarence Darrow）在对斯科普斯的审判中说"每一个孩子都应该比他的父母更聪明"时，他触发了缠绕在原教旨主义者内心的恐惧。如果"更聪明"意味着孩子要背弃父母的信仰，抛弃他们的生活方式，那么这正是他们不希望见到的。威廉·詹宁斯·布莱恩（William Jennings Bryan）在审判中说："我的朋友们，如果他们相信（进化论），回到家以后嘲笑父母的信仰，我们为什么还要送他们去读书呢？家长们有权要求任何收了学费的老师都无权夺走孩子们对上帝的信仰,使他们回家后开始怀疑上帝,成为一个无神论者。"在审判开始前,他宣称"我们的目的,我们唯一的目的就是要证明家长有权保护他们孩子的信仰……"[16]对布莱恩和他的支持者而言,达罗是要打破宗教信仰与对家庭的忠诚之间的联系。"去死吧,"一个田纳西人在达罗面前挥舞着拳头说道,"你休想破坏我妈妈读过的《圣经》。如果你敢,我会把你撕成碎片。"[17]

最终,布莱恩举起了全美反进化论运动的大旗,真在是再合适不过,他是一位普通信徒,在他身上体现了美国人民最为悠久的两种信仰——福音主义的思想和民粹主义的民主精神。他认为,宗教信仰与民主精神可以汇集在一起成为反对智识主义的共同理由。一边是人民的声音和内心的信仰,另一边是知识分子——他们是把自己卖给伪科学和机械理性主义的一小部分傲慢的精英。在布莱恩的口中,他们被描绘成"科学苏维埃"或一群"自以为是的知识分子组成的不负责任的寡头团体"。[18]他指出宗教从来就不只属于精英,"基督教是属于所有人的,不只是为所谓的'思想家'服务"。因为心智是机械僵化的,所以需要心灵的指引。心智既可以策划罪恶,也能够造福社会。"崇拜心智是今天的知识分子界一桩大罪过。"只有心灵——它属于宗教的范畴——才能规范心智,使它有益于社会。

因此,这里就是问题的症结所在:民粹主义的民主与传统的宗教结合在一起。一般人要做的事就是观照好自己的心灵信仰,而他们对这些事的直觉力并不比知识分子差,甚至要更好,对宗教事务的判断应该由他们裁定。当宗教与科学发生冲突的时候,布莱恩认为应该由公众,而不是"那些评价一个人只看文凭和大学学历的人"来决定。正如社会学家沃尔特·李普曼(Walter Lippermann)所说,认为上帝面前人人平等的宗教信念,在布莱恩的心中就变成了在田纳西州的投票箱前,人人都是优秀的生物学家。

事实上,布莱恩还提议让基督徒投票表决进化论问题,从而使这个问题演变成多数人的权利的问题。[19]

> 如果根据基督徒对《圣经》的看法,那么《圣经》是反对进化论的,包括神导进化论(theistic Evolution)和唯物主义进化论(materialistic evolution)。 在相信《圣经》是上帝的话语的人中,不足十分之一的人会相信进化论的假说也适用于人类。 除非这一小部分人可以强行规定大部分人改变他们的观念,否则进化论必须被视为违背上帝的旨意,而要遭谴责。

在布莱恩看来,在学校里教授进化论就是对大众民主的挑战。"他们的人数只占那么小的一部分,这些进化论者有什么权利动用老百姓的钱,去教授所谓的对《圣经》的科学解释,而正宗的基督教徒却不能在学校里教对《圣经》的正统诠释呢?"布莱恩无论如何都不相信进化论者所说的科学是正确的。他还说,即使他们是对的,但是他们忽略了"统治的科学",即"权利掌握在大多数人手中",除非是宪法保障少数派的那些权利。阻止少数派在代表多数人的公立学校里教授他们的学说,并没有侵犯他们的权利。"对于家长和纳税人不希望教授的内容,他们无权要求从中获得报酬。学校里的一切事务都由开支票的人说了算。"现在的情况是,基督徒不得不建立属于他们自己的学校或者大学,来教授基督教思想。"为什么那些无神论者(astheist)和不可知论者(agnostic)不创建他们自己的学校和大学,在那里教授他们自己的内容?"[20]如果真是像布莱恩说的这样,那么现在的公立学校应该完全禁止教授进化论,现代科学的教育将只能在一小部分世俗的私立学校进行。那样的话,对于美国的教育无疑是巨大的灾难。但是,布莱恩认为完整的教育不能与正统的信仰有任何冲突,因此如果必须要在两者间进行选择,那么答案是很明确的。一个受过教育的人如果没有宗教信仰,就如同一艘无人驾驶的船。"如果我们不得不放弃宗教信仰与教育两者中的一个,我们应该选择教育。"[21]

3

今天,关于进化论的争论就像荷马的时代对于东部的知识分子那样遥远,在看待双方的观点时,我们常会表现得不屑一顾。然而,在美国的其他地方或者在其他领域,这样的争执依然存在。当斯科普斯案被改编成戏剧《向上帝挑战》(*Inheirt the Wind*)在百老汇上演时,给人的感觉更像是一种老派的作品而不是一种对自由思想的呐喊,无法在人们心中掀起波澜。但是当这部剧被巡回演出的剧团带到蒙大拿州的小镇,饰演布莱恩的演员在发表一篇演说时,观众中忽然有人站起身来高喊"阿门!"虽然今天的知识分子在校园中面临的威胁比原教旨主义更恐怖,但是我们绝对不能忘记知识分子在20世纪20年代的可怕处境。也许与50年代麦卡锡主义对知识分子发动的攻势相比,他们的境况还算安全,但是他们遭到的压迫和恐吓也同样是真实的。梅纳德·希普利(Maynard Shipley)根据对当时反对进化论运动的调查,编写了《向现代科学宣战》(*The War on Modern Science*)一书,我们只要读一读这本书,就可以重温当时知识分子所经历的恐慌是多么的真切。斯科普斯审判与30年后军队与麦卡锡联合举行的听证会一样,使人们深切体会到这种情绪,并使这场大清洗运动和他们反对知识分子的决心显得更激动人心。在斯科普斯案后,人们发现反进化论斗争的势头被遏制住,也逐渐明白对知识分子实在是过于担心了。但是在该案审判之前,反进化论的进攻在许多州势头迅猛,包括几个不属于南部的州。根据 W. J. 卡什(W. J. Cash)的亲身体验,在南方它是一种像三 K 党一样真正的民间运动,赢得了绝大部分南部人民的大力支持,不仅是普通百姓,还包括有影响力的教徒与教会领袖。[22] 高雅的知识分子在属于自己阵地的科研中心没什么可担心的,但是他们为美国的中学教育制度可能遭到破坏而担忧,这种担忧不无道理,他们也对此束手无策。直到今天,大部分中学课本中关于生物的内容都言辞谨慎,在许多地方讲到进化论时都是以一种间接委婉的方式。就在几年前,对全国青少年代表的调查显示,只有 1/3 的人对这个说法持肯定态度:"人是从低等动物进化而来。"[23]

关于进化论的争执以及斯科普斯案极大地激发了反智主义的情绪。在 20 世纪,知识分子和专家第一次被大量的民间领袖谴责为人民公敌。虽然这些激进的原教旨主义者在美国属于少数,但是他们是极为重要的少数派。他们对知识分子的敌意直接反映出大多数人的感受,尽管大多数人不愿加入他们反对知识分子的运动,但是也对这种时代发展的趋势感到强烈不满,他们同样会担忧世界主义的心态、具有批判精神的智识和道德与文学上的实验主义。[24] 布莱恩对"专家"的猛烈抨击体现了双方立场的显著差异,但是以往并不是这样的。在进步时代,知识分子认为自己在本质上与大众的基本利益和期望是和谐一致的。但是现在,越发明显的是这种"和谐一致"既不是早已设定好的,也不是一定有保证的。当大众的宗教信仰越虔诚,他们与大多数知识分子的观点的分歧就越突出。至于原教旨主义者,我们不应该忘记虽然他们在对主要问题的论争中战败,但是他们绝不会投降或者消失。相反,他们会愤然转战其他领域,对现代主义者的薄弱环节进行攻击。虽然在有关宗教的争议中他们无法打败现代主义或世俗主义,但是他们在其他方面可以东山再起,重拳出击。

20 世纪 30 年代的经济大萧条给了他们一丝安慰。他们曾经因为偏激的神学观念，被大多数主要的福音派教会孤立，而如今福音派牧师当中有很大一部分的政治立场是自由派或者左派，这就更令他们的处境雪上加霜。[25] 然而，普通教友并没有牧师们那么极端，许多保守的教友觉得，现在这种新的社会福音运动已经创造出一种被一位右派牧师称为"牧师阶级"的新阶层，它与教会中大部分人的观点有明显的不同。他们身上强烈的孤立无助感，反而使人数虽然日渐减少但绝不可忽视的原教旨主义者加入极右翼的行列，反对罗斯福总统的"新政"。现在，这些宗教上的原教旨主义者又举起了政治原教旨主义的大旗。从 20 世纪 30 年代开始，信奉原教旨主义成为美国政坛极右翼的重要特征，他们的思想中体现了原教旨主义的深深烙印。[26] 这些政治原教旨主义的代言人使夹杂在反进化论讨论中的大众反智主义元素又活跃了起来。"我无法从学术的角度来理解政治，"他们当中的一位领导者说，"我也不熟悉那些欧洲艺术大师们的杰作，但是今晚我要说，我了解美国人民的心声。"接着他开始斥责那些"叛徒"："他们就是 20 世纪的《圣经》中的文士和法利赛人……他们向这个国家的人民大肆宣传这些东西，包括政治上的热点、宗教态度、低劣的伦理价值和道德败坏的观念。"自古以来就有这样的说法，现在不过用另一种更简单的方式表达出来："我们要把国家从这些世故圆滑的城市人手中夺回来，还给淳朴的人民，他们依然坚信简单的道理：二加二等于四，天堂中有上帝，《圣经》就是真理。"[27]

尽管没有人探寻过大萧条期间和这段时间以后的极右派与 20 世纪 20 年代的原教旨主义思想在历史上是否有过关联，但是他们的领导者有一定的关系。许多右翼团体的领导人都是传教士，曾做过传教士或者是在恪守教义的传教士家庭中长大。他们之中，在 20 世纪 30 年代与比利·桑迪联系密切的一些人后来成了右翼或者准法西斯派的煽动者。来自堪萨斯州的杰拉尔德·温罗德(Gerald Winrod)是当代著名的右派传教士,他的右派运动生涯始于反对进化论。杰拉尔德·L. K. 史密斯(Gerald L. K. Smith)是右派传教士中的另一个代表人物,他的父亲是一个牧师,他本人曾是基督门徒会(Disciples of Christ)的传教士。已故的南方浸礼会派传教士J. 弗兰克·诺瑞斯(J. Frank Norris)是得克萨斯州反进化论运动的主力先锋,他后来成为最具传奇色彩的右翼领袖之一。卡尔·麦金太尔(Carl McIntire)是当代反对现代主义运动的右翼组织者,他原先是学院派原教旨主义者J. 格雷沙姆·梅钦(J. Gresham Machen)的门徒。[28] 近年来"约翰·伯奇协会"(John Birch Society)和其他"基督教护教团体"(Christian Crusades)中右翼的兴起,证明了在右派势力中的原教旨主义倾向比以往任何时候都要明显。在很大程度上,这场右派运动是由传教士和前传教士领导的。对极右翼的历史记录也表明他们在风格上一脉相承,宗教上的原教旨主义已经演化成一种激进的民族主义。杰拉尔德·L. K. 史密斯有一篇文章,题目为《十字架与旗帜》,正好说明了原教旨主义的延续。

颇有政治头脑的原教旨主义者转向右派,并非完全出于机会主义的考虑。与其他人一样,他们也渴望有一种全面的世界观,如果在宗教与政治上有共同讨厌的对象,他们就更加感到满足。因此,他们发展出一种"才能",将看似毫不相干的敌对情绪结合起来,从而加深这种仇恨。正如当代的原教旨主义者喜欢把他们的宗教态度与冷战联系起来,20世纪的原教旨主义者在对待第一次世界大战的问题和反德情绪时常与宗教联系在一起。德国学术界推动了《圣经》历史批评派的发展,成为反对现代主义者最常用的论据之一,他们把德国人在战争中的暴行与批评圣经导致的道德败坏硬生生地联系起来。许多人都对这件事发表了不同的看法,其中最简单通俗的要属桑迪:"1895 年,德国皇帝在波茨坦宫召集群臣,共同商议他征服世界的计划。有人对他说,德国人民永远不会支持他,因为这与人民信仰的马丁·路德的教义相悖。皇帝愤怒地说道:'那么,就让我们改变德国的宗教吧!'《圣经》历史批评派自此产生。"[29]

似乎的确存在一种统称为"偏见"的心态。对政治不宽容和种族偏见的研究证明,狂热和偏执的宗教信仰与政治和种族上的仇视敌对有很大的关系。[30]正是这种心态造就了所谓的"100%心态者",决定了当代的政治右派与原教旨主义者有许多相似之处。事实上,冷战以及持续不断的反共斗争给原教旨主义的思想注入新的活力。与这个世界上的任何其他事物一样,原教旨主义本身在很大程度上已经非常世俗化,它在世俗化的过程中产生了一种假的政治意识,我们最好把它放在复兴派传教士和营地布道会的历史背景中去理解。原教旨主义思想在道德与言论审查的"战场"上曾经历痛苦的失败,在进化论和禁酒令的问题上亦是如此。他们发现自己遭到受人尊敬的主流媒体的打压和忽视,渐渐被社会淡忘。在这个复杂的、充满实验性的现代社会里,他们始终被排挤,成为世人嘲笑的对象,即使当代宗教信仰上的"复兴"也不过是以一种文绉绉、慢声细语的方式进行,离传统的原教旨主义激情相去甚远。然而,在政治领域,这些世俗化了的原教旨主义发现了一种新的惩戒方式。除了"100%心态者",二战之后的政治氛围还为原教旨主义者找到了强大的新盟友,他们中包括一些依然忠于曾经接受的原教旨主义思想教育,痛恨个人所得税,极力反对"新政"带来的社会改革的有钱人;孤立主义团体和激进的民族主义者;第一次愿意联合曾经迫害他们的人,共同对付"没有信仰的共产主义"的原教旨主义天主教徒;以及南方那些近来被反种族隔离斗争激怒的反动分子。

我们这个时代的政治智慧不相信右翼心态的存在,或者对它缺乏理解,是因为没有充分考虑到右翼的世界观中天生包含着的宗教因素。一般说来,如果政治智慧要成为一种推动社会进步的力量,而不只是实现某方面特殊利益的手段,它必须有一套自己的处事方法和策略。它要能接受冲突是一种长期存在、重要的社会现象,要能理解人类社会是一种建立在不断妥协的基础上的平衡。要避免非此即彼的对决,不能搞党派斗争,因为一方的大获全胜将是对这种平衡的威胁。它能察觉事物间的细微差别,对事情根据其类别和程度进行处理。从本质上说,它认同世事万物都是相对的,对一切都抱有怀疑的态度,但同时它也是谨慎而富于同情心的。

然而,原教旨主义的思想与此截然相反:它从本质上来说与摩尼教(Manichean)类似,即认为世界非善即恶,两者永远对立。因而相应的,它不接受妥协(谁愿意跟撒旦妥协呢?),也不包容模棱两可的立场。因为看不到事物间存在非常细微的差异,所以也不认为这些差异非常重要。例如,在他们看来,自由派支持社会主义,而社会主义是共产主义的另一个说法,众人皆知,共产主义是无神论者。尽管不同的政治观点都是从政治问题出发,试图评价究竟在多大程度上可以通过平衡各种对立的力量,实现目标,而世俗化的原教旨主义观念首先要确定什么是绝对"正确"的,把政治看作必须确保这种"正确"实现的舞台。例如,他们不认为冷战是一个现实世界的政治问题——即两种政治势力为了生存,在一定程度上被迫彼此妥协,而认为它是一种信仰的冲突。他们不关心军事力量等"现实问题",例如苏联有导弹,而只想着与共产党,特别是美国的共产党展开一场精神上的较量,他们不在乎这些共产党究竟干了什么,或者他们为什么存在这些"现实问题",而只想着他们代表了在这场关于精神信仰的角逐中典型的对手。可是,共产党对他们来说一点儿也不现实,因为这些原教旨主义者根本就没有亲眼见过一个共产党。

因此,现实世界的问题成了世界末日的善恶大决战,是一种终极的现实,也就是说,任何日常生活中的现实问题都有了寓意,不同于普通人用来得出普通结论的实际证据。因此,当一位右翼领袖指责艾森豪威尔总统是国际共产主义阴谋忠诚的代理人时,从一般的政治角度来看,这个人可能是精神错乱,但是更确切地说,我相信他应该不属于这个世界。他想要说的并不是艾森豪威尔客观存在的政治行为,像一般人所理解的那样,而是对艾森豪威尔在终极道德和精神价值领域中进行评价——他是一个堕落的天使,而这远比俗世的政治具有更伟大的"现实"意义。如此看来,对他的指责并非那么荒诞不经,称之为崇高的无稽之谈倒更合适些,正所谓"我相信,因为这很荒谬"。

4

以上部分主要讨论的是新教中的福音主义与美国的反智主义之间的关系,这是因为美国一直以来就是一个信仰新教的国家,深受新教制度的影响。然而,也不能忽略了美国天主教特有的道德观,因为它对美国的反智主义也起到了决定性作用。虽然美国天主教徒的数量在近两三代人中急剧减少,他们的政治影响力和被接受程度都在下滑,但是在19世纪中期,即便它的信徒人数不多并遭到反天主教势力的打压,但是它依然是美国最大的单一教会,不断稳步发展。今天,美国大约有1/4的人信仰天主教,它的信徒如此之多若在30年前甚至是无法想象的。

我们也许会认为天主教对美国文化教育的交流产生了一些特殊的影响,带来了不同的历史观和世界观,对人性与建立制度的迫切性有着不同的理解。事实并非如此,因为它在美国没有建立起自己的智识传统,也没有培养出可以领导自身天主教会或者与其他世俗或新教思想沟通的知识分子阶层。相反,美国的天主教会只顾着谴责美国的生活方式中他们反对的那些方面,模仿他们可以接受的部分,从而使自己摆脱这种属于"少数派的"的弱者心理,更加"美国化"。结果,世界各国中除了巴西和意大利,美国的天主教会吸引的信徒最多,最富有,可能组织也最为健全,却没有自己的智识文化。D. W. 布罗根(D. W. Brogan)曾评价道:"没有哪个西方国家的天主教会像美国这样,对智识的重视程度,与它的财富、人数规模和组织力量如此不相称。"在过去的 20 年里,美国中产阶级中天主教徒的数量和天主教信众的文化程度双双大幅度增长,这令天主教会的领袖开始意识到这个问题。几年前,约翰·特蕾西·埃利斯(John Tracy Ellis)牧师对美国天主教严重缺乏智识的情况做过简短而深入的回顾,得到了天主教媒体的一致好评。[31]

美国天主教早期发展中的两个因素造成了它对智识不够重视。第一个因素是在 19 世纪逐渐形成了一种极其偏执的"一无所知"心态。当时,天主教被视为应该被赶出美国的外来者,并且可能是外国攻击美国的工具,因此教会必须竭力地美国化,从而保住自己的地位。那些为自己的信仰自豪的天主教信徒尽可能顽强地"坚持己见",来应对这种大环境,教会的领导者觉得他们需要的不是学者,而是能言善辩的人。[32] 因此,教会并没有合理反思采取正确的办法,而是选择了强硬激进的立场。今天,虽然早先对天主教的偏见已经基本上不存在了,但是教会成员依然抱有埃利斯牧师所说的"自闭"心态。第二个决定因素是长久以来,美国教会中的有限资源首先用于建立组织机构这样的当务之急,以接纳大量涌入的新移民,在1820 年到 1920 年的 100 年间大约有 1000 万人来到美国,需要为他们提供最基本的信仰指导。大部分的资源都用在这些迫切的实际需求,留给教育文化方面的就所剩无几,因此即使教会中有人关心"天主教文化",也无济于事。

　　此外,信仰天主教的大多是新移民。[33] 对美国天主教徒而言,他们"真正的"教会在欧洲,所以他们认为应该让更有文化修养的欧洲人去发展智性的生活,结果他们自己则过分狂热地崇拜百洛克(Belloc)和切斯特顿(Chesterton)这些信仰天主教的作家。在宗教领袖面前和整个美国社会中,不会说英语的移民表现得更为被动顺从。也许有一点重要原因,即虽然研究天主教会不重视文化问题的学者没有对此给予足够的关注,但爱尔兰移民与来自其他国家的移民却直接发挥了重要的促进作用。爱尔兰人充分利用了他们说英语和较早来到美国的优势,建立了一些政治机构和教会网络,这样大部分的天主教新移民就可以在美国找到落脚点,开始他们在美国的生活了。因此,爱尔兰人在美国天主教会中的影响远甚于其他的移民团体,德国天主教会杰出的学术成就,法国天主教会中推崇智识的发问精神,在美国的天主教会中都没有得到继承,而严格的清教主义与爱尔兰牧师激进的强硬做派被发扬光大。

　　来自劳动阶级的天主教移民因为语言不通,社会地位低下,很难进入新教徒占主导的盎格鲁-撒克逊主流文化,他们无法培养出自己的人才为其发声。值得注意的是,美国教会中的许多知识分子领袖如俄瑞斯忒斯·布朗森(Orestes Brownson)和艾萨克·赫克(Isaac Hecker)神父,他们是英国移民,来到美国后才改信天主教,而美国的大部分天主教徒在移民美国前就已经信仰天主教。1947 年,库欣大主教(Archbishop Cushing)非常到位地总结了美国教会神职人员的家庭出身和文化程度,他说,"就我所知,在美国的各级教会中,没有一个主教、大主教或红衣主教的父母是大学毕业。我们每一位主教或者大主教,他们都是劳动人民的儿子"。这些教会的主事来自文化程度不高的家庭,当然受过教育,但主要是神学专业方面。斯伯丁主教(Spalding)在巴尔的摩第三次全体会议上指出:"不管在美国还是其他地方,基督教会的神学院都不是教授知识文化的地方,如果认为它是培养知识文化的工具,那无异于幻想。"因此,即使天主教是基督教会中历史最悠久的教会,美国特有的社会状况和问题促使它以一种激进的方式为自己正名:在文化上,它要重新开始。美国的天主教会在智识和学术方面的资源实在是太匮乏了,1889 年他们为了改善这种状况创建美国天主教大学(Catholic University of America)时,最早的八位教员中有六人是从欧洲聘请来的,另两位也是先在其他地方接受了教育,然后才皈依了天主教。

在很长一段时间里,天主教信徒中有能力捐款资助教会发展教育的人数比例与其他教派相比,相对较少。虽然有一些天主教徒成了百万富翁,但是这种状况也没有太大的改善。埃利斯神父评价道,就这点而言,在美国天主教大学成立的前 66 年间,只收到过大约十笔金额超过 10 万美元的捐款,其中只有一笔大额捐款,它的数额差不多与建立一所私立大学所要的费用相当。随着越来越多的天主教徒进入中上层社会,他们当中与新教徒一样把孩子送进大学的人也逐渐增多。但是信仰天主教的教育家与他们教会外的朋友,如罗伯特・M.哈钦斯(Robert M. Hutchins),都失望地发现,天主教学校主要是培养具有专业知识或体育特长的人才,在美国整个高等教育界,反智主义如此盛行。无论是科学领域还是人文学科,天主教大学的学术成就依然低得惊人。1952 年,罗伯特・H.克纳普(Robert H. Knapp)与他的同事曾对美国科学家的教育背景进行过一次调查,他们发现"在所有的教育机构中,天主教大学是最差的,没有一位科学家曾就读于天主教大学"。令人惊讶的是,它们在人文科学方面的表现则更糟:"尽管天主教学校在其他学术领域的表现非常糟糕,它们在科学领域的成绩最为突出。"[34]

可以想见,信仰天主教的知识分子在美国的处境将是非常困难的。作为一个天主教徒,他要为自己向新教徒和世俗的知识界同仁正名;作为一个知识分子,他还要向其他的天主教徒证明自己,因为信仰天主教的人比一般的美国大众更加质疑他这个职业的价值。如果天主教的学者和作家可以得到其他教友的认可,这种认可往往来得很晚。[35]

当然,与其说上述这些情况体现了美国天主教的反智情绪,不如说是他们缺乏文化或者智识。但是,它们说明了一个更重要的问题:与新教中的原教旨主义者一样,许多天主教徒对我提到的现代性,也表现出强烈的反对。在那些有"100%心态"的人中,也许他们占了相当大的比例。这在很大程度上是正确的,因为他们中的智识派虽然人数和影响力都在增加,但是在天主教会中还没有足够的话语权,可以阻止"反对现代性"的势力,包括对心智的普遍怀疑和对知识分子的敌视。天主教会中大量的精力都花在了审查思想言论,解决离婚、节育等问题上,在这些方面天主教与世俗观念以及新教思想经常发生冲突,其中一些甚至参与了智识界坚决反对的极右翼保守派社会运动。总体而言,信仰天主教的知识分子反对极端和无谓的敌对行为,但是他们也感到无能为力。[34]

我们这个时代取得了许多非常令人瞩目的进步,其中之一就是出现了一种联合,或者至少是一种合作,新教与天主教两个教派中的原教旨主义者不仅有共同的清教主义信仰,而且他们对视为政治问题的现象一律盲目地反对,这使他们找到了联手攻击的对象——无神论的共产主义。人们可能猜想天主教徒对曾经让他们的祖先吃了不少苦头的新教徒有一种与生俱来的反感,然而许多人却不计前嫌,与这些心胸狭隘的新教徒合作。可悲而又讽刺的是,凭借基督教徒间兄弟般的情谊都无法结成的联盟,如今通过对敌人的共同仇恨形成了。在麦卡锡时代,这位威斯康星州的参议员得到了右翼新教徒和许多天主教徒的广泛支持,后者似乎还深信他不是在宣传个人的政治观点,而是在传播天主教的原则。即使天主教会中知识分子主办的杂志,如"公共福利"和耶稣会的"亚美利加"等对他进行了强烈谴责,但也无济于事。约翰·伯奇协会中虽然新教原教旨主义的氛围浓厚,但是最近吸引了不少天主教教徒,以至于天主教教会中至少有一位神职人员对他们发出警告。对天主教徒来说,全国上下一致反共的心态,给了他们一丝满足感。在经历了一个世纪的压迫之后,他们一定因为自己的"美国精神"不再遭到质疑而深感安慰,他们可以与当初迫害他们的人一起追捕这些国际的、充满阴谋的、非美国的敌人,他们勾结外国势力,不过这次不再是罗马,而是莫斯科。这次追捕本身很令人愉快,因此即使国内共产主义威胁已经不存在,他们也不在意,依然干得起劲。即使天主教会内部的理智者让他们停下来,劝说他们打击共产主义与具有美国精神没有任何联系,他们都不予理睬,因为这些天主教徒觉得自己就像是在追杀克伦威尔的手下。

注 释

1. 性别色彩强烈的原教旨主义——它包含对性别和背离信仰的双重恐惧,通常与宗教原教旨主义和美国至上的精神有关。在后来的原教旨主义布道中经常体现这种心理,它们是专门针对那些对自己的性别倾向担忧的人。在这个问题上,福音派文学作品中对涉及"舞蹈"和"卖淫"内容的处理,可以对我们有所启发。桑迪觉得"跳着方块舞的舞者身体四处摇晃,这在任何一个体面的社会都是不能接受的"。他还建议立法规定 12 岁以上的儿童不得上舞蹈课,在结婚前不得跳舞。迈克洛林,《比利·桑迪是他的真名》,第 132,142 页。

2. 迈克洛林,《比利·桑迪是他的真名》,第 141—142,175,179 页。

3. 《宗派主义:美国新教主义的状况》(Denominationalism: the Shape of Protestantism in America),第 314 页。

4. 参见《论新英格兰浸礼会中的共和主义》(the Republicanism of New England Baptists),罗宾逊(William A. Robinson),《新英格兰的杰弗逊式民主》(Jeffersonian Democracy in New England),纽黑文,1916 年,第 128—141 页。

5. 弗农·施陶费尔(Vernon Stauffer),《新英格兰与巴伐利亚的智者》(New England and Bavarian Illuminati),纽约,1918 年一书对法国大革命之后美国人对革命和缺乏宗教信仰的恐慌进行了非常生动的记录。尽管在 18 世纪末,美国精英中盛行一种温和的哲学怀疑主义思想,但是这主要是个人的观念,而没有任何要传播扩散的倾向。法国大革命之后,随着杰弗逊式民主的兴起,上层社会的理性主义者比以往更不愿意向大众宣扬他们的理性主义思想。即使当时在纽约、费城、巴尔的摩和纽堡等城市有一些信仰自然神论的团体,但是像伊莱休·帕尔默(Elihu Palmer)等富有斗争精神的怀疑论者依然难以在中下阶层找到一种将共和主义和怀疑论结合的途径。见 G. 阿道夫·科奇(G. Adolph Koch),《共和派的宗教》(Republican Religion),纽约,1933 年。

6. 凯瑟琳·C. 克利夫兰(Catherine C. Cleveland),《西部伟大的重生,1797—1805》(The Great Revival in the West, 1797—1805),芝加哥,1916 年,第 111 页。马丁·E. 马蒂(Martin E. Marty),《异教徒》(The Infidel),克利夫兰,1961 年一书中说到,在美国缺乏宗教信仰很少见,因此它不会产生什么影响,但是在正统派的布道词与教派团体间互相攻击时,它会成为一个很可怕的词。

7. 有关牧师的不同风格,见迈克尔森,《美国新教教会:1850 年至今》(The Protestant Ministry in American: 1850 to the Present),刊自 H. 理查德·尼布尔(H. Richard Niebuhr)和威廉姆斯的著作,同上,第 250—288 页。

8. 布拉德福德,同上,第 58—60 页;迈克洛林,《现代复兴运动》,第 213 页,关于穆迪具有实用主义的包容性,见第 275—276 页。

9. 迈克洛林,《比利·桑迪是他的真名》,第 125,132,138 页。

10. 《文明需要宗教吗?》(*Does Civilization Need Religion?*),纽约,1917 年,第2—3 页。我相信读者们很清楚我在讨论原教旨主义时,把它当作一种群众运动进行介绍,而不是对现代主义的深刻批评。有关后者的例子,见J. 格雷沙姆·梅钦(J. Gresham Machen),《基督教与自由主义》(*Christianity and Liberalism*),纽约,1923 年。关于原教旨主义的发展民间斯图尔特·G. 科尔(Steward G. Cole),《原教旨主义的历史》(*The History of Fundamentalism*),纽约,1931 年。

11. 迈克洛林,《比利·桑迪是他的真名》,第278 页。

12. 有关史密斯在这方面的成就,见我的文章:《新教徒可以在1928 年打败胡佛吗?》(*Could a Protestant Have Beaten Hoover in 1928?*),刊载于《记者》(*Reporter*)第22 期,1960 年3 月17 日,第31—33 页。

13. 《三K党为美国主义而战》(*The Klan's Fight for Americanism*),《北美评论》(*North American Review*)第223 期,1926 年3—5 月,第38 页。1943 年杰拉尔德·史密斯说:"我们的人民经常不发表意见,是因为我们当中只有很少人会在这种时候说些沮丧的话,但是我们的情绪压抑了好久,却因为担心不善言辞而没有表达出来。"利奥·洛温塔尔(Leo Lowenthal)和诺伯特·古特曼(Norbert Guterman),《谎言的预言者》(*Prophets of Deceit*),纽约,1949 年,第110 页。

　　在右派中一直有这样的看法,即美国公众的思想是正确的,但是支持美国传统价值观的人却比不过那些自作聪明的现代主义者。比较参议员塞纳托尔·巴里·戈德华特(Senator Barry Goldwater),《保守派的良心》(*The Conscience of a Conservative*),纽约,1960 年,第4—5 页:"我们的失败……就是保守教派的失败。尽管我们这些保守派……认为整个国家是站在我们这边的,但是我们似乎无法用实例证明保守主义的原则适用于当今的需求……也许我们太在意那些掌握大众媒体的人的看法了。我们每天都被这些'受到启蒙的'评论边缘化。"

14. 这两段话均引自梅纳德·希普利(Maynard Shipley),《向现代科学宣战》(*The War on Modern Science*)纽约,1927 年,第130,254—255 页。这些评论与福音主义的主要思想一致,但是它们也反映出这段时间越来越刺耳的声音。相比之下,内战后的卫理公会传道士芬利则较为温和,他说:"我一直在想,刊印大量的书籍是否会造成负面影响,让我们不再信仰《圣经》。"《自传》(*Autobiography*),辛辛那提,第171 页。

15. "今天,公立学校体制的最大威胁是……它不信仰上帝。"布莱恩在1920 年2 月的《平民》(*The Commoner*)第11 页中说道。他不断收到来自农村各地的家长的报告,里面说到公立学校破坏了孩子们的信仰,这令他深感不安。《回忆录》(*Memoirs*),芝加哥,1925 年,第459 页。关于反进化论这一主题的讨论,可以参考诺尔曼·F. 弗尼斯(Norman F. Furniss),《原教旨主义的争论,1918—1931》(*The Fundamentalist Controversy, 1918—1931*),纽黑文,1954 年,第44—45 页。

16. 阿伦(Leslie H. Allen),《布莱恩与达罗在戴顿》(*Bryan and Darrow at Dayton*),纽约,1925 年,第70 页,本书根据审判记录和其他文献,对内容进行了编辑。

17. 见金杰(Ray Ginger)对此案的精彩研究:《六天还是永远?》(*Six Days or Forever?*),波士顿,1958 年,第2,17,64,134,181,206 页。

18. 金杰,同上,第40,181 页。比较布莱恩,《旧约中的伟大人物》(*Famous Figures of the Old Testaments*),第195 页;《有争议的七个问题》(*Seven Questions in Dispute*),第78,154 页;《在他的意向中》(*In His Image*),纽约,1922 年,第200—202 页;《平民》(*The Commoner*),1921 年8 月,第3 页;1922 年11 月,第3 页。

19. 布莱恩,《正统基督教 VS 现代主义》(*Orthodox Christianity versus Modernism*),纽约,1923 年,第 14,26, 29—30,32,42 页。请比较金杰的著作,同上,第 35,40,181 页。"上帝话语中的优美之处,"布莱恩说, "体现在它不是只有专家才能理解。"当一些大都市的报纸指出戴顿市民组成的陪审团也许不能胜任对 这些问题的裁决时,布莱恩说:"根据我们政府的制度,人民和一切事物都关系密切,我们相信他们可以 决定任何事,陪审团也是如此。"正如他所认为的那样,这个案件提出了一个问题:"少数派可以利用法 庭在学校中推广他们的观点吗?"在这个有争议的话题上,可怜的布莱恩太渴望胜利,却又一次地失算 了。显然他以为自己会赢。"这是我平生第一次,"他告诉一些原教旨主义者,"站在多数派一边。"金 杰,同上,第 44,90 页。当代哲学家约翰·杜威(John Dewey)就布莱恩对民主的看法、他的福音主义观 点和反智主义的思想之间的关系,做过深刻的阐述,见《美国智识的前沿》(*The American Intellectual Frontier*),《新共和》(*New Republic*)第 30 期,1922 年 5 月 10 日,第 303—305 页。

20. 《正统基督教 VS 现代主义》(*Orthodox Christianity versus Modernism*),第 29,45—46 页。比较《公立学校 中的达尔文主义》(*Darwinism in Public Schools*),《平民》(*The Commoner*)1923 年 1 月,第 1—2 页。

21. 金杰,同上,第 88 页。

22. W. J. 卡什(W. J. Cash),《南方的思想》(*The Mind of the South*),纽约,1941 年,第 337—338 页。

23. 在这次调查中,40% 的人填"否",35% 的人填"是",24% 的人填"不确定"。H. H. 雷马士(H. H. Remmers)和 D. H. 拉德乐(D. H. Radler),《美国的青少年》(*The American Teenager*),印第安纳波利斯, 1957 年。比较霍华德·K. 比尔(Howard K. Beale)在《美国的教师是自由的吗?》(*Are American Teachers Free?*),纽约,1936 年,第 296—297 页中记录了 20 世纪 30 年代教授进化论时所承受的压力。

24. 这种对道德的担忧也许值得更多的探讨。正如原教旨主义者所认为的,他们的孩子失去信仰可能是丧 失道德的第一步,他们绝对相信人是从低等动物进化而来的思想中暗含了"淫荡"的观念。他们夸张的 言辞表明他们担心关于进化论的讨论,可能会带来许多方面的担忧,包括"性"。

25. 有两本书对美国宗教进行了精彩深入的探讨,对我很有启发:保罗·卡特(Paul Cater),《社会福音的衰落 与复兴》(*The Decline and Revival of the Social Gospel*),伊萨卡岛,1954 年和罗伯特·米勒(Robert Moats Miller),《美国的新教主义与社会问题》(*American Protestantism and Social Issues*),教堂山,1958 年。

26. 包括我在内的一些撰文评价"美国的新右派"的作家[文章收录在丹尼尔·贝尔(Daniel Bell)编辑的 《美国的新右派》(*The New American Right*)(纽约,1955 年)一书中],从未忽视或者低估原教旨主义在 右翼极端主义中的影响。该书的新版《极端的右派》(*The Radical Right*)(纽约,1963 年)还收录的一些 近期发表的文章。对这个主题介绍最详细的是拉尔夫·洛德·罗伊(Ralph Lord Roy),《不和谐的使 徒》(*Apostles of Discord*),波士顿,1953 年。虽然该书披露了大量的事实和丑闻,但是它是一部严谨的学 术著作。关于美国政治右派的最新发展,见大卫·但泽(David Danzig),《极端右翼与原教旨主义少数 派的兴起》(*The Radical Right and the Rise of the Fundamentalist Minority*),《评论》(*Commentary*)第 33 期,1962 年 4 月,第 291—298 页。

27. 洛温塔尔与古特曼,《谎言的预言者》(*Prophets of Deceit*),纽约,1949 年,第 109—110 页。引文来自杰拉 尔德·史密斯与哈德逊(Charles B. Hudson)。

28. 有关温罗德(Winrod)、史密斯、诺瑞斯(Norris)和麦金太尔,见罗伊(Roy),同上,多处;卡特(Carter),同 上,第 4 章;米勒,同上,第 11 章;迈克洛林,《比利·桑迪》,第 290,310 页。有关原教旨主义与约翰· 伯奇协会,见《纽约时报》1961 年 4 月 23 日与 10 月 29 日;科芬(Tris Coffin),《野蛮人回来了》(*The*

Yahoo Returns),《新领袖》(*New Leader*)1961 年 4 月 17 日。

29. 迈克洛林,《比利·桑迪》,第 281 页。

30. 就我所知道,对普遍的偏见心态最有趣的研究,非 E. L. 哈特利(E. L. Hartley)莫属。他让大学生们根据他们的接受程度对一些民族和国家作出评价。在他的名单中有三个虚构的民族:Daniereans、Pireneans 和 Wallonians。他发现对真实存在的民族的偏见与对这些虚构的民族的偏见有很高的相关性,这表明某些人对任何事物都会表现出敌意。见哈特利,《偏见的问题》(*Problems in Prejudice*),纽约,1946 年。对于宗教正统性与宗教不包容的关系,见斯托弗(Samuel A. Stouffer),《共产主义、从众与公民自由》(*Communism, Conformity, and Civil Liberties*),纽约,1955 年,第 140—155 页和 T. A. 阿多诺(T. A. Adorno)等编写,《专制人格》(*The Authoritarian Personality*)第 6 章和第 18 章。

31. 这些内容参考了埃利斯牧师的文章《美国天主教与智识生活》(*American Catholics and the Intellectual Life*),《思想》(Thought)第 30 期(1955 年秋),第 351—388 页。未标明引用来源的内容都来自这篇文章。一些信仰天主教的作者对这些问题也有所讨论,包括托马斯·F. 奥迪亚(Thomas F. O'Dea),《美国天主教的困境:对智性生活的探寻》(*American Catholic Dilemma: An Inquirity into Intellectual Life*),纽约,1958 年;耶稣会翁神父(Father Walter J. Ong, S. J.),《美国天主教前沿》(*Frontiers in American Catholicism*),纽约,1957 年;以及一些非天主教徒的作者,包括罗伯特·D. 克罗斯(Robert D. Cross),《美国的自由派天主教》(*Liberal Catholicism in America*),坎布里奇,1958 年,该书详细讨论了天主教会为了适应美国的社会环境遇到的一些问题。

32. 正如翁神父(同上,第 38 页)指出,美国的天主教会完全不能理解"护教学课程是美国天主教学院和大学的特色课程,它研究的是教条的辨证,可是在巴黎、图卢兹等地的天主教学院中没有这些课程,它们是如何在 20 世纪培养受过教育的法国天主教徒的虔诚? 当他们得知法国的护教学是培养年轻人用天主教的方法看待现代问题时,他们感到非常困惑……"

33. 天主教会中的大量移民突显了一个问题。这个问题对所有美国本土以外的宗教信仰,其实是所有想进入美国上流社会的人,无论是新教徒、天主教徒,还是移民与本土居民,都一直存在,即教育的发展并没有成为加强父母与子女关系的力量,反而增加了额外的阻碍,给父母教育子女制造了更多的难题。在一个稳定的社会阶级中,父母与子女就读于同一所学校的经历使他们的关系更加紧密。但是在美国,上百万的孩子接受过高中教育,而他们的父母并没有受过什么教育,此外还有上百万人接受过有限教育的父母让孩子进了大学学习。因此对家长来说,教育反而成了一把代表希望和危险的双刃剑。这也成为一些人想对教育的内容和范围加以限制的理由。家长通常希望孩子们去大学学习处世之道和专业技能,但不要受到与他们成长的家庭环境相去甚远的文化影响。

34. 克纳普与古德利奇,《美国科学家的来源》(*Origins of American Scientists*),芝加哥,1952 年,第 24 页;克纳普与约瑟夫·J. 戈林鲍姆(Joseph J. Greenbaum),《年轻的美国学者:他们的大学教育》(*The Younger American Scholar: His Collegiate Origins*),芝加哥,1953 年,第 99 页。

35. 哈里·西尔威斯特(Harry Sylvester)的文章《天主教作家的问题》,《大西洋月刊》(*Atlantic Monthly*)第 181 期,1948 年 1 月,第 109—113 页中对该话题有一些非常有启发的讨论。

36. 无论是天主教牧师还是教徒,他们通常都会极力反对自由的思想和批评,这是很少见的,即使是与教义无关的主题,见格哈特·伦斯基(Gerhardt Lenski),《宗教的因素》(*The Religious Favor*),纽约,1960 年,特别是第 278 页。

第三部分

民主政治

第六章

士绅的没落

1

在美国成立之初，知识分子与权力间的关系并不是一个问题，因为开国元勋们都是知识分子。虽然在朝着民主的方向发展，但是国家大事依然主要由党内精英决定：在这些精英群体中，知识分子可以大展身手，也很有威望。一方面，当时社会尚没有专业化分工，更多地依靠个人的多才多艺，因此扮演着专家角色的知识分子，是一支非常微弱的力量。但是另一方面，作为统治阶级的士绅，知识分子管理着社会的各个领域，包括法律界、各专业领域、商界和政界。我们的国父就这样一群智士、科学家、有很高文化修养的人，他们中的许多人精通古典著作，能够运用他们在历史、政治和法律方面渊博的知识解决当时出现的问题。之后，美国的历史上再也没有哪个时期像当时那样，产生过如此多富有知识的政治领袖，包括约翰·亚当斯（John Adams）、约翰·昆西·狄金森（John Quincy Dickinson）、本杰明·富兰克林、亚历山大·汉密尔顿、托马斯·杰弗逊、詹姆斯·麦迪逊、乔治·梅森（George Mason）、詹姆斯·威尔逊（James Wilson）和乔治·威思（George Wythe）。这些伟大人物的政治成就为合众国打下了坚实的基础，也许有人会认为他们体现了一个真理：政治领袖也可以是有知识和学问的人，他们不一定来自草莽，不切实际，没有人会否定这个永恒的明证。

所以美国是由一群知识分子创立的，这似乎非常讽刺，因为在美国的政治发展历程中，知识分子不是被看作局外者或者仆人，就是替罪羊。一直以来，美国人民对杜马·马隆（Dumas Malone）所说的"伟大的一代人"都怀有一种至高无上的崇敬，仅次于林肯，这一代人带领大家取得了独立战争的胜利，制定了美国宪法。也许我们会纳闷，为什么在建国之初对知识分子如此崇敬的美国人，这么快就忘记了"心智"对政治的重要性呢？为什么甚至是大多数国父们还健在的时候，知识分子的头衔已经成为一种政治劣势呢？

当然，由政治精英治理国家的体制最终被逐渐普及的民主政治取代。然而我们不可以将知识分子在政治生活中地位的下降，完全归咎于民主运动的发展。随着党内分歧不断加大，精英之间也争吵不休，行事开始不遵守政治规则。这些品格高尚、勇气可嘉，带领着人民赢得独立战争，并凭借超凡的预知力和组织力在 1787—1788 年成功建立一个全新的国家政权的人们，在 1796 年时竟然因利益纠纷而不可挽回地走向分裂，令人遗憾的是，对法国大革命的激烈争论也使他们的间隙越来越深。[1] 当初写下《独立宣言》与《宪法》的这一代人，也是《客籍和惩治叛乱法》（*Alien and Sedition Acts*）的作者。这些杰出的领导者们再也无法团结在一起，他们的高尚品格也不复重现。即使当初他们同属精英阶级，一起参与了独立战争与合众国的创立，有共同的思想观念和知识背景，但是这些都不能阻止他们玩弄政治游戏，对常识或者道德没有一点尊重。如果掺杂了一些夸大其词的指控,例如法国的间谍活动,密谋推翻基督教,或者企图复辟王权,让法国被英国统治,那么政治上的争议就会沦为散布蛊惑人心的言论。合众国的国父们不懂政党的运作方式和一个忠实的反对者所起的作用,所以他们只能被自己的政治热情牵着走,陷入政治斗争,用激烈的言辞攻击对方。

　　甚至连华盛顿也无法从这种辱骂与诽谤的攻击中幸免。不过,遭到"反智主义"猛烈抨击的第一个著名受害者是托马斯·杰弗逊,攻击他的是联邦党(Federalist)领导人和新英格兰传统教会的牧师。对杰弗逊的攻击非常有代表性,因为批评中包含了他的对手认为可以用来攻击他的性格特征,并为今后美国政治上反智的对象树立了先例。1796年,当杰弗逊有望接任华盛顿出任总统时,南卡罗来纳州的联邦党议员威廉·劳顿·史密斯(William Loughton Smith)匿名发表了一本小册子攻击他,指出他不具备当总统的资格。史密斯竭尽所能地证明杰弗逊"教条主义的"领导风格是多么令人担忧,甚至是危险的。他还指出,杰弗逊是一个哲学家,哲学家通常在政治上有一种教条主义的倾向,有很多实例可以证明,例如洛克(Locke)为卡罗莱纳起草的不切实际的宪法,孔多塞(Condorcet)干的"政治蠢事",里腾豪斯(Rittenhouse)加入费城民主党协会![2]

　　　当哲学家成为政治人物时,他们通常会表现出胆怯、心血来潮的性格,喜欢根据某些原则而不是人的天性进行理性思考,他们总是根据脱离了实际状况的抽象理论做出判断。在处理国家大事,紧急关头需要决断力和行动力的时候,他们表现得非常笨拙,举棋不定。

　　所以政治上需要的不是抽象空洞的智识,而是果敢机敏的性格,这正是杰弗逊缺少的。史密斯认为,哲学家特别喜欢听人家的奉承,沽名钓誉,杰弗逊的能力"更适合给他带来文学方面的名气,而无法使他胜任一个治国者的职责"。在说到华盛顿这个没有人能找出他缺点的人时,史密斯说:"谢天谢地,伟大的华盛顿不是哲学家。如果是的话,我们就不可能看到他立下的赫赫军工,美国也不可在他英明领导下能繁荣富强。"史密斯找出一套攻击知识分子的办法,即把那些充满好奇心,积极思考的人描述成只关心琐碎的小事,在重大问题上犯傻的人。日后,这成为在政治上对知识分子发起进攻的惯用套路。对于杰弗逊探索大自然和创作发明的兴趣,他嘲讽道,他不过是把蝴蝶和昆虫钉在板子上(制作标本),能够想出怎么做一把旋转椅,并且暗示"他的朋友或者为这个国家好的人,都不把这个性格平静的哲学家从这些'有用的爱好追求'旁边拉走,把他推进激烈的政治斗争"。二三十年后有人在抨击亚当斯时,也用了与史密斯同样的语言:杰弗逊的优点"也许能让他胜任大学教授,但是他绝不可能凭此当上总统或者军队的统帅"。[3]

在史密斯的攻击中,还有一些专注的焦点对后来的政治文献也产生了深远的影响,其中包括认为军事才能是检验政治领导力的重要指标。因为他们认为主要的公民品格体现在军人般的美德中,所以即使在今天,一个政界的知识分子有时甚至用曾服过兵役的经历弥补人们对自己的批评。

在 1800 年的总统大选中,所有的限制约束都被打破了。以他是一个有知识有思想的人为借口攻击杰弗逊,当然只是对他的人格思想全面攻击的一小部分,他们真正的目的是要将他描述为一个不道德、不诚实、危险的煽动者,或者如一个批评者所说的一个"没有良心、信仰和恻隐之心"的人。对他的指控五花八门,例如他家中有个黑人女奴,还给他生了几个孩子;在美国独立战争中,他的表现就像个懦夫;他发动了法国大革命;他野心勃勃想像拿破仑那样成为一个独裁者;他是一个只知道幻想的空想家,不切实际的教条主义者,更糟糕的是,他是一个法国式的教条主义者。[4]

这些人攻击杰弗逊的同时,也把探索思辨当作打击的对象,把它们说成是邪恶危险的品质。他们说,正是学习和思考使杰弗逊成了一个无神论者,使他与神学家对地球的历史有不同的看法,反对学生读《圣经》。如果只是一个隐匿的哲学家,这些奇思异想倒也无伤大雅,但是如果要做一个总统,那么肯定会给宗教和社会造成巨大的灾难。[5]他善于抽象思考和爱好文学,这些特点让他不适合从事实际的工作。在治理国家时,他总是喜欢讲大道理:"所有从经验中得来的想法,都会被他嘲笑。"[6]"我承认,"一个联邦党人说,"在那些花哨的才能,理论学问和辞藻文法方面,他很出色。"他接着写道:[7]

> 他在法国待了将近七年,一直到独立战争取得一些进展后才回到美国,在此期间他对理论的偏好,对宗教、道德和政府的批判怀疑态度都已经成形……我们知道杰弗逊先生是一位政治理论家,在哲学和道德方面也都是理论家。他就是现代法语所说的"philosophe"——哲人。

与他同时代的一些名流也同意这种看法。联邦党人费希尔·艾姆斯(Fisher Ames)认为杰弗逊"像大多数天才一样,沉迷于理论体系的研究,对概括归纳有着持久的热情,却不像一般人那样注重实际,处理解决一些基础的事务"[8]。另一位联邦党作家约瑟夫·丹尼(Joseph Dennie)认为他是法国哲学中"危险地相信自然神论和乌托邦派"的好学生。"他很有才华。"丹尼承认:[9]

但是这些才华很危险，具有欺骗性。 他博览群书，文采斐然。 他确实是个文人，但是应该退休了。 他应该待在他的小书房里，而不是主持内阁。 首先，如果他研究那些从未记载过的野兽的牙齿，非洲人的分泌物或者班纳克历书，不会对社会造成什么危害……但是如果他主掌政务，那些抽象、不适用的形而上学政治则是全然无用或者有害的。 此外，他的观点受法国的影响太重，里面夹杂着浓浓的法国大蒜味，所有美国人都为此感到恼火。 对美国人来说，在他们广阔的原野里，宁可是"蓟和鸟蛤而不是精良的谷物"，也不要让哲学家在国家事务中发挥影响，或者以为崇拜伏尔泰和爱尔维修（Helvetius）的作品就可以让美国人向法国人靠近。

来自卡罗顿的查尔斯·卡罗尔（Charles Carroll）认为杰弗逊"作为一个政治家太强调理论，不切实了，而无法谨慎地处理在这个幅员辽阔的新兴国家中出现的复杂事务"[10]。他的意思很明显：年轻的联邦共和国不能让知识分子参与政务。

教会中保守派的牧师煽动群众批评杰弗逊的一个理由是，他与他们所不满的人结成了联盟。尽管是他一个自然神论者和世俗知识渊博的饱学之士，但是杰弗逊在福音派与虔敬派教会中有许多支持者，在浸礼会教派中更是如此。他们不仅钦佩杰弗逊的民主情怀，作为教会中的持异见者，他们也被他主张包容的思想打动。他们对于外界谴责杰弗逊没有信仰并不在意，反而是传统教会给他们设置的种种障碍更令他们恼火。因此，杰弗逊与一些世俗的知识分子，还有虔敬派教会结成了一种政治联盟，在虽然有些奇怪，但是他们都有共同的敌人——保守的正统教派。他们都支持不同于传统教会的权力制度：世俗的自由派赞同理性的批判，虔敬派教徒呼吁遵从直觉。因为反对传统教义的共同呼声，自由派与虔敬派暂时忘记彼此的差异：一方反对一切的教条，另一方反对所有的教会制度。[11]

为了拆散这个联盟，传统派的牧师竭力证明杰弗逊对所有基督徒都是一个威胁，而许多信徒因为各自党派利益，显然对此深信不疑。虔敬派与开明的自由派之间的联盟最终还是被瓦解了，普通人与知识分子间自此产生了一条鸿沟，至今也未能弥合。但是，在杰弗逊竞选总统时，自由派的知识分子与福音主义的民主派之间的联盟依然有效。但是在他们的合作破裂后，随着从思想开明的上层领导中爆发出一股强大的平民民主力量，福音主义中掀起了猛烈的反智主义风暴，与传统派牧师对杰弗逊的攻击相比，它的破坏力更强、更广。

2

对杰弗逊的恶意中伤，以及之后通过的《客籍和惩治叛乱法》，都证明许多生活富裕、受过教育的联邦党人背叛了包容与自由的文化价值。不幸的是，杰弗逊或者杰克逊领导下的民主力量也未能捍卫这些价值观。这些民主派最终发展成为崇尚原始、反对智识的民粹主义使用的工具，他们对专家、士绅和学者充满了敌意。

即使在建国初期，平等主义就和一种对专家的不信任紧密相连，后者在最初被称为"政治专业化"，而后被称为"专家政治"。许多受欢迎的作家为普通百姓都有政治才能而感到骄傲，所以可以理解，他们基本上都对有文化修养的精英和富人想要在政府中发挥绝对的主导作用，或者独揽大权表示怀疑。他们中的许多人甚至对一切形式的智识学问都持有敌意。

反对智识的潮流甚至在美国早期流行的政治思想中就已经出现。在独立战争期间，一些受大众欢迎的作家认为，要想限制出身于上流社会的人和富人的权力，就必须把他们的"盟友"知识分子包括在内。1788 年，马萨诸塞州选出了一位农村代表参加宪法的表决，他曾就反对宪法草案这样解释道：[12]

> 这些律师、知识分子和有钱人，他们谈吐优雅，如此熟练地把问题轻描淡写地一带而过，让我们这些穷苦的文盲只能自惭形秽，期望这些问题能自动地在国会中得到解决；他们自认为对这部《宪法》有决定权，不仅大权在握而且掌握所有的资金。然后他们就可以像怪兽利维坦那样把我们这样的小人物全部吞噬，主席先生，他们将像吞下约拿的鲸鱼一般吞掉我们，这正是我所害怕的事。

幸运的是，我们找到了一位新英格兰的农民——来自马萨诸塞州北比乐里卡的威廉·曼宁（William Manning）所写的一份政治小册子。里面说到一个精明激进的民主派美国人对政府的看法。这本充分体现杰弗逊思想的《自由之钥》（The Key of Liberty）写于 1798 年，正逢党派交锋的高潮。值得一提的是，曼宁在书中肯定了智识在政治斗争的重要性，虽然他不认为自己是一个"知识人"，一辈子上学加在一起的时间不超过六个月。他在手稿中的开头就宣称："学识和知识对维护自由当然是必需的，除非我们有足够的知识，否则我们将无法长久地捍卫我们的自由。"[13] 但是对于曼宁来说，学识与知识不过是阶级斗争的武器。

在曼宁的内心深处，对智识阶层和富裕阶级有一种深深的不信任感。

他认为，这些人接受过良好的教育，有充足的闲暇时间，还有他们从事的职业特点使他们无论是商人、律师、医生、牧师、行政或者司法部门的官员，都可以联起手来追逐他们的利益。可是辛勤的劳动阶层却做不到。在他看来，这些阶级普遍都不喜欢自由民主的政府，他们会不断试图破坏它，因为后者会威胁到他们自私的利益。

> 当然，要实现这个目的，必须付出一些代价。他们首先结为盟友、缔结合约，或者通信联系对方。商人、医生、牧师他们通过自己的行业协会加强联系，司法和行政部门的人员因为工作的关系也团结起来，文人墨客与富豪们不需要劳动，因此有时间开会商议。所有人因为共同的利益走到了一起，这是一种最强大的联盟，密谋剥夺广大群众的利益，这都是利用了他们所掌握的知识。

既然智识是追求私利的工具，"这些少数人"自然喜欢这种为他们本阶级服务的制度，"这些少数人总是大肆宣传这些学费高昂的大学、学院和文法学校的好处，这样他们的子弟就可以不用工作，还能加强他们组织的力量。但是同时，他们反对建立学费较低的学校和女校，而这些才是大众获得知识的最主要途径"。在大学里，共和主义的理念遭到批评，年轻人被灌输君主政治的思想。这里，曼宁显然说的是那些联邦党人最喜欢就读的哈佛大学。此外，他还注意到这些学校的毕业生"被教育成应该维护他们从事的职业的尊严"，对此他持反对意见，因为这会使他们对自己的职业自视过高，对于许多人来说，要接受宗教信仰和教育就必须付出相当高的代价，这是他们无法承受的："如果我们要请一位牧师或者校长，他们开出的价格通常很高。他们不愿意降价,因为这是一条公认的规矩:如果降价,他们会觉得有辱自己的尊严。"对于曼宁来说,校长们应该社会地位很低,收入不高,事实上在美国的确如此。

曼宁对教育体制的看法的关键正在于此。教育应该是普通人都能负担得起的;高等教育应该只是为基础教育服务——为公立学校培养薪酬低廉的师资。"教育……应该尽可能以物廉价美的方式推广,"这样的话,"我们很快就会有足够多的校长和教师,他们的薪酬应该和其他劳动者一样低。如此这般,教育和劳动就可以平起平坐,那些不劳而获的人就会大为减少。"我们必须认识到在当时,马萨诸塞州的公立学校制度很不完备,因此曼宁的话有一定道理。为了建立符合中低阶层人利益的教育制度,他提议牺牲上层阶级的利益,把高等教育降格为培养廉价的教育劳动的工具。在他看来,高等教育没有内在的价值,不值得大力发展。古典文学和专业研究如果超过了教育儿童基本识字之外的内容,"就只是给士绅子弟享乐的工具,让他们可以四体不勤了。老师无需其他语言知识,只要能教小孩读书写字就够了,就像一个农民无需其他技能,只要能犁地就行"。在很长的一段时间里,教育只是极少数人的工具,曼宁希望如果可能的话,它能成为大多数人的工具。他深信教育会产生重要的作用,因此也会对社会具有颠覆性。他并不担心他对高雅文化的看法会产生什么不好的后果,毕竟这些文化是那些不劳而获阶层的特权。

少数上等阶层与大众普通阶层对教育问题的对立态度,清楚地反映出美国的政界对高雅文化的看法。教育被夹杂在两个阶级中间,一方面是富裕阶层,他们想尽可能地发展精英文化和高等教育;另一方面是力量日渐壮大的一般民众,他们追求阶级平等,取消这些代表特权阶层优越感的手段。可以理解,普通百姓希望保护自己的利益,通过教育扩大社会晋升渠道从而得到更多的机会,然而没有人知道如何在不破坏这种文化本身的前提下,让高等教育和高雅文化平民化。

然而,曼宁的观点中也有一些我们无法否认的道理。联邦党人的确占领了哈佛大学,为什么普通民众不利用推广大众教育的机会加以报复呢?如果他们可以,那么现在哈佛就不存在了。如果智识阶级只关心特权,那么社会不需要这种阶级。在曼宁的这篇文章发表大约半个世纪之后,贺拉斯·格里利(Horace Greeley)说到,事实上美国的平民很尊重才学和知识,但是他们常常只是"利用它们获取财富和奢华的生活,这么做并不会增加人类的幸福安乐,反而是损失了属于他们自己的那部分幸福"[14]。因此,在19世纪,美国的老百姓对教育的要求基本明确下来,它包括免费的基础教育,但同时对高雅文化也有一种隐隐的怀疑,认为那是他们敌人的发明。

3

然而,在美国民粹主义的民主逻辑中似乎缺了点什么。提出这种民粹主义民主的人希望减少,甚至是消除美国社会中的阶级差异,降低智识阶级与有产阶级的领导地位。如果人民想要当家作主,如果他们希望让智识阶级与有产阶级尽可能少地参与国家的管理,那么谁将指导他们治国安邦呢?答案是,他们可以自学成才。随着大众民主逐渐壮大并更加自信,人们也越来越相信民众与生俱来的直觉和智慧,远超那些知识分子和富人们后天形成的过于复杂、自私自利的知识。正如福音派的教徒反对学院派的宗教和传统建制派的牧师,是因为他们追求心灵的智慧和提倡直接与上帝接触,这些主张平民政治的人也提出要推翻这种有识阶层的领导,发挥普通人对现实天生的判断力,提倡要直接获取真理。在一些包含民主观念的极端言论中,这种对普通民众智慧的偏爱逐渐发展成一种大受欢迎、激进的反智主义。

杰弗逊本人既不支持反智主义,也不支持武断的平均主义,但纵然如此,他偶尔也有这种倾向。1787年,他在给侄子彼得·卡尔(Peter Carr)的信中写道:"如果让一个农夫和一个教授判断一个道德问题的是非曲直,前者也可以做出不错的判断,有时甚至比后者更好,因为他没有被太多人为的规定误导。"[15]在此,杰弗逊只是简单地表达了一个18世纪流行的观点,即上帝给了每个人必要的"道德"判断能力。所以,他并不会认为知识分子比农夫更优秀。但是如果把杰弗逊的看法再向前延伸一点,我们就可以说政治问题在本质上是道德问题,[16]也就是为在政治事务中全面否定通过教育得来的知识,埋下伏笔。如果农夫对道德的理解与教授一样深入,那么他也能同样深刻地理解政治问题;他很可能得出结论(当然杰弗逊不会同意这一点):没什么可以向别人学习了,不需要有学问的领导者。再进一步地说,这种观点就是认为,任何像教授那样的人都不会成为一个好的领导者。换句话说,应该从那些没有受过多少教育的老百姓当中选拔政治领导人。很讽刺的是,杰弗逊本人也成为这种观念的受害者。而后来,这也是杰克逊式民主最强烈的呼声之一。

事实上,美国政治史上第一次真正影响大、范围广的反智运动,要属杰克逊主义运动。它不信任专业知识,厌恶中央集权,渴望把固化的阶层连根拔起,主张任何人都可以发挥重要的作用,所有这些不仅是要推翻自18世纪就一直实行的精英治国的政治制度,而且是要全面否定知识阶层在公众生活中发挥的特殊作用。尽管如此,许多知识分子和文人,特别是他们中的年轻人,依然支持这项运动。他们的人数之多,足以证明对他们通常不会支持有益于老百姓的运动的指责,真是大错特错。虽然主要的文艺刊物依然专注于对文化教养的讨论,并且它们仍由辉格派控制,但是当约翰·奥萨利文(John O'Sullivan)创立《民主评论》(*Democratic Review*)时,代表不同政治观点的优秀作家纷纷投稿。的确,新英格兰超验主义的主要人物对此态度冷淡或者怀有敌意,但是俄瑞斯忒斯·布朗森(Orestes Brownson)、威廉·卡伦·布莱恩特(William Cullen Bryant)、乔治·班克罗夫特(George Bancroft)、詹姆斯·芬尼莫尔·库珀(James Fenimore Cooper)、纳撒尼尔·霍桑、詹姆斯·柯克·保尔丁(James Kirke Paulding)和沃尔特·惠特曼(Walt Whitman)等作家都对这种新的民主给予了不同程度的支持。[17]

来自这些人的支持受到杰克逊阵营的欢迎,后者有时候还会对他们表现出一丝傲慢,总体而言,知识分子并不受他们待见。历史学家班克罗夫特要算知识分子中的一个例外。在马萨诸塞州,这些民主派觉得他们需要知识分子或文化人的领导,以对付反对阵营中那群才华出众的人。班克罗夫特在30多岁时,就已经在其所在政党中声名显赫。他被任命为波士顿港的关税员,做过波尔克总统的海军部长(范布伦总统也曾任命保尔丁该职位),后来还出任驻英大使。他利用自己的影响力为霍桑在波士顿海关找到了一个工作机会,还帮助布朗森成为海军医院的院长,虽然很快他就后悔了。霍桑的情况正好与知识分子被重用截然相反。他所从事的工作远配不上他的才能,也与他的渴求相去甚远:在海关,他最多就是干着秤重和丈量的工作(他称之为"痛苦的奴役"),而他真正渴望的是成为一个历史学家或者南极的探险家。后来,虽然他希望得到塞勒姆邮政局长一职,可最终只是一个港口的勘测员。最后,在为一位大学同窗兼好友富兰克林·皮尔斯(Franklin Pierce)写了一篇竞选用的传记后,他被任命为驻英领事,但只是在利物浦这种次一级的城市。总体而言,在民主运动大力推

进的杰克逊时期,知识分子或文化人与普通百姓间的"和解",不如后来的
进步主义与新政时期。

1824 年和 1828 年杰克逊与约翰·亚当斯之间的较量,充分体现了两
个对立的政治理念的差异。亚当斯政府显示了在 19 世纪早期的美国,知
识分子气质的确不适合担任政治领袖。他是最后一位代表老牌士绅阶层
的美国总统,因此也成为旧秩序的象征和对知识分子不满情绪的主要受害
者。他在巴黎、阿姆斯特丹、莱顿、海牙等海外城市以及哈佛学习过,还担
任过哈佛大学修辞和演讲学的教授,曾有志于从事史诗的创作。与杰弗逊
一样,他对科学发明兴趣浓厚,担任过相当长一段时间的美国人文与科学
研究院的院长(the American Academy of Arts and Sciences),在门罗政府中
任国务卿时,完成了一份至今堪称经典的度量衡制度的科学报告。亚当斯
深信如果这个新的共和国不致力于发展人文与科学,那将等同于"把天才
埋没在泥土里——这就是对上帝赋予我们最神圣的信任的背叛"。与华盛
顿、杰弗逊和麦迪逊一样,他真心希望联邦政府能够成为这个国家推动教
育和科学进步的引领者与核心力量。但是当他提议把华盛顿特区建立成
文化中心时,他遭遇到反对民主浪潮的强烈抵抗,因为他们讨厌中央集权。

在他第一次对国会演说时,亚当斯提出了一项对商界有利的内政计
划,即加大道路和运河的修建与改造,同时也推出了一些受到知识分子阶
层欢迎的设想:在华盛顿建立一所国立大学,专业海军学院和国家天文台,
继续路易斯(Lewis)和克拉克(Clark)的探险后的大西北开发计划,设立一
个高效的专利保护局,并由联邦政府出资通过新成立的行政机构资助科学
研究。

亚当斯的执政风格当然会冒犯杰克逊时期盛行的民族主义情绪。亚
当斯指出,欧洲国家虽然没有美国那么自由,但是它们却更提倡科学;他竟

然建议美国政府采纳法国、英国、俄国等国的一些政策。与现在一样,在当时的美国,知识分子推崇的国际主义并不受欢迎。亚当斯不仅公然藐视民族自尊心,还无视民众的民主情绪,敦促大幅增加对科学研究的资助。他甚至呼吁国会领导人不应该"抱着胳膊,向世界宣传我们是受选民的意志左右"。更糟糕的是,亚当斯甚至充满挑衅地把欧洲政府资助建立的天文台称为"天空中的灯塔"。国会对此窃笑,建立灯塔的提案自然一而再而三地被驳回。连他的内阁成员也认为总统的计划会震惊全国——例如克雷(Clay)认为建立国立大学的提案"绝对不可能通过",并且怀疑上文说到的亚当斯想设立行政机构的计划在众议院是否能得到五张赞成票,最终亚当斯也不得不放弃这个想法。他所代表的领导风格已然过时了。汉密尔顿、华盛顿,甚至杰弗逊都曾对在全国范围内建立某种形式的中央集权表示过一定的兴趣,与东海岸的士绅们一样,都希望能对美国领土的西扩加以管控。但是,对他们来说,美国的发展太快而无法受到任何计划或秩序的约束。他们治理国家的方式逐渐显得老旧,知识分子的地位也岌岌可危。[18]亚当斯可以说是19世纪末最后一位支持科学发展,认为联邦政府有责任发展人文学科的总统。

正如亚当斯代表着老做派,杰克逊则体现了新样式;他们两人所代表的19世纪20年代政治风格上的差异,展现了美国的过去与未来。一直以来美国人都在努力摆脱与欧洲的历史渊源,认为"腐朽的"欧洲与"纯真的"美国相比,更加野蛮粗暴。他们担心自己的进步文明会朝着"人为"的方向发展,而远离"自然"。杰克逊的支持者赞赏他体现了"正常人"的"天然智慧"。除了拥有作为一名国家元首的才能,他还是"新奥尔良之战的英雄",有教养的英国人组成的"野蛮"之军的征服者,这些都一再证明了自然的风格与天生的活力将长盛不衰。据说,杰克逊幸运地逃脱了将有损

"他思维的活力与独创性"的正规教育。他是一个身体力行的实干家，"在大自然的学校中接受教育"，完全没有人为因素的干预，幸运地"避免了在学校接受教育与逻辑训练"，"他的判断完全不受学院派那些空想推测的影响"，他有超凡的"与生俱来的思维能力，实际知识，区别与判断的能力，这些都比一个饱学的贤士所具有的知识素养更宝贵"。他的思维不需受制于"烦琐的三段论式逻辑分析，或者常规的分析套路，以及陈腐的逻辑归纳"，因为他具备天生的直觉力，可以"在闪耀的电光指引下，走自己的路"[19]。

身为教育家的班克罗夫特一定会对此大为失望，在谈及杰克逊"未被教育驯化"的心灵时，言辞激烈地说道：[20]

看看吧，这位来自西部没有受过教育的人，荒野中的婴孩，隐世的农夫，没读过书，也没学过科学，被人民推举登上权力的顶峰，位居自由、文明的共和国的权力核心……他将推行什么样的政策？他会从森林中给这个国家带来哪些智慧？根据他自发的灵感，会得出什么治国方略？

与这样一位从森林中得出智慧的"原始风格"英雄相反，有过海外经历和良好教育背景的亚当斯看起来则完全是"人造的"。即使在1824年，亚当斯出人意料地赢得了大选胜利，杰克逊在当时绝对是更受欢迎的候选人。四年后，杰克逊将军再度对亚当斯发起挑战，结果果然不出所料。在这场不择手段的竞选中，除了新英格兰，亚当斯的选票在全国各地都落后于杰克逊，他们之间的较量也被描述成：

约翰·昆西·亚当斯能文

安德鲁·杰克逊善武

　　杰克逊的竞选发言人对亚当斯的攻击主要集中在他生活奢侈、放纵，贵族派头十足。更糟糕的是，他们还批评他的学识和政治上的学习经历不但没增加他的道德，反而使他更加邪恶。还有一群杰克逊的支持者宣称亚当斯的智识成就并不会使美国更好：[21]

　　　　我们承认他有文化，但是他的智慧值得怀疑……我们承认

　　　　我们坚信朴实无华，正如伟大的英国诗人所写的：

　　　　　　　　不要学习遥远的知识

　　　　　　　　它们模糊而微妙，应该从

　　　　　　　　我们身边日常生活中学习，

　　　　　　　　那才是最重要的智慧

　　　　我们相信杰克逊将军拥有这样的智慧。

　　杰克逊的另一位支持者在谈到他们取得的成就时说："杰克逊制定了法律，亚当斯只是引用它们而已。"[22]

　　在与亚当斯的较量中，杰克逊大获全胜。因为对选民来说，他们面对的问题主要是在贵族与民主间进行选择，因此可以简单地概括为一个实干派战胜了一个知识派。虽然这种说法未免有点夸张，但是这两派确实代表了他们在民众心中的形象，贵族往往与刻板、枯燥的智识联系在一起，而民主常常与本能的直觉和行动力相结合。[23]

4

尽管杰克逊主义的支持者强烈地呼吁平等和反智,但是在这两方面的观点上,他们绝不是唯一有这种要求的。不光杰克逊主义者主张平等,全国上下比比皆然。两党竞争的格局使得任何一方都不可能一直独占民心,因为另一方会进行效仿。尽管1828年杰克逊的反对者对对方使用的伎俩深为震惊,但是他们收起对民粹主义言论的厌恶,将其为己所用只是时间问题。不愿意这么做的党派领导人很快就会被逐出政治的舞台。

在和那些处理具体事务的人,如推动修建运河、河堤、公路和发展制造业的人打交道时,政党领导人一直要面对一个问题:他们要能与民众站在一起,尽可能利用一些安全的公众话题,绝不能冒失去民心的危险。那些既能与群众打成一片,又能玩转政商两界的人则会大受欢迎。[24] 亨利·克雷才华横溢,具备大众心目中英雄的许多品质,但是到19世纪30年代初,他在政坛太长时间了,人们已经非常熟悉他的观点,而且他与受到公众质疑的亚当斯走得太近,因此也没法借助他来反对杰克逊主义。新兴的共和党内对这个问题看得最透彻的要属瑟洛·威德(Thurlow Weed),他曾因以平等主义的激情猛烈抨击"反共济会"而声名鹊起,成为辉格派中重要的一员,他也是共和党的创始人之一。但是,尽管在1828年大选中杰克逊的反对者们收获不少教训,但是一直没有找到一条适合自己的路线,直到原先属于杰克逊派的戴维·克罗克特的出现才发生改变。

这个拓荒者、猎人、斗士,西部穷苦大众的代言人,现在成为美国民众的重要象征,他的自传也成为美国边疆地区幽默故事的经典题材。克罗克特并不为自己出身贫困或没有受过教育而感到难堪,反而凭借自己独特的气质进入政坛。大约 30 岁时,他来到田纳西州的沙洲溪,被任命为当地治安官,不久又被选为当地民兵团的团长,之后被选入州议会。1826 年,有人无意中建议他竞选国会议员,他竟当真,发起了"趣事频生"的竞选宣传,并成功当选。田纳西州现在有了这么一位众议员,他可以"蹚过密西西比河,背着蒸汽船,还能轻易收拾那些不服管束的人",无知者无畏地在国会中发言,因为他可以"把任何人打得一败涂地"。

克罗克特很自豪自己可以代表这种朴素的风格和天然的气质。在1834 年出版的自传中,他得意地写道,他在田纳西州议会宣布决议时"甚至连自己的名字还不会写","我的判断绝对不是来自其他地方,如果是的话,它们一定像蜡一样就卡住不动了。我的决定都是依据公正的原则、人与人之间的诚信,以及人与生俱来的直觉,我从未读过一页法律书籍"[25]。他深信常识足以解决问题,他做出的法律判决或许证明其不无道理。但是他并不满足于此,他还存心要污蔑智识界。他曾在国会中说:[26]

> 有许多先生邀请我去剑桥,那里有好大学,准备给人们授予头衔。 我不打算去,因为我不知道他们是否硬要给我一个法学博士(LL. D)的名号才肯放我走。 我可没有打算放弃"美国众议院议员"的称号,改成代表了"懒洋洋地躺着的蠢蛋"的LL. D。 我相信我的选民们一定会这么理解这个头衔,因为他们知道我从来没有接受过任何学位头衔,除了一个"有头脑"的学位外,我从不追求名不副实的东西……

克罗克特在 1813—1814 年期间曾在杰克逊麾下参加过克里克战争,以田纳西州杰克逊后援团团员的身份第一次进入国会,作为该州西部边缘地区的穷苦阶层的代表,他们的处境与他曾经的遭遇一样潦倒。但是不久,他发现这两个身份存在冲突。以詹姆斯·K.波尔克(James K. Polk)为首的一群田纳西人,希望联邦政府在该州西部一些未被占用的荒地建立学校。不幸的是,此时教育与贫困阶层不可避免地发生利益冲突,而代表着穷苦大众的克罗克特自然会反对波尔克的土地提案。之前建立北卡罗来纳大学时,就已经让他的一些选民失去了家园。因此,克罗克特得出结论:波尔克在纳什维尔腾出土地修建大学的提议,同样会伤害到当地群众的利益。他指出,他的选民不会因为发展大学而得到赔偿,因为他们没有人会去上大学。他还说,"如果我们只是想拥有一所乡村学校,或者大学毕业生口中的'次级学校',大人们在没有农活可忙的冬日去读点什么,小孩子可以全日制地念书,那么幸运的是,我们已经有了这样的学校,如果我们可以养几只浣熊,把它们的皮毛卖了或者还有点别的什么给老师付学费,那就更好了"[27]。

克罗克特在国会中解释,他不反对教育,只不过是觉得必须捍卫他所代表的人民的利益,他们"眉毛上的汗水与田地里的泥土沾在一起",现在州议会通过决议,为了给富人的孩子修建学校,他们的土地将被征用,连"简陋的小木屋"都要被夺走[28]。

　　我再重申一次,我对此坚决反对,并不是因为我反对发展教育,而是因为不是人人都能平等地受益于教育。大学教育制度把社会划分为两个阶级,把孩子们按照贫富区分开来。我所在选区的孩子从来就没有见过大学里面是什么样子,他们也不可能知道……如果要建立一种骗人的机制剥夺他们仅有的一点土地,我绝不会沉默地坐在这里,哪怕我再卑微,也要为他们伸张正义。

从克罗克特的身上,我们看到了曼宁的影子,后者认为公立学校是为所有人服务的,而大学只是有钱人的特权。对美国社会来说,高等教育与普通百姓所受的教育之间相对立,真是件可悲的事。但是,对亚当斯和克雷等总是不断受到杰克逊派巨大压力的人来说,田纳西州的杰克逊派内部出现的分裂无异于上天赐予的礼物。不久,精明的反对派领导者就意识到,如果他们能有一位来自民主派的人打头阵,就会给他们一个与杰克逊抗衡的绝佳机会。因此他们主动联系克罗克特,利用了他与田纳西州杰克逊派的分歧和他对总统的长期不满,把他拉进反对杰克逊的阵营。美利坚合众国银行总裁(the United States Bank)尼古拉斯·比德尔(Nicholas Biddle)的朋友马修·圣克莱尔·克拉克(Matthew St. Clair Clarke)从中牵线,使克罗克特与全美反杰克逊阵营结为联盟。他们的联盟在 1829 年就已经成形,到 1832 年已经非常牢固了。克罗克特的国会演讲稿开始有人代笔,他著名的《自传》中的许多部分也是由他口述、他人记录完成。[29] 1835年,克罗克特发表文章攻击马丁·范布伦(Martin Van Buren),预告了 1840年辉格派即将对杰克逊派发起全面攻击。

到 1840 年,辉格党中已经完全是民粹主义的论调。克罗克特因为思维太过狭隘,性格太易激动而不具备领袖的气质,就去了得克萨斯,在墨西哥军队的阿拉莫保卫战中不幸身亡,不料他的形象因此被神化而受人崇拜。在 1836 年总统大选中,与杰克逊一样早年对印第安人作战中的英雄威廉·亨利·哈里森(William Henry Harrison)因其颇受群众欢迎,引起辉格党的关注。没有人在意 1811 年他在蒂皮卡诺对印第安领导人特库姆塞(Tecumseh)的著名胜利,实为一场惨败。制作精良的宣传加上大众的善忘很容易把它美化为一场非凡的战役,堪比"老山胡桃"(Old Hickory,杰克逊的绰号)在新奥尔良取得的胜利。虽然他实际上住在俄亥俄河边的一栋豪宅里,但是 1840 年在大众的宣传中,他还是走平民路线。事实上,可能是经济萧条使胜利的天平倾向了哈里森,但是辉格派的确采用了杰克逊派在 12 年前与亚当斯交战中同样的招数,大肆污蔑和丑化范布伦。宾夕法尼亚州众议员查尔斯·奥格尔(Charles Ogle)在四月向国会发表了一个题为《总统府的皇室气派》(*The Regal Splendor of the President's Palace*)的演说,并刊印成册散发了几千份出去。这次的演讲为总统的竞选定下了基调。奥格尔对政府花了 3600 多美元用于修缮白宫大加谴责,向议员们夸张地描述了范布伦总统的奢侈生活,令杰克逊派在 1828 年对亚当斯的类似指责也黯然失色。这番长篇大论的激烈批评终于到达高潮,奥格尔斥责范布伦在白宫安装了好些个大浴缸,用他夸大其词的语言来说,它们好比罗马的卡拉卡拉浴场那么大[30]。

　　1840 年,一面辉格派的旗帜打着"我们俯身屈服"(WE STOOP TO CONQUER)的标语,这也太过于真实了。这些有教养和讲究的人,原本反对普遍的选举权,现在却自称是人民大众的朋友,同意在选举中可以用尽一切非理性的手段。许多在较为节制含蓄的环境中长大的著名政治人物,虽然不太发言,但是他们赞成媒体所称的"戴维·克罗克特路线"。休·斯温顿·勒嘉雷(Hugh Swinton Legaré)是一位来自南方,有教养、含蓄的贵族,也一改以往的矜持,加入巡回演说的队伍。一位叫丹尼尔·韦伯斯特(Daniel Webster)的人也受到鼓舞,说虽然自己没有那么幸运,能在小木屋里长大,但是"我的哥哥姐姐却是……我每年都会去小木屋看看,带上我的孩子,他们可以学会尊重并学习这种条件下养成的坚毅和淳朴的品格……"。任何称呼他为贵族的人,他们"不仅在撒谎,也是懦夫",如果被韦伯斯特逮到,他们最好准备好要和他干一架。亨利·克雷也私下里说,他"很遗憾必须投这些乡下人之所好,不管它们是真的还是假的,要满足他们的感受与喜好,而不是遵从理性与判断",他也的确这么做了。

辉格派中一些对自身形象比较敏感的人可能不愿意在竞选中说自己出身寒门这样的话,但是如果他们要想留在政坛,他们不可能一直回避这个问题。在美国的政治圈中,这些士绅正在上演着一出集体自杀的大戏。亚当斯在华盛顿看到令他失望的这一幕后,感叹道,在这场喧嚣的竞选中,"人们的习惯与举止发生了革命性的巨变"[31]。其实,这种改变早在几十年前就已经开始,令人心酸的是,亚当斯 1829 年败选离开白宫则代表了其最终的完成。"好像这在美国的历史上还是头一回,"摩根·迪克斯(Morgan Dix)评论道,"直接诉诸人民群众,挑起他们猎奇的心态,满足他们对娱乐的渴望,用低下粗俗的内容换取他们的支持。从那一天开始,这种势头就越走越远,以至于最终,出身高贵的人及名门望族都会使自己处于不利地位。"[32]

5

理智清醒的人陆续退出政治,奴隶问题与阶级矛盾引发的新争论更加快了这种状况。早在 1835 年,托克维尔就评论过这种"低俗的做法"和国会议员的卑微出身。如果他在 19 世纪 50 年代再次回到美国的话,他一定会发现这种倒退更加严重了。当时,海军部长约翰·彭德尔顿·肯尼迪(John Pendleton Kennedy)在给他叔叔的信中说道:"不幸的是,在公开场合这个国家还有可以让我们为之称道的人吗……士绅的概念已经从大众的脑海中完全消失!不管他们具有什么品格,他们似乎完全被我们赶走了。"[33] 1850 年，弗朗西斯·鲍文（Francis Bowen）在一篇发表在《北美评论》的文章中写道，参众两院"已经变成吵闹不休的辩论俱乐部"[34]。

> 愤怒的威胁与大喊大叫的夸张取代了以往冷静、庄重的辩论。国会议事厅嘈杂喧嚣的场面，层出不穷，太丢人了。国会成了一个文明世界中堪称最无能、最混乱的立法机构。

来自佐治亚州的众议员罗伯特·图姆斯（Robert Toombs）对此深表认同。他在给朋友的信中写道，这一届国会中的成员人品之差真是闻所未闻……里面混杂了大量的成功生意人、政治掮客、没有固定教区的牧师以及巡回牧师，他们既没有知识，又没有教养，所以我对他们能有什么好的提案不抱希望。[34] 到 1853 年，情况已经糟糕到必须立法禁止议员通过检举政府获取好处，或者对受贿者加以处罚[35] 的地步。1859 年，国会混乱不堪到了极点，甚至无法选出各方都能接受的议长。那一年，年轻的查尔斯·弗朗西斯·亚当斯（Charles Francis Adams）正好去华盛顿探望了身为众议员的父亲。之后，他回忆道[36]：

> 我清楚地记得当时参众两院的情形，它们都给我留下了很差的印象。众议院里乱哄哄的，好比一个全国规模的大集市，就跟拓荒时期的拓荒者与监工一般吵吵闹闹。各派情绪都很激动，不雅的举止随处可见。威士忌、咯痰、长刃猎刀在当时司空见惯。事实上，它们还真是众议院里唯一遵守的"秩序"，彭宁顿（Pennington）也只能靠它们主持会议了。这个来自新泽西州的可怜老头恐怕是迄今为止最无能的议长了。

在美国成立之初,位居高位的人任命一些有才华的杰出人士出任某些职位,相对比较容易。也许这并不像表面看来那么不民主,毕竟这些人出身贫寒,也没什么背景。例如,1808 年,杰弗逊总统给威廉·沃特(William Wirt)写了一封信,他是一个律师及散文家,他的父亲是一个开小酒馆的移民:

> 我写这封信的目的⋯⋯是想请你到国会工作。 那是这个国家最重要的舞台, 也是进入任何一个政府部门任职的起点。 以你的声名、才能与正确的观念, 只要加以必要的谨慎, 你一定可以很快成为众议院共和党的领袖。 再经过一段时间的锻炼后, 你可以自己选择是进入军队、司法、外交还是其他的内务部门, 只要你愿意, 哪里都可以。 现在你可称得上是我们国家最优秀的人才, 所以你肯定会获得最好的工作。

在杰弗逊去世数年后,这封信中所体现的对自由选任人员的自信不复存在。在政界取得晋升的方式发生了很大改变。对一个有志于从政的人来说,能够与公众融洽相处比赢得上级和同事的认可更重要。更多的人是由于在基层的表现脱颖而出,而不是通过自上而下的选拔受到重用。

人事选拔标准的变革与担任公职的命运是并行的。美国公务员制度发展的第一阶段,最早是华盛顿为联邦党人所建立,一直延续到 1829 年。在此期间,联邦党人与杰弗逊主义者都持支持的态度,其特点是政府要员由士绅阶层组成。按照当时欧洲对政府行政人员的要求来看,华盛顿的用人标准虽然有党派倾向,但是相当严格。他选用的人要能力强、声望高、人品好,希望"这些人如其所愿,可以为新政府添光增彩"。从一开始,人员的选用就强调客观公正,不搞地区差异,坚决杜绝任人唯亲。到了 1792 年,政治忠诚开始成为一个重要因素,但并不是最重要的,正如华盛顿的继任者亚当斯所言,华盛顿总统"认命了许多彻头彻尾的民主派与雅各宾派"。[40] 招录人员进入政府工作最大的障碍是依据农村的群众要求,联邦政府职员的工资要保持较低水平,而且从一开始,公务员的社会地位就不高,因此不够有吸引力,即使对于内阁成员来说也是这样。在杰弗逊继任总统之后,并没有单纯出于政治的考虑把前朝联邦党人政府中的人员全部撤职,这也是为了让前几年的政治狂热降降温。联邦党人中最直言不讳、固执激进的都被换掉,留任的则是相对温和的。选拔公务员的标准还是一样的,尽管杰弗逊想推行政府中两党任职人数相当的做法。为人正派、受人尊敬依然是一项重要的标准,因此杰弗逊所谓的"1800 革命"在行政上没有多大的变动。从这个方面来说,用人标准能够延续,确实是一件了不起的事。[41]

然而与此同时,在一些州,用人时考虑党派的因素则越来越流行,特别是在宾夕法尼亚州与纽约州。轮流任职的概念从竞选获得的职位扩展到政治任命的职务。随着选举权的普及和平等思想的兴起,到了 19 世纪 20 年代,美国公务员制度的发展进入另一个阶段,即人事任命与党派利益结合起来。轮流"坐庄"的分赃制被视作民主原则的合理体现,杰克逊派不仅不认为这会造成行政人员素质下降,反而认为这是一种社会改革。对他们来说,有机会当选公职是普通百姓在开放的社会中的又一个良机。他们相信轮流执政的政府不可能不民主,不可能产生一个永远"不下台"的阶层。因此,频繁更换行政人员并不表示行政能力薄弱,而是民主优越性的体现。1829 年 12 月,安德鲁·杰克逊在第一次对国会进行的演说就是这个观点最权威的表达。

杰克逊认为即使正直的为人让腐败无处藏身,长期担任同一职位也会让人养成对公众不利的心态。对长期任职的公务员来说,"职位变为一种财产,政府则是他们获取个人利益的手段而不是为人民服务的途径"。不论是出于明目张胆的腐败还是由于"正确观念和原则的变质",政府迟早都会从"正当的目的"沦为"牺牲多数人的利益,从而为少数人服务的工具"。杰克逊总统并不担心定期轮换会造成大量经验不足的人就任公职。"所有公务人员的职责都很简单明了,任何有头脑的人都可以很快地胜任。"一个在某个职位待太久的人虽然积累了丰富的经验,但他的危害往往更大。从中可以看出,杰克逊下定决心让新人担任职务,是因为他认为这样做,机会可以以更民主的形式出现,从而打破政府职位是私人财产的观念。他把轮流担任公职看作"共和信仰的首要原则"[42]。

所以这个问题已经很清楚了:政府部门的职位事实上被大家看作一种私人财产,而杰克逊主义者深信应该分享这一财产。他们对待官职的态度与他们在经济问题上反垄断的立场非常相似。如果一个社会政治和经济资源的分配决定了这个社会的能量与活力,那么这里面也许有一些暗藏的机关是杰克逊的反对者不愿意承认的。虽然杰克逊认为政府的职责如此简单,以至于几乎任何人都可以胜任,但是这种观念会让我们贬低专家与专业人士对社会的作用,而当政府的功能变得更加复杂时,这可能造成隐患。[43]正如士绅阶层在美国大选中因为群众更追捧朴实平民的气质被逐出舞台,而专家,甚至是只能称得上有点能力的人,其政治发展的空间也严重受制于党派制度的要求和轮流坐庄的原则。受过教育、富有智识的人已经彻底远离国家的决策层和管理层。不幸的是,智识在人们生活中的地位一向取决于士绅阶层对教育的重视程度,因此也与他们的政治命运息息相关。总而言之,在 19 世纪的美国,这就是一场必败之战。

注 释

1. 见马歇尔·斯梅尔瑟(Marshall Smeler),《激情年代般的联邦党人时期》(*The Federalist Period as an Age of Passion*),《美国季刊》(*American Quarterly*)第 10 期(1958 年冬),第 391—419 页。

2. 引自威廉·劳顿·史密斯(William Loughton Smith),《自诩为总统的托马斯·杰弗逊验讫》(*The Pretensions of Thomas Jefferson to the Presidency Examined*)(1796 年)第 1 部分,第 14—15 页。没有人会说杰弗逊反对"真正的"知识与智慧,他只是反对那些次等劣质的东西。史密斯认为杰弗逊是一个伪哲学家,不是"真正的"哲学家。他徒有哲学家表面和次要的一些特征,也就是说,在政治上,他"缺乏坚定、犹豫不决、满是空洞胡乱的理论,在其他方面也有许多缺点"。同上,第 16 页。还记得阿德莱·史蒂文森(Adlai Stevenson)竞选总统时的情况的读者,一定会发现这些引述并不陌生。

3. 同上,第 4,6,16 页;第 2 部分,第 39 页。

4. 对杰弗逊言辞最激烈的攻击的总结,见查尔斯·莱赫奇(Charles O. Lerche, Jr.),《杰弗逊与 1800 年的大选:政治攻讦的个案研究》(*Jefferson and the Election of 1800: A Case Study of the Political Smear*),《威廉和马丽季刊》(*William and Mary Quarterly*),丛书第 3 部,第 5 卷,1948 年 10 月,第 467—491 页。

5. 威廉·林(William Linn),《对总统竞选的深思》(*Serious Considerations on the Election of a President*),纽约,1800 年。

6. 《康涅狄格新闻》(*Connecticut Courant*)1800 年 7 月 12 日,引用莱赫奇(Lerche),同上,第 475 页。

7. 《就临近的美国总统大选对南卡罗纳州民众的演讲》(*Address to the Citizens of South Carolina on the Approaching Election of a President and Vice-President of the United States*),《一个联邦共和党人》,查尔斯,1800 年,第 9,10,15 页。

8. 艾姆斯(Seth Ames)编,《费舍·艾姆斯的一生与著作》(*The Life and Works of Fisher Ames*)第 2 卷,波士顿,1854 年,第 134 页。

9. 埃利斯(Milton Ellis)编,《平民传道士》(*The Lay Preacher*),纽约,1943 年,第 174 页;这篇文章首次刊于 *Port Folio*,1801 年第 1 卷。

10. 致亚历山大·汉密尔顿的一封信,见 J. C. 汉密尔顿(J. C. Hamilton)编,《亚历山大·汉密尔顿文集》(*The Works of Alexander Hamilton*)第 4 卷,纽约,1850—1851 年,第 434—435 页。汉密尔顿本人认为,杰弗逊绝不是一个教条主义者,而是一个迎合潮流的机会主义政治家。

11. 有关该联盟的本质与最终瓦解,见西德尼·E. 米德(Sidney E. Mead)的深刻解读,《独立战争时期美国的新教主义》(*American Protestanism during the Revolutionary Epoch*),《教会历史》(*Church History*)第 7 期,1953 年 12 月,第 279—297 页。

12. 乔纳森·艾略特(Jonathan Elliot),《争论》(*Debates*)第 2 卷,费城,1863 年,第 102 页。

13. 塞缪尔·艾略特·莫里森(Samuel Eliot Morison)编,《自由之钥》(*The Key of Libberty*),比勒利卡,1922年。在《威廉和马丽季刊》(*William and Mary Quarterly*),丛书第3部,第8期,1956年4月,第202—254页,重印。下文中的引用来自第221,222,226,231—232页。

14. 在汉密尔顿学院(Hamilton College)的一次演讲,1844年1月23日,引自默尔·柯蒂(Merle Curti),《美国式的悖论》(*American Paradox*),新不伦瑞克,1956年,第20页,比较第19—24页。

15. A. E. 博格(A. E. Bergh)编,《作品集》(*Writings*)第6卷,华盛顿,1907年,第257—278页,1787年8月10日。杰弗逊对他的侄子的教育给了一些建议,他主要想表达的是过多地学习道德哲学是"浪费时间"。他指出,如果德行是一种科学而不是一种理性的冲动,那么千百万没有受过教育的人的道德就比少数读过书的人差得多。很明显的是,上帝不会让任何一个人没有道德感,只需要一点心理性与常识就可以践行道德。当然,这是老生常谈。杰弗逊可能是受到凯姆斯勋爵(Lord Kames)著作的影响。然而,人们还是会问,如果学习道德哲学是没有用的,那么为什么杰弗逊在这方面读了那么多的书呢?对于这个问题给他带来的困惑,见艾德丽安·科奇(Adrenne Koch),《托马斯·杰弗逊的哲学》(*The Philosophy of Thomas Jefferson*)第3章,纽约,1943年。

16. 在杰弗逊离世100年后,布莱恩清楚地说道:"最伟大的政治问题存在丁对最伟大的道德问题的最终分析中。"帕克森·希本(Paxon Hibben),《无与伦比的领袖》(*The Peerless Leader*),纽约,1929年,第194页。

17. 关于杰克逊式民主与知识分子间的关系,见小阿瑟·施莱辛格,《杰克逊的时代》(*The Age of Jackson*)第29章,波士顿,1945年。

18. 关于亚当斯的计划,见J. R.理查德森(J. R. Richardson),《总统通信与文件》(*Messages and Papers of the Presidents*)第2卷,第865—833页,和杜普里(A. Hunter Dupree),《联邦政府中的科学》(*Science in the Federal Government*),剑桥,1957年,第39—43页。另比较塞缪尔·弗拉格·比米斯(Samuel Flagg Bemis),《亚当斯与联盟》(*John Quincy Adams and the Union*),纽约,1956年,第65—70页。

19. 关于杰克逊时期的一些文献引用自约翰·威廉·沃德(John William Ward),《安德鲁·杰克逊:一个时代的象征》(*Andrew Jackson: Symbol for an Age*),纽约,1955年,第31,49,52,53,68页。感谢沃德教授对杰克逊时期的精彩研究。

20. 沃德,同上,第73页。

21. 《共和党纽约市县青年委员会中的发言》(*Address of the Republican General Committee of Young Men of the City and County of New York*),纽约,1828年,第41页。

22. 沃德,同上,第63页。另译者注:亚当斯曾是律师。

23. 对双方在竞选中的指责都缺乏真实性;亚当斯从没有否认他的支持者对杰克逊与他妻子的生活的恶意中伤。他似乎被他们说服这些并非无稽之谈。1831年他在日记中写道:"杰克逊公开地背叛了他的妻子。"大部分的名流上层都无法接受杰克逊成为美国总统。虽然哈佛大学在1833年的毕业典礼中授予杰克逊荣誉法学博士学位,但是亚当斯拒绝出席仪式。"我绝不会参加,"他写道,"亲眼看见我亲爱的母校授予一个连自己的名字都不会拼的野蛮人博士学位,这真是奇耻大辱。"比米斯,同上,第250页。另见亚当斯,《回忆里》(*Memoirs*)第8卷,费城,1876年,第546—547页。哈佛大学校长昆西(Quincy)告诉亚当斯,虽然他非常清楚"杰克逊根本就配不上这些荣誉",但是因为哈佛曾经授予门罗总统学位,所以必须也要给杰克逊一个,以免有人说"党派分歧"这样的闲话。在授予仪式上,杰克逊的魅力似乎令对他不怀好意的观众倾倒。但是依然有不少传言，而剑桥和波士顿那些易轻信的人都相信，在全场使用拉丁文的仪式上，杰克逊站了起来并说道，Caveat emptor；corpus delicti；ex post facto；dies irae；e pluribus unum；usque ad nauseam；Ursa Major；sic semper tyrannis；quid pro quo；requiescat in pace。见约西亚·昆西(Josiah Quincy)，《过去的人物》(*Figures of the Past*)，波士顿，1926 年，第 304—307 页。

24. 比较格林顿·G. 樊都森(Glyndon G. Van Deusen)对这种情况的分析：《瑟洛·威德：天才说客》(*Thurlow Weed：Wizard of the Lobby*)，波士顿，1947 年，第 42—44 页，与克罗斯(Whitney R. Cross)，《烧毁的地区》(*Burned-Over District*)，伊萨卡岛，1950 年，第 114—117 页。

25. 哈姆林·加兰德(Hamlin Garland)编，《戴维·克罗克特自传》(*The Autobiography of Davy Crockett*)，纽约，1923 年，第 90 页。

26. 同上，第 180 页。在此，主要的嘲笑对象是杰克逊，他已经被哈佛授予了学位。克罗克特说："田纳西只要出一个大人物就够了。"

27. 引用在查尔斯·格里尔·赛勒斯(Charles Grier Sellers, Jr.)，《詹姆斯·K. 波尔克，杰克逊主义者：1795—1843》(*James K. Polk, Jacksonian：1795—1843*)，普林斯顿，1957 年，第 123—124 页。有关土地提案，同上，第 122—128 页；詹姆斯·A. 杉克福德(James A. Shackford)：《大卫·克罗克特，人与传奇》(*David Crockett, the Man and the Legend*)，教堂山，1956 年，第 90—99 页。

28. 《辩论登记》(*Register of Debates*)(1829 年 1 月 5 日)，第 20 届国会第 2 次会议，第 162—163 页。在提出有关大学经费转移的问题时，克罗克特提出的问题有误，因为为了安抚克罗克特，波尔克已经加入一项要求，即土地出售只能在用于建立公立学校的条件下才可以进行。

29. 关于克罗克特与东部保守派的和解以及他的演讲和自传的作者，见杉克福德的记录，同上，第 122—129 页。

30. 查尔斯·奥格尔(Charles Ogle)，《总统府的皇室气派》(*The Regal Splendor of the President's Palace*)，1840 年，第 28 页。

31. 关于这场竞选与引用的内容，见罗伯特·G. 冈德森(Robert G. Gunderson)，《小木屋竞选》(*The Log-Cabin Campaign*)，列克星敦市，1957 年，第 3,7,101—107,134,162,179—186,201—218 页。

32. 《约翰·A. 迪克斯回忆录》(*Memoirs of John A. Dix*)1883 年第 1 卷，纽约，第 165 页。

33. 亨利·T. 塔克曼(Henry T. Tuckerman)，《约翰·彭德尔顿·肯尼迪的一生》(*Life of John Pendleton Kennedy*)，纽约，1871 年，第 187 页。

34. 《关于加利福尼亚与边疆问题的国会法案》(*The Action of Congress on the California and Territorial Questions*)，《北美评论》(*North American Review*)第 71 期，1850 年 7 月，第 224—264 页。

35. U. B. 菲利普斯(U. B. Phillips)编，《图姆斯、史蒂芬斯和科布间的通信》(*The Correspondence of Robert Toombs, Alexander H. Sephens, and Howell Cobb*)，美国历史协会年度报告，1911 年第 2 卷，第 188 页。

36. 怀特(Leonard D. White)，《杰克逊主义者》(*The Jacksonians*)，第 27 页。关于国会于公共服务的退化，见第 25—27,325—332,343—346,398—399,411—320 页。

37. 《自传》(*An Autobiography*)，波士顿，1916 年，第 43—44 页。当然，这发生在著名的"布鲁克斯攻击萨姆纳"事件之后几年。同一年，一位国会众议员在华盛顿特区因为不满酒店餐厅的服务，射杀了一位服务员。有关 19 世纪 50 年代国会的状况，见罗伊·F. 尼古拉斯(Roy F. Nichols)，《美国民主的中断》(*The Disruption of American Democracy*)，纽约，1948 年，第 2—3,68,188—191,273—276,284—287,331—332

页。关于政府功能衰落的背景，大卫·唐纳德(David Donald)的哈姆斯沃斯就职演讲最有启发性:《过度的民主:美国内战和社会进程》(*An Excess of Democracy: The American Civil War and the Social Process*)，牛津，1960 年。关于南非政治人物领导能力的下降，见克莱门特·伊顿(Clement Eaton)，《旧时南方的思想自由》(*Freedom of Thought in the Old South*)，达拉谟，1940 年和西德诺(Charles S. Sydnor)，《南方阶级主义的发展，1819—1848》(*The Development of Southern Sectionalism*, 1819—1848)第 2 章，巴吞鲁日，1948 年。

38. 博格编，《作品集》(*Writings*)第 6 卷，华盛顿，1904 年，第 423—424 页。

39. 伦纳德·D. 怀特(Leonard D. White)的研究为上述关于美国行政部门历史的讨论提供了宝贵资料:《联邦党人》(*The Federalists*)，纽约，1948 年、《杰弗逊主义者》(*Jeffersonians*)，纽约，1951 年和《共和党时期 1869—1901》(The Republican Era 1869—1901)，纽约，1958 年。保罗·P. 范佩尔(Paul P. Van Riper)在其《美国行政服务史》一书第 11 章中说道:"在美国政府逐渐形成的那些年里，它的行政部门算得上全世界最优秀的之一。当然，它也是最廉洁的政府之一。"

40. 约翰·亚当斯，《作品》(*Works*)第 9 卷，纽约，1854 年，第 87 页。亚当斯本人并没有提议严禁这项反对，以免"把一些最有能力、最有影响力和最优秀的人排除在联盟之外"。

41. 范里佩尔说，就党派而言，虽然杰弗逊和杰克逊分别属于不同的派别，但是他们都尽可能减少政府雇员，而后者正是美国政党分赃制度的创立者。但是，从被任命者的才能和社会阶层来看，杰弗逊与他的主要同僚倒确实同意在联邦政府中任职的人应该基本上来自上层阶级。同上，第 23 页。

42. J. D. 理查德森(J. D. Richardson)，《总统通信与文件》(*Messages and Papers of the Presidents*)第 3 卷，纽约，1897 年，第 1011—1012 页。一些历史学家指出，杰克逊解聘的实际人数并不多。他的政府可能更因为解聘公务员时给出的理由而出名。在随后几年，政党分赃制度受到大力追捧以至渗入党内的政治斗争。在 19 世纪 50 年代布坎南派的民主党与皮尔斯派的民主党决裂。

43. 事实上，轮流任职的原则并没有如杰克逊所宣告的那样以充分实现。真正出现的是伦纳德·D. 怀特(Leonard D. White)所称的"双轨制"，即恩庇制度与职业制度并存。通过恩庇制度选出的公务员出现了一段时间后又消失了，而终身任职的官员始终存在。见《杰弗逊主义者》，第 347—362 页。

第七章

改革者的命运

1

到 19 世纪中期,无论是竞选还是任命获得的职位,士绅阶层几乎都沾不到边,他们在美国的政治舞台上已经被边缘化了。有一段时间,内战把他们的不满淹没了,这场战争让文化冲突暂时消停,因为这是一项紧急任务,一项必须完成的事业。大体上,北方的名门望族团结起来支持美国的统一,也不管他们打算挽回的政治文化是否值得他们这么做。林肯果然没有让人失望,他任命了一些文人志士担任外交使节——查尔斯·弗朗西斯·亚当斯(Charles Francis Adams Sr.)、约翰·比奇洛(John Bigelow)、乔治·威廉·柯蒂斯(George William Curtis)、威廉·迪恩·豪厄尔斯(William Dean Howells)和约翰·洛思罗普·莫特利(John Lothrop Motley)。如果美国的民主文化可以培养出林肯这样的人,那么士绅们可能一直低估了民主文化。

但是当战争结束后,美国政治体制的失败似乎就彻底暴露了。战前政治制度的失败,让数十万人付出了生命的代价,战后的重建也是一塌糊涂,显然这场内战除了只是把美国从分裂的边缘挽救回来,一无所获,也没有让人得到任何教训。新一代的企业家比起老一辈的更加贪婪,政治似乎已经沦为煽动复仇、蛊惑人心的工具,国家的公共利益被出卖给铁路大亨和关税诈骗犯。1856 年,理想主义的共和党已经成为本杰明·F. 巴特勒(Benjamin F. Butler)和本·韦德(Ben Wade)这些人的政党,格兰特领导的共和党政府中尽是些丑闻缠身的人。

许多改革派人士早在 1868 年就看出了美国政治江河日下的趋势,这一年理查德·亨利·达纳(Richard Henry Dana, Jr.)出来与巴特勒竞争马萨诸塞州国会众议员的席位 。对他们来说,问题已经非常尖锐地摆在面前:在麻省这样上层贵族的核心区域与上流社会道德与智慧的发祥地,他们当中有一个人站出来,要把那个哗众取宠的人赶出政坛。《纽约时报》认为:"这是杰出人士中头脑清醒、具有思辨能力的聪明人与社会中鲁莽喧闹、无所顾忌、不动脑筋的人之间的竞争。"[1] 这也是一小群精英与一大群新移民和工人阶级的较量,从达纳的竞选策略就可看出。[2] 不过最终的结果是,他只得到不到 10% 的选票。竞选结果揭露了这个残酷的事实:达纳所代表的群体前景黯淡。

达纳的败选只是接下来一连串令人震惊的事情的开端。改革派的朋友们处处受挫。莫特利因为谣言而被杰克逊总统罢免了大使一职,虽然此后他又得到格兰特总统重新任命,可是不久再度被免职,因为格兰特想利用他打击萨姆纳(Sumner)。埃比尼泽·R. 霍尔(Ebenezer R. Hoar)法官的大法官提名遭国会否决,只是因为政客们不喜欢他。西蒙·卡梅隆(Simon Cameron)参议员曾就此反问道:"你认为一个得罪了 70 个参议员的人,还能会有什么好结果?"优秀的经济学家大卫·A. 威尔斯(David A. Wells)

因为主张自由贸易,被从特别税务官的职务上解职。雅各布·多尔森·科克斯(Jacob Dolson Cox)是一位倡导政府行政改革的主要人物,也因得不到格兰特总统的支持,辞去了内政部长一职。到了 1870 年,亨利·亚当斯在解释为什么离开华盛顿回哈佛教书时写道:"我所有的朋友不是已经被赶出了政府,就是正在被赶走。在华盛顿,我已经没有伙伴或者讯息的来源了。"[3]

曾经期望林肯和格兰特政府可以带来改革的年轻人,不再抱有任何幻想。在内战的硝烟中,一个新的美国已见雏形,随之还出现了一个特殊的群体,这是一群有着良好教养的落魄贵族,希望改变美国民粹主义发展趋势的改革者,他们代表了在政治与经济力量不断增长的社会背景下,教育与智识却越来越边缘化。这些体面的改革者最关心的还是政府行政部门,主要集中在行政人员的改革。他们的理论代言人是《国家》杂志的主编 E. L. 戈德金(E. L. Godkin),他们最著名的政治英雄是克利夫兰总统。最能反映他们苦衷的作品要属亨利·亚当斯的杰作《教育》(*Education*)。

历史学家在回顾这段历史时,会发现这些有学识修养的改革者很少谈到一些深刻的社会问题,很多问题甚至都没有触及,因而往往觉得他们过于软弱,更期待他们当中能出现一个像约翰·杰伊·查普曼(John Jay Chapman)这样与众不同、果敢的人。这个阶级代表了大部分受过良好教育活跃于政治舞台的群体,如果心智在美国的政治生活中还可以发挥作用,那么它主要取决于这些人的命运了。他们非常清楚这一点,所以洛威尔(Lowell)恳求戈德金在《国家》杂志中抗议"共和党认为他们做事不用动脑的怪论"。查尔斯·艾略特·诺顿(Charles Eliot Norton)也表达了类似的看法,他曾悲叹地说:"在我看来,《国家》杂志、哈佛和耶鲁几乎是抵御现代野蛮和粗俗下流入侵的唯一固垒。"[4]

这些知识人主导的改革既不是全国性的,也不具有代表性。总体上说,这些改革者出生在美国的东北部地区,主要是马萨诸塞州、康涅狄格州、纽约州和宾夕法尼亚州,也有少部分生活在中西部,但他们也曾是"新英格兰人"和纽约客。他们继承了新英格兰的道德观和尊崇智识的传统,而大部分人就是新英格兰人的后裔。他们传承了神体一位论和超验主义的哲学思想、清教主义的道德观、废奴运动的精神、新英格兰对教育和智识的尊重和"洋基"对公共责任和市政改革的热情。

除此之外,他们还充满了"洋基"特有的自信与自重,大多数的改革者自认为道德高尚。出版商乔治·黑文·普特南(George Haven Putnam)在他的自传中说道:"在每一代人中,都有一群无私的人,他们视服务社会为己任,随时准备全力为同胞们服务。"[5] 他们之所以可以这么无私奉献,是因为他们良好的经济条件和严格的家庭传统。虽然他们未必都出身富豪之家,但是他们基本上都生活富裕,几乎没有人是出自寒门,白手起家。他们一般都是知名的商人、实业家、律师、牧师、医生、教育家、编辑、记者和出版商等的后代,所以也都子承父业。他们受过的教育比普通人要好得多,在高等学历尚不多见的时代,他们当中许多人就有文学学士的文凭了,即使没有,多半也有法律学位。有些人是历史学家、考古学家或收藏家,还有一些人是诗人、小说家或者评论家。在这些上过大学的人中,有相当数量的人曾就读于哈佛或者耶鲁,或者是新英格兰的其他名校,例如阿默斯特(Amherst)、布朗(Brown)、威廉姆斯(Wiliams)、达特茅斯(Dartmouth)和欧柏林(Oberlin)。除了一小部分的独立派和怀疑论者,他们在宗教上大多信仰上流教派,特别是与新英格兰传统或者商业阶级有关的,如公理会、神体一位派和苏格兰圣公会派。[6]

亨利·亚当斯犀利地指出,在政治上和道德上,这些优雅体面的改革者都是无家可归的人。他们既没有朋友也没有盟友。美国社会的各个方面，无论是商业还是政治，都被一群天真单纯却粗野无情的人控制着。内战后，当他从英格兰回到华盛顿时，他发现：[7]

> 最终，我们意识到有一种与格兰特不同的人，他们才是主流：他们精力旺盛，却不爱思考；他们出身田野，对自己和他人都不太有信心；他们心怀顾忌，嫉妒心重，有时还有报复心理，外表上看起来沉闷乏味，总需要人提点刺激，但是行动就是他们最好的刺激，好斗是他们的天性。这些人凭直觉行事，被本能牵着走，但是他们不可能成为学者。他们控制了成千上万这样的人，在他们身上看不到比在别人身上更多的东西。事实很明显，在政府事务中，理论与智识都被他们击垮了。

因此，有教养的人发现现在被一股敌对势力和一种与自己格格不入的心态包围着。他们憎恨这群在商业和政治领域的影响力盖过了他们的新贵，认为他们会对社会造成危害，因为这些人不仅粗俗，而且爱炫耀。他们当中包括许多暴发户，亚当斯说，在认识他们那么多年后，从没遇见一个他想再见一面的人，一个"可以把他与幽默、思想和优雅联系在一起的人"[8]。这些政客比他们也好不了多少，戈德金把他们称作"一帮下流胚"——不但粗俗，还无能、无知且腐败。亨利·亚当斯在回到华盛顿后不久，一位内阁成员就对他说，与这些议员打交道，耐心是没有用的："你没法跟他们以礼相待，他们就是猪！必须拿棍子敲他们的鼻子才行！"所有波士顿、新英格兰和纽约的人都警告他，"华盛顿绝不是一个正派的年轻人待的地方"，之后他自己也发现那里风气败坏、缺乏社会规范和制度，就算是有教养的人也无济于事。[10]

　　整个社会已经习惯这种现象。 行政部门和国会都对此不以
为然。 社会中是没有人愿意听听政府中人们的看法。 政府中
也没人认为应该考虑社会上人们的意见。 一切都不再关乎政
治，而政治也已经远离社会。 内战的幸存者——班克罗夫特和
约翰·哈依（John Hay）等人虽然想出来发发声，但是也未能成
功。 当然，他们可以自由地表达自己的观点，但是别人听不听
就由不得他们了。

这些高雅的改革者不仅远离社会大众，而且离政治和经济的权利核心
也很远。如果要发起运动带来剧烈的社会变革，他们要冒太大的风险，而
他们也看不上来自其他背景的改革者，所以很难找到政治上的盟友。那些
情绪激动，认为钱能解决一切问题的农民也对社会有强烈的不满，但是只
会激起他们的鄙视。势利的心态、体面的身份，再加上特有的阶级利益，使
他们与劳动阶级和移民关系疏远。查尔斯·亚当斯的观点特别具有代表
性，他说："在我的地盘，我不和劳动工人交往。"随后他又说这种交往"对
我们都不会是愉快的"[11]，真是太对了。至于移民，他们认为一些城市对移
民问题处理不力，"政治掮客"得以滋生。这些改革者对不加限制的民主和
普遍选举权也抱有怀疑的态度，还考虑通过教育程度测验和人头税，取消
下层选民的选举资格。[12]
　　这些做法或者观念都使体面的改革者们疏离了需求不同但是代表主
要社会利益的群体，他们无法获得政治盟友的支持，只能在政治上一败涂
地。他们希望偶尔可以"对有限的有教养的人采取行动"[13]，即如詹姆斯·

福特·罗德(James Ford Rhodes)说的,"得到富裕和智识阶层的支持"从而达到目的,借以自我满足。1874 年,卡尔·舒尔茨(Carl Schurz)说道:"我们想建立一个让最优秀的人能引以为豪的国家。"[14] 而他们真正渴望的是在一个精英不被重用,更别提受过教育的精英的国家里,受过教育、热心公共事业的精英成为领导者。"最优秀的人"遭到排挤,成了局外人。他们的社会地位反而成了拖累,他们所受的教育更是如此。1888 年,洛威尔抱怨道,"在一些有影响力的政治人物和一些媒体看来,那些有学问的人本身就该被排斥在公共事务的决策之外,如果他们胆敢大放厥词……至少不能让周围人听他们胡说八道"[15]。

他们很清楚支持自己的公众太少了,所以也不敢公然对任何重要的政治大本营或者政府部门进行猛烈攻击,这些体面的改革者被迫采取一种中立的策略。当两党势力均敌时,中间派就会起到关键作用,发挥与他们的人数不成比例的影响力。[16] 曾经有一段时间,改革者差一点儿就真的可以左右局势。一开始,他们以为可以在格兰特政府里有发言权,但是格兰特总统令他们失望了,1872 年他们中的大多数又倒向时运不济的自由派共和党。海耶斯(Hayes)总统对他们的示好又让他们燃起了希望,不过最终还是以失望告终。大多数时候,他们只能靠有限的胜利聊以自慰,比如邮局和纽约海关的改革,或者汉密尔顿·费雪(Hamilton Fish)、霍尔、威廉·M. 埃瓦茨(William M. Evarts)、舒尔茨、韦恩·麦克维(Wayne MacVeagh)等个别人被选入内阁。1884 年的选举算是他们的高光时刻,他们相信代表自己的共和党独立派[17] 让纽约州从支持共和党的布莱恩(Blaine)改为支持民主党的克利夫兰。但是他们在立法方面最重要的成就,要属 1883 年通过的旨在推动文官制度改革的彭德尔顿法案。这一点尤为重要,因为文官改革涉及士绅阶层社会地位的问题,它是美国政治文化的检验标准。

2

　　改革者们一致认为改革的核心在于文官改革,这也是他们最关心的问题,因为离开它,其他方面的改革不可能顺利进行。[18]进行文官改革的想法显然与职业政客遵循的理念针锋相对,因为他们坚持党内的组织构建和赏酬制度,赞成政府官员的轮换应与政党轮换一致,而改革者则主张公共职能部门必须把能力、效率、经济性放在首位,人员的任用要根据德行竞争上岗,要保证职位的任期。改革者还提许多可以借鉴的模式,如美国军事部门的制度,普鲁士甚至中国的文官制度。但是这些深受英国影响的知识分子,主要还是希望从英国的制度中获得启发,自从1854年《诺斯科特-杜威廉》(*Northcote-Trevelyan Report*)报告发布以后,英国文官制度的改革重建就已经开始了。

　　英国文官制度改革设计者在提出方案时,非常清楚文官制度与社会阶层的结构以及教育制度之间的有机关系。据格莱斯通(Gladstone)的观察,按照他们的设想,这个制度要将所有高级职位分配给士绅阶层,社会阶层较低人可以从事不需要太多知识的事务性的工作。[19]这份计划主要是受到麦考利勋爵(Lord Macauley)的启发,他认为"担任高级文官职位的人,应该仅限于通过文化测试选拔出来的受过良好教育、有文化修养的士绅"。高级职位要由在历史悠久的名校受过严格的古典文化教育的士绅担任,而较低的职位可以由教育程度不高的人负责,无论哪一种工作,都应该通过考试选拔,择优录取。到1877年,这项改革的主要推动者杜威廉爵士告诉他的一位美国朋友,英国的改革不但成功,而且广受好评。"虽然许多人受惠于之前推行的恩庇制度。"他说:

但是，更多人没有享受到这项制度的好处，这包括一些我
们社会中最优秀的人——各行各业勤劳的专业人士，例如律
师、各教派的牧师、校长、农民和店主等等。他们很快就接受
了这种新制度的要领，也很乐于接受这份额外的荣誉。

此外，杜威廉爵士还说，这种行政与军事部门选拔效率的提高对教育
也"是一种极佳的推动"。以前，想进入政府部门的上流子弟没有刻苦努力
的动力，因为他们无论努力与否，都会被录用。现在，他们知道自己的前途
取决于能力的高低，所以"他们忽然又有了积极学习的劲头。公共部门和
军队里的职位向大众开放，对美国教育的影响，就相当于给最优秀的人才
提供 10 万个奖学金名额……"[20]

英国的改革者对美国同仁有影响是很容易理解的。美国主要的改革
者最关心的不是自身的利益，他们并不指望自己在政府中谋得一官半职，
因为通过考试选拔可以得到的公职，大部分的职位还不够高，无法吸引他
们。[21] 但是，真正让他们感到羞辱的是，美国的社会规则并不认为他们更应
该得到这些职位，也不会帮助他们的朋友任职。[22] 对他们来说，真正的问题
是能否实现他们的文化和政治理想，在政府的运作中体现他们对公正廉洁
和卓越优秀的追求。现在是"国格"受到了威胁。他们在大学古典经济学
的课程中学到的自由原则和竞争优势，已经被用来解决关税的问题，现在
应该运用在公共职位上：公开竞争择优录取文职人员，就等同于产业界的
公平竞争。[23] 但是，对于职业政客来说，选拔人才的方式——考试——似乎
意味着学校的影响再次出现，因此立刻引发了他们对智识、教育和训练等
一切与学识有关的内容的敌意。他们开始说："这成了学校的考试。"这个
问题触动了政客们最敏感的神经，反智言论的闸门就此打开，猛烈的攻击

如洪水般铺天盖地地袭来。他们谴责通过考试选拔文官的制度以及提供稳定的职位是贵族做派,是在效仿英国、普鲁士和中国的官僚体制,是对君主制的沿袭和共和制的威胁,因为借用了军队选拔的模式,它还是军国主义的。从一开始,对智识的不信任感就被激发了出来。1868 年,当罗德岛众议员托马斯・A. 坚克斯(Thomas A. Jenckes)提出改革文官制度的议案时,遭到了伊利诺伊州众议员约翰・A. 洛根(John A. Logan)的强烈谴责:[24]

> 这项法案为这个国家的贵族开辟了一条成功之路……它将导致这个国家最终只剩下两种学校——军校和为培养文官服务的学校。 它们将垄断通往政府部门工作的所有途径。 除非有人能进入这些学校并顺利完成学业, 否则他无法到政府内任职, 无论他能力多么出众, 素质多么优秀。 一旦他能从这种学校毕业并获得一个政府中的终身职位, 下一步的想法就是让他的孩子也能走自己的这条路。 这些学校的学者很快就意识到他们是唯一有资格管理政府的人, 继而下定决心政府只能由他们来管理, 任何人都不得插手。

随着有关文官改革的讨论不断深入,很清楚的是,政客们开始担心对能力的强调和对文化、智识的要求将构成对现行政治体制的挑战,而一旦他们察觉到面前的危险,他们势必会为了捍卫分赃制,尽其所能地煽动群众反对改革。一位印第安纳州的国会议员提出警告,如果弗吉尼亚州罗伯特・E. 李(Robert E. Lee)将军担任校长的华盛顿学院毕业生参加选拔考试,他肯定比一个只有普通学历,在南北战争奇卡莫加战役中丢掉了一只胳膊的士兵考得好。他接着说，人民"还没有做好准备，让一个从背叛了合众国的南方州的大学毕业的学生，凭借他优秀的考试成绩，取代这位为了合众国而残疾的爱国战士，虽然后者在文化程度上处于劣势，但是他的实践经验更丰富，因而更能胜任这个职位"[25]。

威斯康辛州参议员马修·H. 卡朋特（Matthew H. Carpenter）也发表了类似的言论。他说：[26]

> 在内战期间，整个国家的命运都处在动荡不安之中，我们英勇的年轻人冒着枪林弹雨，而那些对国家不那么热爱的子弟却在享受大学生活。现在，受伤的士兵从战场上回来想在政府就职，却比不过那些当他们在为国流血时却在校园里读书的人。这不是因为他们的能力不足以履行那些岗位的职责，而是因为他们不知道好望角潮起潮落的时间，月亮离地球的最近距离，或者流入里海的主要河流的名称。

卡朋特参议员还指出，"进入天国不需要凭借考试成绩"，事实上他是在暗示学校的正规教育与实际知识间的差别：耶鲁这些学校用填鸭式教育培养出来的学究，靠着突击准备，自然比那些最有能力、最成功、最正直的企业人士考得好，那些人年轻时没有机会接受教育，或者太专注于处理实际的工作，早就不记得学校里所学的细节。当水手向他的故乡作别，岬角渐渐消失，书本里的这些知识也都忘光了。

有这种看法的不只是为内战中参战士兵说话的北方人。密西西比州众议员麦基（McKee）也反对通过文化考试选拔官员，因为这样的话，那些教育程度较低的人就无法利用他们原有的特权——按照地理区域来分配职位。他直言不讳地抱怨道,如果按照能力选拔,自己将无法就任国会议员,就无法再代表密西西比州的选民了。他接着说,假设有一个新墨西哥州大平原的女孩出来竞选职位,她完全不知道墨西哥湾流的流向是向南还是向北,或许以为是静止不动,还把"日本洋流"与英国的醋栗混为一谈。尽管可以胜任一些低等的职位,但是她还是得打道回府,这个职位最后给了一个名校毕业的小姐,即使她的常识可能还不及这个新墨西哥女孩的一半。[27] 麦基抗议说:

> 我有一位选民,他的知识比你们所有参加文官选拔的人加起来还多。他被从密西西比带到华盛顿,人们认为他连最低级的职位都不够资格,但是他现在已经是西部一家大银行的出纳。那个政府职位后来给了一个来自缅因州的名师。但是以他的经济头脑和常识,连当一个擦鞋匠的帮手都不够格。(笑声。)情况一直都是这样。

在很长一段时间里,反对文官制度的人成功地让群众形成了文官制度改革没什么实际价值的看法,这极大地迎合了平等主义和反智主义的情绪。戈德金曾说过,当改革风潮刚刚兴起之际,大家只是将它当成"文人阶层为了消磨闲暇时光,做出的千百次社会改造中的一个"。在1868年到1878年间,政治圈内则轻蔑而戏谑地将其称为"哭哭啼啼的公务改革"。"人们觉得改革者有时候像千禧年派一样,坚定地认为一切都会改变,有时又很软弱无能,以为政治就像是用甜言蜜语和小奖品就可以哄小孩的主日学校,只要他们不造成什么危害,迁就一下就好了,不必和他们争论。"[28] 政客们已经深信文官改革不过是要偏袒大学毕业的人,让这些读过大学的贵族世袭这些职位，文官选拔考试中尽是些离谱深奥的问题。R. R. 鲍克（R. R. Bowker）抗议道："简直太荒谬了，就像是问一个扫马路的古代史、天文学和梵文方面的问题。"进行文化考试选拔人才，让反对者心中充满了恐惧，毫无疑问的是许多想要应征的人也一样害怕。一位相对善于言辞的反对改革者说道：[29]

> 要想就任公职，就得通过竞争激烈的考试这个独木桥，基本上也就只有大学毕业生才能通过，这等于是否定了林肯这样没有学历的人，而录取了皮尔斯这种高学历者。因此受到青睐的少数人可以终生拥有这个职位，而不用担心世事变迁。就这样，他们一路高歌，不断晋升。这个阶层独立于其他的社会群体，他们因为共同的利益团结在一起，只服从一个人的命令，他也是三军统帅——他就是美国总统。

尽管改革者辩解道，这种对所有竞聘者公平开放的考试，没什么不民主的，尤其是考虑到美国的教育制度本身就非常民主，甚至是高等教育[30]，公众依然不能接受。即使把考试卷刊印出来，证明不只是常青藤的毕业生或者美国哲学学会的成员才能考上，也不能说服大众。此外，他们还公布了录取统计的结果，如在 1881 年之前就已经采取竞聘选拔的纽约海关，来说明只有相当少的一部分候选人是大学毕业生，然而这些都是徒劳的。[31]即使在加菲尔德（Garfield）总统遇刺之后，文官改革的呼声四起，他的继任者切斯特·A. 亚瑟（Chester A. Arthur）仍然对国会公开表示他的担忧，文官选拔考试只是"把智识能力提到其他素质的前面，有经验的人与不成熟的大学生竞争，将处于下风"[32]。参议员彭德尔顿在争取文官改革法案在

国会通过时发现,必须要向参议院保证这种考试制度绝不是偏袒大学生的
"学术测验"。[33]如果不是加菲尔德总统意外遇刺,彭德尔顿的文官改革法
案可能还要再等待一代人的时间才能通过。

3

在文官改革支持者对政客的批评中,我们可以发现有些词语反复出
现:无知、粗俗、自私和腐败。为了回应这些攻击,政客们不得不进行有力
的反驳。这不仅仅是一场关键的公开辩论,也是他们发泄愤怒的窗口。
当把与公众的融洽关系考虑在内时,政客当然有很大的优势;但是如果按
照改革者布下的套路展开辩论,他们肯定会输得很惨。和所有处在政治
圈外,因而不用做决定、担责任的人一样,改革者可以轻易地自称清白。
大部分的改革派领袖都出身名门望族,至少有一定的财富和稳定的事
业,不用依靠政治谋生,所以相比政客而言,他们更容易做到公正,这一
点对于公共事务尤为重要。此外,他们的确是受过更好的教育,更有
修养。

通过把对手所受过的优质教育和文化修养贬低为政治上的不利条件,
质疑他们能否应付日常政治中那些棘手龌龊的问题,政客和地方上的政治
掮客找到了攻击他们的方法。政客们说,他们以及党内人士与苦于生计的
老百姓一样,也要面对处处艰辛的现实世界。它不是关于道德与理想,也
不是教育与文化,而是冷酷的现实社会中的政治经济领域。他们认为,改
革者自称是无私的,但是他们如果真如自己说的那样无私,只是因为他们
是一个袖手旁观的评论者,他们不需要参与其中,而那也不适合他们。在
这样一个咄咄逼人、充满竞争、冷酷无情和实利主义的镀金时代,无私并不

代表纯洁,而是缺乏自信、没有能力解决现实问题、缺少男性气质和果敢的代名词。

政客们又援引美国人公认的男性阳刚的形象来攻击对方,他们指责文化艺术都是高谈阔论不切实际,文化人通常都没有实际能力,所以文化是女性化的表现,文化人往往都是娘娘腔。虽然改革者暗地里渴望权力和官职,但是又欠缺这些职位必要的实际技能,他们只能把怨恨发泄在那些得到职位的人身上。他们不过是虚伪地在给官员和当权者四处找茬挑刺。詹姆斯·G. 布莱恩(James G. Blaine)曾指出:"他们是自负、愚蠢、虚荣、无知的人……他们人数不多却吵吵闹闹,伪善不切实际,有野心但是不聪明,自命不凡却没有能力。"[34]

改革者与政客间的冲突让后者对受过高等教育的从政者始终抱有成见。在 19 世纪与 20 世纪之交,一位记者可能稍微添油加醋地记录了坦曼尼协会[35]乔治·华盛顿·普朗克(George Washington Plunkitt)说的一段精彩评论。这位先生是纽约政界的老手,他说,如果坦曼尼的领袖都是"学究和大学教授的话"[36]:

> 那么它得 4000 年才能赢得一次大选的胜利。 大部分的政治领袖都是普通的美国人, 他们从人民中来, 到人民中去。 他们所受的教育足以让他们带领那些头发中分的人[37]……我总是和普通的百姓在一起。 当我和他们相处时, 我从不会炫耀我的文法知识, 谈论高深的《宪法》, 或者提到电学知识, 以显示我比他们更有文化。 他们不会容忍这些卖弄学问的行为。

他还说:[38]

有些年轻人认为他们可以从书本里学会在政界成功的秘诀，因此把头埋进烂书堆里。他们真是大错特错。听着，我不是要否定大学。我相信只要有学究，大学就一定会存在。我相信它们有一定的用途，但是在政治上，大学真的一点儿用都没有。事实上，如果一个年轻人上了大学，他可能已经输在起跑线上了。也许他最终能获得成功，但是这个几率只有1%。

政客们指责改革者是伪君子、不切实际的，他们还嫌不够。他们还说，改革者彬彬有礼的教养和挑剔的做派证明了他们婆婆妈妈、假正经，"啜一口凉茶"[39]的姿势一点儿都没有男子汉的样子。他们还不时被称为"政治双性人"，他们不明确的政治立场很容易被引申为他们的性别取向也含糊不清。堪萨斯州参议员英格尔斯（Ingalls）因他们对党派不够忠诚而非常愤怒，曾经骂他们是"第三性"，不男不女但是很娘娘腔，既不能生也不能孕，被男人看不起，被女人嘲笑，他们注定了没有后代，被世人孤立，并最终灭绝。[40]

自1872年，改革者们组织领导自由派共和党运动开始，他们就被最著名的政治掮客[41]罗斯科·康克令（Roscoe Conkling）批评为"一群理想主义者、教授与发牢骚的人的集合"[42]。他还讲出了美国历史上最不堪入耳的一段谩骂，并解释了娘娘腔的含义。康克令攻击的对象是《哈泼斯》（*Harper's*）杂志的编辑柯蒂斯，他曾在德国的大学就读，是布莱恩特、洛威尔和萨姆纳等人的朋友。他主张知识分子应该在政治上发挥更大作用，是最著名的改革者之一。在1877年纽约州共和党提名大会上，改革者和政治掮客之间的冲突到达了白热化的程度。当轮到康克令发言时，他问道：

"在报纸杂志上对共和党大肆攻击,像老师那样自以为是地对共和党、对别人的信仰和良知指手画脚的,都是些什么人呢?""他们有些是女性服饰制造商,对政治一知半解,游手好闲的骑士。"女性服饰制造商(man-milliner)是说柯蒂斯的杂志最近开设的关于女性时尚的栏目。此语一出,随即引来哄堂大笑。他还谴责这些改革者炫耀自己虚伪空洞的清高,嘲讽他们背信弃义和虚情假意,他们的自以为是简直令人作呕。最后,他总结道:"他们忘记了,政党不是建立在风度翩翩、女性杂志或者大话连篇的基础之上……"[43]

　　普朗克后来提到,大家都知道康克令所说的"头发中分的人"是谁,而且也认可他的说法。改革者高雅的举止、精致的风格,难免让人觉得他们很女性化。如果文化修养就表明女性化,那么作为女性杂志主编的柯蒂斯,也不幸中招了。最近,参议员麦肯锡等人指控国务院中来自东部、有浓厚英国气质的人员是同性恋,这在素有谩骂攻击传统的美国绝不是新鲜事。尽管《纽约论坛报》(*New York Tribune*)对康克令的演讲进行了全面的报道,包括他使用的攻击性词语,但是他的侄子在叔叔的传记中提到这件事时,却用星号代替了"女性服饰制造商"一词,好像是要删去这个明摆的下流话。[44] 从这件事上,我们可以看出当代人对"man-milliner"这个词的看法。

　　政客们心照不宣地认为改革者的性格不适合从政,他们的理由也几乎得到当时所有男性和大部分女性的认可,即投身政治是男人的专利,跟女人无关。更进一步说,政治能力的强弱实际上是对男性气概的检验。从政是男人的事,参加改革运动(至少在美国)才会与激进、要求改革、爱说教的女人联系在一起,从废奴运动就可见一斑。男人们通常认为女人如果进入了属于男人的、肮脏的政治世界,她们也会被玷污,变得不像女人。这种观点在对女性是否该有选举权的争论中非常普遍。参议员英格尔斯也曾说过，让政治变得纯洁是"色彩斑斓的美梦"。

如果女人参政，她们会变得跟男人一样，就如同若是男人提议改革，他们也会变得女性化。贺拉斯·布什内尔（Horace Bushnell）表示，如果女人有投票权，并持续几百年，"女人的容貌和气质将彻底改变"。她们将变得外表尖刻，体态粗壮，声音刺耳，行动笨拙，过于自信，斗志昂扬，追逐权利和地位。可以预料，在这场女性的呼声更加响亮的噩梦中，实际上"她们的生理特征已经改变，个头更高大，肌肉更结实，手脚也更粗大，大脑的重量也会增加"，也有可能更"瘦削，轮廓分明，干瘪，就像那些因失望而容易被挑动的人那样"[45]。

正是应了女子无才便是德的说法，因为认为女人没有参与政治的能力，大家自然就觉得她们在道德上比男人纯洁得多，尽管这种纯洁性也意味着软弱。[46]此外，人们通常还认为她们可以通过妻子和母亲的角色使这个世界更加道德。只要她们远离政治，理想和纯洁的世界就可以永远地属于她们。同样，肮脏的交易和现实的社会如果一定要存在，那么它们是属于男人的。因此，如果改革者认为可以把纯洁和无私的个人理想带进政治领域，反对者就会指责他们试图让政治女性化，打破原有的性别界限。就像女人一旦进入政界就会失去女人味一样，改革者要是想把女性化的规范，即道德，引入政治生活，必然也会被斥责为娘娘腔。"这些长着长头发的男人和短头发的女人"，这句评价改革者的老话，恰如其分地表达了大众的感受。

认为争取女性的投票选举权是混淆性别，甚至丧失人性的观点，是亨利·詹姆士（Henry James）主编的《波士顿人》（Bostonians）的主题之一。他与布什内尔一样害怕男性的世界会被女性激进的行为和女权主义的理念

颠覆。在他笔下,来自南方的主人巴兹尔·翁兰塞姆(Basil Ransom)忽然大喊道:[47]

> 这一代人都被女性化了,男性的风格已经消失。 这是一个女性化的时代,神经兮兮,歇斯底里,喋喋不休,假装虔诚,这个时代充满了空洞的措辞、虚假的精致、夸张的关切和骄纵的情感。 如果我们不小心,就会沦为平庸之辈,成为最懦弱、寡淡、做作之人。 阳刚之气、敢作敢当、隐忍坚强,不惧现实,勇于接受,这些正是我想保存,或者是恢复的……

詹姆士心中这个已经失去了男子气概的世界,当然不是吉姆·菲斯克(Jim Fisk)、卡内基、洛克菲勒或者铁路大亨们的世界,也不是特威德集团[48]或者康克令这些人的。它是有教养的人的世界,他们的学识曾经被认为是具备坚定的行动力和自信心的男子汉气质,这点在以波士顿为代表的东部地区尤为突出。对此,詹姆士再清楚不过了。这个社会似乎正迫切需要这种既有头脑和道德,又有行动力和自信心的人。

4

无论改革者是否意识到,懦弱无能已经成为他们的"罪名",也因此使他们被排除在主流美国政治之外。第一个面对这个挑战的是西奥多·罗斯福。他来自改革派领袖同样的社会阶层和教育背景,很早就知道社会对他们的指责并不是空穴来风,如果改革想取得任何进展,必须在他们当中选用一些更有活力的新一代领导人。在他的《自传》中,他回忆道:[49]

这些改革者是绅士，为人和善，很有修养，虽然他们对政治腐败感到痛心，常在更衣室或者走廊里讨论这些事，但是一点儿都不了解现实社会里的人。 他们极力要求"改革"，好像这是某种具体存在的东西，例如蛋糕这样有形的实体，只要有人想要，可以随时给他递过去。 这些在走廊上高谈阔论的改革者没有任何行动力，因为他们的热情都用在了批评上……

当罗斯福写下这些文字的时候,他早已与戈德金这样的改革者分道扬镳,因为他们对他恨之入骨,一方面,令他们非常愤怒的是,他在道德上背叛了他们;另一方面,他们也无法理解像他这样的人为什么会在道德上作出让步。但是,这也正是在19世纪末,罗斯福在全国有这么高支持率的原因之一:他被描绘成一个来自东部的作家,家境富裕,毕业于哈佛,却知道如何跟牛仔打交道。

1880年,罗斯福不顾家人和朋友的反对,加入了家乡纽约的杰克·赫斯(Jake Hess)共和党人俱乐部,开始步入政坛。虽然他最初很反感当时的政治氛围,对依附政客的小人物的试探不屑一顾,但是他并没有退出这场政治游戏。次年,他在共和党内赢得足够多的支持,从而进入阿尔巴尼的纽约州议会。第一次进入州议会时,他年仅23岁,还曾为自己的出身背景遭人非议而苦恼。亨利·F.普林格尔(Henry F. Pringle)写道:"他不但出身纽约,家境优渥,还是哈佛的毕业生。他戴着一副系着黑丝绳带的眼镜,有点女人气。简单地说,他就是个时髦的家伙,还是漫画中想学英国人派头的滑稽样儿。埃萨克·L.亨特(Issac L. Hunt)也是一个新任州议员,虽然他在之后的选战中多次帮过罗斯福,但也回忆说,他'就是一个笑柄……他的发型,说话的方式,所有这一切'。"普林格尔注意到,他的言谈举止,讲究文法的说话方式,穿衣风格和搞笑的尖锐嗓音,都是他的缺点。一位与他同时代的人说"他用纽约最早的住户所说的方言向主席发表演说",可以说,他的政治事业开局不利。[50] 他的对手很快就给他起了一个外号,称他为"娘娘腔大学生"。当得知他所属的大学兄弟会中有四位成员在州议会时,纽约的《世界》(World)杂志写道:"天啦,天啦!罗斯福弟兄操控着议会中的职位。他们也太胆大包天了。""本州辛勤劳作的选民如果知道那些放肆的议员和律师要把'大学中的那一套政治'带到议会的选举中,他们肯定会惊讶且厌恶。大学兄弟会那一套天真、无害的把戏无疑适合大学生,但是对于成熟的政治家绝对不合适。"[51]

然而,不久,罗斯福努力打造的强有力的个人形象开始在报纸上产生影响。他的活力与诚恳的态度赢得了好评,尽管他受过良好的教育,出身富裕的家庭,并不影响他受到人们的青睐。纽约州北部的一位编辑发现"偶尔看到一个富有且有文化的年轻人关心社会,是一件令人开心的事,因为他愿意利用自己的才能为公众服务"。波士顿的一份报纸说"虽然他很有审美修养",但是他也可以"清醒睿智地发表共和党的演说"。另一份报纸也发现,尽管他因为读了新、旧世界著名大学里长篇累牍的理论而显得很沉闷,但是他"确实是一个非常聪明的年轻人,有许多实际的想法"。虽然斯普林菲尔德《共和报》(Republican)曾经担心智识训练会使年轻人无法理解老百姓关心的问题,不过最后也承认罗斯福的"教养不会让他脱离人民大众的事业"。等到罗斯福成为文官委员会委员,一位编辑终于可以说:"有他在,改革就绝不会变为文艺消遣,也不会是要交给党内的虚假托词。"

罗斯福对美国西部地区的了解与他在农场的经历都非常有助于建立他孔武有力的形象。他被人们形容为"身体健壮,充满活力的男子汉……他在遥远的西部有许多牧场,喜爱在那里狩猎大型的猎物",他"早年在西部的艰苦岁月,培养了他自我保护的生存技能"。此外,还有他与印第安人间的英雄故事也被不断传颂。他狩猎的技巧甚至成了一种政治资本:"他能敏锐地察觉到政治掮客的踪迹,就像他在洛基山脉追踪灰熊一般;当他朝政治腐败开火时,就像是在持带弹匣的步枪近距离射击。"罗斯福是唯一一位能让人们把文官改革与猎杀危险的猎物进行类比的改革者。

与虚伪、女性化、商业性的都市世界不同,罗斯福代表的是辽阔的西部与自然的旷野,充满活力与男子气概的说话方式,以及真诚与理想主义的态度。他个人也很清楚自己可以将教育与充满活力和富有阳刚气质的改革结合起来,把向崭露头角的下一代传递这一信息视为己任。1894 年,当他获邀在哈佛本科生毕业典礼上发言时,他选择了这个题目:《文官录用制度与政治中的男子气概》(*The Merit System and Manliness in Politics*),并号召他的听众"不但要做好人,也要做男子汉,不能让坏人承包了所有男性的优秀品质"。在 19 世纪 90 年代,他极力呼吁美国的男性积极投入到艰苦、实际,但也不乏理想主义的政治斗争中。他常说,"顽强的奋斗"不仅事关国家独立和帝国扩张,还与国内的政治改革有关。他反复强调,好的美国人,不是光会批评,也要行动。要积极投身于"吵吵闹闹的党团会议",发挥一个男人应尽的作用,不要怕与那些"粗鲁无礼、没有理想,但是能力出众、技艺娴熟、效率高的人为伍"。此外,他还应该培养出"更能吃苦、更阳刚的品格,尤其是要有坚强的体质和意志",必须具备"活跃的思维和身体",有像军人一样"强健的体魄","这些坚决的斗争精神对每一个民族都是必不可少的"。因为害怕失败或者畏惧困难而选择逃避,是懦夫和缺乏男子气概的表现。受过良好教育和有教养的人特别要避免"软弱的善良",不要"逃避自己应该承担的艰苦工作",或者落入半吊子的境地,就好比一个真正的艺术家沦为一个对不值钱的小玩意感兴趣的人。[52]

19 世纪 90 年代经济的严重衰退加剧了人们的焦虑,罗斯福的态度鼓舞了人们的情绪,因此他受到广大群众的欢迎。加利福尼亚的一份报纸写道:"男子汉的激情与力量正是美国政府最需要的,尤其是当前政治与社会都处在转型阶段。"

罗斯福宣扬的强悍的国家主义精神和顽强的生活态度,使他积极进取的形象更加完整。他成了一个政界的知识分子,具备了杰克逊式的英勇与决断,绝不会像杰弗逊或约翰·亚当斯等学究那样懦弱无能,更不会像柯蒂斯一样遇事犹豫不决,跟一个娘娘腔似的。毫无疑问,他是一个"斗士"。"他喜欢战斗,但都是为了建立一个更好的政府。罗斯福本身就是积极进取精神的体现。"1896 年,美国的帝国主义遭到西奥多·伍尔西(Theodore Woolsey)和赫尔曼·冯·霍尔斯特(Hermann Von Holst)等学者的批评,而克利夫兰的《世界》杂志发现罗斯福能有效地对付这种胆怯的学院派思想。他的影响力就像"刮起了一阵爱国主义的风……吹过了缺乏爱国情怀的盐碱地,伍尔西……冯·霍尔斯特等教授使那里的爱国热情蒸发了,这阵清风受到了热烈的欢迎,因为他的学术能力和这些人不相上下"。若说罗斯福富有爱国热情和斗争精神的形象还缺点什么,那么广为流传的他在对抗西班牙的战争与牛仔并肩作战的事迹,则令他无可置疑地成为美国人心目中的民族英雄。"他之所以如此受欢迎,是因为他具有大部分人都崇拜的男子汉气概,"1899 年的一期《哈泼斯周刊》(Harper's Weekly)评论道,"人们喜欢看到他骑在马背上的形象——不管他是骑着马追逐西班牙人还是灰熊,或者带领大家前进,无论他是一个战士,还是猎人或者农场主。"1900 年,底特律的《新闻周报》(News)这样形容罗斯福受到的热烈欢迎:"热烈的掌声献给这个把有着天壤之别的两类人——大学毕业生和牛仔——团结到一起的人,他席卷了美国的现代历史,男人为之喝彩,女人向他致敬。""太出乎意料了,"次年,《芝加哥日报》(*Chicago Journal*)说,"那些面无血色、整天游手好闲的小镇青年也赞同应该做一个像罗斯福那样真正的男人。但是……那些强健有力、流着热血的美国人更敬佩他"。

头一回受到经济萧条的严重打击,人们纷纷担心城市化的商业文明会出现衰退,但是罗斯福的出现,使大家对更具活力、更加坚毅的新一代充满希望。通过重树倾向改革、受过良好教育的上流社会的声望,重现他们的男子气概,罗斯福为进步主义的到来铺平了道路。一直以来都坚信要坚强、勇敢的美国人,肯定会积极地回应这种理想主义和改革,而不会担心自己会被说成缺乏男子气概。罗斯福身上体现了一个美国的政治人物应该具备的素质:一个有政治抱负的人,如果被怀疑过于柔弱或是理想主义,对知识学问太感兴趣,只要他能拿出曾在军队服役的记录就能算合格,如果没有,参加过足球队也可以。

但是,罗斯福取得的成就远不止打破了人对士绅学者的消极印象——他们在政治上软弱无能,缺少男子汉的气概。他向人们证明这类人其实是可以发挥作用的。他们上一辈的知识分子,总是认为凭借自己的社会地位和道德素养,理应成为国家的领导者,而罗斯福这一代人则是通过在国家事务中发挥的积极作用、对国家作出的出色贡献为自己正名。对于他们来说,学者在政治生活中举足轻重,是因为他们掌握了对政府运转越来越重要的特殊技能。士绅改革者在政治上失意的时代已经走向终结。随着进步一代的兴起,学者成为专家的时代即将到来。

注 释

1. 《纽约时报》1868 你 10 月 24 日。多年来，巴特勒一直利用精英阶层对他的仇恨作为自己的政治资产。1884 年，他的一位支持者说，他赢得了竞选胜利是因为"所有势利小人和半吊子都恨他，哈佛也不会给他一个法学博士"。见 H. C. 托马斯（H. C. Thomas），《1884 年民主党重掌大权》（*Return of the Democratic Party to Power in 1884*），纽约，1919 年，第 139 页。

2. 在竞选中，巴特勒想在达纳与工人阶级的选民间挑起不和，因此他说达纳曾戴着白手套。达纳承认他有时是戴过白手套，穿戴整洁，但是向他演讲的听众——林恩（Lynn）的工人阶级保证，他年轻时曾经做过两年的水手，"我和你们一样脏兮兮的"。本杰明·F. 巴特勒（Benjamin F. Bulter），《巴特勒的书》（*Bulter's Book*），波士顿，1892 年，第 921—992 页。

3. 亚当斯给加斯克尔（Gaskell）的信（1870 年 10 月 25 日），W. C. 福特（W. C. Ford）编，《亨利·亚当斯书信集》（*Letters of Henry Admas*），波士顿，1930 年，第 196 页。

4. J. R. 洛威尔（J. R. Lowell）给戈德金的信（1871 年 12 月 20 日），罗洛·奥格登（Rollo Ogden）编，《戈德金的一生与书信集》（*Life and Letters of Edwin Lawrence Godkin*）第 2 卷，纽约，1907 年，第 87 页；C. E. 诺顿（C. E. Norton）给戈德金的信（1871 年 11 月 3 日），见阿里·胡根布姆（Ari Hoogenboom），《废除分赃制》（*Outlawing the Spoils*），乌尔班纳，1961 年，第 99 页。

5. 普特南，《一个出版商的回忆录》（*Memoirs of a Publitisher*），纽约，1915 年，第 112 页。

6. 我对这些改革者的概述，主要是依据哥伦比亚大学詹姆斯·斯图尔特·麦克拉克伦（James Stuart McLachlan）1958 年的硕士论文，他对 191 个人的职业进行了分析：《体面的改革者：1865—1884》（*The Genteel Reformers：1865—1884*）。他的结论与胡根布姆（Hoogenboom）在对政府部门改革者分析后得出的结论相似，同上，第 190—197 页。请参照他的论文《对政府部门改革者的分析》（*An Analysis of Civil Service Reformers*），《历史学人》（*The Historian*）第 23 期，1960 年 11 月，第 54—78 页。保罗·P. 范里佩尔（Paul P. Van Riper）强调，这些改革者对早前的废奴主义者报以同情，他们关心个人的自由与政治道德的问题；同上，第 78—86 页。

7. 《亨利·亚当斯的教育》（*The Education of Henry Adams*），纽约，1931 年，第 265 页。

8. 亚当斯，《自传》（*An Autobiography*），波士顿，1916 年，第 190 页。

9. E. L. 戈德金（E. L. Godkin），《主要问题》（*The Main Question*），《国家》（*Nation*）第 9 期，1869 年 10 月 14 日，第 308 页。

10. 亚当斯，《教育》，第 261，296，320 页。比较詹姆斯·布赖斯（James Bryce），《为什么最优秀的人不从事政治》（*Why the Best Men Do Not Go into Politics*），《美利坚合众国》（*American Commonwealth*）第 2 卷第 57 章，纽约，1897 年。

11. 《自传》，第15—16页。

12. 见《我们伟大城市的政府》(*The Government of our Great Cities*)，《国家》(*Nation*)第3期，1866年10月18日，第312—313页；《北美评论》第103期，1866年10月，第413—65页；亚瑟·F.白令高斯(Arthur F. Beringgause)，《布鲁克斯·亚当斯》(*Brooks Adams*)，纽约，1955年，第60，67页；芭芭拉·M.所罗门(Barbara M. Solomon)，《祖先与移民》(*Ancestors and Immigrants*)，剑桥，1956年。关于改革者的前景，见杰弗里·T.布洛杰特(Geoggrey T. Blodgett)的描述《波士顿中立派的观点》(*The Mind of the Boston Mugwump*)，《密西西比河谷历史评论》(*Mississippi Valley Historical Review*)第48期，1962年3月，第614—634页。

13. 亚当斯给加斯克尔(Gaskell)的信，引自欧内斯特·塞缪尔斯(Ernest Samuels)，《年轻的亨利·亚当斯》(*The Young Henry Adams*)，剑桥，1948年，第182页。比较普特南的观点："我们希望随着越来越多的年轻人从大学毕业，可以掌握耶鲁大学萨姆纳等教授传授的经济史知识，我们可以对公众的观点产生更多影响，通过领袖的影响力让更多的选民大众理解自己的经济利益。"普特南，同上，第42—43页。

14. 引自埃里克·古德曼(Eric Goldman)，《与命运的约会》(*Rendezvous with Destiny*)，纽约，1952年，第24页。一位文官改革的支持者指出，"在共和国的早年"，所有公务员，从内阁官员到次一级的人员，"基本上都出自名门望族"，并主张文官改革应重新采用这种做法。朱利叶斯·宾(Julius Bing)，《美国的文官》(*Civil Service of the United States*)，《北美评论》第105期，1867年10月，第480—481页。

15. 《政治独立派的地位》(*The Place of the Independent in Politcs*)，《作品集》(*Writings*)第6卷，剑桥，1890年，第190页。

16. 关于独立派的策略，见詹姆斯·拉塞尔·洛威尔(James Russell Lowell)，《政治独立派的地位》(*The Place of the Independent in Politcs*)，第190页和E.麦克朗·弗莱明(E. McClung Fleming)，《R. R. 鲍克，好斗的自由者》(*R. R. Bowker*, *Militant Liberal*)，纽约，1952年，第103—108页。

17. 译者注：mugwump，(政治上的)超然派、中立者，这里特指1884年美国大选中拒绝支持本党候选人者。

18. 关于这次改革的中心，见范里佩尔，同上，第83—84页。

19. 见J.唐纳德·金斯利(J. Donarld Kingsley)，《代表制：英国文官制度解析》(*Representative Bureaucracy*: *An Interpretation of the British Civil Service*)，耶鲁斯普林斯，1944年，第68—71页。

20. 杜威廉爵士给多尔曼·B.伊顿(Dorman B. Eaton)的信(1877年8月20日)，见伊顿，《英国的文官制度：滥用、改革的历史及其对美国政治的影响》(*Civil Service in Great Britain*: *A History of Abuses and Reforms and Their Bearing upon American Politics*)，纽约，1880年，第430—432页。

21. 无疑，许多改革者期望能够得到林肯总统对文化人的那种重用，但是这些职位都高于文官或者在这个制度之外。改革者一般都希望通过竞选而不是任命获得职位。有大约一半的改革者曾经担任过一官半职，但是主要是通过选举。少数一部分进入了国会，大部分人都在州议会就职。麦克拉克伦，同上，第25页。

22. 1869年4月29日，亨利·亚当斯在给查尔斯·亚当斯的信中暗示到："我不能给你一个职位。政府中人只是点头之交，不是我的朋友。我也不指望我的请求得到太多的同情。威尔斯的情况跟我差不多。他甚至都无法保护自己的下属。霍尔法官非常忙，也没时间插手他同事的事情。……"《书信集》(*Letters*)，第157页。

23. 有人认为社会地位在竞争岗位时可能会起到一些作用。卡尔·舒尔茨曾提出"对(一个候选人的)品格、祖辈、社会地位和总体能力的考察,也许可以替代正式的考试"。见胡根布姆,同上,第 115 页。

24. 《美国国会议事录》(*Congressional Globe*)(1869 年 1 月 8 日),第 40 届国会第 3 次会议,第 265 页。通过竞选获取公职的制度在美国经常被斥责为不民主,在英国却时常因为"过于民主",贵族通常在捍卫自己的地位时遭到攻击。金斯利,同上,第 62 页。还有人认为这只会提高士绅阶层的士气。比较阿萨·布里吉斯(Asa Briggs),《维多利亚时代的人》(*Victorian People*),伦敦,1954 年,第 116—121,170—171 页。

25. 《美国国会议事录》(*Congressional Globe*)(1872 年 2 月 17 日),第 42 届国会第 2 次会议,第 1103 页。这种与受过大学教育阶层的冲突也困扰着退伍老兵团体。见华莱士·E. 戴维斯(Wallace E. Davies),《爱国主义的阅兵场》(*Patriotism on Parade*),剑桥,1955 年,第 247,285—286,311 页。

26. 《美国国会议事录》(*Congressional Globe*)(1872 年 1 月 18 日),第 42 届国会第 2 次会议,第 458 页。当然,许多当地大佬与议员,对考试选拔制度感到头疼。波士顿一位反对麻省文官法的商人帕特里克·马奎尔(Patrick Macguire)说:"我想如果我的孩子想在波士顿的政府中得到一个职务,我首先会送他去哈佛。他要以优异的成绩毕业。值得期待的是,哈佛读书的年轻人毕业后,在大城市里前途光明,而那些不幸没有受过良好教育的人只能靠边站,到别处寻找工作。"引自卢修斯·B. 斯威夫特(Lucius B. Swift),《文官改革》(*Civil Service Reform*),第 10 页。

27. 《美国国会议事录》(1873 年 2 月 22 日),第 42 届国会第 3 次会议,第 1631 页。

28. E. L. 戈德金(E. L. Godkin),《文官改革的争论》(*The Civil Service Reform Controversy*),《北美评论》第 134 期,1882 年 4 月,第 382—383 页。

29. 威廉·M. 迪克逊(William M. Dickson),《新的政治机器》(*The New Political Machine*),《北美评论》第 134 期,1882 年 1 月,第 42 页。

30. 安德鲁·D. 怀特(Andrew D. White),《分赃制胜出了吗?》(*Do the Spoils Belong to the Victor?*),《北美评论》第 134 期,1882 年 2 月,第 129—130 页。

31. 戈德金,《文官改革的争论》(*The Civil Service Reform Controversy*),第 393 页。

32. J. R. 理查德森(J. R. Richardson),《总统通信与文件》第 4 卷,诺威奇,1895 年,第 46,48—49 页。

33. 《国会记录》(1882 年 12 月 12 日),第 47 届国会第 2 次会议,第 207—208 页。

34. 盖尔·汉密尔顿(Gail Hamilton),《詹姆斯·布莱恩自传》(*Biography of James G. Blaine*),诺威奇,1895 年,第 491 页。关于对从政的文人和改革者的攻击,以及他们对待政客高人一等的态度,见参议员约瑟夫·R. 霍利(Joseph R. Hawley),《国会记录》(1882 年 12 月 13 日),第 47 届国会第 2 次会议,第 242 页。

35. 译者注:Tammany Hall,坦曼尼协会是 19 世纪和 20 世纪初民主党领导的政治机器,它操纵了美国纽约市政界,是一个腐败的政治组织。

36. 威廉·L. 里尔顿(William L. Riordon),《坦慕尼协会的普朗克》(*Plunkitt of Tammany Hall*),第 60—61 页。这里人们会想到布鲁克林的民主党领导人彼得·麦金尼斯(Peter McGuiness)所用的技巧。20 世纪 20 年代早期,一位大学生对他在该地区的领导发起了挑战,认为社区应该由一位有文化、有修养的人来领导。对此,麦金尼斯采用了政治老手惯用的策略来回击。在演讲会中,他先是沉默了片刻,盯着台下卷起衬衫袖子的劳动者和戴着围裙的家庭主妇,直到他们注意到自己。然后,他大声说:"耶鲁和康奈尔毕业的人,请举起右手……你们可以投票给他,其他人请投我的票。"理查德·罗维尔(Richard Rovere),《你好》(*The Big Hello*),《美国的制度》(*The American Establishment*),纽约,1962 年,第 36 页。

37. 译者注,原文为 dudes that part their name in the middle,当时女性通常头发中分,而男性的头发为侧分,因此"头发中分的人"暗指"像女人一样"。

38. 同上,第 10 页。

39. 给《纽约时报》的一封信(1880 年 6 月 17 日),引自鲍克,《国家》第 31 期,1880 年 7 月 1 日,第 10 页。

40. 《国会记录》(1886 年 3 月 26 日),第 49 届国会第 1 次会议,第 2786 页。"他们有两个公认的作用,"在谈到第三性时,参议员说,"他们可以唱假声男高音,他们是东方专制君主后宫里的护卫。"

41. 译者注:政治掮客,又称作分肥者,指以获益为目的而支持政党者。

42. 马修・约瑟夫森(Matthew Josephson),《政客》(The Politicos),纽约,1938 年,第 163 页。康克令的话让人联想起反对经济改革的商人,他们把经济改革者称为"慈善家、教授和女富豪"。爱德华・C. 柯克兰 (Edward C. Kirkland),《商界的梦想与思想》(Dream and Thought in the Business Community),伊萨卡岛,1956 年,第 26 页。

43. 阿尔弗雷德・R. 康克令(Alfred R. Conkling),《康克令的一生与书信》(Life and Letters of Roscoe Conkling),纽约,1881 年,第 540—541 页。关于这件事的完整记录,见第 538—549 页。

44. 其他对柯蒂斯的攻击,见《埃尔迈拉广告人》(Elmira Advertisers)(1877 年 10 月 6 日),托马斯・科利尔・普莱特(Thomas Collier Platt),《自传》(Autobiography),纽约,1910 年,第 93—95 页中所记载。"一个名叫柯蒂斯的聪明小男孩,他的头发中分,就像一个小女孩",生活在一个周围全是女人的环境中。他和红头发的康克令起了冲突,康克令是个阳刚的孩子,把他狠狠地揍了一顿,这让他那些没有结过婚的阿姨和所有的女邻居都非常气愤。

45. 布什内尔,《女性的选举权:违背自然的改革》(Women's Suffrage: the Reform against Nature),纽约,1869 年,第 135—136 页。比较第 56 页:(女人)"也"要有胡子,也许不是一个更为极端、违背自然的要求"。

46. 比较布什内尔:"我们知道女人有时也可能堕落和道德沦丧,她们曾经同意作出妥协。如果说男人的腐化是走下坡路(descent),拉丁文是 facilis descencus,女人则是直线坠落(precipitation)。也许一部分是因为对女人的期望过高,或者在一个半基督化、女性为主体的国家,对真理和牺牲精神的期待要高于男性领导的社会。"同上,第 142 页。

47. 《波士顿人》(The Bostonians),伦敦,1952 年,第 289 页。

48. 译者注:"特威德老板"(Boss Tweed)建立和维持的一个被称为"特威德集团"的人际网,从 1850 年代到 1870 年代,这些人共同欺骗了纽约纳税人数百万美元,其影响渗透到法庭、立法机构、市财务厅和选举政治中,是当时著名的政治机器。

49. 《自传》(An Autobiography),纽约,1920 年,第 86—87 页。

50. 普林格尔,《西奥多・罗斯福》(Thordore Roosevelt),第 65—67 页。

51. 此处及下文有关媒体对罗斯福的评论,节选自哥伦比亚大学 1947 年的两篇硕士论文,并参考了罗斯福记事簿里的内容——安妮・德・拉・维尔涅(Anne de la Vergne),《罗斯福在公众中的声誉,1881—1897》(The Public Reputation of Theodore Roosevelt, 1881—1897),第 9—16,45—46 页;理查德・D. 赫夫纳 (Richard D. Heffner),《罗斯福在公众中的声誉:新国家主义,1890—1901》(The Public Reputation of Theodore Roosevelt: The New Nationalism, 1890—1901),第 21—24,41—45,53—54 页。

52. 《哈佛深红报》(Harvard Crimson),1894 年 11 月 10 日;引文见《男性的品质与实际政治》(The Manly Virtues and Practical Politics)(1894)和《大学毕业生与公共生活》(The College Graduate and Public Life)(1894),选自《美国的理想》(American Ideals),纽约,1897 年,第 51—77 页。

第八章

专家的兴起

1

在镀金时代,知识分子与权力的脱节令改革者们非常沮丧,但是到了进步时代,这种情况就突然结束了。美国的经济和社会发展进入一个新阶段。过去对发展工业、开拓疆土和赚取更多财富的关注,终于与新的目标相一致:要对经过几十年积累起来的强大的势力集团加强管理。人们对精神需求的呼声似乎越来越高,希望以基督教的道德标准来解决社会问题,这些标准虽然一直是美国人信奉的准则,但是却很少在行动中践行。因此,人们对自我批评、自我剖析的渴望也更强烈。士绅改革者之前要求的善政原则,似乎离实现更近了一步。

但是,这些原则本身也开始发生改变:文官制度的改革者对于"好政府"的理解相对狭隘,是他们无法赢得广泛支持的原因之一,他们无法向人们清楚地解释好的政府究竟好在何处。如今,越来越多聪明的美国人开始觉得他们找到答案了。实业家与政治大佬大权在握,要给他们上规矩,就必须净化政治氛围,建立一个让美国企业都服从管理的行政机构。因此,政府的职能就不可避免地更加复杂,如果这样的话,对专家的需求也就大大增加。为了民主制度的发展,必须摈弃杰克逊时期盛行的对专家的怀疑。民主与知识人之间的紧张关系,现在似乎逐渐消失———一贯注重专业知识的人现在开始尊重民主,而推崇民主的人也开始尊重专家了。

　　新的社会秩序也需要人们的不断探索和诠释:现在,整个社会都意识到美国即将进入一个新的时代。开展全国范围的自我批评成为当务之急,这让思想智识在人们生活中活跃起来。知识分子既是专家也是社会评论家,现在他们又回到社会的中心,这是一个世纪以来美国政坛从未有过的现象。但是在国家事务中,对知识分子被认可的方式与几十年的士绅改革者们的期待并不一致。因为在过去的改革者眼中,知识分子希望得到认可,主要与他们的社会阶层和文化教养有关:他们之所以抱怨怀才不遇,部分是因为他们觉得应该受到更多的尊重;至于社会为何要重用他们,他们给出的原因当然是非常保守的。然而现在不同了,知识分子们希望被赏识不是因为自己的社会地位,而是因为他们有能力调动并引导社会各方面的活力,给国家带来变革。智识能重获新生,不是因为所谓的保守主义价值观的缘故,而是因为它确实可以为社会带来变化。从这方面说,进步时代社会批评与行政部门的改革,并不是想恢复海耶斯和加菲尔德时期保守的文官制度,而是希望向新政时期的福利国家与小罗斯福政府的智囊团看齐。

　　毫无疑问,进步派更善于创造一种新的道德氛围,而不是实现一种新的行政管理体制。正是那段时期对道德与智识的强烈需求,让知识分子与美国公众以及政界领袖的关系前所未有的融洽。有些没有从政经历的知识分子也进入政治圈,另一些已经在圈内的知识分子则发现,自己比前辈们得到了更稳定、更高层的职位。有知识和学问的人在政治生活中将发挥更突出的作用,包括西奥多·罗斯福、伍德罗·威尔逊(Woodrow Wilson)、亨利·卡伯特·洛奇(Henry Cabot Lodge)、艾伯特·J. 贝弗里奇（Albert J. Beveridge）和罗伯特·M. 罗伯特·拉福莱特(Robert M. Robert La Follette)。在进步时代的杰出政治领袖中,只有在布莱恩特身上,依然活跃着大众民主的"反智"传统。[1] 虽然作为一个学者或知识分子,拉福莱特与同时代人相比稍显逊色,但是享有特殊的地位。他可称得上是"智囊团"的开创者,因为在任威斯康辛州州长期间,他为威斯康辛大学与州政府之间的合作搭建了一座桥梁,并且在他到华盛顿就任参议员时,还带上了一个办事高效、有研究精神的团队。在他开启自己的政治生涯那一刻起,拉福莱特就证明了乔治·普朗克的论断是完全错误的,事实上,大学的学习经历对现实的政治是有帮助的,他在第一次竞选时就召集了他的大学同学,他们构成了这个严谨高效的政治机器的核心。如果说西奥多·罗斯福证明了智识与男子气概并存,那么拉福莱特则证明了智识在政治上可以发挥效用。

2

进步主义的思想浪潮从当地发展到各个州,最后对全国的政治都产生了极大的影响。这种新的管理机制最先在州政府中施行,专家第一次在立法的过程中发挥了重要作用。在政治领域,专家的试验田不是首都华盛顿,而是各州的州府。尤其是威斯康辛州的麦迪逊,他为专家进入政府为人民和州服务开了先河。无论成功还是失败,在一片质疑声中,拉福莱特在威斯康辛的尝试都有特殊的历史地位,它不仅为进步主义运动在全国范围推广拉开了大幕,也为今后新政时期设立的"智囊团"树了榜样。威斯康辛的经验有特殊的指导意义,因为它预示了专家和知识分子在政治中角色的完整周期,对此我们现在已经非常熟悉。首先,随着变革的到来,人们对社会产生不满,这就需要这些人来改变现状;接下来,知识分子和专家被与他们提倡和主导的改革划上等号,也就是说如果人们对改革不满,他们就会对知识分子和专家不满;之后,反对改革的声音越来越响,特别是对改革作用的质疑。企业界最先跳出来反对,他们指责政府干预市场,抱怨改革代价过高,并试图鼓动群众反对改革,包括反对智识。最终,改革者虽然被逐出政坛,但是他们的改革成果也并不是被全盘否定。

"威斯康辛构想"的第一波推动力始于1892年,当时威斯康辛大学新成立了"经济、政治和历史学院",由年轻的经济学家理查德·T. 伊利(Richard T. Ely)领导。而弗雷德里克·杰克逊·透纳(Frederick Jackson Turner)和校长托马斯·C. 张伯伦(Thomas C. Chamberlain)是整场运动的领导者,他们希望在推动社会科学发展方面,威斯康辛州可以成为中西部各州的典范,因为他们发觉社会科学可以对过去25年中形成的复杂的工业社会给予实际的指导。按照他们的计划,学校将成为行政管理和公民素质教育的中心,并最终成为该州一个高效的社会服务机构。

我们必须强调的是,大学的角色应完全超越党派,完全独立于各个政治派系。从更宽的层面上说,它要为所有人服务,而不是服从于某一个特殊阶级的利益。大学不应该进行任何政治或者意识形态的宣传,而只是传播咨询、公布统计数据、提供政策建议、培训技能。同样的,人们也希望大学的声望能随着它对社会的作用得到提升。当然,大学的领导作用也不会对任何既得利益发起挑战。在透纳早年给伊利的信中,他说到"依你之见,请简单地告诉我,有什么实际的方法可以让这个学校为威斯康辛州的人民

服务……这些实际措施的创新之处就在于它们会让威斯康辛那些顽固的
资本家支持我们"[2]。透纳接着详细地解释了他对这种学术公正的看法：

> 如果大学里教授行政官员、议员、法官或者为行政长官服
> 务的专家科学、法律、政治、经济与历史方面的知识，他们就
> 可以公正、聪明地协调好不同利益的冲突。美国人都很清楚，
> 在我们的社会中，"资本家"与"无产阶级"是两个对立的阶
> 级，因此是时候培养一些怀着服务国家的理想的人，他们也许
> 可以打破这种冲突，找到他们的共同利益，赢得所有追求美国
> 梦的各派的信任和尊重。通过一些州设立的专家委员会，我们
> 可以看到这种发展势头，越来越多拥有大学学历的人进入立法
> 会，他们在联邦政府和委员会中的影响力，都证明了这一趋
> 势。毫不夸张地说，推进经济与社会方面立法以及提高行政管
> 理能力的希望，就在于扩大美国大学的影响力。

透纳接着说，他担心大学可能遇到的一些问题。"开拓者的民主制度"
向来看不起专家，专家就必须与这种"根深蒂固的怀疑"作斗争。不过，他
们可以通过"创造性的想象力与人格魅力"消除别人对自己的怀疑。[3]

到19世纪末，威斯康辛大学已经聚集了一些知名学者，他们致力于社
会和经济问题的研究，特别是对州、市一级的研究颇有建树，还出版了不少
优秀的专著。威斯康辛大学还在不同地区设立了分校，促进高等教育在该
州的普及。通过建立农民协会，该校拉近了与农民间的距离，提高了威斯
康辛州农业技术水平。然而，在1900年拉福莱特当选州长之后，这项计划
开始出现争议。作为该校毕业生，拉福莱特完全支持这些理想主义校领导

的理念,并迅速启用这些专家,为他的税制改革、铁路管理以及基层立法出谋划策。

不久,另一个独立机构,法律工具书服务部也加入威斯康辛大学的行列,积极参与到公务服务中。这个机构由一位名叫麦卡锡的年轻人创立,他不久前从威斯康辛大学毕业。麦卡锡对这个工具书图书馆的期待就像透纳对威斯康辛大学一般:它可以成为一个独立的组织,为公众服务。他指出,在铁路、电话、电报、保险公司兴起的年代,威斯康辛州出现的问题更多样化,也更复杂,因此立法者需要更丰富的信息才能很好地处理这些问题。"让专家提供这些资料是最明智的做法。"这不是在立法讨论中支持那一方的问题:[4]

> 至于我们在威斯康辛州的角色,我们没有左右议员做决定的企图,在所有问题上,我们不站在任何一边,我们也不支持或反对任何人和事,我们只是政府中的一个部门。我们不会干预立法,而只是那些诚实能干的议员的服务员,帮助那些忙碌的议员收集、检索和整理资料。这纯粹是出于经济的建议,我们只提供数据和信息。

现在看来,这种理想既天真又真诚。在不少问题上,拉福莱特政府都会"站队",还会挑战那些他本想赢得代表"固执的威斯康辛资本家"的利益团体。1903年,拉福莱特的朋友查尔斯·P. 范海思(Charles P. Van Hise)出任威斯康辛大学校长。他坚持该校应成为州政府机构的一部分,此举引起了保守人士的强烈反对。争议并没有那么快就被平息。全国的媒体对"威斯康辛构想"进行了广泛报道(大多是出于支持),虽然它们是把威斯康辛州当作"进步主义"思想身体力行的榜样,可后来却夸大其词地把它说成"威斯康辛大学在治理该州"。[5]

新闻宣传激发了其他州的进步主义者开始考虑,也许可以进一步地学习威斯康辛的模式,但是该州内部的保守派却坚信,这是当局针对他们的阴谋的一部分。事实上,该校的专家们根本不认为自己是激进派,甚至不认为自己向政府倡议打击保守派。让我们看一下在政府部分最活跃的学校成员,就知道他们主要是技术官员(工程师、地质学家、科学家以及各类农业专家),而不是为政府出谋划策的顾问,威斯康辛大学提供的更多是技术信息的支持,而不是意识形态的引导。约翰·R.康芒斯(John R. Commons)是该校最著名的社会科学专家之一,他认为学校里大部分的教职员其实非常保守,"除了进步主义者,从未有人向我咨询意见,并且他们只有在需要我时才会找我。我从来没有主动提过任何事情"[6]。

然而,在税务、铁路管理等方面,大学专家在给出很多意见的同时,也招来了许多敌意。令拉福莱特引以为豪的是,过去威斯康辛的主要政策都只代表着私营企业的利益,它们由企业的大佬在密室里偷偷商议达成,而在他的治理下,却是他与麦卡锡、范海思校长、康芒斯、爱德华·A.罗斯(Edward A. Ross)、伊利等教授,在周六午餐俱乐部共同商讨政务。[7]所谓进步主义的政策会令一些企业利益受损,实际上不过是许多企业害怕自己受到波及瞎操心,所以它们认定威斯康辛大学、法律工具书服务部,以及铁路委员会、税务委员会和工业委员会,都是他们的敌人。

1914年,美国共和党内的分裂加剧,导致威斯康辛州的进步派共和党深受其害,此时保守派的机会到来了。他们击败了拉福莱特的进步派继任者,旧势力的代表——铁路和伐木大王伊曼纽尔·菲利浦(Emanuel L. Philipp)重夺州长之位。在竞选中,菲利普大打"反智"牌,极力谴责大学里的专家,发誓要减税、减少给威斯康辛大学的财政拨款,要终止他们"干涉"政治。他说,必须要彻底清理大学,因为社会主义的苗头已经在那里发芽,"许多学生毕业时,他们的价值观念已经不再是美国式的了"。在政府中聘用专家,将会导致政治领地被大学蚕食。把政府交给他们,无异于承认正式选出的官员是无能的。如果威斯康辛州已经退到政治智慧要被大学禁锢的地步,那么老百姓不妨自认是"白痴"。菲利普的打击目标还包括要取缔之前麦卡锡建立的"法案工厂",即"法律工具书图书馆"。

然而当选州长后,菲利普对待这些机构的态度却被他竞选时承诺的温和得多。尽管他的确要求关闭麦卡锡的图书馆,缩减对威斯康辛大学的财政资助,减少与该校的合作,但是他明显变得更加谨慎。虽然学校的发展受到了限制,影响力也被削弱,然而它得到了全国大量受人尊重的人士的支持,因此菲利普也得跟范海思校长言和。连麦卡锡也躲过了对他的攻击:菲利普发现他所声称的"保持中立"不无道理,保守派的议员起草议案时也开始去"法律工具书服务部"查资料。[8]

即使在学校内部,威斯康辛大学也从未认可应该全力支持进步主义的思想。正如康芒斯所言,许多教职工是彻底的保守主义者。更有甚者,很多人觉得学校参与实际的政治事务,不管它的政治主张是什么,都背叛了传统的纯粹而中立的智识主义理想。1920年,派尔(Pyre)在文章中提出了与范海思相反的观点,后者认为大学应该成为"州政府的一部分"。他说,这样看待大学的功能,实在太物质主义了,这有辱学术公正和自主的传统,最终会给大学造成巨大的损失。[9]但是大部分的威大教授无疑认同麦卡锡在《威斯康辛构想》一书中表现的实用主义思想。他说,老一辈的经济学家"纯粹是教条主义的理论家,从未亲自接触研究过政府管理中的实际问题"。他们正在被有常识的专家取代,后者会直接着手处理经济问题,用无可动摇的事实检验他们的理论"。[10] 因此,尽管外行的老百姓争论的话题是专家是否应该参与政务管理,学术圈辩论的则是从政的专家和从事理论研究的学者,谁才能决定大学的未来。

3

进步主义思想在政治舞台上的影响力有限,但是这阵风潮无疑影响广泛。对关心智识在美国社会中的地位的人来说,这真是一个令人振奋的好消息。智识的发展越来越广,它无所约束,充满生气,现在似乎连政界的高层都参与进来,影响遍及全国。梅布尔·道奇·卢汉(Mabel Dodge Luhan)对文学和艺术的评论,也可以用来描述美国社会的其他领域:"屏障被打破,以前互不往来的人也有了接触;出现了各种新的沟通渠道和交通设施。"[11] 在这个所谓的"小文艺复兴"的时代,如果文学艺术的基调是"解放",那么对于学术界来说,则是争取更大的影响力。到处都可以见到人们沉醉于新的兴趣和新的自由。一切都可以再次接受大众的检验:铁路特许经营权、不法信托、性生活,甚至教育方式。大家渴望听到有人揭穿社会的阴暗面,媒体人解读重大事件,牧师和编辑指明道德方向,学者为进步主义思想找到哲学、法律、历史、政治方面的理论依据,各种技术专家从学院中走出来,研究具体和实际的社会经济问题,甚至加入新成立的管理委员会。

然而,这种思想理念的汇集并没有带来社会革命,到了进步运动末期,美国传统的统治阶级再次出现,他们几乎和运动开始前一样,控制着社会的方方面面。但是,在语言风格上有了很大的转变。语言风格不再只对学者文人非常重要,对于政客亦是如此。当然,知识分子最受益于此,无论是李普曼和赫伯特·克罗利(Herbert Croly)这样的公关人员,还是杜威和查

尔斯·A.彼尔德(Charles A. Beard)这样的学者。他们的努力都是受到了
一条令人振奋的消息的激励:理论与实际间的界限终于被消除了。李普曼
在1914年出版的《疏离与掌控》(Drift and Mastery)一书中,刻画了这种感
受的本质:这种新的控制力、掌控力是实现他这一代人美好愿景的关键。
当社会的管理必须求助于知识分子阶层时,属于这个群体的学者,哪怕是
最抽象的理论研究者,都会因此意识到自己的重要性。任何思想都不可能
再被斥为"学术的",因为学术与社会之间的界限已经消失。"现在一种新
型的大学教授……无所不在。"有人写道:[12]

> 有的专家精通铁路、桥梁或者地铁,有些对天然气和电力
> 供应很熟悉;有些是货币与银行方面的专家,他们熟知菲律宾
> 的关税制度、委内瑞拉的国界线、波罗黎各的工业发展、文官
> 制度的分类,或者信托的管理。

也许最重要的是,社会不仅需要这些学术专家掌握的专业技能,还给
与了他们极高的赞誉。不过,还是有一些评论家担心专家参政可能破坏政
治民主,[13]偶尔也会有一些商界人士害怕加强管制会提高成本,因而强烈
抗议专家日渐扩大的影响力,[14]但是总体而言,这些专家得到了广泛的好
评。1909年,布兰德·马修斯(Brander Matthews)认为:"很显然,美国人对
大学教授的偏见已经迅速消失了,就像他们对文化人的偏见一样。大众开
始认可并感激他们对国家所做的贡献……这部分是因为大家越来越清楚
专家或理论家的真正价值。"[15]

此外,政治领导人对专家的接受程度也相当高。像艾萨克·马克森
(Isaac Marcosson)这样的记者,向老罗斯福总统展示了专揭丑闻的小说家

厄普顿·辛克莱尔(Upton Sinclair)书中的证据,从而加快了一项有关纯净食品议案的通过,这种情况在那个时代很常见。除了贝弗里奇和洛奇参议员常为自己的学者出身自豪以外,美国有史以来第一回将他们的总统形容为"知识分子"。

如果我们仔细研究一下老罗斯福与威尔逊的经历,就会发现他们各自体现了智识与权力关系的界限。虽然他们在任总统期间都提倡智识要在政府中发挥重要作用,但是他们并不完全支持自己的知识分子同仁,也没有赢得他们的充分信任。必须指出的是,老罗斯福对不同的观点有积极广泛的兴趣,他乐于与克罗利、李普曼和斯蒂芬斯(Steffens)等知识分子为友,在政府中给爱德温·阿林顿·罗宾逊(Edwin Arlington Robinson)找了一个职位,吸引了许多勤恳热情的人加入政府部门,例如罗伯特·培根(Robert Bacon)、查尔斯·波拿巴(Charles Bonaparte)、菲利克斯·弗兰克福特(Felix Frankfurter)、詹姆斯·加菲尔德、富兰克林·K. 莱恩(Franklin K. Lane)和吉福特·平肖(Gifford Pinchot)等,这种情况已经二三十年没有出现过了。此外,他还在各方面征询学者专家的意见,包括铁路管理、移民、肉类检验等。从中我们可以看出,他是自林肯以来,甚至自杰弗逊以来,在公共事务中最重用知识分子的总统。布赖斯勋爵在评论老罗斯福取得的成就时,认为"他从未在其他国家见过这么多高尚、热心从事公共事务且能力出众的专家学者。他们为美国作出的贡献比在华盛顿的政府官员都多"[16]。这听起来和镀金时代的士绅改革者对政府的期望一模一样。

但是,老罗斯福也会因为与知识分子朋友有一点小小的分歧,就对他们发脾气,当遇到非正统的观点时,摆出一副自命不凡的架子。他错估了许多温和的抗议累积起来会产生的后果,例如,他把揭穿丑闻的人视为危险分子,因为他们会制造一种"革命的情绪"。虽然除了他,没有哪位20世纪的总统更算得上是知识分子,但是他对智识在生活中的地位的看法不置可否,这与他受过教育的中产阶级仰慕者的态度是一样的。他尊重智识能力,就像他重视商业能力一样,甚至可以说他对智识的尊重还更坚定一些。[17] 但是,他把自己所称的"品格"放在了两者的前面。其实,在他的身上体现了美国人在政治和生活中,更注重品格而不是智识的态度,而且人们几乎都认为这两个立场是相对立的。老罗斯福在文章中经常谈到这点:"无论对一个民族还是个人而言,品格远比智识重要。""好比力量的重要性胜于美貌,因此品格必须超过智识和天赋。""哦,我多么希望能够提醒每个美国人不能倒退到盲目地崇拜智识,全然不顾道德责任……"[18] 老罗斯福一再强调不能脱离了品格谈智识固然没有错,问题是,除非他真的认为美国人过于推崇智识的重要性,而牺牲了道德,否则是没有意义的。在进步主义时期,正是因为道德观念非常强烈,才会出现这种奇怪的判断。

人们认为威尔逊给总统之位带来了学者的气质,当然其中有好有坏;研究他的学者中很少有人会认为他的个人品格很适合做美国总统。他固执严肃,不容易让人接近,似乎是受长老会派宗教信仰的影响,而不是因为他学者身份的缘故,或者更多的是他自己的性格使然。作为一个学者和爱批判的知识分子,他是旧时代的产物。在 19 世纪 80 年代,他出版了两本杰出的著作《国会政府》(Congressional Government)和《国家》(State)。此后,他作为知识分子的生涯告一段落。他的品位、思想和阅读的兴趣令他更像是一个生活在美国南部地区的维多利亚时代的绅士,他的思想观念还停留在美国发展成一个复杂的现代社会之前的时代。他支持发展小企业,竞争性的经济、殖民主义,信奉盎格鲁-撒克逊人和白人至上,认为只有男性才能拥有选举权,然而在当时,这些观念早就遭到强烈的谴责。他的思想最早受到了白芝浩(Bagehot)和伯克(Burke)的影响,但是恰巧错过了 19

世纪末著名的批判思想的兴起,而这种思想掀起的浪潮一直延续到进步主义时代。在 19 世纪 90 年代,他就是忙于公众事务的学者中的一员,致力于在学术团体与外界之间搭建沟通的桥梁。尽管许多学术界的同仁试图打消镀金时代的人自满的想法,但是威尔逊却非常清楚银行家和实业家们对知识分子的期待,尽可能地投其所好。从 1902 年当上普林斯顿大学校长时起,威尔逊就不再接受新思想了。1916 年,他坦言:"在这 14 年里,我从未读过一本内容严肃的书。"[19] 可以理解,在他从政的那段岁月里,他的思维方式并没有受到美国最前沿的思潮的影响,他的思想也绝不会是当时知识分子大加赞赏的对象。

威尔逊在 1912 年当选总统时,确实得到了许多知识分子的支持,这些人对老罗斯福深感失望,被威尔逊身上强烈的贵族气质所吸引。然而,虽然威尔逊来自学术圈,但是在"一战"前他都没有在政府中大量录用知识分子出身的专家。此外,他向来对所谓的"专家"缺乏信任。与老罗斯福和拉福莱特不同,他从不认为他们可以成为改革的执行者或者推动者,只不过是大企业或者特殊利益集团的雇佣工。尽管大多数进步主义的思想家喜欢把由大企业控制的政府,与聘请专家管理违规商业行为的民选政府进行比较,然而威尔逊却将大企业、既得利益集团和专家视为一个紧密团结的联盟,只有把政府权力还给"人民"才能打败它们。与老罗斯福不同,他坚信任何参与规范管理大企业的专家最终都会被他们收买。他在 1912 年的竞选时说:[20]

　　　　我担心的是出现一个由专家组成的政府。 上帝绝不允许我们交出权力, 让专家管理我们的政府。 如果把我们的国家交给一小群绅士用科学去管理, 只有他们才懂得如何管理国家, 那

还要我们干什么？ 如果我们不懂国家的治理，我们就不是真正
自由的人。 我们应该放下我们自由的制度，到学校找一个人求
教：我们究竟是谁。 我想说的是，我曾有幸在一个工人阶级常
去的酒吧里听到关于公共问题的深刻讨论。 处理生活中日常问
题的人不会夸夸其谈，他说的都是事实，我只对事实所感
兴趣。

　　威尔逊经常光顾工人阶级去的酒吧,鄙视华丽的辞藻,这倒是新鲜事。
但是,总体而言,他的内政政策兑现了这些竞选承诺。可是,专家在其政府
中的作用却不可避免越来越明显,[21] 而且这十多年来一贯如此。当然,总
统在经济政策上大量地征询了路易斯·布兰代斯(Louis Brandeis)的意见,
他对商业竞争的想法与总统不谋而合。但是威尔逊还是向波士顿后湾区
的上流社会和商业团体妥协了,把布兰代斯排除在他的内阁名单外。基本
上,他会向不同类型的人寻求建议,包括视他为偶像的秘书乔·土木尔提
(Joe Tumulty),他是政治运作与协调媒体关系的高手;他的女婿威廉·吉
布斯·麦卡杜(William Gibbs McAdoo),他的思想颇为进步但不太善于思
考;当然还有聪明的科洛内尔·豪斯上校(Colonel House),他能敏锐地察
觉到总统的心思,从而迎合他的虚荣心。除此之外,豪斯还是权势阶级与
总统沟通的渠道,是平衡威尔逊身边进步派人士,如布兰代斯、布莱恩和麦
卡杜等人的重要力量。

　　在执政的前几年,威尔逊并没有受到知识分子的拥戴——特别是那些
认为进步主义运动应该走得更远,不应只局限于兑现小企业期望的竞争市
场,解决童工、黑人的权益问题、提高工人工作条件、响应女性选举权的呼
声。[22] 寻求改革的知识分子对威尔逊持怀疑态度,连他夸张的演讲也不能

接受,因为在他们看来,这代表着说教、顽固的过去,这种怀疑其实不无道理,改革一直是以一种断断续续的方式进行,不够坚决和彻底。克罗利认为威尔逊满脑子"全是自以为正义的想法,闪耀的虚夸言辞环绕着这种信念",他还抱怨总统的思想太晦涩,"最具体的事都变得抽象……他的思想好像一束光,所照耀之处都被模糊了,仿佛点亮了四周,但是你却看不到什么光亮"[23]。

直到 1916 年,知识分子才开始衷心地支持他,因为他推行了"新自由运动",而且美国没有被卷入第一次世界大战。非常讽刺的是,对这场战争的讨论扩大了许多知识分子的影响力,比国内的问题还要有效。历史学家和作家纷纷参与政治宣传,各行各业的专家都来到政府献计献策。军事情报局、化学武器部门、战时产业委员会中到处都是学者专家,据说华盛顿的宇宙俱乐部就跟"各大学的教职员聚集起来召开大会差不多"[24]。1919 年9 月,豪斯上校为威尔逊总统组织了一个学者团体,名为"咨询会",当时的英国和法国也有类似的机构。"咨询会"中的专家团一度多达 150 人,他们涉及的领域包括历史学、地理学、统计学、人类文化学、经济学、政治学等,加上他们的助手团队成员,整个"咨询会"一共有数百人之多。一直到"一战"停战前,这个组织都处于未公开的状态,战后经过整合成为美国和平协商委员会情报部,其成员随同威尔逊总统到巴黎参加和谈,发挥了不少的作用。媒体偶尔也开开他们的玩笑,而老一派的外交官则怀疑这帮政治上的门外汉:他们总是带着三军卡车的文件上阵。[25] 然而,考虑到"一战"掀起的热情,以及关于合约和"国联"的争论,总体上,公众已经基本接受了专家在政策事务中扮演的角色。当然,伊利诺伊州参议员塞纳托尔·谢尔曼(Senator Lawrence Sherman)是个例外,他对在"一战"中政府权力的扩展发起了猛烈地抨击,尤其反对"教授和知识分子为主导的政府",可谓是反智强硬派的代表人物。但是,他的立场颇具预见性,因为随着反战情绪的高涨,进步主义思想遭到了肃清。

公众的情绪忽然发生了转变。1919 年,怀特还跟共和党全国大会主席说,共和党内"顽固的反对派"已经没戏了,一年后他就悲叹"法利赛人正冲上庙堂",人们却对此置之不理。"这真是什么世道!"1920 年,他在给记者雷·斯坦纳德·贝克(Ray Stannard Baker)的信中写道:"如果十年前,有人告诉我美国将变成今天这个样子……我当时肯定不会相信。"[27] 对知识分子来说,这种转变的结果肯定会给他们带来严重的打击:因为和威尔逊走得太近并且与战争紧紧联系在一起,任何针对威尔逊或者涉及他的抗议,势必会连累知识分子。但是更要命的是,他们中的大多数不顾一切地加入战争的浪潮,以至于最终元气大伤。除了一些社会主义者和少数像伦道夫·伯恩(Randolph Bourne)这样的思想家以及《七种艺术》(*Seven Arts*)杂志团队,知识分子不是亲自参战就是全力支持,他们对胜利和改革的热切期待,就如同其中许多人对进步运动的期望一般。然而,战争的结果却令他们失望、惭愧、有罪恶感。"如果一切可以重来,"沃尔特·李普曼说,"我希望能站在另一边。我们给死亡的阵营提供了太多的弹药,有太多人牺牲了。"克罗利也承认,他根本不知道"美国人民在世界大战的压力下是何种心态"[28]。知识分子与大众之间融洽的关系消失的速度比建立的还快。人们把他们看成错误和无谓的改革的发起人,行政国家的总设计师,战争的支持者,甚至是布尔什维克;而知识分子则把美国人看作一群蠢货、只关心赚钱和财富的狂热之徒。那些年轻且不受约束的知识分子选择了离开美国,其他人只能回到家乡,读读名记者曼肯(Menken)写的文章。知识分子要想与美国大众和谐共处,还得再经历一次大萧条,等到另一个改革时代的到来。

4

　　"新政"期间,知识分子与民众间的融洽关系得以恢复。民众的政治诉求与知识分子中的氛围从未如此和谐。在进步时代,总体而言知识分子与民众的目标是一致的。而到了新政时期,这些目标更加吸引着他们,而且民众期望知识分子在实际生活中发挥更重要的作用,这在威尔逊和老罗斯福的时代是无法想象的。不过,还有一小部分"新政"的反对者,他们对这些政策措施的敌意在美国政治历史上都是罕见的。因此,虽然知识分子的地位有所提升,但是在二战之后反对他们的声音甚嚣尘上。

　　从长远看,这些顽固的少数派给知识分子造成的伤害,就如在短期内"新政"对他们的恩惠一样。但是,先来看一看到底是什么样的恩惠!与所有人一样,知识分子也是大萧条的受害者,面临失业,士气遭到打击。"新政"为年轻的律师和经济学家提供了上千个工作机会,他们纷纷来到华盛顿,在新成立的监管机构中任职;公共事业振兴署和全国青少年局推行的研究、艺术和戏剧计划,帮助许多失业的艺术家、知识分子和大学毕业生找到了出路。比这些实际帮助更重要的是一种普遍、无形的影响,通过任用教授和理论家担任顾问和意识形态倡导者,"新政"让智识与权力的结合从未如此的紧密,就连与美国建国初期相比,都是前所未有的。给刚从大学或者法学院毕业的年轻人提供重要的岗位,这本身就是一件引人注意的新鲜事。但是,像"新政"这样如此重视学者顾问,就等于夸大了每个教授,或者每一种思想的作用,无论这种思想是投机性的还是持异议的。一时间,思想、理论和批评都有了新的价值,要获得它们,得求助于知识分子。[29]经济上的崩溃说明国家需要他们,但是"新政"证明他们如何让大家感觉到他们的存在。毫不奇怪,除了一小部分保守的知识分子和少数激进派,"新政"激起了所有人的热情。(即使是在1933—1935年间,激烈反对"新政"的共产党人,也都加入他们之中,受益于当时公众对知识分子的欢迎。)

知识分子地位的提升主要体现在"智囊团"的设立,在"新政"出台的早几年,这个词几乎一直在媒体上出现。雷蒙德·莫利(Raymond Moley)、雷克斯福德·盖伊·特格韦尔(Rexford Guy Tugwell)和安道夫·贝利(Adolph A. Berle)是罗斯福"智囊团"中的核心人物,因此也最容易受到攻击。他们代表了数百名在联邦政府中任职、较为默默无名的知识分子,尤其是从哈佛来到华盛顿的菲利克斯·弗兰克福特的门生。在"新政"初期,小罗斯福总统本人有很高的声望,因此他的反对者自然更容易通过他身边的那些专家来攻击他,说他会听信那些邪恶或不负责任的顾问的建议。除了其他方面的功用,"智囊团"还可以作为总统的挡箭牌。作为"新政"的核心人物,小罗斯福本来可能会遭到许多正面攻击,但是现在都落到他身边的人身上,如果批评变得激烈,就把他们调到其他更不起眼的职位。

在莫利很快就被"打倒"以后,特格韦尔教授就成了批评"新政"的保守派最喜欢攻击的对象。非常不幸的是,特格韦尔行事太有计划性,他在自己的几本著作里早就阐释了自己的想法,所以当他在1934年6月被任命为农业部副部长时,反对派强烈抗议提拔一个"邪恶的理论家"。被人们称为"棉花艾德"的南卡罗纳州参议员史密斯是参议院中的一位重量级人物,他坚持特格韦尔"没有在上帝建立的、伟大的大学学习过",所以这位哥伦比亚大学的经济学家不得不努力证明自己是一个真正的农民——自己小时候经常在田地里,靴子上沾满了泥巴。小罗斯福听了之后,跟农业部长华莱士(Wallace)调侃道:"告诉雷克斯,我不知道他小时候这么脏。"史密斯在参议院上说,从上帝的大学中毕业,"要靠辛勤劳动,只有在田里吃过苦,干过农活的人才能解决美国的农业问题"。事实上,他自己也无法说出谁符合这个要求,可以担任农业部长。最后,为了安抚史密斯,罗斯福任命了他所在选区的一个人为联邦法院执法官作为交换。此人有杀人的记录,所以总统曾在内阁中称呼他为史密斯"最钟爱的杀人犯"。凭借"教授换杀人犯"这笔交易,特格韦尔的提名最终以 53∶24,获得参议院的批准。

媒体对特格韦尔的批评愈演愈烈,因为他极力支持《纯净食品与药品法案》,导致许多有影响力的广告商,例如药品专卖商,调动媒体的力量,对他发起攻击。连一位既不是激进派也不是知识分子的人士詹姆斯・A.法利(James A. Farley),都觉得媒体这样"粗暴"的攻击有些过头了。特格韦尔的批评者把他描绘成双面人:一方面他是个不切实际、窝窝囊囊的理论家(记者曼肯说,他"是个二流教师和被包养的"新共和的理想主义者");另一方面他是个阴险的颠覆势力,会对社会造成巨大的灾难。面对媒体的炮火攻击,特格韦尔依然保持耐心和冷静,这表明进入政界的知识分子未必都是敏感而容易生气的。[30]

如果"智囊团"要成为反对派发泄怒火的对象、任由他们鞭挞的靶子,那么必须夸大他们作为"权力核心"的重要性。《芝加哥先驱报》的一位作者写道:"智囊团的光芒完全盖过了内阁。据说他们的影响力甚至超过了总统……这些来自各个大学的教授架空了内阁成员,使他们徒有政府部门主要负责人之名。一般性的行政事务,找内阁成员解决,如果是政策性或者治国之道,就得去咨询教授们了。"[31] 在"新政"刚开始执行的时候——大概最初的一百来天,惊慌失措的国会乖乖地迅速通过了一系列的议案,甚至不像以往仔细琢磨里面的细节。这在法律起草和制定政策上,给了"新政"核心决策圈相当大的裁量权,因此这些顾问专家虽然从未控制着国家的命脉,但是有决定性的影响力。然而,根据美国政治权力的体系,任何重大决策势必都代表着利益集团或者选民的基本要求,所以不可能让一小群专家教授一直这么轻易地掌权。随着国会恢复镇定,他们又按照正常程序对立案进行仔细审核,技术专家的影响力则相应受到约束。大多数情况下,"新政"采纳受知识分子和愿意尝试新事物的人士欢迎的措施,并不是因为专家的青睐,而是为了满足大部分选民的需求。"智囊团"为大众服务,虽然他们通常做得非常出色,但他们不是统治者。除了一些特例,自由派知识分子提出的更理想化、更具尝试性的计划,大多被否定或者限制了。虽然"新政"曾经尝试了一些学院派理论家建议的货币政策未获成功,但这是因为受到了参议院中主张通货膨胀者的巨大压力,而小罗斯福团队的主要核心成员对此并不认可。在关键问题上,自由派的专家无一例外地败北了。杰罗姆·弗兰克(Jerome Frank)领衔的自由派学者曾试图通过《国家复苏法》(NRA)和《农业调整法》(AAA),分别保护消费者与佃农的利益,但是很快就被踢出了政坛。特格韦尔对农村重建的构想远未能得到认可,他自己最终也被打发到其他的部门。莫利与国务卿科德尔·赫尔(Cordell Hull)就伦敦经济会议一事起了冲突,获胜的一方当然是赫尔。[32]

然而,全国上下流行这样一种看法——教授们大权在握,一场名副其实的智识之战唤醒了"反智主义"传统,加快了其发展的势头。虽然教授们并没有多大的权力,但是民众产生这种印象却有其道理:他们的确代表了美国权力的重新分配。他们虽然没有亲自挥舞着权力的大旗,或者说他们并没有最后的决定权,但是他们对于当权者有着广泛和重要的影响力,因为在很多事情上,他们确实可以制定具体的条款措施,决定政治和经济问题可能产生的大致后果。谴责教授和"智囊团"的右翼人士对政坛状况的猜测虽然失之偏颇,但是他们的直觉是正确的。如果说大部分的群众并不理睬他们的意见,他们至少还有大众对知识分子的固有偏见作为武器,很快他们就来势汹汹地向知识分子宣战了。此外,知识分子一度享有盛名,令老资格的政客和企业家都黯然失色,他们发现这群无名之辈竟然一下子取代了自己在公众心中的地位,自己在社会上居然不受重视了,这真是怒不可遏。记者曼肯一向言辞大胆夸张,他讽刺道:"仅仅几年前,这些'新政'里的预言家还是无名小辈,无用之才,街角的警察和他们点个头都会兴奋得脸红,现在,他们已经成了贵族阶级,有着红衣主教那样的天赋才能。"他接着说,这些专家太受欢迎,甚至开始相信可以给社会开出灵丹妙药。"你该怎么办呢,"他问道:[33]

> 如果你忽然被拖出一间臭烘烘的教室,里面尽是些吵闹不堪的学生,然后被丢进一个充满权力和荣耀的殿堂——罗马皇帝卡利古拉、拿破仑一世和金融巨头摩根才配拥有的地方,大批华盛顿的记者成天追着你,报纸的头版已经刊载你的长篇大论?

一方面"新政"的批评者故意夸大了知识分子拥有的权力,另一方面又把他们说成是不切实际、不负责任、图谋不轨的实验者,因为一举成名,变得越来越傲慢嚣张,追着名利。《星期六晚报》(*Saturday Evening Post*)是"反智主义"的策源地,随便找出一篇评论,都可以看到这样的内容:[34]

> 一群教授被从教室里拉了出来,推进"新政"的旋涡。这群骄傲自大,追着名利的人,现在有机会出名了。他们就像在壁炉前取暖的猫一样,渴望向别人展示自己……这些人到处乱串,得意地问:"美元在市场上的表现如何?"好像汇率的变化

和他们有什么关系，但是他们中没有一个人能凑出价值 100 美元的东西……在国会里，虽然有许多专业人士，但是这些业余的掺和者捣鼓出的专业规范和法律，充其量就是修修改改……任何有头脑的人都会得出这样的结论：这些"智囊团"提出的想法和计划许多都是受俄国意识形态的影响……应该有人教教这些年轻聪明的知识分子和教师到底什么才是经济生活的现状。利润和繁荣不是天上掉下来的，稳健的汇率也不是白菜地里长出来的……最后，还是得靠农民和实业家，依赖大自然的力量和政府的英明政策，才能治好他们的病……

难道我们会愚蠢和懒散到让这些自以为是的业余试验家，把我们的社会和经济搞垮，以验证他们是否可以按照自己喜欢的方式重建它们？……美国人的生活、自由和产业，都成了他们的试验品……在实验室里拿试管做试验，与在一个真正的社会中拿整个国家做试验，完全是两回事。那么做无异于活体解剖……这些没有实际经验的人……政府中都是门外汉、大学生，无论老少，他们酩酊大醉，虽然可能很有诗情，刚刚大口痛饮了伏特加……他们是理论家、怀着政治乌托邦的梦想家和玩弄把戏的人……务实的议员们只能退到他们小小的更衣室里去参政议政……

为了还击这种充满偏见的攻击，知识分子的捍卫者试图对他们的权力到底有多大进行合理的估计，然后指出他们的表现不可能比被他们取代的"务实者"差。奥斯瓦尔德·加里森·维拉德（Oswald Garrison Villard）在《国家》杂志中写道，他虽然支持"务实者提出的所有路线"，并且指出现在全世界的"务实者完全都迷失了"。[35] 乔纳森·米切尔(Jonathan Mitchell)是当时的一位自由派记者,曾经担任新政时期的顾问,他曾对这个问题做过非常透彻的分析,以证明小罗斯福任用专家学者,完全是美国行政管理的自身特点和经济危机的必然结果。他写道,事实上教授们不是主要政策的制定者,他们只不过是提供一些技术上的建议。在政府部门缺少从事这项工作的人,所以总统才会突然求助于政治圈或者行政管理层以外的人。[36] 从这点上说,米切尔是完全正确的。那些政客无法解决大萧条带来的问题,文职官员中也没有可以应对这些情况的合适人选,大多数商界领袖似乎更糟。萨缪尔·罗森曼(Samuel Rosenman)向总统建议到:"在这种情况下,总统候选人通常会聚集一群成功的实业家、金融家和政治领袖为他出谋划策。我想我们应该改变策略。这些人似乎都不能针对我们今天面临的烂摊子给出建设性的意见⋯⋯为什么不到大学里找找看呢?"[37]

但是,米切尔的建议也可以被"新政"的反对者视为挑衅:

　　罗斯福先生需要的是一个立场中立的人,他既没有沾染上华尔街的气味,也不会让有钱人太担心。此外,他需要一个有头脑、有能力,愿意坚定贯彻总统决定的人。罗斯福先生选择了大学教授,他认为全国上下没有其他人符合这些条件⋯⋯

　　美国没有继承领地的阶层,可以从他们中间选出开展"新政"的人员。最接近的人选要属大学教授,这些立场中立的教授在华盛顿任职,"新政"的成功与否就看他们了⋯⋯美国的历史上一度存在一个独立的阶层,人们遇到纷争时愿意求助于他们。这些人是殖民地的牧师,尤其是在新英格兰。他们一般不问世事,管理社区的方式比小罗斯福的"新政"还要严格,

他们依据灵感的启示来判断……虽然新英格兰的牧师早已是过
去时，但是大学教授是他们的继承人……今后，我们一定要依
照它自身的传统和原则，建立一种专业的文官制度。

然而，这些都不能让商人、被专家取代的政客和一些保守阶级成员感
到安慰或放心，他们觉得没有必要建立这种专业的文官制度，也不相信教
授会"立场中立"，因为他们让有钱人担惊受怕，而且一想到有一群人"公
正无误地"处理纠纷，这些人就感到警觉。没有什么办法可以让他们放宽
心，哪怕是比米切尔提出的更温和的办法。他们害怕的不是"智囊团"或者
专家，而是担心他们所熟知深信的旧世界会崩塌。在这些敌人中，"新政"
为专家和知识分子提供的特权，只是巩固了他们"反智"的传统，加深了他
们对知识分子的猜疑和仇恨。

与第一次世界大战一样，第二次世界大战也让专家的作用得到更充分
的展现，不仅是在为"新政"所需的领域，在之前未加利用的领域中的专家
也受到更多重视，连古希腊文学研究者和考古学家，也因为他们对地中海
地区深入的研究，突然得到了人们的认可。但是当战争结束后，对"新政"
迟到的憎恶和反战的情绪席卷了全国。这就为反对政府专家的战争埋下
了伏笔。至此，知识分子与民众间的和谐关系再一次终止了。

5

美国右翼在 1933 年就出现反对知识分子与政府专家的情绪，之后日
益加剧，1952 年，阿德莱·史蒂文森（Adlai Stevenson）成为这种"反智主
义"的受害者。不幸的是，他的政治命运竟成了自由派知识分子衡量智识

在美国政治中发挥作用的标准。这注定是一个错误:史蒂文森具有一个悲剧英雄所有的特点,而知识分子又视他的事业为己任。在经历了令人尴尬的杜鲁门政府之后,史蒂文森的名仕风范让大家耳目一新。但是决定大选胜负的,是他与艾森豪威尔和尼克松这一搭档天壤之别的风格。史蒂文森口才敏捷(他与同样好口才的竞选顾问合作非常顺利),相反,艾森豪威尔言辞笨拙,而尼克松为自我辩护发表的不当演说里尽是平庸的陈词滥调和对他竞选搭档赤裸裸的赞美之词,这更突出了两个竞选团队的差异。最后就是共和党参议员麦卡锡,他的丑陋形象对共和党的竞选帮助应该不大。没有人期待美国总统大选的格调会很高,但是 1952 年共和党候选人竞选的调子实在太低,连无耻贿赂华尔街的杜鲁门都比他们更有尊严,这反而突出了史蒂文森所有的优点。

　　史蒂文森受到知识分子的一致欢迎,这在美国历史上还是前所未有的。相比之下,老罗斯福获得他们的青睐还是靠他漫长的公众生涯积累的;在他就任总统后,仍有许多知识分子对他抱有一种怀疑的态度,拿他来消遣。他与知识分子走得最近的时候却是在他离开白宫以后。他的声望在 1912 年竞选时达到顶峰,当时他与的塔夫特(Taft)总统出现分歧,从共和党独立并成立了进步党(又称"公麋鹿"党,Bull Moose)。之后因为他在战时强硬的外交政策,他在知识分子中的声望出现了转折。威尔逊总统独特的个人风格和学术背景,使相当多的知识分子对他冷淡,这也正是他自己的态度;许多人都同意李普曼对"新自由"的批评:这是一项计划不周、畏缩滞后的运动,主要迎合了小企业者的利益。威尔逊总统在战争期间也难免有乌合之众的心态,这令他的名誉受到损害。小罗斯福总统虽然任用了大量的专家顾问,但是知识分子在他的第一届任期时对他颇为失望,他在"新政"早期无法获得大家的信任,也是极左翼攻击的目标。直到 1936

年竞选前夕，知识分子对他的态度才友好起来，而且即使如此，也是因为他们有共同的敌人。史蒂文森则截然不同，在他当伊利诺伊州州长时，几乎没人听说过他；当他在 1952 年获得民主党总统候选人提名时，完全是一颗政治新星，所以在听了他接受提名的演讲后，他们立刻就喜欢上他了。他似乎有点完美得太不真实。

当"麦卡锡之流"对知识分子发起全力猛攻时，人们自然会认为史蒂文森在竞选中的惨败代表着美国公众对知识分子和智识本身的全面否定。外界对他们的严厉批评肯定了知识分子得出的上述结论：知识分子不关心也不了解他们的祖国，他们越来越不负责任、傲慢无礼，他们很快就会感到愧疚。毫无疑问，这令许多知识分子受到伤害。但是认为史蒂文森因为自己的机智和学问而被公众否定，有点说不通，如果说这个原因导致了他的挫败，真是过于夸张了。在 1952 年的大选中，他遇到的劲敌太多，根本没有获胜的机会。这一年，任何一组有吸引力的共和党候选人都可以击败任意一对民主党搭档，而艾森豪威尔则远不是有魅力那么简单：他是全国人民心中的英雄，有着难以抗拒的吸引力，他的受欢迎程度不仅远高于史蒂文森，也令政坛的所有人都相形见绌。民主党已经执政 20 年，早就该换一换了，不然美国两党制的政治体制就没有任何意义。朝鲜战争的爆发和民众对此的不满给共和党提供了大做文章的机会。当然，他们也可以利用一些次要的问题，例如对希斯的审判，共产主义已经渗透到联邦政府，或者杜鲁门政府中，虽然不是很严重却可以借题发挥的腐败问题。在竞选中，尼克松和麦卡锡的表现比艾森豪威尔更加引人关注，如果不是共和党的格调那么低，令一些民众非常反感，也许史蒂文森的失败更容易被人接受。

然而，事后看来，人们有理由认为史蒂文森的个人风格和机智正直的人品其实是他竞选的有利条件。如果不是因为他在这些方面名声很好，他可能会一败涂地。如果说大部分群众完全不在意他的个人品质,这是不对的。如果他真像他的一些崇拜者和诋毁者认为的那样毫无魅力,那么就无法解释他如何在1948年高票当选伊利诺伊州州长,所得票数创下了该州的历史记录,或者在四年后的民主党大会中,代表们仅听了他简短却有说服力的欢迎词,就推举他为总统候选人,尽管众所周知他并不想被提名。这是在1916年自休斯获提名之后,第一次有人那么不情愿地接受总统候选人提名,也许这在美国历史上也是唯一一次。

民主党和共和党竞选活动的强烈对比,放大了史蒂文森的败选。12年后,温德尔·威尔基(Wendell Willkie)也与一位伟大的政治人物进行了一场较量,结果与史蒂文森遇到的情形几乎一模一样,他与对手的支持率几乎打了个平手,44.4%:44.3%,而他也被公认为是一位出色的领导人。因此似乎可以这样解释这种情况,在1952年的时候两位候选人势均力敌,当时的政治热情高涨,许多选民都参与了投票,才导致了这么高的得票率。史蒂文森虽然失利,但是他得到的选民票要高于杜鲁门在1948年,或者小罗斯福在1940年和1944年当选时的票数。竞选结束后,史蒂文森的信箱塞满了人民的来信,这些人虽把票投给了艾森豪威尔,但是他们想表达对他参加竞选的敬意,并表示如果当时的情况不是那样,也许他们就会支持他了。

这并不是要否认史蒂文森的"形象"——用现在流行的话说——没有问题。民主党在执政20年后,要想带领它在竞选中再次或胜的难度有多大,史蒂文森再清楚不过了。但是他不愿意接过民主党的帅印,却是实实在在地发生了。虽然他的推辞可能值得赞扬,但不免引起人们的担忧。"我接受提名,和本党的纲领,"他在民主党大会中说道,"我宁愿是一个比我更坚定、更聪明、更优秀的人说出这些话。"在当时,这么说有些不合时宜,令人不安,因此有些人觉得艾森豪威尔的自信虽然平淡乏味,却更有吸引力。史蒂文森的谦虚似乎是真心诚意的,但是表现出来的方式过于骄傲了。虽然人们发现他分析公共事务时可以秉持公正诚实的原则,不会遵从传统的空话套话,但是仍然怀疑他是否能够像两位罗斯福总统那样,别出心裁,有效地运用权力。人们很难不把公众对艾森豪威尔和史蒂文森的错误印象进行对比:艾森豪威尔领导的政府确实有它的优点,但是他虽然当选却未能团结他的党派,将共和党提升到一个新高度;史蒂文森虽然失利,却着实令民主党焕然一新,充满了活力。

如果我们将史蒂文森的失败归咎于他是知识分子,或者认为知识分子的身份对他来说更是一种负担而不是优势,那么我们可能弄错了。不过,在相当一部分的公众看来,这种特质确实对他不利。我们并不想夸大这群人的影响力和数量,但是任何对反智意象的研究,他们都是绕不开的话题。

史蒂文森最受人攻击的品质不是他的“智识”,而是他的机智。[38] 在美国,机智一向都不是政治领导人受欢迎的原因。大家喜欢幽默的人,林肯、两位罗斯福总统都利用了这一点。幽默是接地气的,通常非常简单,所有人们都可以接受。机智是受过高等教育的人才能欣赏的幽默,它往往很犀利,与风格和世故联系在一起,暗示着贵族的气质。史蒂文森不断被称为“喜剧演员”“小丑”,在漫画家的笔下成了戴着帽子和铃铛的逗乐小丑。当时的美国正笼罩在朝鲜战争的阴影下,对他的批评者而言,史蒂文森的睿智似乎与忧郁、愤怒和沮丧的社会氛围格格不入;艾森豪威尔枯燥乏味却严肃坚定的发言,似乎更合时宜。即使史蒂文森并没有跟选民开有关朝鲜战争的玩笑,或是嘲笑一些严肃的事情,也没有为他赢得更多的支持者。相反的,他的机智不但没有弥补他在公众心中形象中的弱点,反而拉大了他与相当一部分选民间的距离。有人说“他的英语流利灵活,水平远远高于一般人"。一位女性在给底特律《新闻报》(*News*)的信中,一针见血地评论了这次大选:"我们应该和总统候选人有一些共同之处,这就是为什么我投给艾森豪威尔将军。"

史蒂文森曾经在法庭中,为阿尔杰·希斯的人格名誉作证,因此他特别容易受到牵连,人们一谈到智识与激进主义,或者激进主义与背叛美国的关系,就会联想到他。支持他的知识分子也很容易因为同样的理由被抹黑。其中有很多人来自东部,特别是哈佛,许多反对者尤其盯着他们不放。《芝加哥论坛报》(*Tribune*)曾经发表了一篇题为《哈佛教印第安纳如何投票》(*Harvard Tells Indiana How to Vote*)的社论,里面说到史蒂文森其实受历史学家施莱辛格父子、诗人阿奇保德·麦克里希(Archibald MacLeish)控制,这些人都和最邪恶的组织有关。记者维斯特布鲁克·佩格勒(Westbrook Pegler)没有忘记费利克斯·弗兰克福特在"新政"中的影响力,不断提醒读者史蒂文森和小罗斯福一样,都和哈佛有密切联系。史蒂文森曾经就读于哈佛法学院,因此佩格勒认为他一定会相信弗兰克福特的"诡计"。佩格勒坚信,史蒂文森"从1933年起,就断断续续担任'新政'中最危险的那一类官僚"。佩格勒注意到,史蒂文森的支持者和传记作者都尽量轻描淡写他的哈佛生涯和与左派的联系,但这些都不能瞒得过警惕的佩格勒,"来自伊利诺伊州斯普林菲尔德的非凡小子不过是在走左派政治的老路"。因为史蒂文森与哈佛大学的关系,弗兰克福特、希斯、施莱辛格父子和他本人都被右派想象成邪恶的化身。

他与其他大学的关系也同样成为被攻击的理由。当哥伦比亚大学许多教师联合发表声明赞扬史蒂文森,批评他们当时的校长艾森豪威尔时,《纽约日报》(*Daily News*)"指控"他们当中一些人是"左倾教授"。一家中西部报纸的语气相对缓和,但是也说哥伦比亚大学师生的反对,只会对艾森豪威尔有利,因为每个人都知道"左派社会主义思想已经渗入这所大学,他们肯定也是共产主义的死忠",对他的支持只会帮史蒂文森的倒忙。"史蒂文森是个知识分子,他肯定同意他的顾问的观点,否则就不会选择他们了。艾森豪威尔是一个普普通通的美国人,投票给他,就是支持民主。"对"新政"怀有旧恨的文章无处不在,里面充斥着这是对美国的背叛的言论:"美国的伟大正在于它伟大的传统,但是现在我们已经离它们非常遥远。我们的大学里尽是左派分子,这些'聪明的年轻人'想把美国变成一个'光明的新世界'。不管是小罗斯福的'新政'还是杜鲁门的'公平政策',别让我们再经历一次了。"

在1952年的竞选中,知识分子又被等同于娘娘腔,这在前面讨论镀金时代的改革者时已经说过。在这一点上,史蒂文森不得不服输。他在两次世界大战中都只是民兵役成员,根本没法和艾森豪威尔将军的英勇事迹相提并论。如果他像老罗斯福那样,曾经是个拳击手和猎人,或者是个足球运动员(当然艾森豪威尔将军也曾是),或像杜鲁门那样,曾在战争中做过炮兵,或是像肯尼迪那样,是个战争英雄,也许人们就不会把他排除在男性世界之外。但是他只是一个从常青藤大学毕业的绅士,没有任何"英勇"事迹能使他不遭人诟病,因为"崇尚男子气概"在美国人心中是根深蒂固的。《纽约日报》使出各种讽刺招数,甚至用女人的名字"阿德莱德"[39]称呼他,说他在他演讲中运用了颤音,声音听起来"软润丰满"。他的发音和吐字令他成为怀疑的对象,据说,他念的"茶杯"让人联想到"一个温柔的老处女,人们绝不会忘记她在史密斯小姐精修学校的演说课得了A"。他的支持者又是怎样呢? 他们是"一群地地道道、袖口有蕾丝饰边的哈佛自由派","穿着蕾丝女裤的外交官","梳着女式高卷发型的哈巴狗",对麦卡锡的指责只能"在芬芳的悲伤中"痛哭流涕。史蒂文森的反对者相信,政治是男人玩的危险游戏。史蒂文森州长和他的支持者应该做好被痛击的准备,最好学学尼克松"为财务清白辩解"时表现的男子汉气概。

在另一些方面虽然没有恶语相向,但艾森豪威尔也经常因为"他也被证实的能力"更加受到青睐,与生活在"象牙塔"里的史蒂文森形成鲜明对比。"根据他们过去的表现,我觉得我们需要艾森豪威尔而不是史蒂文森,因为前者取得了杰出的成就,而后者只是思考和演说,没有行动。"杰弗逊和约翰·昆西·亚当斯也许对下面的评论非常熟悉:"艾森豪威尔对世界局势的了解,比任意两个美国人加起来都多,而且他的知识不是通过报纸或者书本得来的。"这一招对普通大众特别管用。八年后,在为尼克松竞选总统拉票时,艾森豪威尔说:"这些人不是仅从书本里学习知识,也不是通过写书。他们是从每天与这个变化的世界打交道的过程中积累经验。"[40]

而在同一场竞选中,约翰·肯尼迪则证明了读书,甚至写书,都不会阻碍一个智勇双全、有志成为总统的人获胜,也许人们早就应该明白这个道理。肯尼迪政府重现了老罗斯福在20世纪初所展现的智识与品格并重的理念。既尊重智识文化修养,又渴望在公共事务管理中能运用智慧和专业能力,又推崇积极进取和务实的精神。史蒂文森在竞选中似乎表现得非常细心和谦虚,这特别迎合知识分子对绝世独立的追求。相反,肯尼迪则是极其坚定自信,他满足了知识分子渴望智识和文化可以与权力和责任相结合的需求。他具有艾森豪威尔的自信,却没有他那么消极;虽然他是天主教徒,年纪轻资历浅,在被提名时知名度不高,都是他竞选的不利因素,但是在和尼克松的电视辩论中,他明显表现得更有自信和气场,这在很大程度上帮助他获取胜利。也许,老罗斯福会夸奖他的表现充满了男子气概。

对大部分知识分子来说,甚至一些向来不信任权力的人,新总统即使不是思想深刻的,至少也是机敏、开放、世故和具有怀疑精神的。很快,肯

尼迪就让大家知道了自己的想法，即在美国，智识和文化应该占有一席之
地。在他之前，一些智力超群的总统，例如胡佛，对总统要行使庆典仪式上
的职能极不耐烦，对他们来说那纯粹是把宝贵的时间浪费在琐事上。但
是，国父们则对总统一职有不同的看法。许多人认为在共和制的政体中，
国家元首应该是一个重要的角色，他与大众之间的交流在政府机构中起着
穿针引线的作用。华盛顿本人就是这种功能的最好体现，新政府的成功离
不开他的参与。到了 20 世纪，美国人对媒体宣传的狂热和大众传媒的发
展，令总统面临巨大的公众压力。富兰克林·罗斯福非常善于利用广播和
新闻发布会，他是第一个把大众对当代媒体热点的需求转化为自己竞选优
势的总统。肯尼迪则是第一个明白不仅需要让知识分子和艺术家在国家
的庆祝活动中出现，而且要给予他们官方的认可从而赢得他们忠诚的总
统。作为国家形象象征的白宫，因此也修复一新：大量的观众通过电视观
看了白宫翻新的整个过程。对于一小部分却是很重要的观众来说，白宫象
征着文化再次被社会接受——罗伯特·弗罗斯特(Robert Frost)、E. E. 康
明斯(E. E. Cummings)和帕布罗·卡萨尔斯(Pablo Casals)在此受到了总
统的款待。在一定程度上权力应该遵从"智识"的观念已经多次得到肯定。
也许，最令人难忘的要属在 1962 年春天，诺贝尔奖获得者应邀来到白宫，
总统在晚宴中一如平常地说，现在白宫餐桌前的聪明人第一次那么多，想
当年托马斯·杰弗逊可是独自一人在此用餐。

当然，所有这些都只是在礼节上对知识分子这种特殊阶层的认可，而
政客们早就明白这种礼仪的作用，例如爱尔兰的政治人物参加意大利人的
节日庆典，或者犹太人政客出席爱尔兰人的吊唁活动。和少数民族一样，
知识分子也需要被大众接受。肯尼迪的新政府不仅在表面的形式上给予
文化以认同，更是希望能发现更多有才华的人，因此在美国的历届政府中，

从没有如此重视专业才能。虽然知识分子在政治上的地位和声誉总是起起伏伏，但是对技能的需求却不断上升。例如，尽管艾森豪威尔政府明确地表露出对这些"学究"的鄙视和对他们批评的愤怒，但是仍然聘用了相当数量的专家，连共和党中的领袖也表示愿意"利用"友善的学者。在最后一章，我将讨论一个更大的问题，即那些成为政府专家的知识分子与其他知识分子的关系，以及当他们发现自己位于权力的边缘时，这些知识分子的处境。他们人数显然不在少数。处理智识与权力的关系有一个难点，人们普遍认为无论智识是否被权力圈重用，它的一些最基础的功能都会受到威胁。在现代社会，作为一种力量，智识所体现的尖锐和矛盾的问题，实际上根源于它既不愿意将就地接受与政治权力的关系，也不甘于被排除在政治之外。

注 释

1. 见约翰·里德(John Reed)对布莱恩特的采访,《科利尔》(*Collier's*)第 52 期,1916 年 5 月 20 日,第 11 页。

2. 柯蒂和弗农卡斯滕森(Vernon Carstensen),《威斯康辛大学》(*The University of Wisconsin*)第 1 卷,麦迪逊,1949 年,第 632 页。这本书全面介绍了"威斯康辛构想"中大学的作用。

3. 透纳,《开拓者的理想与州立大学》(*Pioneer Ideals and the State University*),在 1910 年印第安纳大学毕业典礼上的演讲,重新刊印于《美国历史中的开拓者》(*The Pioneer in American History*),纽约,1920 年,第 285—286 页。

4. 麦卡锡,《威斯康辛构想》(*The Wisconsin Idea*),纽约,1912 年,第 228—229 页。

5. 关于范海思时期的政治矛盾,见柯蒂和卡斯滕森,同上,第 2 卷,第 4,10—11,19—21,26,40—41,87—90,97,100—107,550—552,587—591 页。

6. 约翰·R.康芒斯(John R. Commons),《我》(*Myself*),纽约,1934 年,第 110 页。比较麦卡锡:"这是一条普遍原则,教授要直到受邀,才会冒险对公共问题提出意见。"同上,第 137 页。在政府中就职的教授名单,见第 313—317 页。

7. 《自传》(Madison),麦迪逊,1913 年,第 32 页;关于任用大学人员,见第 26,30—31,310—311,348—350 页。

8. 见罗伯特·S.麦克斯维尔(Robert S. Maxwell),《伊曼纽尔·菲利普:威斯康辛的坚定拥护者》(*Emanuel L. Phillip: Wisconsin Stalwart*),第 7 和第 8 章,麦迪逊,1959 年,第 74,76—79,82,91,92,96—104 页。美国反智主义对威斯康辛大学的攻击给了美国一个惨痛的教训。"在群众与教授间,有一条误解和无知的鸿沟,自从古希腊阿里斯多芬尼斯时代起就形成了。"《群众与教授》(*Demos and Professors*)C 卷,1915 年 5 月 27 日,第 596 页。

9. J. F. A. 派尔,威斯康辛(*Wisconsin*),纽约,1920 年,第 347—351,364—365 页。

10. 《威斯康辛构想》,第 188—189 页;比较第 138 页,通过实用主义发展与对老一代学者的反抗的大背景,可以很好地理解麦卡锡的观点,见怀特,《美国的社会思想:反对形式主义》(*Social Thought in America: The Revolt against Formalism*),纽约,1949 年。

11. 《鼓动者与震动者》(*Movers and Shakers*),纽约,1936 年,第 39 页。

12. B. P.,《大学教授与公众》(College professors and the Public),《大西洋月刊》(*Atlantic Monthly*)第 89 期,1902 年 2 月,第 284—285 页。

13. 见李(Joseph Lee),《民主与专家》(*Democracy and the Expert*),《大西洋月刊》第 102 期,1908 年 11 月,第 611—620 页。

14. 例如，1906 年，芝加哥的包装商托马斯·E. 威尔逊（Thomas E. Wilson）曾在国会委员会中申辩："我们反对的，也是请求国会能够阻止一项让理论家、化学家、社会学家等专家操纵我们企业命运的议案通过。有些人把他们的一生都献给了建立和完善美国这个伟大的事业，现在那些专家却要把管理和控制权从他们手中夺走。"在此，威尔逊并不是反对把包装业国有化的提案，而是反对关于纯净食品与药品的措施。众议院农业委员会，第 59 届国会第 1 次会议，关于所谓《贝弗里奇修正案》的听证会，华盛顿，1906 年，第 5 页。有关专家在食品药品管理中的真实角色，见奥斯卡·E. 安德森（Oscar E. Anderson Jr.）写的哈维·W. 威利（Harvey W. Wiley）的传记：《国家的健康》（The Health of a Nation），芝加哥，1958 年。

15. 《文化人与公共事务》（Literary Men and Public Affairs），《北美评论》第 189 期，1909 年 4 月，第 536 页。

16. 引自范里佩尔，《美国文官制度的历史》（History of United States Civil Service），第 206 页；比较第 189—207 页与布鲁姆，《西奥多·罗斯福的总统领导力》（The Presidential Leadership of Theodore Roosevelt），《密歇根校友季刊评论》（Michigan Alumnus Quarterly Review）第 65 期，1958 年 12 月，第 1—9 页。

17. 比较罗斯福在 1908 年写的一封著名的书信："我只是无法让自己尊重那些富豪，广大人民群众一定也感觉到了。我很愿意向皮尔庞特·摩根（Pierepont Morgan）、安德鲁·卡内基（Andrew Carnegie）或詹姆斯·J. 希尔（James J. Hill）表示敬意，但是我更敬重下面这些人，例如，贝里（Bury）教授、北极探险家皮尔力（Peary）、海军上将伊凡斯（Evans）、历史学家罗德斯（Rhodes）或猎手塞卢斯（Selous）……为什么呢？因为我无法勉强自己，我做不到。"艾尔汀·莫里森（Elting Morison）编，《西奥多·罗斯福书信集》（The Letters of Theodore Roosevelt）第 6 卷，剑桥，1952 年，第 1002 页。

18. 《作品集》，《纪念》（Memorial）第 14 期，第 128 页；《前景》（Outlook）1913 年 11 月 8 日，第 527 页；《作品集》第 16 期，第 484 页；比较其他的文献：《前景》1910 年 4 月 23 日，第 880 页；在《沉睡谷老荷兰改革派教会 200 周年纪念》（the Two Hundredth Anniversary of the Old Dutch Reformed Church of Sleepy Hollow）中的演讲，1897 年 10 月 11 日，纽约，1898 年；《作品集》，第 17 期，第 3 页；第 12 期，第 623 页。

19. 亚瑟·领克（Arthur Link），《威尔逊：新自由》（Wilson：The New Freedom），普林斯顿，1956 年，第 63 页；比较领克对威尔逊思想的讨论，第 62—70 页。

20. 约翰·W. 戴维逊（John W. Davidson）编，《自由的十字路口：威尔逊 1912 年竞选演讲》（A Crossroads of Freedom：The1912 Campaign Speeches of Woodrow Wilson），纽黑文，1956 年，第 83—84 页。威尔逊对专家的看法似乎受到他们在关税问题和关于老罗斯福政府就《纯净食品与药品法案》的争论中的作用影响。同上，第 113,160—161 页；对专家的评论见 R. S. 贝克（R. S. Baker）和 W. E. 多得（W. E. Dodd），《新民主：总统信息、研究等文件》（The New Democracy；Presidential Messages，Addresses，and Other Papers）第 1 卷，纽约，1926 年，第 10,16 页。

21. 在大卫·F. 休斯敦（David F. Houston）任农业部长期间尤其如此。他曾是华盛顿大学和得克萨斯州大学的校长，威尔逊总统在国会的建议下任命他为农业部长。在他任上，农产品市场推广与分配问题得到了更多的关注，农业部也汇集了众多很有才干的农业经济学家。怀特曾对进步时期专家在政府中影响力逐渐壮大的现象，做过精彩分析：《公共管理》（Public Administration），《美国社会的近期趋势》（Recent Social Trend in the United States）第 2 卷，纽约，1934 年，第 1414 页。还需要说明的是，威尔逊坚持外交人员必须出身学者和文人的传统。但是，他两次提名哈佛大学校长查尔斯·威廉·艾略特（Charles William Eliot）出任大使，都遭到对方的拒绝；国际事务专家保罗·芮恩施（Paul Reinsch）教授出任驻华大使，沃尔特·海恩斯·佩奇（Walter Hines Page）出任驻英大使（虽然这是一个不幸的选择），托马斯·保罗·佩奇（Thomas Nelson Page）出任驻意大使（这是一个出于政治正确的决定），普林斯顿大学的亨利·范戴克（Henry Van Dyke）出任驻尼德兰大使，布兰德·维特洛克（Brand Whitlock）出任驻比利时大使。总体上说，他选的那些外交官都挺令人满意，但是这被他的国务卿布莱恩的所作所为抵消了。海约翰（John Hay）、老罗斯福和塔夫脱三位总统建立并完善了美国的专业外交团队体系。但是布莱恩打破了这个体系，竟然得到威尔逊的认可，难怪领克将其称为"20世纪，美国外交史最堕落的"任命。威尔逊，《新自由》，第 106 页。

22. 领克，《威尔逊：新自由》第 8 章。关于这个观点的精彩描述，见李普曼，《疏离与掌控》（*Drift and Mastery*），特别是第 7 章。

23. 《总统的自满》（*Presidential Complacency*），《新共和》（*New Republic*）第 1 期，1914 年 11 月 21 日，第 7 页；《威尔逊世俗的另一面》（*The Other-Worldliness of Wilson*），《新共和》第 2 期，1915 年 3 月 27 日，第 195 页。查尔斯·付西（Charles Forcey），《自由主义的十字路口，克罗利、韦尔和李普曼与进步时代，1900—1925》（*The Crossroads of Liberalism, Croly, Weyl, Lippmann and the Progressive Era, 1900—1925*），纽约，1961 年，对理解"新共和"与老罗斯福和威尔逊之间的关系非常有帮助。有关 1914 年最终走向结束的"新自由"运动和自由派知识分子遇到的挫折，见亚瑟·领克，《伍德罗·威尔逊》（*Woodrow Wilson*）和他的《进步时代，1910—1917》（*The Progressive Era, 1910—1917*），纽约，1954 年，第 66—80 页。

24. 戈登·霍尔·杰罗德（Gordon Hall Gerould），《教授与大千世界》（*The Professor and the Wide, Wide World*），《斯克里布纳杂志》（*Scribner's*）第 65 期，1919 年 4 月，第 466 页。杰罗德认为，在经历这件事后，不应该再对"教授"表现出高高在上的姿态。"教授，"他在另一篇文章中写道，"……是出了名的有学问，而且令人惊讶的是，也是非常聪明的。"《被遣散的教授》，《大西洋月刊》第 123 期，1919 年 4 月，第 539 页。范戴克认为，在第一次世界大战期间，受过大学教育的人成功地证明了他们是有男子气概和务实的，绝非软弱无能。《行动的大学毕业生》（*The College Man in Action*），《斯克里布纳杂志》第 65 期，1919 年 5 月，第 560—563 页。比较这段话与之前老罗斯福的话，会有很多启发。

25. 关于"咨询会"与它的成员，见同标题文章，西德尼·E. 梅泽斯（Sidney E. Mezes），选自 E. M. 豪斯（E. M. House）和查尔斯·西摩（Charles Seymour）编，《巴黎发生了什么》（*What Really Happened in Paris*），纽约，1921 年；《美国外交关系文件》（1919）第 1 卷，《巴黎和会》（*The Paris Peace Conference*），华盛顿，1942 年；J. T. 肖特韦尔（J. T. Shotwell），《在巴黎和会》（*At the Paris Peace Conference*），第 15—16 页。关于战时调用的科研人员，见 A. 亨特·杜普利（A. Hunter Dupree），《联邦政府中的科学》（*Science in the Federal Government*）第 16 章。

26. 这篇著名的演讲里尽是反智的陈词滥调，虽然在当时应该不会有什么影响力，但是必须把它看作"反智"言论的重要里程碑："……这群政客身边围绕着一群知识分子，仿佛自己镀了金一般。这些知识分子让人无法忍受，极其不切实际，只会高谈阔论，理论连篇……他们吸引着那些反对传统、怪异堕落的人……他们的文章火力十足，谈论的话题无所不包……一小群社会主义者……他们认为一切都可以被发现……他们是像 X 光一样有透视能力的心理学家，把不同颜色的手帕扔在桌子上，吐出半品脱豆子，用一种阴森森的口气问你，沃尔特·雷利（Walter Raleigh）死于什么疾病，然后数都不数又要求相同数量的豆子。你的记忆力、认知能力、注意力和其他心理能力都被贴上标签可以被追踪，被放在一边以被他用。我见过许多这样的心理学家，也和他们打过交道。如果他们被丢到森林里或者马铃薯地里，他们连一只兔子都抓不到，一颗马铃薯都挖不出来，只能饿死。这就是教授和知识分子当道的政府会出现的情况。我要再重申一次,知识分子如果只是做他们自己的事肯定没问题,但是如果让他们管理国家,那么这个国家注定成为布尔什维克或者分崩离析。"国会记录(1918 年 9 月 3 日),第 65 届国会第 2 次会议,第 9875,9877 页。

27. 沃尔特·约翰逊(Walter Johnson)编,《怀特信件选集》(Selected Letters of William Allen White),纽约,1947 年,第 199—200,208,213 页。

28. 付西,同上,第 292,301 页。

29. 正如范里佩尔所指出,由此产生了一种可以影响新政策的特权,他称之为"意识形态的恩庇"。同上,第 324—328 页。

30. 伯纳德·斯特恩设(Bernard Sternsher)的博士论文中有大量关于特格韦尔在"新政"期间的声誉和角色的记录:《特格韦尔与"新政"》(Rexford Guy Tugwell and the New Deal),波士顿大学,1957 年。关于他任命的讨论也是很有启示:国会记录(1934 年 6 月 12,13,14 日),第 73 届国会第 2 次会议,第 11156—11160,11224—11242,11427—11462 页。另见施莱辛格,《"新政"的到来》(The Coming of the New Deal)第 21 章,波士顿,1958 年;詹姆斯·A. 法利(James A. Farley),《在票箱的后面》(Behind the Ballots),纽约,1938 年,第 219—220 页。H. L. 曼肯(H. L. Mencken),《罗斯福博士的三年》(Three Years of Dr. Roosevelt),《美国信使》(American Mercury)1936 年 3 月,第 264 页。进一步了解"新政"中专家的地位,见理查德·S. 柯肯特尔(Richard S. Kirkendall)的博士论文:《"新政"时期的教授与农业政治》(The New Deal Professors and the Politics of Agriculture),威斯康辛大学,1958 年。

31. 《文学文摘》(Literary Digest)第 115 期,1933 年 6 月 3 日,第 8 页。事实上"智囊团"是一个非常容易识别的组织,它在 1932 年竞选时就应运而生,在此之后戛然而止。按照当代学者的用法,文中都是泛指。

32. 关于知识分子的提案被商界势力挫败的具体内容,见柯肯特尔的著作。

33. H. L. 曼肯(H. L. Mencken),《"新政时期"的心态》(The New Deal Mentality),《美国信使》(American Mercury)第 38 期,1936 年 5 月,第 4 页。

34. 塞缪尔·G. 布莱斯(Samuel G. Blythe),《万花筒》(Kaleidoscope),《星期六晚报》(Saturday Evening Post)第 206 期,1933 年 9 月 2 日,第 7 页;布莱斯《波托马克的进步》(Progress on the Potomac),《星期六晚报》1933 年 12 月 2 日,第 10 页。社论,《星期六晚报》1933 年 12 月 9 日,第 22 页和 1934 年 4 月 7 日,第 24—25 页;威廉·V. 霍奇斯(William V. Hodges),《现实正在到来》(Realities Are Coming),《星期六晚报》1934 年 4 月 21 日,第 5 页。另见玛格丽特·卡尔金·班宁(Margaret Culkin Banning),《业余的一年》(Amateur Year),《星期六晚报》1934 年 4 月 28 日;凯瑟琳·戴顿(Katherine Dayton),《国会山的惩罚》(Capitol Punishments),《星期六晚报》1933 年 12 月 23 日。

35. 《问题和人,理想主义者走上前台》(Issues and Men, the Idealist Comes to the Front),《国家》第 137 期,1933 年 10 月 4 日,第 371 页。比较在《新共和》中有相同的观点:《智囊团》(The Brain Trust)1933 年 6 月 7 日,第 85—86 页。

36. 乔纳森·米切尔(Jonathan Mitchell),《不要对教授开枪! 政府为什么需要他们》(Don't Shoot the Professors! Why the Government Needs Them),《哈泼斯》第 178 期,1934 年 5 月,第 743,749 页。

37. 罗森曼《与罗斯福共事》(Working with Roosevelt),纽约,1952 年,第 57 页。

38. 下文有关报纸社论和读者来信的部分,我参考了乔治·A. 黑格(George A. Hage)未发表的论文研究,《1828 年与 1952 年大选期间报纸评论中的反智主义》(Anti-intellectualism in Newspaper Comment on the

Elections of 1828 *and* 1952），明尼苏达大学博士论文，1958 年。见同一作者的另一篇文章《媒体评论中的反智主义》（*Anti-intellectualism in Press Comment*——1828 *and* 1952），《新闻学季刊》（*Journalism Quarterly*）第 36 期（1959 年秋季），第 439—446 页。

39. 译者注：史蒂文森全名为 Adlai Stevenson，与女名 Adelaide（阿德莱德）相近。

40.《纽约时报》1960 年 11 月 3 日。

第四部分

现实文化

第九章

商业与智识

1

在过去的一个世纪,至少在 3/4 的时间里美国的大部分知识分子都把商业看作是智识的敌人;而商人自己也接受了这个角色,以至于觉得他们对知识分子的敌意是很自然的。当然,商业活动与开拓智识其本质是不同的:因为追求不同的价值目标,它们注定会发生冲突;智识总可能威胁到任何建制派的机构或固化的权力中心。但是它们之间的敌对关系,在一定程度上因对彼此的需要受到限制,所以没有发展到要不断公开论战的地步。另一方面,时代的不断变化也让这种敌对关系时而销声匿迹,时而卷土重来。美国的工业化革命让商人加入了反对思想文化的阵营,他们扮演的角色如此重要、有影响力以至于另一些反对者被挤出局。

几年前,一位叫约翰·张伯伦的商业记者在《财富》(Fortune)杂志发文抱怨道,美国的小说家总是在作品中不公正地评价商人的社会地位。他指出,在所有美国现代小说中,商人几乎都被描绘成粗鲁、庸俗、堕落、反动、掠夺成性、专横跋扈、缺乏道德。在一系列的商业小说中,从德莱塞的欲望三部曲到一些当代作品,张伯伦发现只有三本小说对商人形象做了正面描述:一本是一个无足轻重的通俗小说家所写,另两本分别是詹姆斯·迪恩·豪威尔斯(William Dean Howell)的《塞拉斯·拉帕姆的发迹》(*The Rise of Silas Lapham*)和辛克莱·刘易斯(Sinclair Lewis)的《孔雀夫人》(*Dodsworth*)。[1]这两本小说很快就被读者淡忘,正好证明了张伯伦反映的问题。《塞拉斯·拉帕姆的发迹》写于 1885 年,当时商人和作家间的关系还没有完全恶化;五年后,豪威尔斯出版了《横财之祸》(*A Hazard of New Fortunes*),书中诞生了一个经典的狡猾的商人形象,后来他还写了一些带有社会主义色彩的社会批评。而刘易斯笔下的《巴比特人》(*Babbitt*),乃是所有来自小镇、庸俗的小商人形象的原型。

张伯伦认为,总体而言小说家对商人的描述来源于对他们的刻板印象,他称之为“枯燥、教条主义的观点”,而不是对商业的直接观察或者对商人的深刻了解。但是罔顾事实的指控可能主要是他自己的臆想。我们的社会不存在一个能把作家和商人合二为一的精英阶层,如果真实的商人与小说中的形象不一致,这部分是因为美国的作家几乎没有体验过商人的生活:他们根本没有机会仔细观察。这种敌意是互相的,因此很难说商人在受到知识分子的攻击时缺乏自我防卫或者还击的工具,或者尚未利用它们。

但是张伯伦主要的观点还是站得住脚的:商人在 21 世纪社会小说中的形象,表达了知识分子圈对他们普遍的态度,它们多半是民粹主义、激进或马克思主义的观点,有时还是这三者的结合。内战结束后美国的工业迅速发展,知识分子和商人间的关系越来越疏远,而随着进步主义的兴起和“新政”的推行,商人与社会科学领域知识分子间的紧张关系则更加恶化。

在繁荣的年代,知识界没有卷入复杂的政治冲突,他们只是把商人描述成庸俗小人而已。但是在经济或者政治出现问题时,他们的矛盾加剧,商人就成为他们口中冷酷无情的剥削者。因此,人们认为商业与智识追求的价值永远不可能一致:一方面,金钱和权力至上的人只在乎财富和权势,总是吹嘘和宣扬空洞的乐观情绪;另一方面,具有批评思想的知识分子对美国的文明程度持有疑虑,非常关心品格和道德价值。知识分子非常清楚,商人善于运用各种招数,使美国文明为自己服务或者适应自己的标准。商人无所不在,他们给政党提供政治献金,拥有或者控制有影响力的媒体和大众文化机构,出任大学校董或学校委员会成员,组织和赞助文化审查,总之,在任何有实权的地方都能听到他们的声音。

当代的商人往往自认为取得了许多成就,是国家的功臣,担负着巨大的责任却要遭受那些从未经营过企业的轻浮之人的敌视,所以在面对"为所欲为"的指责时,他们并不当回事。他们发现自己陷入了福利国家各种官僚主义的条条框框中,而这当然不是他们的发明创造。他们觉得强大的工会将自己置于"死地",大众受到知识分子不断的挑拨开始不相信他们。也许,他们也意识到在早些时候,例如钢铁大王卡内基的年代,尽管社会上对他们存在一些敌意,但是伟大的商业领袖依然是一个文化领袖。那时候,许多商人也是全国性的知名人物,几乎在生活中的各方面都是人们学习的对象。但是自亨利·福特之后,英雄的光环逐渐褪去。只有当他们进入政坛或者政府部门时,商人才会登上头条。例如,查尔斯·威尔逊在1953年就任国防部长时在《纽约时报》上出现的次数,是他三年前任通用汽车总裁时的10倍。[2] 有钱人依然可以从政,例如肯尼迪、纳尔逊·洛克菲勒(Nelson Rockefeller)、艾夫里尔·哈里曼(Averell Harriman)、赫伯特·雷曼(Herbert Lehman)和G.门嫩·威廉姆斯(G. Mennen Williams),但是这些都不是真正的商人,而是继承了大笔财富的人,经常因为自由的政治观点受人关注。

有时,商人也会认为知识分子打造的敌对氛围以及与盟友的联手打压,令他们在民众中失去威望。如果真是这样,那他们也太高估知识分子的威力。事实上,他们的声誉受损主要是因为他们自己的所作所为:他们创立的大型企业,这种不带个人色彩的机构约束着他们的事业,给他们的名声蒙上了阴影;此外,他们不断鼓吹的美国式生活方式和自由企业的概念,简单抽象地概括了每个企业家取得的成就,却忽略了他们自己的特点。过去伟大的人创造了财富,现在伟大的制度创造了富有的人。

然而,知识界与企业间的紧张关系还暗含一种难言之隐,它表现为许多知识分子虽然出身商人家庭,但是走上了叛逆之路。事实上,他们之间有不稳定的一种共生关系。美国政府对文化和知识的投入一向远不如欧洲,因此文化的发展基本上都靠个人赞助。在近几十年里,虽然知识分子还是一个劲地批评商人,但是后者并没有减少他们的资助。这样,这些爱批评的知识分子的立场就非常尴尬:为了自己的生计与作品,他们得感谢那些已故企业家的慷慨解囊,例如古根海姆、卡内基、福特和一些较不知名的赞助者;同时,为了坚持自己崇高的原则和价值,他们又要出重拳打击他们。智识和艺术的自由必然是自由地批判和抨击,或是自由地破坏和重建。但是,在日常生活中,知识分子和艺术家与商人的关系却是雇员与雇主,被保护者与保护者,受益人与赞助人。这种模糊的关系也影响到商人。他们对自己的名誉非常敏感,害怕也憎恨别人的批评意见,虽然傲慢自大,但也不得不承认赞助艺术文化有助于提高自己的声望。坦白地说,他们也深受传统道德观念的影响,所以觉得有责任好善乐施。他们对智识也颇为重视,现代技术的发展令他们必须经常向知识分子请教,找到解决实际问题的办法。最后,渴望别人的尊重也是人之常情,对他们来说,也不例外。

　　商人的反智情绪,狭义地说是对知识分子的敌意,主要是一种政治现象。但是如果从广义上把它理解为对智识本身的怀疑,那么这也一部分是由于美国人注重实践精神,热衷于从日常生活中各个方面直接总结经验。虽然具体情况因社会阶级和时代状况而异,不过人们通常认为只有商业社会才会过于倚重实际经验。事实上,在美国的各个领域都是如此。毋庸置疑,实际能力理应受到重视,只要它不是极力排斥其他方面的能力,或者贬低和嘲讽其他方面的经验。勇于实践是一种美德,但是故意制造"实用性"的神秘感,就会对美国的精神文化造成严重的后果。

2

　　如果我们把商界视为美国反智文化的急先锋,这并非是夸大他们扮演的角色。美国文化的繁荣要归功于一小部分富人,他们资助了文化艺术的发展,这当然与上面说法形成了鲜明的对比。之所以要强调商界中的反智心态,并不是说它比美国社会中的其他行业更加反智或者更没有文化教养,而只是表明它在美国人的生活中最有影响力,涉及的范围更广。可以这么说,一方面,实用性在美式生活中占有非常重要的地位,另一方面自19世纪中期,商人就一直比其他的社会力量更热衷于攻击知识分子。1920年,沃伦·哈定(Warren G. Harding)就说过:"美国从本质上就是一个商业国家。"卡尔文·柯立芝总统(Calvin Coolidge)的名言"美国的事业就是做生意"[3],也是同一个道理。至少在1929年前,商业在美国的重要地位让我们必须对它特别关注。

　　美国商界的反智言论之所以能得到民众的支持,原因之一就是它在许多方面与美国大众的传统观念不谋而合。例如,商人对高等教育和职业精神的看法代表了一般人的看法,爱德华·柯克兰(Edward Kirkland)说:"人们对教育制度的看法,从他们不再让孩子上学,或者不让他们念大学就可以知道。我们不用惊讶于亨利·乔治等'激进的'蓝领改革者告诫自己的孩子,既然上大学只能让脑袋里塞满没必要学的东西,还不如直接去报社工作,接触现实社会。这样的建议也会出自一个企业大亨之口。"[4]

在有关商业的文章中,实用性的重要价值被反复强调,这反映了全社会对智识的恐惧心理和对文化的厌恶情绪无所不在。这两种心态是基于美国人对文明和个人信仰的两种常见态度:首先,是对过往历史的普遍不重视;其次,是一种自力更生、自强不息的道德观,在个人发展的过程中,即使是宗教信仰,也只是一种"实用性"的载体。

首先,我们来看看美国人对历史的态度,这主要受到了美国科技文化的影响。众所周知,美国是一个没有历史古迹或者废墟的国家,也就是说,所有欧洲人都无法逃避人类祖先的精神遗迹,这些遗迹的意义即使是最普通的农民或工人都不可能回避,然而在美国却不存在,美国是一群企图逃离过去的人建立的国家。那些坚决要与自己的过去一刀两断的人,才会历尽艰辛来到这里。[5] 这是一些对未来充满期待的人,在他们面前,有广袤的土地和丰沛的资源,却苦于缺乏人力和技术。因此,他们注重技术知识和创新发明,希望以此打开这个国家丰富的宝藏,开启未来的富裕之门。科技、技术——"美国精神"中暗含的一切"诀窍"——都是急需的。历史则被视为是可鄙、不切实际的,应该被超越。我们应该承认,美国人对过去的鄙视早在 18 世纪末、19 世纪初就已经出现,它在某些方面有一定的道理,甚至还有可取之处。对于美国,最重要的不是要建立一个完全是技术或物质化的野蛮社会,把一切历史都抛弃得一干二净。美国人只是想建立一个

共和、平等的国家,反对君主制和贵族,以及对人民无情的剥削。它代表了
对迷信的理性抗议,以及对旧世界的被动状况与悲观情绪的积极反抗。它
反映了一种充满生机与创造力的心态。

　　但是,即使这种心态的本意并不是要反对文化,但是它的结果却是如
此。它促使人们把历史视为记录混乱、腐败和剥削的博物馆,或者鄙弃任
何无法变成现实的思索和无法有助于进步的热情。这种观点非常容易引
申出一种主张,即认为生命的本质在于致力于实实在在的进步,并鼓励这
种自鸣得意的看法,即只有美国式的生活方式才是合理的,但是这种生活
方式在世界上的其他地方被傲慢地拒绝或抛弃。[6] 因此,对许多美国人来
说,专利局里才能发现文明世界的秘密。1844 年,一位演说者在耶鲁对学
生们说,他们可以在那里看到未来的希望:[7]

　　　　哲学的时代已经过去了, 且没有留下什么印记。 光辉的岁
　　月也已逝去, 只留下令人类痛苦的传统。 实用的时代已经开
　　始, 不需要太多的想象力就可以预见, 它将长存于世, 与解开
　　的自然之谜一起闪耀着光芒。

　　随着机械工业的兴起,"实用"与"传统"就拉起来一条界线。总体而
言,美国社会选择了站在"实用"这一边,支持一切进步与创新,崇尚物质富
裕与安逸舒适的生活。人们都知道机器生产时代会赶走守旧、落后、不舒
适与粗野,但人们通常不知道它也会创造出不舒适与粗野,破坏传统、感情
与美感。也许欧洲与美国在这方面最明显的差别在于,欧洲总存在一种强
烈的反抗工业文明的传统,许多伟大的人物都传递着这种传统:诗人歌德
和威廉·布莱克(William Blake)、历史学家莫里斯与卡莱尔(Carlyle)、浪

漫主义文学家雨果和夏多布里昂(Chateaubriand)、美术评论家罗斯金和斯
哥特。这些人对语言、本地文化、古迹和自然之美的热爱,与对机器代表的
工业文明的批判形成鲜明对比。他们始终保持着一种反对资本主义工业
文明的传统,怀疑工业发展会对人类产生不利后果,在道德、美学和人道等
方面对其提出抗议。

但是,我并不是说对于工业文明,在美国没有类似的反应。一些作家
的确表达了对执迷于资本主义发展的反对,尽管他们无奈地意识到自己是
被排除在社会主流之外的,所以这一切也不过是徒劳。纳撒尼尔·霍桑
(Nathaniel Howthorne)在小说《大理石牧神》(the Mable Faun)的序言中表
达过他的不满,他说在这样一个国家,写作会遇到许多困难,因为这里"没
有历史的影子、没有古迹、没有未解之谜、也没有令人忧伤的一面,只有普
遍的繁荣,一切都是那么坦然和明亮";赫尔曼·梅尔维尔(Herman
Melville)在他的长诗《克拉瑞尔》(Clarel)中警告到:

人,不再高贵——被大众科学摧残。

并且把推崇科学的进步主义说成"只是培养新的野蛮人"。亨利·亚
当斯可能对这种社会状况也表达了一些看法,但是讽刺的是,他却袖手旁
观,试图保持距离。他们都不认为自己是反对技术和实用性的代言人。梭
罗的《瓦尔登湖》从人性的角度对这种文明发展表达了反对意见,预见了
人类的文明将被铁路的建设开发所掩埋。他不为美国人对未来的热切期
盼所动,反对整个美国社会一味地追求发展、扩张、技术和实用性。"整个
国家都很热衷。"他在 1853 年写道:[8]

向西拓展，不管是徒步还是通过太平洋铁路，去往俄勒冈，加利福尼亚，甚至日本，而不是追求更高层次的发展，我对此完全没有兴趣。这既不是一种思想的表达，也不是一种情怀的体现，根本不值得人们为此献出生命，甚至是浪费他的手套，都比不上拿起一份报纸读一读有意义。这无异于野蛮人，一个劲儿地向西前进，而不是向往天堂。不，他们走他们自己的路好了，但是我坚信这绝不是我想走的路。

古典学者和东方学专家泰勒·刘易斯(Tayler Lewis)也表达过类似的观点,反对美国社会一方面成天鼓吹个人主义,另一方面却遵循实用主义的教育原则,鼓励"平庸的千篇一律"。他问:"我们对真正的原创性的追求还能更差吗? 我们教给每一个孩子的尽是不断重复、无聊的自我赞美,个人的优秀思想却被丢弃,因为他们的脑袋里什么都装不下,只剩下对进步空洞的追求,对历史的蔑视和对未来的盲目憧憬。"[9] 但是,只有很少一部分人发出响亮的声音,提出抗议。安德鲁·卡内基曾说:"蒙昧的过去并不能教会我们要从中学点什么,而只是要避免什么。"一位石油大亨认为"学生认真学习陈腐过时的拉丁文,研究令人恶心的希腊神话故事,以及人类的野蛮历史",没有任何意义。加菲尔德总统说他不鼓励美国的年轻人"把精力投入到已经作古的年代,而要关注当下激动人心的生活和活力"。亨利·福特对记者说:"历史就是瞎说八道的胡话。就是些传说。"这些人都代表了主流的观点。[10]

一旦有代表性的人物发出这样的声音,那么对于工业化之前的时期的优越感和对技术进步的期待,迟早会更加强烈。马克·吐温向来都是美国社会最真实的记录者,在这方面也不例外。多年前,著名文学评论家范威克·布鲁克斯(Van Wyck Brooks)在他的著作《马克·吐温的灾难》(*The Ordeal of Mark Twain*)中对他有一段非常精辟的评论:"他对文学的热情与他对机械的热情相比,简直一文不值。他完全接受当时社会对技术的幻想,认为机械的进步等同于人类的进步。"文中,布鲁克斯引述了马克·吐温对排字机的欣喜若狂,因为后者认为这是人类最好的发明。他还引用马克·吐温为了庆祝惠特曼70岁生日写给他的一封信,他在信中祝贺惠特曼生活在一个物质进步不断发展的时代,包括"各种各样用煤焦油生产的产品",却没有意识到这个时代之所以伟大,也因为它产生了惠特曼这样的诗人。[11]

关于这点,以及他其他对马克·吐温的看法,布鲁克斯是对的。但是,这封信对惠特曼本人来说,似乎没有什么特别。30多年前,他就以同样的语气写道:[12]

> 让我们看一看在过去的五六年里,无数的发明创造给我们带来的舒适生活和物质享受吧,浴室、冷藏室与冰桶、捕蝇器、蚊帐、门铃、大理石壁炉架、滑动餐桌、墨水台、婴儿尿布、鲜饮机、打扫街道的机器等,光看一眼专利局成堆的专利报告就知道1857年,上帝给了你那么多眷顾。

在热爱新技术和新时代这方面,马克·吐温是一个非常有意思的例子,在他身上折射出对技术治国的坚定信念。之所以用"折射"一词而不是"体现",是因为他是一个道德学家和悲观主义者,不会认为机械的进步就是生命的终极意义。他是一个矛盾的人,很少有人会像他那样既无比热情地拥抱商业工业主义的价值观,同时又鄙夷地拒绝它们。《亚瑟王朝廷中的洋基佬》(*A Connecticut Yankee in King Arthur's Court*)这本小说代表了他
对技术进步最详细的评论,书中把 19 世纪技术派的洋基佬心态与 6 世纪
社会放在一起,对两种文明都嘲讽了一番。这个故事被赋予的道德意义在
于,人类的恶行与轻信的习惯会战胜机械的进步;但是在故事中洋基佬占
据上风,因为他拥有蒸汽机与电力而掌握了主导权。"我掌权后做的第一
件事——这也是我第一天就做的事——就是设立专利局,因为我深知,没
有专利局和专利法的国家,就像一只只会横着行走的螃蟹,没有前进的能
力。"[13] 当然,马克·吐温对他笔下洋基佬的态度也是很矛盾的,尽管如亨
利·詹姆斯所言,他也许只善于刻画头脑简单的人物,但是他不可能头脑
简单到意识不到工业发展的一些局限性。[14] 然而不管怎样,这个洋基佬具
有精神和道德上的优越感,读者会与他产生认同。这本书是马克·吐温民
族自尊心的体现,在给英国出版商的信中,他说这本书不是写给美国人,而
是给英国人看的,它是回复英国人对美国的批评[虽然他没有明说,但是我
们知道他指的是马修·阿诺德(Matthew Arnold)的批评],它试图"撬动英
国,让这个国家更具有阳刚之气"。也许他是想嘲讽全人类,但是事实上他
却在用洋基佬的工业主义精神为日后被称为美国式的生活辩护。虽然这
本小说顺带批评了一些美国社会的现状,但是它主要是对欧洲和过去历史
的回应,对一个充满了肮脏、迷信、残忍、无知和剥削的社会的回应。如果
马克·吐温的本意是同时嘲讽 6 世纪和 19 世纪的社会,那么他显然没有
实现这个目的。但是,人们可以很容易地看到他的意图其实主要针对一个
方向,即歌颂美国文化和技术进步。这样的解释与他对佩奇牌打字机的赞
叹在本质上是一致的。不过,他本指望对打字机的投资能让他赚上一笔,
没想到却损失惨重。他的小说《傻子出国记》(*The Innocents Abroad*)也有同
样的主题,作者在书中坦言自己对欧洲的铁路、车站和公路系统更感兴趣,

而不是意大利的艺术，因为"我了解前者，却无法欣赏后者"[15]。这也许解释了《哈克贝利·费恩历险记》冗长、令人扫兴的结局，迷恋欧洲陈腐的英雄传奇的汤姆·索耶，坚持履行烦琐的程序是让黑奴吉姆重获自由唯一正确的办法，因此否定了哈克出自常识的建议。马克·吐温大费笔墨对此进行嘲讽被批评家视为败笔，认为它反而偏离了本书表达的核心道德观，但是作者却有自己的看法：汤姆代表了不切实际的传统文化，而哈克代表了美国注重实际的天性。

<h1 style="text-align:center">3</h1>

　　马克·吐温无疑是代表着美国人对待技术的一种普遍的矛盾心态。从本质上，大家都对日新月异的专利发明和未来充满信心，但是许多美国人，包括马克·吐温在内，都对东海岸所代表的文人文化有一丝崇敬和伤感。［马克·吐温在惠蒂尔（Whittier）70 岁生日宴会上发表的著名演讲中，既想与这种这种文化"交好"又对它进行嘲讽，这真是美国历史上最痛苦的一次内心挣扎。］虽然这种文化有它自身的局限性，但是在马克·吐温一生的大部分时光里，它都是美国唯一的高级文化。在很大程度上，它的发展依赖于商业阶级的支持。

　　美国的文化和教育因为缺乏贵族传承或者国家的资助，必须依靠商业财富的赞助，所以美国商业阶级的文化修养总是对知识文化的发展有重要影响。从一开始，美国就必然是一个与工作实效紧密联系的社会，甚至在18 世纪中期东部沿海的城镇，经济就开始给艺术和教育的发展提供支持，这为形成一个注重文化的商业社会打下了基础。早在 1743 年，富兰克林就提出一项促进殖民地之间科学合作的计划，他说，"在新大陆定居初期的艰苦生活让人们只能把精力放在维持基本生活等方面,这些都过去了,现在人们有时间去培养艺术修养,增加知识"[16]。一些沿海地区的城镇在当时已经发展成大英帝国最大的城镇之一,商业与从事专业工作的阶级已经非常关注教育、科学和艺术的发展,正是他们在这个新大陆树立了赞助文化与教育的榜样。

这个阶级的中坚力量是商业财富——必须指出的是,这些拥有财富的人并不是都把追求财富的积累和生意的成功视为人生的最高目标。在有些商人看来,做生意是一种生活方式,是他们生活的全部;而另一些人则认为这只是实现人生理想的一种途径,是许多目标中的一种。对于后者来说,在积累了大量的财富之后,过上退休生活至少是一种可以预见的人生目标。安德鲁·卡内基算是他那一辈富豪中的一个特例,虽然没有真正做到这一点,但至少在口头上这么说过。他在 33 岁这一年就已经赚了 5 万美元,他写道:[17]

> 总是要想着这些生意上的事情,每天都盘算着怎样在短的时间内赚到更多的钱,肯定会把我彻底拖垮。因此,我打算 35 岁就退休,不再做生意了。

对于一心想着生意事业的人,这句话没有任何意义,而在美国一直都有许多这样的人。但是,卡内基所表达的期望,其实在圈内产生许多共鸣。波士顿、纽约、费城和查尔斯顿的那些老派商人多半都是多才多艺、见多识广的人。与欧洲和东方的商业往来,让他们大开眼界。随着 19 世纪中期运输的快速发展,帆船航海时代商业交易的缓慢节奏大幅提高,人们在追求商业成功的同时,也渴望提高生活品质。18 世纪末的美国是一个阶层相对分化的社会,上流社会中大部分人都是家族财富和地位的继承者,因此他们把自己受过的优秀教育、业余爱好和良好教养推广到了商业圈。此外,18 世纪的商人通常积极参与政治,他们对从事公职、参与立法和政府管理的兴趣令他们在各方面都非常活跃,也折射出思想观念的转变。

19 世纪早期,这种文士经商参与政务的理念得到了继承。他们觉得推崇清教徒敬业、节俭和冷静的价值观,与追求休闲娱乐、文化情操、丰富多彩的士绅生活理想并不矛盾。当时重要的商业期刊《亨特商人杂志》[18]（*Hunt's Merchants' Magazine*）的专栏文章表达了这种生活态度。弗里曼·亨特（Freeman Hunt）是这本杂志的出版人和编辑,他的父亲是麻省的一位船坞建造商。与许多其他 19 世纪的出版界同仁一样,他也是从印刷业入手进入出版这个行业。在他的身上,我们能看到知识分子的文化修养、新英格兰商人的传统和白手起家者的务实。在他尚是孩童时,他的父亲就过世了,因此他不得不自力更生。1839 年在他主编的《亨特商人杂志》的创刊号中,他把商业描绘为提升心智,拓宽知识,扩充常识的高尚职业。他写到,"我们的一个主要目标是提高商业这个行业的总体素质"。他强调"诚实守信的重要性",认为如果一个商人缺乏至高无上的荣誉感,无论他在其他方面取得多少成就,都配不上"商人"的名号。同样,商业是一种"各方面知识兼收并蓄的职业,从事这项职业的人还需要了解土壤、气候、其他国家的生产与消费、世界各国的历史、政治、法律、语言和习俗等知识信息……"他视提高这个行业的智识文化和道德标准为己任。"每当年轻的一代想要接老一辈商人的班时,他们都会发现我们将竭尽所能,帮助这些想进入这个高尚光荣的行业的新人。"[19] 他的一本著作用了《财富与价值》（*Wealth and Worth*）的书名,可谓意味深长。后世的作者经常重述了他的观点"商业与文明是齐头并进的"。多年来,他的杂志中都保留着占据大量篇幅的"文学版",用来讨论一些有价值的书籍,还会报道纽约商会图书馆协会赞助的讲座。一位牧师的文章《休闲时光的是与非》(*Leisure——Its Uses and Abuses*)得到了编辑部的肯定而被发表。另一篇题为《商业的优点与益处》(*Advantages and Benefits of Commence*)的文章指出"如果一个国家的商业是以高尚和开明的原则为指导,那么从事商业活动的人的文化修养和追求应该相当高"。这里需要特别指出的是,商人对社会的作用绝不是仅从他创造的物质价值来衡量,甚至也不是他在事业追求上体现的荣誉和诚实,而在于在他经营企业之外,他还承担了更广泛的文化代理人的责任。[20]

老一辈商人追求的理想是能够承担一系列道德、文化的责任,并为社会创造实用的价值,这些似乎很难实现,但是却真有不少人,特别是在东海岸的一些大城镇,能够践行并延续这种理想。例如,人们很容易想到波士顿的塞缪尔·阿普尔顿(Samuel Appleton)(1776—1853年)和内森·阿普尔顿(Nathan Appleton)(1779—1861年)兄弟,他们不仅非常富有而且也对社会具有强大的影响力。活跃于正商两界的塞缪尔在60岁时选择退出商业,此后致力于慈善事业的发展。他慷慨地资助大学、文化协会、医院和博物馆等机构和公共设施。他的弟弟内森对科学、政治和神学兴趣浓厚,曾出资捐助波士顿图书馆、马萨诸塞州历史协会和其他文化机构。他曾经说如果不是碰巧进了棉纺织行业,在生意场上赚的20万美元就已经令他心满意足了。亨利·亚当斯(Henry Adams)和布鲁克斯·亚当斯(Brooks Adams)的外祖父彼得·沙登·布鲁克斯(Peter Chardon Brooks)(1767—1849年)有三个女儿,她们分别嫁给了爱德华·埃弗里特(Edward Everett)、纳撒尼尔·弗洛丁汉(Nathaniel Frothingham)和查尔斯·亚当斯。在36岁时,彼得·布鲁克斯就淡出商业,一心从事公共服务和慈善事业,协助两个女婿的政治活动。他们这些人虽然在上生意场上兢兢业业,但是却能全身而退。在他们的心中,追求思想文化的希望之灯永远闪烁着光芒。爱默生曾称赞约翰·福布斯(John Murray Forbes)(1813—1898 年)是一个多才多艺、富有文化修养的商人和铁路大亨,这也标志了知识分子与商人理想的最佳代言人间的融洽关系:[21]

> 不管他去哪里, 他都是乐善好施。 当然, 他应该善于齐射、航海、打理豪宅、管理各种事物; 但是, 他在朋友中也是最善言谈的……我对自己说, 这个人那么富有同情心, 尊重文化科学, 他可以肯定: 不会有比他更优秀的人。 我认为美国是一个伟大的国家, 因为她创造了这样伟大的人。

纽约商人理想的杰出典范要属著名的日记作家菲利普·霍恩(Philip Hone)(1780—1851 年)。他的经历展示了一个关系紧密的地方贵族阶层如何吸纳一个才华横溢的新成员,因为没有人比这个"新贵"更能充分展现了一个有文化修养的商人的生活,而他的父亲只是一个拮据的工匠。19 岁那年,他与一位哥哥一起开始从事进口贸易。在他 40 岁退休时,他已经拥有 50 万的财产,随后开始了他的欧洲之旅。霍恩在 16 岁前没有上过学,但是与那些典型的白手起家的人不同,他并不以此为荣。"我认识到自己的不足,"他在 1832 年写到,"我愿意拿出一半的财富来换取学习古典文化的机会。"[22] 不过,他丰富的人士经历弥补了他缺乏的正规教育。多年来,他收集了大量的图书,广泛而有选择性地阅读,购得一些艺术精品,赞助歌剧和舞台剧的制作,指导纽约学社,还是哥伦比亚大学的校董和无数慈善事业的资助者。他的家成为作家、演员、外交官和政要的会客室。他积极参与政治,曾担任市政委员助理并做过一任纽约市长,还招待过辉格党人韦伯斯特、克莱(Clay)和苏华德(Seward),给他们出谋划策。与许多跟他经历类似的人那样,他的文化或许有些附庸风雅,做做表面文章,但是没有他们的倾囊相助,美国的文化和智识生活肯定会逊色不少。

4

　　福布斯和霍恩这些商人的生活也许足以反驳托克维尔所说的"美国没有一个阶级……可以像'传承'财富和休闲娱乐的传统一般,传承对智识乐趣的品位,同时尊重智识的劳动成果"[23]。对托克维尔来说,"传承"无疑非常重要。所以,霍恩和福布斯的例子基本上无法在全社会大范围复制。甚至在托克维尔访问美国、写下他的著名评论的 19 世纪 30 年代,这种现象就开始出现了,并在此后的几十年里越来越明显。伴随着商业的重要性相对减弱和制造业的兴起,商业圈中只有一小部分的人涉足海外贸易,与外界进行广泛的接触。美国的经济和美国人的心态开始向内收缩,变成一种自给自足的封闭状态。虽然商业活动不断向中西部内陆地区拓展,文化机构与精神上的休闲活动却没有跟得上它的脚步。人与物资的移动速度肯定要比文化和制度快。阶级壁垒的打破和新的商业机会的出现,意味着商界与社会中涌现出一批暴发户,他们的品位和习惯往往将越来越成为主流。在早些时候,特别是在东海岸的城市,当地的传统贵族根基深厚力量强大,足以吸引并影响到霍恩这样的新贵。但是,当文化在波士顿、纽约和费城繁荣发展的时候,那些新兴的内陆城市还不过是一片荒野,因此新贵与老派贵族的后代均等地融合,在许多地方,新贵的力量甚至盖过了老派绅士。当然,像辛辛那提和莱克辛顿这些内陆城镇,虽然以自己的方式成为文化中心,但是它们的影响力相对薄弱。在内陆地区,成功的商业新人不太需要或者也没有什么机会在文化上历练自己,或者像波士顿的传统贵族那样,通过联姻提高子女的社会地位。在这里,一切都是全新的,都是粗犷的。

　　但是,这里的一切不仅是全新和粗犷的,也是充满变数和风险的。即使是霍恩这样的人也不免受到这种不稳定性的打击。在 19 世纪 30 年代,他几乎损失了 2/3 的财富,尽管后来他意欲东山再起,但是也无法重现往昔的成功。美国的商业太具有投机性,财富的暴涨暴跌都是常事。交易的速度加快了,生意的种类更加细化。在过去,进口商可以乘货物在大西洋上运输这段交易的间隙休闲娱乐,而现在商人几乎时刻都要面对新的机遇或挑战,得一刻不停地打理生意。在某种程度上,他们不再像以往那样出任公职直接参与政治,更不会涉足文化活动了。1859 年,英国旅行家托马斯·科利·格兰塔恩(Thomas Colley Granttan)这样描写美国的年轻商人:[24]

　　　　他们一方面像做苦力一般辛苦地操持着生意,另一方面对政治充满了热情。 结婚后,他们不再参加各种宴会应酬,不再追求锦衣华服。 虽然他们的脸上看不见皱纹,但是面容憔悴,露出非常热切的表情。 他们的神情、举止、谈话都很拘谨。 无论是他们的肩膀还是知识面或人生抱负,都不够宽广。 他们的体质虚弱,精神不振,思维也不活跃,只关心赚钱,其他一切都是停滞的。 他们也没有一般的常识或者文化修养,他们所有的知识都围绕着贸易、金融、法律和本地有限的资讯。 跟他们谈艺术、科学、文学,几乎就是对牛弹琴。

　　与此同时,商业刊物中的文化论调渐渐消失。《亨特商人杂志》中原本相当显眼和重要的文学版,现在也没有了。从 1849 年起,书评部分从原来的每期八页缩减到四五页,再变成只有两页半敷衍的布告,最后在 1870 年倒数第二期彻底消失。在那一年底,该杂志也与《商业金融纪事》(*Commercial and Financial Chronicle*)合并。《亨特商人杂志》是月刊,合并后的杂志为周刊。《亨特商人杂志》最后一期的发行人指出,随着商业交流的加快,月刊已经不合时宜了。[25] 合并后的刊物也顺应这样的趋势进行了调整,但是留给文学的版面则少得可怜了。

　　商业越是在美国社会占据了主要地位,它就越不认同其他方面对社会的价值。在早些时候,商业为了得到社会认可,还找了一些理由,例如贸易的繁荣发展不仅有益于对上帝的信仰,它也可以促进个人品格和文化的发展。尽管这样的说法始终存在,但是人们更多地从商业的逻辑考虑,很少有人这么说了。商业已经成为美国人生活的主旋律,在这个新世界诞生了一个巨大的物质帝国。商业越来越纯粹从物质和内在的标准——创造的财富——来寻找自己的合理性。曾经以创造了高水平文化自证其名的美国商业,如今凭借人们生活水平的提高来证明自己的价值。[26] 几乎所有商人都会毫不犹豫地说,物质财富的繁荣如果本身不能算是一种道德理想,至少也是其他道德理想实现的前提。1888 年,铁路大王珀金斯(Charles Elliott Perkins)问道:[27]

　　　　难道伟大的商人、企业家和发明家对社会的贡献没有牧师和慈善家多吗? ……降低生活必需品的成本、给人们的生活带来便利,难道不是文明和进步最伟大的推动因素吗? 吃饱穿暖的人, 不是比受冻挨饿的人更能成为一个好公民吗? 贫穷是世

界上犯罪和不幸最主要的根源——降低生活成本，为生活带来
便利，就是消除贫困，除此之外，没有其他的办法，绝对没
有。历史和经验证明，当我们的财富剧集，物价下降，人们的
素质就会提高，思想就会提升，更具有恻隐之心和正义感……
因此物质发展必须是第一位的，然后才能有其他的进步。

富兰克林曾经说过，文化发展必须建立在物质繁荣的基础之上。大约
在 150 年后，物质是一切发展的前提的观点则以前所未有的肯定，得到了
人们的认可。

注 释

1. 《虚构作品中的商人形象》(*The Businessman in Fiction*)，《财富》第 38 期，1948 年 11 月，第 134—148 页。

2. 梅布尔·纽康默(Mabel Newcomer)，《大企业家》(*The Big Business Executive*)，纽约，1955 年，第 7 页；关于商人声誉的下降，见第 131 页。

3. 沃伦·哈定(Warren G. Harding)，《政府中的商业意识》(*Business Sense in Government*)，《国家的商业》(*Nation's Business*)第 8 期，1920 年 11 月，第 13 页。柯立芝在 1923 年 12 月出席美国报业协会发表的演说中，说过这句话，此处引自威廉·艾伦怀特(William Allen White)，《巴比伦的清教徒》(*A Puritan in Babylon*)，纽约，1938 年，第 253 页。

4. 柯克兰，《商业社会的梦想与思想 1860—1900》(*Dream and Thought in the Business Community*, 1860—1900)，第 81—82，87 页。

5. 艾默生认为，欧洲过来的人肯定是有差别的，但是大西洋就像是一个筛子，只有追求自由、爱冒险、敏感、向往美洲的人才会来到美国。白皮肤、蓝眼睛的欧洲人来到这里，但是黑眼睛、欧洲的欧洲人留了下来。《日志》(*Journals*)1851 年第 8 期，波士顿，1912 年，第 226 页。

6. 比较托马斯·潘恩在《人权》(*The Rights of Man*)中说道：“从美国各方面的快速发展来看，应该可以得出如下结论：如果亚洲、非洲和欧洲的政府也能施行美国这样的制度，如果因为它们不是很早就出现腐化，这些地区的国家现在的状况一定比实际情况好得多。”蒙丘尔·D. 康威(Moncure D. Conway)编，《作品集》(*Writings*)第 2 卷，纽约，1894 年，第 402 页。

7. 亚瑟·A. 艾克奇(Arthur A. Ekirch)，《美国的进步思想：1815—1860》(*The Idea of Progress in America*, 1815—1860)，纽约，1944 年，第 126 页。这本书的第 4 章中关于美国人对技术的信赖进行了详细地阐述，不过我认为作者把它说成“对科学的信赖”有一点儿不准确，因为美国人注重的主要是“应用科学”“技术”。整本书对理解美国人在内战前的心态非常有启发。

8. 《作品集》(*Writings*)第 4 卷，1853 年 2 月 27 日，波士顿，1906 年，第 210 页。

9. 艾克奇，同上，第 175 页。

10. 柯克兰，同上，第 86，106 页；欧文·G. 怀利(Irvin G. Wyllie)，《美国白手起家的英雄》(*The Self-Made Man in America*)，新泽西州，1954 年，第 104 页。福特就自己观点的解释非常有启发性：“我的本意不是说它们是胡说八道，而是对于我来说是……它们对我一点儿用都没有。”艾伦·内文斯(Allan Nevins)，《福特：扩张与挑战：1915—1933》(*Ford: Expansion and Challenge*：1915—1933)，第 138 页。

11. 《马克·吐温的灾难》(*The Ordeal of Mark Twain*)，纽约，1920 年，第 146—147 页。

12. 埃默里·霍洛韦(Emory Holloway)和弗洛里安·施瓦茨（Vernolian Schwarz）编，《我坐下，向外望：布鲁克林日报社论》(*I Sit and Look Out: Editorials from the Brooklyn Daily Times*)，纽约，1932 年，第

133 页。

13. 《亚瑟王朝廷中的洋基佬》(1889 口袋书,1948 编),第 56 页。

14. 在和丹·彼尔德(Dan Beard)说起对这本书的插图时,马克·吐温说:"对我来说,这个洋基佬既没有受过大学教育的人所具有的文化修养,也没有他们的软弱,他完全就是一个不学无术的人;他是一个机器工厂的老板;他可以制造出一个火车头或者一把左轮手枪;他能架设一条电报线路并运转,但是他真的是个无知的人。"格拉迪斯·盖尔曼·贝拉米(Gladys Carmen Bellamy),《文学艺术家马克·吐温》(*Mark Twain as a Literary Artist*),诺曼,1950 年,第 314 页。

15. 《傻子出国记》(*The Innocents Abroad*)(1906 年版),纽约,1869 年,第 325—326 页。

16. 史密斯(Smyth)编,《作品集》第 2 卷,纽约,1905—1907 年,第 228 页。

17. 伯顿·J. 亨德里克(Burton J. Hendrick),《安德鲁·卡内基的一生》(*The Life of Andrew Carnegie*)第 1 卷,纽约,1932 年,第 146—147 页。欧洲的商人通常希望能尽快积累足够的财富以便尽早退休,美国商人对此经常表示惊讶。卡内基则是个例外。弗朗西斯·X. 萨顿(Francis X. Sutton)等,《美国的商业信念》(*The American Business Creed*),剑桥,1956 年,第 102 页。

18. 弗里曼·亨特的《价值与财富:商人的座右铭与道德观杂集》(*Worth and Wealth: A Collection of Maxims, Morals and Miscellanies*)刻画了许多商人形象,令我惊讶的是,许多优秀的商人追求品质的广度,他们还拥有三重美德。首先是传统的清教徒的道德,与自力更生与自我约束有关,可以用有抱负的、节省、节俭、勤奋、上进、坚韧、勤劳、简朴等词语表达。第二种是企业家的贵族精神,与提高经济和社会水平有关,可以用正直、慷慨、高尚、仁慈、文明、人道、诚实、负责、自由、灵活、绅士风度和温和等词语表达。第三种也许可以是任何行业都需要的品质:清晰、明确、果断、认真、活泼、专注和坚定。

19. 《商人杂志与商业评论》(*The Merchants' Magazine and Commercial Review*)第 1 卷,1839 年 7 月,第 1—3 页。在 1850—1860 年间,这本期刊更名为《亨特商人杂志》。如果有兴趣,可以阅读其他的段落,见第 1 期,第 200—202,289—302,303—314,399—413 页。杰罗姆·托马斯(Jerome Thomases)在《密西西比河谷历史评论》第 30 期,1943 年 12 月,第 395—407 页中评价说,《亨特商人杂志》的影响非常广。他不仅谈到本书重点强调的主题,还指出该杂志非常强调工作的原则、实用性和自力更生。它似乎可以被视为商人给自己建立的形象的重要标志,在 1850 年,"银行家、资本金、交易商、律师、铁路投资人、制造商等都把自己称为商人"。菲利普·S. 福纳(Philip S. Foner),《商业与奴隶制》(*Business and Slavery*),教堂山,1941 年,第 7 页。

20. 西格蒙德·戴尔蒙德(Sigmund Diamond)曾发现,19 世纪早期社会对企业家的评价标准是他如何使用自己的财富,是为了慈善事业还是为了自己的经济利益。在 20 世纪,大家开始把工商企业看作一个"体系",不再以慈善这个附带品来评价商人。《美国商人的名誉》(*The Reputation of the American Businessman*),剑桥,1955 年,第 178—179 页。

21. 《文学和社会的目的》(*Letters and Social Aims*),河滨市编,第 201 页。托马斯·C. 科克伦(Thomas C. Cochran)对福布斯有一些有趣的侧面介绍:《铁路领袖:1845—1890》(*Railroad Leaders*, 1845—1890),剑桥,1953 年。

22. 引自内文斯,《菲利普·霍恩日记导读》(*Introduction to The Diary of Philip Hone*),纽约,1936 年,第 10 页。

23. 《论美国的民主》(*Democracy in America*)1835 年第 1 卷,纽约,1898 年,第 66 页。

24. 《文明的美国》(*Civilized America*)第 2 卷，伦敦，1859 年，第 320 页；然而作者在同一篇文章中表达了他的担忧。

25. 《亨特商人杂志》第 63 期，第 401—403 页。这本商业杂志的文化历史也许会对读者有一些启发。它的创号中第一篇文章题为《与文明发展相连的商业》(*Commerce as Connected with the Progress of Civilization*)第 1 期，1839 年 7 月，第 3—20 页。它的作者丹尼尔·D. 巴纳德(Daniel D. Barnard)是阿尔巴尼市的一位律师和政客，曾写过一些历史宣传册，并出任过驻普鲁士大使。他的这篇文章强调了 "繁荣发展的商业对人文世界的贡献"。比较菲利普·霍恩的文章《商业与商业品格》(*Commerce and commercial Character*)第 4 期，1841 年 2 月，第 129—146 页。另一位作者也在第一期中谈道："今天的商人阶级普遍认为商业与文学之间的关系是对立的，一个人如果追求其中一个，则必须完全放弃另一个。"因此，作者要反驳这个观点，他相信 "民众中会有越来越多的人持更加开放的观点"。《商业与文学》第 1 期 1839 年 12 月，第 537 页。可惜的是，这本杂志对文化板块态度的变化要令作者失望了，在 19 世纪 50 年代期间，它对文化的关注越来越少。但是，我们不能根据这一点过早地下结论认为商人对文化的兴趣就此消退。对他们来说，从一个商人需要具有的内在素质来说，文化似乎不再重要了，他们也不需要通过商业对文明的影响来证明它的价值了。

26. 萨顿等人在《美国的商业信念》中重点讨论了物质生产力这个重要主题；见第 2 章，第 255—256 页。至于商业推动了其他非物质的价值，这些价值则是有关 "服务"，增加个人的机会，促进政治和经济上的自由。一些企业家甚至提出只要商业上取得成功，忽略 "自我发展" 也无所谓。同上，第 276 页。虽然小企业家更倾向于自由和民主的营商环境，对大公司颇有不满，但是他们都认同提高生产力是商业的核心目标。见约翰·H. 邦泽尔(John H. Bunzel)，《美国的小企业家》(*The American Small Businessman*)第 3 章。

27. 柯克兰，《商业社会的梦想与思想 1860—1900》，第 164—165 页。这种保守的经济物质主义与落后国家对独裁的极力辩护论调相同。书中说，如果我们消除了贫苦、不幸和文盲，政治自由和文化发展就会接踵而至。这种说法经常被用作为斯大林时代的苏联辩护，卡斯特罗等人的支持者也这么为他们辩解。

第十章

白手起家与心灵的技术

1

随着崇尚"德财"兼备的商人理想的衰落,白手起家的商人形象取而代之,具体说来,就是胸怀抱负的乡下小孩经过奋斗打拼,即使没有成为百万富翁,也最终成了富裕的商人。研究美国社会阶层变化的现代学者再三强调,尽管在美国商界不乏这些从乞丐到富翁的传奇故事,但是故事的象征意义远大于实际价值。[1] 即使在商业发展最迅速的 19 世纪,位于美国商界最顶端的,主要是在人生起跑线上就占据了优势的人。但是那么多白手起家者的成功案例,他们充满戏剧性的经历,对人们极具吸引力。况且除了那些最顶尖的商人,还有许多中间阶层也是相当成功。虽然只有极少数人才能像范德比尔特或洛克菲勒那么成功,但是许多人已经取得不错的成绩,只是比他们小一点儿而已。如果人的一生不是从乞丐到富翁发生这么巨大的变化,它至少可以是从贫困到受人尊重。人们渴望从他们的经历中找到一些经验,究竟怎样才能实现这种转变。

此外,虽说美国白手起家的企业家未必大都出身贫寒,但是他们在商业上获得成功多半也不是因为他们受过正规系统的教育或者得益于家庭的精心培养。对白手起家者最合适的定义是,他们的成功不依赖于学历或者个人的文化修养,只取决于他们做生意的风格和方法。到 19 世纪中期,这种商人形象已经成为美国的主流,因此迫切需要有人为他们发声。蒂莫西·谢伊·亚瑟(Timothy Shay Arthur)是费城的一个小文人,他最著名的一本小说要属《酒吧十夜见闻》(*Ten Nights in a Barroom and What I Saw There*),但是他也是当时一个著名的自学成才的作家和伦理学者。1856年,他指出,"在这个国家,最杰出、行事效率最高的人不是那些出身富贵之人,而是那些凭借自己不懈的努力取得财富和名望的人"。亚瑟强调,这个国家的繁荣靠的正是这些人:[2]

> 因此,这些人的奋斗经历对年轻的一代是非常宝贵的……迄今为止,美国的传记故事中有太多在政治和文化领域取得杰出成就的人……如果我们的年轻人只读这些书,他们就会对如何建设这个国家产生错误的印象,无法理解整个社会繁荣进步的动力来自何处……我们希望那些白手起家者的故事能够在社会中流传,这样我们就可以知道他们如何不甘落后,奋力前进。

白手起家并不是一个新鲜事物。它是清教徒布道和新教中关于"使命"的教义的历史产物。本杰明·富兰克林也大力宣扬这种观念,不过值得注意的是,他的后半生并不符合他所说的勤俭朴素的生活原则。在赚取了一些钱之后,他进入了费城、伦敦和巴黎的知识界和社交圈,他对政治、外交和科学的兴趣超过了商业。在 19 世纪初期,白手起家已经成为美国社会的重要标志。"白手起家"一词最早是亨利·克雷在 1832 年参议院有关保护性关税的演讲中提到。他认为施行关税制度不会产生世袭的商业贵族,相反,社会将更加民主公平,普通人有更多致富的机会。"在肯塔基州,我所知道的每一个工厂都是有上进心的人白手起家建立起来的。他们获得的每一份财富都是依靠耐心和辛勤的劳动。"[3] 在克雷过世 30 年之后,这种类型的人不仅随处可见,而且在"精神上"得到社会的广泛认可,人们都希望成为这样的人。

　　这里说的"精神上"没有丝毫讽刺的意思。怀利的《美国的白手起家者》(The Self-Made Man in America)对读者非常富有启发性,书中指出有关白手起家的文章都不是关于经营方法或技巧,和生产、会计、工程、广告或者投资无关,它们讨论的是企业家精神的培养,其中新教徒的传统得到了充分体现。毫不意外,凭借自己努力一举成名的故事撰写者中有许多牧师,尤其是公理教会的牧师。[4] "靠自己努力"就是在品格上严格自律。介绍"靠自己努力成功"的文章告诉人们如何锻炼自己的"意志"——如何培养艰苦奋斗的作风,坚毅冷静的美德。这些文章的作者认为年轻时经历的贫困是一种财富,因为这有助于培养一个人成功所必须具备的品格。

　　白手起家的人和这种故事的作者都认为一般所谓的天赋并不是成功的必要条件。无疑这种说法有一定的矛盾心态——谁不渴望成为或者羡慕有"天赋"的人呢?但是,绝大多数书写"白手起家故事"的文章中都认为,"品格"是成功所必需的,而超凡的天赋不是。此外,一些禀赋过人的人往往缺乏锻炼品质的动力。相反,一般人如果能够发扬自己的优秀品质,充分运用自己的常识,就能和那些天才一样,甚至比他们更出色。"并不需要天赋,"一个纽约的商人说,"如果有的话,一些伟人曾说过天赋不过是常识的加强版。"过分倚赖天赋只会导致懒惰、缺乏自律和责任心。所谓"天赋",不过是轻浮而无用的东西罢了。1844 年,亨利·沃德·比彻(Henry Ward Beecher)牧师在对年轻的听众布道时说:[5]

> 就我对天才的观察而言,学院、大学、戏剧社、乡村辩论会、年轻的艺术家和专业人士的团体里,全都是天才。众所周知,他们性格矜持、极度敏感、性情懒惰。留着长发,衬衫领口扣得很低,成天读那些该死的诗歌,写出来的东西更糟糕;他们自负、做作、难以相处,一无是处:没人愿意和他们做朋友,收他们为学生,或者与之为伍。

经过几十年的发展,这种对天赋或者才华的不信任感逐渐在商业准则中扎根。在比彻对天才作出上述总结的 80 年后,《美国杂志》刊出一篇题为《为什么我不会雇佣一个天才》的文章。作者把商业天才描述成性格反复无常、神经质和不负责任。作为一个企业家,他和这种人接触的经历可以用灾难形容。"无论材料多么精良,如果做工粗糙,绝对生产不出一双好鞋,"他说,"相反,如果用料一般,但是工艺精湛,肯定会制造出上层之作。""所以我从我们的运输车里或者就近找原材料,靠着吃苦耐劳和冷静的头脑,建立了自己的事业,以我们当地的标准来看,成了一个富裕的人。"作者可能担心别人会认为自己只是一个平凡的人,就算有人比他强也不一定能意识到,所以话语中有一些自我申辩的味道。他坦言,这种说法也许有些道理:[6]

> 因为我的确很平凡。但是……商业与生活正是建立在成功

的平凡之上。 对企业来说，成功之道并不在于聘用了有才华的人，而是在于如何让平凡的人发挥最大的价值……

　　我所从事的是杂货批发业务，我很遗憾简陋的办公楼里找不到有才华的人。 但是，我安慰自己，克伦威尔也是在平凡但是有热情的骑兵基础上建立了欧洲最善战的军队；人类历史上最伟大的团队是耶稣从一个内陆湖边选出的十二门徒。

　　正是因为这种心理，所以社会上产生了对教育持续的敌意，相对更加崇尚实际经验。崇尚实际经验就是指有志青年应该尽可能早地接受"艰苦的日常生活的磨炼"。正规的学校教育，尤其是长时间的教育，只会耽误年轻人接受这种磨炼。木材大亨弗雷德里克·韦尔豪泽（Frederick Weyerhaeuser）总结说："大学生们往往觉得自己读过大学，所以不应该从基层干起，像一个14岁进入公司的小职员那样，一步步地往上爬。"[7] 但是，必须指出的是，那些"白手起家故事"的作者并不同意他的看法，他们通常建议人们多接受一些学校教育，可是那些白手起家的商人却不这么认为。在商业圈中，对于免费公立教育的看法存在分歧，有人认为这些学校有助于培养工作高效更高、更自律的劳动者，而另一些人则觉得这会让他们交更多的税，或者认为教育只会让工人更爱抱怨。[8]

　　但是在这两件事上，大家都意见统一：首先，教育应该更加注重"实际"；其次，高等教育，至少是美国过去的古典文化教育，对于商业毫无用处。商界一直提倡在高中阶段要加强职业和贸易方面的教育，而不是以通识教育为核心，他们大体上取得了成功。马萨诸塞州羊毛厂的老板说，工人只要接受过一些基础教育就行了，更有文化的人应该去竞选议员，他不需要那些受过良好教育的工人，因为他们的代数知识对经营工厂没有用。

持有这种观点的人绝不在少数。美国第一家专注于技术和工业书籍出版的企业创始人亨利·凯里·贝尔德(Henry Carey Baird)的主张也很有代表性。"这方面的教育太多了。"他在 1885 年抗议到：[9]

> 希腊文、拉丁文、法文、德文太多了，尤其是簿记，对一个出身贫寒的人来说，学习这些只会令他备受打击，只会培养出一群刻薄的"绅士"，他们不属于 "做生意"，只愿意从事这些职业，例如站在柜台后面，卖卖丝绸、手套、蕾丝，或者"记记账"……依据美国的法律制定的教育制度，只要超过了宾夕法尼亚州所称的 "文法学校" 阶段，就都是极其邪恶的——它产生的弊远大于利。 如果我拥有权力，就公立学校而言，每个小孩只要读 "文法学校" 就够了，除非一些有用的职业教育，否则他们不用再往上读了。 在一种更开明的教育制度下，现在的"高中"必须被"职校"取代，尽可能与"工厂"联系在一起……我们创造了太多所谓的"淑女""绅士"，所以我们的社会才会道德败坏。

大学阶段的古典文化教育和通识教育比高中阶段的理论学习遭到更猛烈的抨击，因为它让年轻人接触到更多无用的知识，加深了他们对高雅娱乐的兴趣。一个商人甚至因为儿子没有考上大学而庆幸，因为他躲过了这些"祸害"。"每当我看见富翁临死前留下大笔财产要创建一所大学，我就对自己说：'他没有在自己穷困潦倒的时候就死去，真是太可惜了。'"[10]

幸运的是，许多有影响力的富翁并不都是这么想。老范德比尔特经常被认为是这种以无知为荣的极品。据说，当一位朋友告诉他帕默斯顿爵士

（Lord Palmerston）曾说，像他这么有能力的人居然没有上过学，真是太可惜时，他回答道："你去告诉帕默斯顿爵士，就说是我说的，如果我上了学，就没有时间学其他东西了。"然而，凭借他的财富，范德比尔特晋升为社会名流，在这个圈子里缺乏文化是他的致命伤。据说他一辈子只读过《天路历程》（Pilgrim´s Progress）这一本书，还是在他年纪很大的时候读的。"人们都说我不重视教育，"他向牧师忏悔，"事实并非如此。我去过英国，见过那里的贵族，知道我比他们聪明两倍，但是我还是保持沉默，不敢说话，害怕暴露自己的缺点。"他的女婿正好听到了他的话，便说岳父终于承认了自己没有文化。范德比尔特急忙辩解："似乎我比半数以上你们这些受过教育的人，都混得好。"不过，他还是对牧师说："我要是能接受你这样好的教育，我宁可花100万美元。"后来他确实捐了这么多钱，创建了范德比尔特大学。[11]

据说，安德鲁·卡内基有一次在第五大道的街对面看见了比自己年长也更富有的范德比尔特，然后对旁边的人嘟哝："我才不会用我对莎士比亚的了解，换他的几百万财产。"[12] 话虽如此，卡内基对教育的态度比范德比尔特更加复杂。他曾写："通识教育让人除追求财富外有更高的目标和品味，进入连百万富翁也无法进入的世界，虽然要获得商业成功，这不是最有用的，但是那是一种更高的境界。"[13] 卡内基对教育的慷慨资助以及与知识分子的交往，都说明他说的这些话并不是虚伪的。不过，他还是喜欢说高等教育对商业真是没什么用，就像他经常称赞通识教育一样。事实上，他对美国大学里盛行的通识教育非常不屑，更喜欢提起那些和他一样经历了艰苦的学徒生涯，依靠自己的拼搏取得成功的人，举一些没有读过大学人经商更具优势的例子。"大学教育对商业经营几乎是致命的。"他写道。[14] 他也没有放过大学里古典文化的课程。在他看来，年轻人"是在浪费宝贵的时间,从蒙昧的过去中获取知识,它只教导我们不要做什么,而不是应该做什么"。人们把孩子送进大学,"把精力浪费在学习希腊文、拉丁文上,这些知识跟印第安人的语言一样没有任何实际用途",他们"脑袋里装的尽是些野蛮人之间的小打小闹"。这些教育只会让他们形成错误的观念,"对现实生活反感"。"如果他们把读大学的时间用来从事实际工作,那么他们会成为一个更有教养的人,不管从哪个角度去理解教养这个词"。[15]斯坦福是另一个对美国教育现状不满的教育慈善家。他曾说,那些从东部来应聘的人中,最糟糕的就是大学毕业生。当你问他们会做什么时,他们会说"什么都会",但实际上他们"没有掌握任何具体的技能",也没有明确的目标。他希望他资助的大学可以解决这些问题,致力于"实用而不是理论的教育"。[16]

当然,对于那些不喜欢传统大学教授的古典文化课程的人得出的结论,我们应该谨慎对待。然而,就连很多知识分子也不喜欢这些教学内容。这些传统大学希望能传承西方文化的遗产,培养一种受人尊重的精神品格,却忽略了训练学生批判性的思维能力。科学知识的快速发展,顽固的学监坚持一成不变的旧课程,以及传统大学里沉闷的教学方法,对古典教育的冲击远甚于商人对它们的批判。正是在卡耐基、洛克菲勒、斯坦福、范德比尔特和约翰·霍普金斯等富翁的推动和赞助下,美国的大学一改偏重古典教育的传统,同时诞生了一批新的大学。不过,如果我们自己研究一下商界对教育的看法,不难发现里面充斥了对反省的心态和文化历史的轻蔑。

2

然而在 19 和 20 世纪之交,商人就学校教育对商业成功的影响的看法发生了明显转变。19 世纪最后的 20 年里,大企业的快速发展令在大企业中就职如同在官僚机构中一般。虽然白手起家者中诞生了许多大企业家,但也因此让后来者无法再现白手起家的传奇。不管是多么不情愿,人们开始意识到社会中没有接受过教育的白手起家者已经越来越少,尤其是在最令人羡慕的商业领域。不得不承认,学校教育无疑已经成为获得更稳定工作的重要条件,许多大企业都需要相关学历背景的人才,例如工程、会计、经济、法律。因此,虽然企业家仍然念念不忘"经验才是最好的老师","艰苦的磨炼才是最好的大学教育",他们也认识到需要大量专业教育培养出的技能。1916 年《商业金融纪事》(*Commercial and Financial Chronicle*)中的一篇文章说:"一个从底层做起的年轻人,除了一些日常生活积累的经验,不需要其他的知识,就可以被提拔为经理或者更高的职位,或者有足够的知识和技能与其他国家那些受过高等教育的商界同仁竞争,这样的日子已经一去不复返了。"钢铁巨头埃尔伯特·H.加里(Elbert H. Gary)认为,企业家"在学校、大学里学到的知识越多,就越有利于他开创事业"[17]。

商界对教育的认可,还体现在大公司中高层管理者的教育背景上。1900 年到 1910 年间发展起来的企业管理者,只比 19 世纪 70 年代的管理者文化程度稍高一点儿。[18] 但是,这一时期公司中崭露头角的年轻管理者都上过大学。根据梅布尔·纽康默(Mabel Newcomer)对公司最高管理层的样本分析,在 1900 年他们中有 39.4% 的人有大学学历,到了 1925 年,这个比例上升到 51.4%,在 1950 年时,更是高达 75.6%。[19] 在 1950 年,管理者中 1/5 的人有研究生的学历(主要是法律和工程)。

虽然这些数据显示,过去那种不靠学历只靠打拼的白手起家模式已经不流行了,但是这并不表示人们开始更注重人文教育。大学本身就开设了许多选修课程,更倾向于培养职业人才。在 19 世纪,当时的富人送小孩念大学只是希望他们能学习智识文化,提高社会地位(这两方面的特征并不总是能很容易地一眼辨认出来),而不在于获取职业技能。到了 20 世纪,他们送孩子去读书,却是为了得到可以用金钱衡量的回报,这可以通过学习职业技能实现。(在 1945—1955 年间,大部分的男性大学生都主修商科,他们的人数超过了学纯科学和人文学科的人数之和。)[20]

美国高等教育走向职业化的一个特征是在本科和研究生阶段商学院的出现。美国第一所商学院是宾夕法尼亚大学的沃顿商学院,它成立于 1881 年。第二所是在 18 年之后成立的芝加哥大学商学院。在 1900 年到 1914 年间,美国掀起了一波兴建商学院的热潮。早期的商学院受到了来自学院派教授团体和商人的两面夹击,后者始终都不相信学校会教授实用的知识,即使是商学院。几乎与美国所有的教育机构一样,商学院师生的素质很快就呈现出差异,他们对课程中是否要增加人文学科也持有不同看法。经济学家托斯丹·凡勃伦(Thorstein Veblen)尖刻地指出,商学院是"企业意图的捍卫者",暗示它们与神学院一样,并不是致力于知识文化的研究,而那才是大学存在真正的目的。教育家亚伯拉罕·弗莱克斯纳(Abraham Flexner)在经过对大学的一番研究后,认为商学院虽然有时会聘一些非常优秀的教授,但总的说来,过于注重职业技能的培养而有失其作为学术机构的声誉。[21] 在大学里,商学院通常不注重智识培养,有时甚至是反智的中心,恪守保守僵化的观念。当哈佛商学院院长华莱士·多纳姆(Wallace Donham)提议中西部地区的一所商学院开设一门介绍工会联盟问题的课程时,对方告诉他:"我们不希望我们的学生关注那些可能让他们质疑自己的管理或经营原则的东西。"[22]

威廉·H.怀特(William H. Whyte)的《组织人》是一本研究大企业内部文化的佳作,正如书中所言,今天美国商业的状况与过去有一些相似之处。当然,白手起家的企业家不复重现。在政治的舆论战中,他们也许可以派上用场,被描述为神话般的英雄人物,但是任何一个理智的商人都清楚大企业招录和培训员工时,在大企业任职的经历至关重要。但是,白手起家商人的形象又唤起了企业界的反智情绪,在招录和培训的过程中,反智的传统再次得到了延续。这次不是用嘲笑大学学历或者其他学校教育的方式,而是按照狭隘地以职业素质为标准,对员工进行筛选。在此,需要注意的是,企业的最高领导层并不都认同这个原则。在毕业典礼或者其他场合谈到这个问题时,他们通常会强调通识教育、博学广识、丰富的想象力在商业中的重要性。他们的坦诚毋庸置疑。他们中大多数人虽然因为工作繁忙而无法温习文化知识,但是要比下属的教育程度高,所以也会惋惜自己的文化停滞不前。他们会给下属安排艺术课程,或者出资赞助一些会议,让知识分子和企业家加强交流。通过这些方式,老一辈商人中认为文化是对商业的支持的观念,又开始复苏。不过,虽然有消息说他们非常器重受过通识教育的人,可惜他们没有影响到公司的人事主管,而他们才是每年到高校招聘人才的人。正因为如此,企业界必然要求美国高等教育加强对学生职业能力的培养。

对职业素养的青睐很容易和重品格或个性、轻心智联系起来,也就是说,公司宁可选择服从命令、听话的员工,而不是有头脑和个性的员工。一位总裁说:"过去,我们太看重个人的才华,现在'性格'则更加重要。我们不在乎你是不是优秀毕业生或者在校成绩名列前茅,我们需要的是一个综合性的人才,他能够应对各方面的人和事。"一位人事经理说,一般老板会对个性过强的人持有疑虑,不希望员工太个人主义。员工也同意这种观点:"我愿意拿聪明的才华换取对人的理解。"《组织人》中有一章题为《对抗天才的斗争》(*The Fight against Genius*),里面说到即使在工业科学领域,这种情况也非常普遍。在一家著名的化工企业招聘科学家的宣传片中有这样的一幕，当三位研究人员正在实验室商量时，旁白里说道："这里没有天才，只有一群平凡的美国人在一起工作。"这些工业科学家致力于应用领域知识的探索，因此与大学里的同行相比，他们的创造力低得可怜。每当"有才华的"一词出现时，通常都会伴随着"不稳定的""古怪的""内向的"和"有怪癖的"等词语。[23]

3

在 19 世纪末，美国社会变得更加世俗化，传统宗教中融入更多的实用色彩，在一定程度上甚至被一种宗教实用主义取代。如果经久不衰的畅销书可以用于证明人们对宗教实用主义的狂热，包括鲁塞·康维尔（Russell Conwell）的《钻石宝地》（*Acres of Diamonds*）和罗曼·皮尔（Norman Vincent Peale）的作品，难么它的信仰者人数多达数百万。根据内部资料和所有读者人数的统计，我们可以知道它已经成为美国的中产阶级最主要的信仰。我希望证明它是美国白手起家这类传奇故事的另一种特殊的表现，但是不管怎样，它已经与美国社会注重实用的主题融合在一起。美国近现代的励志故事与世界的潮流是一致的：它们都体现对实用性的追求。罗曼·皮尔指出，基督教完全就是实用主义的宗教。失败者以宗教信仰为手段，成功翻身，太令人惊讶了。[24]

当然，这些励志故事并不是只有美国才有，只要人们渴望成功，它就会受欢迎，这种推动力量与宗教的信仰的界限就会变得模糊。在对基督教的信仰中，人们相信商业世界与宗教信仰虽然可能存在冲突，但是彼此联系紧密，因为它们都要处理道德、品格和约束等问题。首先，它们之间的对立关系是非常明显的:中世纪时期禁止或者限制放高利贷,表明教会有责任限制以经济为利益从事商业剥削。此后,清教徒有关"使命"的教义表明两者的关系开始往积极的方向发展:勤勤恳恳地做生意是服务上帝的一种表现。生意上的成败也许可以暗示一个人的信仰是否虔诚。但是,随后这种状况又发生了变化。服务上帝与为己服务之间的界限不再存在。商业曾经是一种服务上帝的方式,是宗教戒律的一种工具,现在它们的关系发生了逆转,宗教反而成为商业经营的工具,让对上帝的信仰为世俗的目的服务。人们不再把商业的成功视为灵魂的救赎,而是认为灵魂的拯救取决于个人的意愿,可以在追求世俗的目标中得以实现。因此,宗教是可以被"利用"之物。皮尔告诉读者,他的书中介绍了"简单可行的思考与行动的技巧,它强调科学的精神原则,人们已经亲身体验过"。"在本章所述的教堂礼拜中,你将获得有关经营管理切实可行的新方法。""如果你有信仰,意志薄弱、自卑恐惧、罪恶感等阻碍你恢复活力的障碍都会被一扫而空。只要你拥有信仰,你的能力和效率就会提高。"[25] 正如哲学家 H. 理查德·尼布尔(H. Richard Niebuhr)所说,美国现代的宗教有一个特点,"它往往将其定义为可以增加个人能力的方式,强调信仰的实际价值,而不是让信仰者接受上帝的启示,获得救赎"。因此,"人成了宗教的核心,上帝只是他的助手,而不是审判者和救赎者"[26]。

　　过去那些白手起家的故事虽然有许多的缺点,但是与现实世界和宗教信仰这两方面都存在有机的联系。它们相信生意成功在很大程度上是个人品格的结果,而这种品格又与虔诚的信仰密切相关。从这个意义上说,它是新教的道德要求、古典经济学的原则与流动、开放的社会三者共同作用的必然结果。虽然当代关于这个问题的研究多数认为美国社会依然流动性很强,但是要想获得成功的环境已经发生了很大改变。过去那些白手起家的故事中经常出现凭借特殊的个人品质就能成功的例子,而现在,受过学校的正规教育才是成功的保障。如果一位 19 世纪早期的企业家被问到什么是成功的"必修课",他可能回答说,"贫穷和磨炼是最好的老师"或者"节俭和艰苦"。现在的商人则会说,"最好是学习法律,如果有工程方面的知识也不错"。

现代的励志文学继承了"白手起家"故事的传统,虽然两者有许多相似之处,但也有明显的区别。过去的故事突出的是信仰可以塑造品格,而品格又能让人们成功地驾驭各种工作,但是现在强调的则是信仰可以提高自我控制力,它对于我们的健康、财富、人际关系和心灵的平静至关重要。从表面上看,这似乎偏离了励志文学中主人公对俗世目标的追求,但事实上它代表着他们偏离了自己对现实世界的理解,因为它模糊了世俗世界与精神世界的界限。在过去的故事中,这两者是相互作用的,但是现在,他们已经交织在一起。在我看来,这不是宗教的胜利,而是美国中产阶级思想观念从根本上不自觉地世俗化了。但是,可以确定的是,宗教并不是被一种有意识的世俗哲学所取代,而是精神上的自我控制力,一种对神奇魔力的信仰。因此,宗教和对现实的认识都受到了冲击。那些渴望成功的商界后起之秀,一个劲儿地到励志故事的故纸堆中寻找商业成功的法宝,尽管那些故事不可能给他们什么实际的帮助。用皮尔的话说,似乎只有"失败者"才会读这些激励人心的故事,而且女人更爱读,因为他们虽然受到实际商业规则的影响,但是都从未真正地涉足商界。

用雷蒙德·福斯迪克(Raymond Fosdick)的话说,这就是成功学作家希望带给读者的"日常生活的力量"。在 19 世纪,成功学作家的主要任务是向读者传递宗教信仰会带来财富的信息。到 20 世纪 30 年代初,他们把宣传的重点放在了身心健康方面,那些励志的文章中借鉴了许多精神病学的内容,展现了过去 20 年社会存在的一些焦虑。虽然成功文学已经没有励志文学那么畅销,但是日常生活依然围绕着书中的一些目标。整整一代人都受到它们的影响,这些作品中隐喻性的语言已经渗透到商业、科技和广告的表达中。人们很容易产生一种印象,精神生活可以像科技进步一样,系统有序地增进和提高。路易斯·施耐德(Louis Schneider)和桑福德·M. 多恩布什(Sanford M. Dornbusch)在研究了励志型作品的主题后,把这种方法称为"心灵的技术"。[27]一位成功学作家告诉我们"上帝是 24 小时运转的充电站,只要把插头接上,我们就可以补给能量"。另一位则说:"宗教活动实际上是一种科学,它遵循心灵的法则,就像无线电按照自身原理一样运作。"还有一位说道:"人的思维与汽油的辛烷值一样,数值越高,动力越足,性能越好。"此外,还有"身体就像是接收上帝广播站信息的设备",坐火车"可以省钱,因为上帝之手控制着油门"。还有一则辛克莱尔汽油公司的广告,意思是说好的汽油能让汽车的效力最大化,就像"好的布道可以激发灵魂中的潜能"。布鲁斯·巴顿(Bruce Barton)在他的杰作《无人知晓之人》(The Man Nobody Knows)中说,耶稣事实上是一个卓越的企业主和成功的组织工作者,他"选取了 12 个最底层的人,打造出一个征服了世界的团队"。20 世纪著名的精神领袖埃米特·福克斯(Emmet Fox)规劝人们"用经验企业一样的方式,管理你的灵魂"。祷告被认为是一种有用的工具。作家格兰·克拉克(Glenn Clark)说:"学会了如何祷告的人,也应该能打好高尔夫球,生意顺利,工作出色,爱情更美满,更好地为上帝服务。"罗曼·皮尔告诫人们,学习以正确和科学的方式祷告,"使用已经经过检验、被证实有效的方法,不要敷衍了事"。

励志文学作品有一个非常突出的特点,它们体现了一种认为意志可以战胜一切的主观主义思想。它起源于美国的新教主义,如今已经演变到一种疯狂的程度。随着时间的推移,宗教中许多烦琐复杂的成分逐渐被删减。新教很早就废除了大量的宗教仪式，经过 19 和 20 世纪的发展，其教义已经尽可能地简化。而现在这种励志型的信仰更是达到登峰造极的程度，因为它删除了大部分的教义——至少是大部分可以被称为"基督教"的教义，所以只剩下个人的主观经验。即便如此，那也主要是个人意志的体现。当那些励志型作家说你可以做任何想做的事时，他想说的是你可以定好目标，然后在上帝的帮助下，释放无与伦比的潜能。它们是无与伦比的。"你具有足够的能量，"皮尔说，"甚至可以把纽约化为废墟。最先进的物理学知识已经说得非常清楚了。"信仰可以释放出强大的威力，因此人们可以冲破任何阻碍。信仰绝不是让人们向命运低头，而是"锻炼人们敢于向困难挑战，永不言弃"[28]。

作家霍雷肖·W. 德雷瑟（Horatio W. Dresser）在讨论励志型信仰，即新思想运动的早期表现形式时说，"新思想运动的目的就是要减少'智识'和'客观思想'对人的影响，好像变成有文化、有思想是一件坏事，好像人们只要'在潜意识中提出请求，就可以心想事成'"[29]。然而，大体上，励志型信仰对智识的攻击不是直接的：它们更多代表的是一种对现实的逃避，所以摈弃任何致力于解决现实问题的哲学思想。同时，它们也体现了一种自相矛盾的世俗化。尽管一些自称为基督徒的人和福音派牧师为自己写的励志读物受到好评而得意，但是这些书就连世俗的知识分子都觉得是亵渎神灵的。与这些一心提倡宗教要"实用化"的人相比，知识分子似乎是西方宗教传统更坚定的守护者。

亨利·C. 领克（Henry C. Link）的著作《回归宗教》（*The Return to Religion*），似乎是宗教信仰与自我发展间这种含糊不清的关系的最好体现。这本书在 1936 年到 1941 年间，非常畅销。虽然我不认为仅凭这本书就能完整地呈现励志型文学的全貌，但是它值得我们的特别关注，因为也许这是美国有史以来把庸俗与盲从推向了极致的作品。除了书名,这本书中没有任何关于宗教或者信仰的内容。这是一个心理咨询师与人力资源顾问专门为大企业写的一本书,作者说他通过科学找到了回归宗教的方法,这本书把宗教视为"一种积极进取的生活方式,凭借这种信仰人们就可以成为所在环境的主人,而不是它的受害者"[30]。作者认为,为了与所有人保持一致,必须发动一场战役,反对个性和独立的思想。

但是,作者却不是按照这种思路处理这个问题。领克用了两个截然对立的词语"内向"和"外向"(这里并不是荣格心理学中所说的意义,而是一般意义上的)。内向的含义包括孤立、反省、个性与自我检讨,是不好的;其实就是自私。苏格拉底有一句格言"认识你自己",用领克的话可能就是"管好你自己",因为"好的性格或者品格是通过实践活动形成的,而不是反省"。另一方面,外向的含义包括善于交际、亲切友好、为他人服务,是无私的,也是好的。耶稣就是一位伟大的、外向的人。宗教的一个功能——在领克看来,这恐怕是最重要的——就是要培养人们外向的性格。他说自己经常去教会,因为虽然不想去,但是他知道去了会有帮助。经常去教会可以塑造更好的性格。打桥牌、跳舞或者销售都可以,这样人们就要与那些他必须取悦的对象接触。对于一个人来说,最重要的是要远离自我剖析,做一些能提高自己影响力的事。这样,他们的权力就会越大,自信心也会随之增强。

因此,太多批判性的思考会成为实现这些目标的障碍。大学中的知识分子和善于分析的学生远离了他们的宗教信仰;在今后的生活中那些喜欢沉思的人最终越来越脱离社会。在题为《理性的笨蛋》(*Fools of Reason*)一章中,领克提出智识和理性通常被人们高估了。

　　　　理性本身不是目的,而是个人实现人生价值和目标的手段，它们是超越理性的。正如牙齿的作用是用来咀嚼，而不是咀嚼自己，所以人们的头脑是用来思考而不是给我们带来烦恼的。它为我们所用，而不是说我们的生活是为了更有头脑。

遵循信仰、实践信仰才是关键。虽然有人说信仰是弱者的避难所，真正的脆弱其实是"无法意识到所有的心灵都是有弱点的"。"所有怀疑上帝存在、不可知论的观点都是一种精神疾病，即使信仰的是谬误，也好过完全没有信仰……错误的信念远好过没有信念。"甚至是看手相或者看颅相也不是完全没有道理，"它们可以让人跳出自己的小圈子，接触到丰富多彩的世界"。总而言之，"对理性的盲目崇拜以及知识分子对宗教的轻蔑"让人们轻信江湖骗术、伪科学。不幸的是，美国社会出现了一种向内收缩的趋势，它让人们觉得自己不应该为失业者负责，这应该是联邦政府的责任。

心智对婚姻也是一种威胁，因为内省有碍婚姻幸福。与婚姻美满的人相比，离婚的人往往知识程度更高。爱好哲学、心理学、激进的政治和喜欢看《新共和》的人的婚姻，可能没有那些热心基督教青年会工作，研究《圣经》和喜欢读《美国杂志》的人幸福。领克在《教育的堕落》一章中指责"培养自由的思想可能是教育最具有杀伤力的一面"——教育信念中最不理性的原则，就如同教会历史上任何迷信的教条一样。这样的教育只会产生"无情的捣毁圣像者"，创造出一种"为了文化而文化""为了知识而知识"的需求。自由主义把人从传统和历史的约束中释放出来，却失去了信仰。接受了通识教育的年轻人往往认为父母的思想已经过时了，挥霍无度，对老一辈的虔诚嗤之以鼻，看不起父辈们从事的职业，只知道追求一些脑力工作，瞧不上商业。因此，军队才会让人们对丰富的人生有更深刻的理解，因为在军营里人们更加看重实际价值，人们的性格也更加"外向"。

注 释

1. 对美国社会阶层变化的总结和评论,可见伯纳德·巴伯(Bernard Barber),《社会的阶层化》(*Social Stratification*),纽约,1957年,第16章;约瑟夫·A.卡尔(Joseph A. Kahl),《美国的阶级结构》(*The American Class Structure*),纽约,1957年,第9章;西摩·M.李普塞特(Seymour M. Lipset)和理查德·本迪克斯(Reinhard Bendix),《工业社会中的社会流动性》(*Social Mobility in Industrial Society*)第3章,伯克利,1959年。

2. 引自弗里曼·亨特,《尊严与财富》(*Worth and Wealth*),纽约,1856年,第350—351页。仅在几年前,《伦敦新闻时报》(*Daily News*)曾说过:"是时候百万富翁不再为自己创造的财富而感到羞愧了。'新贵'应该被视为一个褒义词。"戴尔蒙德,《美国商人的名誉》(*The Reputation of the American Businessman*),第2页。

3. 丹尼尔·马洛里(Daniel Mallory)编,《亨利·克雷阁下的一生及演讲》(*The Life and Speeches of the Hon. Henry Clay*)第2卷,纽约,1844年,第31页。

4. 怀利,《美国的白手起家者》(*The Self-Made Man in America*)第3章和第4章,新不伦瑞克省,新泽西州,1954年。

5. 同上,第35—36页。

6. 安农(Anon),《为什么我不会雇佣一个天才》(*Why I Never Hire Brilliant Men*),《美国杂志》(*American Magazine*)第97期,1924年2月,第12,118,122页。

7. 查尔斯·F.丁毅(Charles F. Thwing),《大学教育与生意人》(*College Training and the Business Man*),《北美评论》第167期,1903年10月,第599页。

8. 关于对教育的看法,见怀利,同上,第6章;柯克兰,《商业社会的梦想与思想1860—1900》(*Dream and Thought in the Business Community*,1860—1900)第3章和第4章,伊萨卡岛,1956年;莫尔·柯蒂(Merle Curti),《美国教育者的社会理想》(*The Social Ideas of American Educators*)第6章,纽约,1935年。

9. 柯克兰,同上,第69—70页。

10. 同上,第101页。

11. W. A. 克罗夫特(W. A. Croffut),《范德比尔特家族和他们财富的故事》(*The Vanderbilts and the Story of Their Fortune*),芝加哥和纽约,1886年,第137—138页。

12. 伯顿·J.亨德里克(Burton J. Hendrick),《安德鲁·卡内基的一生》(*The Life of Andrew Carnegie*)第1卷,纽约,1932年,第60页。

13. 《商业帝国》(The Empire of Business),纽约,1902年,第113页。

14. 怀利,同上,第96—104页。

15. 《商业帝国》,第79—81页;比较第145—147页。

16. 柯克兰,同上,第93—94页。

17. 怀利,同上,第113页;关于1890年后商界对教育态度的转变,见第107—115页。

18. 见弗朗西丝·W. 格里高利(Frances W. Gregory)和艾琳·D. 诺伊(Irene D. Neu),《19世纪70年代的美国行业精英:他们的社会背景》(*The American Industrial Elite in the 1870's: Their Social Origins*);米勒(William Miller)编,《商业人士》(*Men in Business*),剑桥,1952年,第203页,米勒在《美国的历史学家和商业精英》(*American Historians and the Business Elite*)中比较了19世纪70年代与1901—1910年间的企业家,见《经济史杂志》(*The Journal of Economic History*)第9期,1949年11月,第184—208页。在19世纪70年代,37%的管理者接受过大学教育,在1901—1910年间,这个比率是41%。有关官僚体制的商业生涯的出现,见米勒的文章《商业官僚中的商界精英》(*The Business Elite in Business Bureaucracies*),《商界人士》,第286—305页。

19. 梅布尔·纽康默(Mabel Newcomer),《大企业的管理者》(*The Big Business Executive*),纽约,1955年,第69页。1950年,作者总结说(第77页):"虽然大学毕业生刚进大公司时可能只是做一些简单的体力活,发挥不了他们的智慧,但是要想事业有成,大学学历是必备条件。"约瑟夫·A. 卡尔(Joseph A. Kahl)在他的《美国的阶级结构》(*The American Class Structure*)一书的第93页指出:"如果我们用一个简单的标准替代马克思早已过时的方法,来划分美国当代的社会阶级,那么答案是:大学文凭。"然而,老板们有时还是想坚持"白手起家"的那一套观念,把明显将成为未来管理者的新员工放在一些不重要的岗位,对他们进行一番锻炼。就是这所谓的从基层积累经验,老板的儿子或者女婿尤其如此。

20. 威廉·H. 怀特(William H. Whythe, Jr.),《组织人》(*The Organization Man*),安克编,1956年,第88页。

21. 托斯丹·凡勃伦(Thorstein Veblen),《美国的高等教育》(*The Higher Learning in America*),纽约,1918年,第204页。亚伯拉罕·弗莱克斯纳(Abraham Flexner),《美国、英国和德国的大学》(*Universities: American, English, German*),纽约,1930年,第162—172页。

22. 彼得·F. 杜拉克(Peter F. Drucker),《商学院研究生院》(*The Graduate Business School*),《财富》(*Fortune*)第42期,1950年8月,第116页。关于这些商学院和它们的问题,见L. C. 马歇尔(L. C. Marshall)编,《大学里的商学院》(*The Collegiate School of Business*),芝加哥,1928年;弗兰克·C. 皮尔森(Frank C. Pierson)等,《美国商人的教育:大学中商业管理课程的研究》(*The Education of American Businessmen: A Study of University-College Programs in Business Administration*),纽约,1959年。

23. 同上,第150,152,227—8,233,235页和第16章。

24. 《自信生活指南》(*A Guide to Confident Living*),纽约,1948年,第55页。

25. 同上,前言第8页,正文第14,108,148,165页。

26. 麦金托什(D. C. Macintosh)编,《20世纪的宗教现实主义》(*Religious Realism in the Twentieth Century*),《宗教现实主义》(*Religious Realism*),纽约,1931年,第425—426页。

27. 《大众的宗教:美国的励志书籍》(*Popular Religion: Inspirational Books in America*),芝加哥,1958年,第164页;这段中的引用见第1,6,7,44,51n,58,61n,63,90,91n,106,107页。

28. 《自信生活指南》(*A Guide to Confident Living*),纽约,1948年,第46,55页。

29. 《新思想手册》(*Handbook of the New Thought*),纽约,1917年,第122—123页。

30. 引用自《回归宗教》(1936年;袖珍本,1943年),第9,12,14,17,19,35,44—45,54—61,67,69,71,73,78—79,115—116,147—149,157页。

第十一章

其他形式的反智

1

美国的商业社会一再强调实用性，而这种实用性在美国人的生活中也随处可见，所以有时候人们难以弄清它们之间的先后关系。虽然对这种观念反复强调，在不同时期和各个阶级的表现形式有所区别，但是其主旋律却基本上是一个调子，很容易辨认出，而且许多不同的职业领域或者政治派别也都发出相同的声音。有大量证据表明人们对实用性非常重视，而且美国的大众文化中几乎一致相信实用性是日常生活所需，会让人们的生活更好，即使没有学校里教授的知识也没关系，甚至是离开了应用科学的知识也无所谓。人们始终都怀疑这些知识的价值，觉得它们只是一小部分特殊群体的专利，这些人因为矫揉造作和养尊处优而不受人们待见。

我们可以先来看看农民们的看法，因为在相当长的一段时间里，美国都是一个以农业为主的国家。在 18 世纪末，10 个美国人中大约有 9 个都是以务农为生；在 1820 年，这个比例是 7/10；直到 1880 年，农民还占到美国总人数的一半。在许多方面,美国农民和商人都差不多。虽然他们可能把务农看作一种生活方式,但是很快这种生活方式就与商业非常接近了,即使在运作模式上不完全相同,但是它们的发展目标是一致的。美国幅员辽阔,人口流动性强、不受传统束缚,新教徒积极进取的精神,都导致农业发展与商业观念以及投机风格相结合。农民往往想要获取比他们实际可以耕种面积更多的土地,期待从土地价格的上涨中获利,他们采取的是大范围粗放型的耕作方式,而不是精耕细作,大面积种植单一的经济作物,等土地因过度开垦变得贫瘠后将其出售,然后搬到下一个地方。早在 1813 年,卡莱罗那的约翰·泰勒(John Taylor)在他关于农业的文集《阿拉托》(Arator)中就说到,因为没有人精心地耕作,弗吉尼亚"几乎被毁了",并请求他的同胞:"不要杀了大地母亲,不是为了后世子孙,也不是为了上帝,而是为了你们自己。"19 世纪 30 年代,托克维尔说道:"美国人把他们的商业头脑融入农业生产中,在农业和其他各个领域,都可以发现他们做生意的热情。"[1]

农民对于什么是实用性有他们自己的理解,这主要体现在他们对农业科技进步和农业教育的态度。我们一般认为,在勤劳忙碌的农业社会人们通常不是很富裕,因此也很难找到愿意赞助艺术和文化教育的人,不过,他们至少会乐于接受那些会大力促进农业生产的应用科学。然而即使是后者,他们也认为没有多少用处。当然有一小部分人不这么想,但是大多数面朝黄土背朝天的农民对待农业科技的进步并不是很热心,这与他们的实用主义原则是相反的。

与美国社会中的其他领域一样,农业也是一个非常庞大而复杂的行业。但是,在从事农业的人群当中出现了一种本质上的阶级界限,这两类人的哲学观也存在分歧,他们就是 19 世纪初的自耕农与一小群乡绅农场主。这些乡绅一般都是大农场主,在大学里学过科学文化,从事专业的工作或者是商人,也可能是一些从农业以外的渠道获得收入的农业杂志编辑。他们爱好进行农业试验,经常阅读或者偶尔撰写相关主题的书籍,渴望利用科学知识提高农业效率,还成立了农业协会,加入或领导一些活动推广农业教育。他们当中的一些名人在其他领域也非常成功,其中包括康涅狄格州的牧师杰瑞德·艾略特(Jared Eliot),他在 1748 年到 1759 年间,完成了一部经典著作,名叫《新英格兰农业研究》(*Essay on Field Husbandry in New England*)。他的好友本杰明·富兰克林在新泽西州的伯灵顿附近也有一家农场,他希望可以借此赚一点儿钱,同时也能在这里做一些科学实验。华盛顿、杰弗逊、麦迪逊和约翰·泰勒,他们都可以算作这种有文化见识的农业家,希望把 18 世纪英国农业革命的成果推广到弗吉尼亚的农业活动中。此后的埃德蒙顿·鲁芬(Edmund Ruffin)是一个著名的钙肥专家,也是《农民杂志》(*Farmer's Register*)的编辑,他在后来成为一个强硬的南方分离主义者,在独立战争中打响了萨姆特堡的第一枪。在弗吉尼亚州之外,最积极推动农业发展的地方竟然不是农业区,而是耶鲁大学,因为在那里农业科学的发展是与高等化学的研究联系在一起的。在年轻的本杰明·西李曼(Benjamin Silliman)的带领下,耶鲁的科学家们致力于对土壤化学、作物与科学耕作的研究;西李曼之后的约翰·P. 诺顿(John P. Norton)、约翰·艾迪生·波特(John Addison Porter)和塞缪尔·W. 约翰逊(Samuel W. Johnson)等人,积极推广德国化学家尤斯图斯·李比希(Justus Liebig)在土壤科学方面的成果。伊利诺伊州的乔纳森·B. 透纳(Jonathan B. Turner)也毕业于耶鲁,他是推动提高农业教育的倡导者之一,1862 年《莫里尔法案》(Morrill Act)的通过主要是他的功劳,该法案保障了学术研究在工农业发展和国家建设中的作用得到彰显。在纽约州,自学成才的农业杂志编辑杰西·布尔(Jesse Buel)坚持要提高农业生产的标准。宾夕法尼亚的埃文·普尔（Evan Pugh）是一位优秀的植物学和植物化学研究者，他后来成为宾夕法尼亚农学院的院长，在 36 岁英年早逝前，也帮助推动了《莫里尔法案》的通过。

这些人将科学探索的热情与农业实践相结合，把公民的责任心与对农业收益的追求结合起来，他们是集智识与实际于一身的最佳例证。而且他们的工作并非没有得到群众的认可。他们的成果在乡绅农场主中得到了广泛推广——这些人是农业团体和农业展销会的支柱，农业期刊的读者，以及农业专业院校的赞助者。一本好的农业实务专著如果卖得好的话，可能会卖出一两万本。1/10 的农民订阅了农业期刊，虽然各地贫富不同，但是在内战前美国就已经大约有 50 多种农业杂志了。[2]

但是，这些农业进步的倡导者和乡绅农场主却遭到了自耕农的厌恶。这种厌恶有阶级方面的原因：乡绅组织和推广各种农业活动，而与他们相比，小农户则相形见绌。在乡镇的市集中，乡绅们往往会展示不计成本研制出来的新品种，而普通的农户只能望其项背。[3] 乡绅们也反对那些保守迷信，不接受创新的观念。美国的农民虽然在土地投机买卖、流动性或者使用新机械等方面与传统的农民不同，但是他们对农业教育或者在农业中运用科学这些方面的态度非常保守。因此，这些专业技术型农民和农业编辑感到自己处在一种即使不是充满敌意但也是遭到怀疑的环境中。富兰克林在给艾略特的信中写道："如果你周围的农民不愿意离开祖先开辟的道路，就像不愿意接近我一样，那么很难说服他们接受任何农业上的改进。"华盛顿满怀歉意地写信给农业部长亚瑟·扬（Arthur Young）说，美国的农民宁愿利用低廉的土地，而不愿意花费昂贵的劳动力，因此"太多的土地被开辟为农田，却没有被精心地耕作，提高它们的产量"。埃德蒙顿·鲁芬早期的一些实验遭到了邻居们的嘲笑，他说，"大部分的农民下定决心不学任何化学知识,不管它们多么简单"。布尔也抱怨说:"在农业改良方面,美国的农民似乎没有任何兴趣,也漠不关心,一方面可能是他们弄不清自己的职责或兴趣所在,另一方面可能是他们太愚蠢了,害怕其他人产量的提高会导致自己产量的下降。"1831 年,《美国农民》(*American Farmer*)杂志主编就说:"即使你递给他们一篇关于农业的文章,农民也不会看,就算他们听到别人在朗读里面的内容,他们也不会相信。"20 年后,英国著名的农业科学家詹姆斯·F. W. 约翰斯顿(James F. W. Johnston)在美国进行了巡回演讲后说,美国的农民"反对改革,更反感人家说他们因为不够聪明,所以跟不上时代"。在纽约,他们反对设立农学院,"因为没有必要在学校里教知识,把知识应用于农耕实践中的效果令人怀疑"[4]。

事实上,农民有很多东西可以向农业改革者们学习。即使是思想开明的农民也可能对作物的耕作、动物的养殖、植物营养学、合理种植和土壤化学等原理一无所知。许多农民依然迷信月相耕种——根据月亮的盈亏播种、收获和锄草。因此,他们的劳动是浪费体力、徒劳无果的。[5] 他们以一种"实践家"的姿态,借用"书本农耕法"一词,轻蔑地嘲讽这些纸上谈兵的农业教育改革者。有一个农民说,"这些人只知道照着书本种田,在我看来根本就不是农民……让那些把种田当作娱乐的人在田里实践……让那些有学问的人去留意个案、性别、心情和时态这些问题吧:我们要照料牲口、制作乳品、耕作田地、修护围栏"[6]。面对这种铺天盖地的偏见,农业改革者和农业杂志主编们发起了顽强的抵抗。布尔抗议到,在社会中的所有其他领域,不管是军事还是航海,法律还是医学,美国人都将教育看作一种有益的提高,而且也是必须的:[7]

　　然而, 说起农业, 它的收成完全依赖于上帝的赐予, 这个与我们几乎一切的生活都息息相关的领域，实际上比法律、医学、军事和航海更需要科学知识，然而我们既没有专业学校或相关教育，也没有政府的资助。许多在生活中相对次要的领域中，科学知识尚被视为不可或缺，而在这个如此重要、影响力如此之广的领域，却如此轻视教育，认为它的作用还不及小说家的虚构故事。在大多数情况下，我们都认同心智会对人们的生活产生积极影响，却忘记了在农业中，知识乃是最关键的因素，让这个世界充满了财富、道德与幸福。因为人为的不重视，农业在人们的心中已经沦为小丑一般卑微的行业，这有什么奇怪？

但是布尔认为，"阻碍农业进步的最大障碍是贬低农业科学的态度。有太多的人认为凡是与科学有关的内容都对畜牧业没用，或者根本无法被农民理解的"[8]。农业杂志主编的一再告诫和他们不懈地反击农民对"书本农耕法"的嘲讽，似乎证明了这一点。不是所有的农业杂志都无可挑剔，其中也不乏一些骗子。所以，他们要花大量时间澄清自己不是宣传与现实丝毫不沾边、纯粹理论的方法，或者解释大部分的文章出自那些身体力行的农民之笔。必须指出的是，1814年李比希关于土壤化学的著作在美国出版时，受到了农业改革者，甚至一些自耕农的广泛欢迎，《南方种植人》(*Southern Planter*)曾把他的发现称为"精妙的新理论"：[9]

李比希先生无疑是一位聪明绝顶的绅士和知识渊博的化学家，但是在我们看来，他对农业的了解与犁地的马相比差不多。所有弗吉尼亚在田里耕作的老农都可以告诉他，他那些精妙的理论和实际情况是截然不同的。

2

有鉴于上述对关于农业科学和教育的反对意见，农民们宁愿让孩子在田地里学习耕作，也不愿意送他们去接受学校的教育就毫不意外了。就算他们可能对农业教育有一点儿期望，但是他们更担心开建这样的学校可能会令他们的税赋增加。1827年，一位在《美国农民》杂志中发表文章宣传农业专科学校的作家发现，农民们都"极力地反对建立农业学校"[10]。1852年，一位读者写信给《新英格兰农民》，反对在马萨诸塞州创建农学院的提议，他认为该州90%身体力行的农民都会同意他的看法。总之，他非常清楚地表达了自己反对的理由：农学院对农民不会有什么帮助，他们会认为这是一个"华而不实、浪费钱的试验"，不会产生与它的花费成比例的效果，只会给"少部分人提供一个赚大钱的职位"，可是他们却没有任何经验，不够资格；这项计划的支持者希望富家子弟或士绅阶层能学一些农业知识。不过，"这种知识没法教，只能在实践中学习"[11]。

这些只是广大农村地区反对农业教育的冰山一角。西德尼·L. 杰克逊（Sidney L. Jackson）在分析了农民对建立农业学校的态度后说，在这场旨在提高总体文化水平的运动中，农民"不但没有帮上忙，反而成了障碍"[12]。在1862年《莫里尔法案》通过之前，主要是少数致力于农业改革的团体尝试着创建一些农学院，在一定程度上这也说明在这样一个急需农业知识的农业大国，直到联邦政府的介入，才有一些像样的农业教育推广。然而，《莫里尔法案》的通过并不是因为民众的支持，而是一群坚定的说客的努力争取。厄尔·D. 罗斯（Earle D. Ross）对这项政府赠地建立学校开授农业机械类课程的运动进行了深入的研究，结果发现"没有任何迹象显

示大众主动支持这个计划"。因为正值内战,媒体对这项法案的关注几乎
为零。连农业方面的报纸对此也没有什么兴趣,有些甚至都不知道它的
存在。[13]

刚开始,这项法案只不过是政府的一个善意的承诺,在接下来的 30 年
里改革者将发现,如果自己的观念过于超前,则很难开展实质性的改革。
其实,参议员莫里尔的提议是非常明智的。他意识到美国的土地已经因不
当开垦被大量浪费,而其他国家在农业和机械教育方面,远远领先于美国,
所以必须在美国推广农业试验,开展农业状况调查,农民必须学习农业科
学新知识,政府应该拿出让公有土地的收入建立农业机械学院,像先辈们
那样支持教育事业的发展。这么做不得干预各州的自治权,也不能影响任
何现有传统大学的教育。莫里尔的提案曾一度遭到派系政治的抵制,1859
年,布坎南(Buchanan)总统否决了政府拨地建设农学院的提议。不过三年
后,林肯总统签署批准了一个类似的法案。国会议员们也开始相信美国需
要进行农业改革,虽然大部分农民不这么认为。[14] 不幸的是,正如罗斯所
言,社会上并没有从教育的角度讨论政府拨地建设农学院这项措施。大部
分的反对者认为它是违法宪法的,纠缠于一些琐碎的细节,以至于国会通
过的这项法案,并不足以反映农民的心声。

法案一经通过,这些政府拨地建设的学院就遭遇了各种困难,其中包
括现有大学的嫉妒不满,以及美国人更倾向于多样化的教育体制,而不是
执行政府统一规定的教育制度。此外,学校在招聘教职员时遇到了出乎想
象的困难。传统大学培养出来的老一代学者通常不能接受农业机械专科
教育这种新生事物,认为它们算不上真正的"大学教育",有时还抵制这种
新的大学模式。除了教育界本身,社会中的其他人,如固执己见的农民和
群众领袖也对此提出反对,它们坚持认为"科学对农民来说没有任何实际

价值"。罗斯指出,"农民才是最不认可和接受农业专业教育的一群人"。即使他们不再抵制农业教育,他们也反对通过大学的学习或者科学实验获得农业知识,认为应该通过实际耕种总结经验。威斯康辛州的农场主说,每一个行业都应该由实际从事这项职业的人指导人们该怎么做。"教士教教士,律师教律师,技工教技工,农民教农民。"一些州的州长希望农学院的教育可以尽可能远离传统大学中推行的通识教育。例如,俄亥俄州州长表示他希望农学院能教一些"实用朴实的知识,不要过于理论或者学术性";得克萨斯州的州长期望农学院的办学宗旨应该是"培养和教育从事农业活动的劳动者";印第安纳州州长则认为任何高等教育都会阻碍人们开展诚实的劳动。[16]

事实胜于雄辩:没有多少农民送孩子上大学。如果他们的孩子真的进了大学,那也是他们想找个机会不再从事农业,通常他们会选择工程专业。因此,在很长的一段时间里,农业大学的学生人数都很少,其中学习"机械技能"的学生,例如工程学,远超过主修农业的学生,而且比例逐年增加,从两倍增加到三倍、四倍,甚至五倍。直到1887年《哈奇法案》(Hatch Act)的通过,"农学"教育的状况才有所改善。根据这项法案,联邦政府在各地设立工作站,加强与农学院的密切合作,改善科研设施和条件。到19世纪90年代,农学院逐渐发展壮大,最终在科学培养农业人才方面发挥重要贡献。

政府赠地建大学的另一个缺点在于这项制度是自上而下的,国会没有制定条例发展农村地区的中学教育,使它们的毕业生可以达到农学院的录取标准。1917年颁布的《斯密斯—休斯法》弥补了这个缺陷,根据该法案,联邦政府应补贴中等农业职业教育。经过了1873—1897年间通货紧缩造成的长时间萧条,农业的复苏也给农业教育的发展带来了转机。利润的提高促使农民开始考虑学习经营管理、动物养殖、土壤科学和农业经济等方面的知识。机械化的发展也让他们不再非得让孩子帮忙做农活。农业专业的学生数量不断增长,到 1905 年后更加快了脚步,在第一次世界大战前夕,农业学生的人数几乎等于工程专业的学生数。据小罗斯福总统的农业部副部长 M. L. 威尔逊(M. L. Wilson)的回忆,他的家乡艾奥瓦一向鄙视从农业教育中学习耕种,直到 20 世纪初,也就是他二十几岁时才出现改变:[17]

20 世纪开始后不久,农业科学在农民中掀起了一场革命。当我在 1902 年去艾姆斯学习农业时,虽然我不是艾奥瓦老家第一个上大学的,但却是第一个念农学专业的。 10 年或者 15 年后,只要经济上负担得起,农民们都去念农学了。

I. L. 坎德尔(I. L. Kandel)在 1917 年对这个情况做了一番调查,他说"莫里尔参议员和他的支持者最初是为了发展农业科学才提议政府赠地建立农学院,但是直到 50 多年后的今天,才逐渐实现他们当初的愿望"[18],这么说非常有道理。

那些认为农业机械学院不是发展知识文化中心的读者,也许会质疑它们的作用以及对用这么多篇幅对它们加以介绍的目的。我并不想混淆创建农学院的目的,它们只是为了把职业教育和应用科学与实践相结合,产生一些实际成效。在我看来,这个目标非常合理。这里需要指出的是,农业改革者们经过了一个世纪坚持不懈的努力,才让众多顽固的农民改变了理论对实际没有任何用途的观念,使他们意识到智识教育与实践的结合是多么重要。

3

　　把务农描述一种"自然"的生活方式的确名副其实,所以务农的人担
心如果他们花太多时间去理会那些农业专家的话,钻研书本上的科学耕作
方法,也许会得不偿失。但是对于从事工业的劳动阶层,情况却恰好相反,
在别人的眼中,他们的生活方式与"自然"无关,他们需要培养某种自我意
识和组织纪律,才能正确面对自己的境遇。从一开始,对智识与工人运动
之间的关系就不只是农民对智识进行抵触那么简单。比利时劳动党领袖
亨利·德曼(Henri de Man)在他杰出的著作《社会主义的心理学分析》
(*The Psychology of Socialism*)中说道:"工人运动如果缺乏知识分子阶层的
参与和他们的关注,这项运动充其量就是一种利益的体现,把无产阶级变
成一种新的中产阶级。"[19] 从这个角度来说虽然有些讽刺,但是美国工人运
动的目的确实是要把无产阶级,变成中产阶级。与其他国家一样,美国工
人运动的发起者其实是知识分子。但是后来,工人阶级形成了自己鲜明的
特色后,和知识分子分道扬镳了。如果不是经历了一种奇怪的逻辑论证,
美国不可能发展出一个工人领导团队,最终创建了代表工人利益的组织。
首先,知识分子的影响和他们对资本主义制度的批评,让工人意识到要发
动一场工人运动反对资本主义;但是,在接下来的运动中知识分子的影响
逐渐减弱,在排除了其中干扰和多余的部分之后,他们专注于建立提高劳
动者工作意识的工会组织,并不断壮大最终稳定下来,形成一股可以与资
方抗衡的力量。

　　从历史上看,美国的工人运动最初并不是狭隘地局限于工作待遇、薪
资谈判和罢工等问题,不过这些最终都成为核心诉求。中产阶级领导层的

立场、改革理论家提出的主张、工会成员对提高阶级地位或对社会发生彻底变革的希望,都影响着工人运动的开展。早期的工人运动包含某种运动就是灵丹妙药的幻想,似乎与其他改革或思潮一样,可以解决一切社会问题,例如土地改革、反垄断、农民发起的反对绿钞回收的绿钞运动(Greenbackism)、农业生产者合作社、马克思主义、亨利·乔治提出的政府所有收入的增加应该都来自土地税等。然而,工人运动的发展一直没有什么起色,也没有形成一种固定的组织形式,直到 75 年后在注重实用主义的塞缪尔·冈珀斯(Samuel Gompers)和阿道夫·斯特拉瑟(Adolph Strasser)的带领下,才把工人运动的重点集中在改善工作条件和提高薪资待遇,建立了强大的工会组织,希望可以凭借工人掌握的专业技能在劳动力市场中占据主动权。

工会形成之初受到了社会主义思想的许多影响,斯特拉瑟本身就是一个社会主义者,而冈珀斯则是美国劳工联合会的精神领袖。虽然有些言不由衷,但是冈珀斯还是在自传里提到了在年轻时,社会主义思想对自己的影响:

> 许多工会运动的奠基人都曾受到社会主义影响,而后他们找到了工会运动更合理的发展道路……他们都是些有远见的人……如果这些人能够跳出纯粹社会主义的模式,那么社会主义的实践是有建设性的,因为它们有助于工人们真正地了解自己的实际责任,明白具体的目标只是实现更高精神追求的工具。

可是,虽然社会主义向这些人展示了发起工人运动的可能性,但是工人运动的实践却让他们意识到社会主义在美国根本不可行。从工人运动一开始,冈珀斯就不得不与"追求时尚的人、改革者和热衷于轰动效应的人"作斗争,他用这些词来称呼那些成天鼓吹工人运动的意识形态倡导者;但是这些人曾一度是他最大的敌人。1894 年,正是因为社会主义者的反对,令他在美国劳工联合会的主席竞选中败北,这也是他唯一一次没有连任成功。他坚持认为"工人运动的领导者的身心必须亲自参与过劳动,他的所得必须来自勤劳的付出","我担心联合知识分子开展运动是有危险的,因为这些人不懂工人运动的实践就是生命的实践"。[20]

知识分子与冈珀斯这样的工人领袖间的关系之所以非常疏远,是因为他们彼此对工人运动的期待完全不同。知识分子把工人运动当作实现一种更高目标——社会主义,或者某种社会制度的重建——的手段。他们本身来自工人运动之外,不属于工人阶级。总的说来,他们鄙视大部分工人运动领袖和普通技术工人渴望得到的中产阶级社会地位。美国劳工联合会这样的组织诉求的是维持劳动者生计等基本需求,与他们的理想相去甚远,而且他们一直看不起组织的领导者。我们不妨把工会领导者看成是白手起家、靠自己本事吃饭的人,从这个角度说,他们与实业企业的员工没多大区别。在知识分子的一次较量中,斯特拉瑟说:"我们都是注重实际的人。"[21] 他们都来自工人阶级,永远会抱有这样的希望,即终有一天劳动者可以享受与商人一样的社会地位。反对资本主义和反垄断的思想观念对他们并不陌生,但是与知识分子不同的是,他们并不了解先锋政治和美学理论中对中产阶级文化的深刻批判。他们都是热爱国家,热爱家庭的人,也可能是共和党或民主党的优秀党员。[22] 他们早年与知识分子——或者那些他们自认为是知识分子的人——交往的经历令他们对后者产生怀疑。首先,在工人运动内部存在对社会主义的争论。学院派经济学家[23] 不断的质疑声令工人运动的领导者深感痛心,他们在很长一段时间里几乎是站在了工人阶级的对立面,用冈珀斯的话说,这些教授"是工人们既公开又隐匿的敌人","一群赶时髦、娘娘腔的理论家"。最终,在 20 世纪初,工人们最终将以"科学管理"为口号的运动视为一种严重的威胁。冈珀斯也把该运动的领导者看成是"学院的观察者"和"知识分子",这些人想尽可能调动工人的力量,然后把他们抛弃。这样做不会给工人运动带来任何好处,[24]因为它们正在努力地抗争,力求在不利的环境中立足,而在 1900 年之前,这主要是知识分子造成的。那些没有恶意的人虽然也可以被看作盟友,但是也会被认为是不聪明或者不受欢迎的。直到进步时代,大批中产阶级的知识分子才开始支持工人阶级的事业,而直至"新政",两者才形成了一种不那么牢固的联盟关系。[25]

自冈珀斯之后的年月,工会逐渐发展壮大,以至于这么庞大复杂的机构必须聘请法律、精算、经济方面的专家,组建科研宣传团队,开展公关游说活动,并完善机构内部的培训体系。通过这种方式,领导全国 1800 万成员的工会领袖,就成了雇佣大量知识分子的老板。但是在工会总部工作的知识分子并不比在其他地方工作的更加自在,事实上,他们与工会领袖间的关系跟企业中的知识分子与公司老板间的关系,并没有什么不同。

总体来说,来自三个方面的压力迫使他们与工会疏远。首先是一种对改革的渴望,这可能只适用于部分人,这些人可能出于意识形态的原因才会把在工会工作作为首选。不过,他们迟早会发现工会运动不会因为自己而变得更加激进,反而是自己被权力层同化,最终成为领导权威的支持者。这些在工会中工作的专家不可避免地幻想破灭,意识到自己所在的环境希望利用他的才华,却不想按照他的意愿行事。(这些专家满怀传教士般的热情接受了工会的工作,他们的报酬往往不及外面那些"利己主义"的从业者。)第二个原因是他们对科研的专业精神和对真理的客观态度,有时与将自己视为"战斗组织"的工会所坚持的要务,或者与工会领导者所认为的当务之急产生冲突。一位专家抱怨自己在工会的同事道:"他们对如何使用数据资料不上心。"[26]

> 他们根本不在乎。 他们是相对主义者,认为不存在绝对的真相或者客观的科学事实。 或者,他们认为追寻真理太困难了,所以就放弃了,还给自己找了个借口说:"谁会在乎真理呢? 难道是管理者吗?"从本质上说,这是因为他们持有一种马克思主义的观点或者社会改革的立场。 一切都是以自身利益为出发点……他们的愿望就是工会领袖偏向他们的观点……有时我甚至想要是当初能到大学里教书就好了。

这些专家总是去探寻那些不被人们接受的真相,或者逼着工会领袖面对他们不愿看到的现实,无论是法律方面的还是经济方面的。从这点来说,人们既讨厌他们,但也离不开他们。工人杂志的主编也许想把杂志办成一个知识分子可以发表批判观点的平台,但是工会领导却希望杂志多刊登一些在派系冲突中站队正确的文章。工会中负责工人教育培训的人或许希望工人能多接触些类似于通识教育的知识文化,但是工会领导却只想给工人灌输一些简单的思想,保证他们在意识形态上不犯错。

最后一个原因可能完全是个人的,知识分子专家的教育背景和他们的文化环境造成了这种疏离感。他们不属于这个圈子,他们无法融入其中,如果不是因为他们的知识技能,工会不会需要他们。工会办公室里总是能听到对他们的抱怨,就像车间里的人一样,都觉得他们很讨厌,连扶轮社[27]

的会议上都有人说："这些恃才傲物的人……你不会想和他们一起共事……没有人喜欢他们……我们和他们不是同一类人。我们与他们不会喜欢同一种类型的女人……"

工会领导对这些知识分子的态度既爱又恨,在一定程度上,与商界和社会上大部分人对他们的态度是一致的。正如哈罗德·威伦斯基(Harold Wilensky)在对工会中的专家进行研究后发现,工会领袖有时被知识分子展现的专业知识震慑住或吓坏了,有时又对他们无比仰慕。但是,他们会用轻蔑的态度安慰自己,说这些专家即使不是怪人,也是不切实际的。一位吹嘘"我是在社会大学里长大的"工会高级官员在谈到对知识分子复杂的感情时,又以同样自豪的神情说:"我告诉过我的儿子,在大学里要学习劳动法!"有时候,工会里那些非知识分子也怨声载道,言语中透露出对知识分子的嫉妒:"为什么这些混蛋可以做这么轻松的差事……而我却要辛苦地到普通工人中间做这些破事儿。每天晚上我都要去参加各地的工会会议,而他们却坐在办公桌前,写这些乱七八糟的东西。"和商人一样,工会领导极力宣传实践经验的重要性——亲身从事劳动或者参与工会活动。"从书本中你学不到这些知识。经验是无可替代的。"工会领袖一路打拼,不懈努力才有了今天的成果;而那些专家从未参加过任何活动,这些自负的后来者无法理解劳动斗争是多么艰辛,也不能了解劳动者的内心,因为他们没有亲自参与。"你们对知识的认识……太天真。虽然你们学过法律,毕业于哈佛、耶鲁或者类似的学校,但是你们不能理解工人们的心声。"在这种情况下,难怪这些专家经常会遭到怀疑,而不得不尽量保持低调,有时还要隐藏自己真实的想法。虽然他们的工作环境在许多方面是非常激动人心和和善的,但是用一个研究该问题的学者的话说,这种环境中普遍存在一种"反智"的情绪。[28]

4

以"中产积极"为目标的美国工人运动与知识分子不能完全走到一起，也并不是一个意外。但是在非共产主义的左派中间，尤其是社会主义政党中也类似地出现对知识分子的怀疑，则令人感到奇怪，因为知识分子曾对他们产生了非常大的影响。不过，如果说社会主义政党是一股"反智"的力量，或者他们对知识分子不怀好意，则有失公允。从 1900 年到 1914年，美国社会主义政党中吸收了大量的知识分子，他们的支持是非常重要的，他们所写的文章为该党带来了巨大的威望，成功地扩大了它的影响力。他们中除了专门揭露社会黑幕的厄普顿·辛克莱和约翰·斯柏尔（John Spargo），还有一些作家，如路易斯·布丹（Louis B. Boudin）、W. J. 根特（W. J. Ghent）、罗伯特·亨特（Robert Hunter）、阿尔吉·M. 西蒙斯（Algie M. Simons）和威廉·英格利什·沃林（William English Walling）。他们的作品对社会主义或美国社会的方方面面都进行了深刻的批评，至今仍然值得一读。与后来的共产党不同，社会党坚持党内不能只有一种声音，并形成了一套有别于马克思主义的理论。美国社会党的党员非常多元化，来自不同的背景，思想上也很开放，鼓励探索创新，有些支持者甚至赋予了它一些波西米亚的气息。一份社会主义的杂志宣传道："《群众》很有幽默感……享受这场革命吧。"

但是，即使在社会主义政党内部，也有一种对无产阶级意识的狂热崇拜。在该党内部不断的冲突中，知识分子常被冠以"中产阶级学者"之名，并被不公平地与真正的无产者进行比较，而后者才是社会主义运动的主力军。（每当人们讨论革命热情时，知识分子又多半被归为左派而不是右派。)因此当这些出身中产阶级或者甚至富裕家庭的知识分子,[29] 想要在思想上放下身段,去迎合马克思主义无产阶级理想时,难免要贬低自己,自我异化,与真实的自己分离。这样一来,党内的反智派自然不乏主动接近他们的知识分子。[30] 根特就是他们中的一员,他认为《群众》(*Masses*)杂志对不同的思想意见太包容,内容太不严肃了,连让工人们信仰社会主义这么基本的事都做不到:

> 该杂志的主题无所不包,内容涉及社会主义、无政府主义、共产主义、立体主义、性别主义、宣扬爱尔兰独立的辛芬运动(Sinn Feinism)、采取直接行动和破坏行动。这就是一群乱七八糟的人组成的小团体的杰作,他们盲目地崇拜异类,疯狂地追求终将成为泡影的新奇玩意。

另一个知识分子罗伯特·里夫斯·拉·拉蒙特(Robert Rives La Monte)认为,虽然社会党需要大量的智识,但是智识不应该等同于接受过"传统的中产阶级教育"。因此他总结到,在合理的程度内怀疑知识分子和只会夸夸其谈的社会主义者,"将有助于把无产阶级发展为一个成熟的阶级"[31]。社会党内的右派乔治·H.戈贝尔(George H. Goebel)同意这个观点。如果要在知识分子、牧师、教授和工人中选出工人阶级的代表,戈贝尔说,他肯定会选择"那些来自工人阶级,每天接触实际工作、与困难作斗争的人"[32]。

社会党内对知识分子最大的反对声不是来自右派,也不是自我异化的知识分子,而是摆出一副一无所有无产者的架势,深受 IWW(世界产业工人联合会)影响的西部各州的党员。俄勒冈分支是其中的代表。据说,

1912 年在印第安纳波利斯召开的党大会中,俄勒冈的代表拒绝在铺有桌布的餐厅用餐。该州党支部书记托马斯·斯莱登(Thomas Sladden)曾把俄勒冈总部办公室痰盂吐的痰盂拿走,因为他认为无产阶级的硬汉不需要这些假斯文的东西。斯莱登还在《国际社会主义评论》(*International Socialist Review*)中痛斥知识分子。在他看来,社会主义运动只属于工人阶级。社会党和工会"要么听从于那些为了生存斗争的无产者,要不就和他们分道扬镳"。他还对真正的社会主义无产者进行了一番解释:[33]

> 他们有自己的语言,不同于一般的社会的语言,他们没有文化,也不注重外表打扮。他们遵守一套不被社会认可的道德规范,信仰一种在各种教会中都没有宣扬的宗教,那就是仇恨……他们的智慧是知识分子所不能理解的,因为这些人出身、成长和生活的环境都与他们不同。
>
> 与森林中性情灵敏的野兽一样,他们的眼睛雪亮听觉机敏,时刻保持警惕,天生好疑,有一股不服输的精神……他们能把弱小的知识分子和假装高贵的人撕得粉碎,根据全面的调查,他们把是非曲直弄得一清二楚。
>
> 这就是真正的无产阶级……他们几乎没有受过教育,没有教养,也不在乎别人的眼光。他们的人生历练就是他们学习知识的地方。

从中可以看出,对无产阶级意识的狂热崇拜似乎与某种原始风格结合在一起,是同样来自西部的小说家杰克·伦敦未能成功嫁接到社会主义运动的一种特征。温和派的领导者尤金·V. 德布兹(Eugene V. Debs)的立场也许更能代表社会党中非知识分子的心态。在注意到许多社会主义者对知识分子冷嘲热讽,仿佛他们是不速之客,不属于社会主义者中的一分子后,德布兹抗议到,不应该一提到"知识分子"这个词就横加指责。社会主义运动需要知识分子,社会主义政党也应该把他们吸收到党内。对德布兹来说重要的是,"党内的干部、代表和公职的候选人应该从工人阶级中选取,知识分子担任党内的职务应该是少数情况,因为他们也是普通党员的一部分"。工会组织不应该由知识分子领导,正如知识分子的组织不应该由工人领导一样。德布兹认为,工人有足够的能力胜任党内的管理职位。他担心如果知识分子占据这些职位,就会出现他害怕社会主义运动中出现的阶级分化和官僚气息。与杰克逊主义者一样,他也承认自己认同"轮流任职"的做法。"我承认我反对官僚主义,害怕官僚主义的作风。"[34]

5

虽然社会党相当包容和多元,但是美国的共产党则不然:它要求党内所有的文章都要严格遵守该党的一贯原则。此外,在"一战"前的社会党正处于发展最活跃的时期,当时加入的知识分子都深受马克思主义影响,并且按照自己的理解对马克思主义解读,他们以理论家的身份成为社会党中的领导者。然而共产党中有相当多的人是对马克思主义及其原则所知甚少的文学家或者文艺批评家,他们愿意——至少在一段时间内——完全接受该党的思想原则。随着 20 世纪 30 年代,共产党影响力逐渐深入,党内出现了一些反智的倾向,尤其是对无产阶级意识的狂热崇拜已经成为主导力量,在社会党中这种情况绝对很少出现。因此,在道德的权衡中,两党的差别很大:在社会党内,真正的无产阶级对知识分子在党内拥有这么大的影响力感到不满;在共产党内,知识分子因为自己不是工人出身或者不是从事工人的工作而感到苦恼。

美国早期的一些激进派如爱德华·贝勒米(Edward Bellamy)、亨利·德马雷斯特·罗伊德(Henry Demarest Lloyd),有时会对工人阶级摆出一副居高临下的姿态,仿佛是他们的监护人。但是到了 20 世纪 30 年代,美国许多作家却被一种致命的伤感情绪所笼罩,认为工人阶级遭受的苦难和担负的"历史使命",使他们与中产阶级知识分子在一起时,天生就有一种莫大的道德优越感。所以,很多知识分子因为自己的阶级出身和中产阶级的个性自惭形秽,认为必须要为党作出一些贡献才能洗刷自己的"罪恶"。美国共产党虽然清楚知识分子的作用,也明白那么多善于独立思考的人加入党内,如果不加约束是危险的,因此就利用他们的愧疚心理和"罪恶感"来让他们顺从。一方面,给这些人在一小群人面前表达政治信仰的舞台;另一方面,利用他们心理上的弱点防止他们偏离党纲。采用这样的策略,结果有好有坏:虽然该党德莱塞、辛克莱尔、斯坦贝克、海明威、麦克里希和多斯·帕索斯(Dos Passos)这些作家的才华和声望是共产党梦寐以求的,但是他们也最难管束,最不愿老老实实地服从那些规定原则。一些名气不大,需要政党为他们提供接触大众机会的作家则较为顺从,即使对政党而言,他们还可以更听话一点儿。保罗·罗森菲尔德(Paul Rosenfeld)在1933 年不满地说到,这些作家已经忘记自己作为文学家对社会的责任,竞相"向共产党及其他所有政党所代表的庸俗妥协"[35]。

如果布尔什维克纪律的核心思想要想在美国激进派作家脑海中生根,那么在《群众》杂志时期盛行的波西米亚风格必须被消除。必须让作家们明白波西米亚风格和各种从个人角度提出的反抗都是不严肃、不重要和神经质的。曾经的波西米亚式的叛逆青年约翰·里德(John Reed)首先作出表率。他曾说，"阶级斗争会把你们的诗歌搞得一塌糊涂"，即使不会，诗歌也必须被抛弃。他还在另一个场合中宣称，"布尔什维克主义不是只为知识分子，而是为了所有人而存在"。他还对孟什维克理论家说："你们这些人都不是活生生的存在；你们充其量不过是只知道读马克思的学究。我们需要的是一场革命，我们将要发起革命——不是拿起书本，而是枪杆子。"可惜里德过早离世，所以无法验证他所说的内容。在他死后，抨击知识分子的任务交到了迈克尔·古尔德（Michael Gold）的手中，多年来，他一直是共产党内的"打手"。与其他左翼知识分子相比，他在阶级意识方面的自我改造走得更远。[36]弗洛伊德·戴尔（Floyd Dell）是一位共产党的支持者，也是一位无可救药的波西米亚式的作家，他认为"身为文人的古尔德，因为某种难以言喻的原因，为自己不是工人而感到羞愧……所有每当遇见他们时，他总是充满了敬畏，对他们大加称赞"。不过，戴尔之后的作家却很清楚古尔德为什么会感到羞愧和心生敬畏。

在全国都推崇实用性、男子气概和朴素风格的大背景下，美国共产党对知识分子的用途的看法确实有些让人感到讽刺。有意思的是，虽然在措辞上有些改变，但实质上他们对知识分子的态度与商人对他们的态度没什么不同。对于共产党来说，只有一个重要且实际的任务——发动革命。其他任何事情都是次要的；如果艺术和智识无助于革命，它们就毫无价值。正如该党一贯所描述的那样，如果作家无法为革命服务，那么他们就会被指责为资产阶级服务的文艺娼妓：他们是"妓女中最年老、最德高望重的"，用一位纯正的无产阶级年轻作家的话说，他们是"文学寄生虫……喷了香水的妓女，为了区区一点儿钱，就东施效颦地扭捏作态"。

革命不仅需要高尚的道德，还需要刚毅的男子汉气概，而后者正是许多知识分子所缺乏的。因此，政治活动对实用性和男子气概的需求再次与没有实际价值的美学产生冲突。一位党内干部在提到一位作家写的诗歌和短篇小说时,说它们不过是他工作之余的"爱好",这令这位作家大吃一惊,因为它充分说明了共产党根本不重视文人,认为文学是不严肃的。最糟糕的是,不愿在作品中展现阶级斗争残酷现实的作家,都被视为缺乏男子气概。党内的知识分子对此意见不一,但是他们中最强硬的作家则严厉地谴责这些人文主义文学家,攻击他们的作品是"童话文学"。古尔德曾告诉辛克莱尔·刘易斯,这类作家其实是心怀"疯狂的妒忌",因为他们的"性体验"被剥夺了。古尔德与小说家桑顿·怀尔德(Thornton Wilder)之间曾有过一次著名的口水战,他说怀尔德的小说"宣扬的是七拼八凑半吊子的价值观,没有真正的血肉和灵魂,就像是一群做着白日梦的同性恋,穿着优雅的长袍在花丛中闲逛"。

在这种斗争最激烈的时候,那些试图创造出一种共产主义文学的人希望无产阶级作家能够写一写——用古尔德的话说——"无产阶级现实主义"的文学作品,因为这些是资产阶级作家无法创作的。这些工人出身的作家中有一位呼吁,让美国共产党的党刊《新群众》(*New Masses*)成为"伐木工、季节工人、矿工、小职员、机械员、铁路护路工、餐厅服务员的刊物,他们可以投稿也可以阅读,对我们来说,他们应该比那些拿稿费耍笔杆子的人更重要"。"也许这些内容很粗糙,可是我们刚刚结束工作,才把脸洗干净。我们有什么好害怕的?害怕那些文学评论家吗?怕他们说《新群众》里的文章语法错误太多吗?真该死,哥们,到街边报刊亭里去找那些文法通顺的垃圾吧。"这样的话往往会让作家们对无产阶级运动敬而远之。共产党"对极端无产阶级意识的迷恋,不能包容其他的思想,鄙视其他类型的文学作品和批评文章,不允许人们畅所欲言公开讨论",都令作家们与这个组织逐渐疏远。

　　这些差异说明共产党在对待作家和其他知识分子时面临着一个重要的问题：既迫切希望利用他们的价值，又无法控制他们。古尔德的文锋犀利，曾令一些支持共产党的知识分子也与该党保持距离，即使是他本人，有时也对党内领袖对作家的态度深感焦虑。他承认，知识分子太容易产生自己是局外人的感觉："'知识分子'这个词已经成了'混蛋'的代名词，在美国工厂主义运动中确实存在对他们的敌视。"在党内斗争中，有些党员有时会利用这种情绪作为斗争的武器：根据约瑟夫·弗里曼（Joseph Freeman）的回忆，在20世纪20年代的一次派系冲突中，福斯特派与洛夫斯通派打起了口水仗，指责后者是一群大学生、资产阶级和犹太人。这种敌对的情绪产生了严重的后果。在"莫斯科大审判"期间，马尔科姆·考利（Malcom Cowley）作为一家立场中立、重要的都市周刊的主编，严肃地对托洛斯基批评道："我从不会喜欢像他这样来自大城市的知识分子，他们把每个人的问题都简化为粗略的三段论逻辑，而且自认为所有观点都是对的……"

　　那些激进的作家都曾一度接受过共产党规定的章程，哪怕是很短的一段时间，因此他们必然会认同知识分子和培养他们的机构都是不好的。约翰·多斯·帕索斯在"一战"期间写道："我想我们都是多少有一点是反知识分子的，在茶桌前高谈阔论我们的信仰和那些激进的看法……我希望打倒那些大学毕业、面容姣好的年轻人，他们满脑子都是枯燥乏味的腐朽文化和中产阶级的势利。"吉纳维芙·塔格特（Genevieve Taggard）认为，在革命这项紧迫的"实际"任务下，作家没有任何用途：

　　　　干革命要靠实际的人。　当你想要组建一支队伍或者推行"新经济政策"时，　没有什么人比这些眼神迷惘的人更讨厌。如果我领导革命，我会立刻把所有的艺术家都踢出革命的队伍；我相信辛勤的劳动一定会获得大丰收。 作为一个艺术家，我应该像一个乖孩子那样，如果妈妈正在忙着做家务，应该自觉地不去打扰她。 我不想成为革命路上的障碍，我希望在革命成功后，我可以有一个不受打扰的位置就可以了。

许多参与革命的作家都相信，反对资产阶级就是反对资产阶级对文化知识的不敬与压迫，至少在他们看来是这样的。但是不管人们选择哪一条道路，总有一个实际的问题要先解决：是坚持资产阶级工业化还是执行苏联的新经济政策，是追求个人成功还是要组建"队伍闹革命"。

注 释

1. 泰勒,《阿拉托》(*Arator*),乔治城,1813 年,第 76—77 页;亚历克西·德.托克维尔(Alexis de Tocqueville),《论美国的民主》(*Democracy in America*)第 2 卷,纽约,1945 年,第 157 页,在《改革的年代》(*The Age of Reform*)第 2 章,纽约,1955 年,我曾评价过美国农业中的商业元素。

2. 关于农业期刊的数量,见得阿尔伯·L.莫利(Albert L. Demaree),《美国农业出版物 1819—1860》(*The American Agricultural Press*,1819—1860),纽约,1941 年,第 17—19 页。有关书籍和期刊的内容,见保罗·W.盖茨(Paul W. Gates),《农业时代:农业,1815—1860》(*The Farmer's Age: Agriculture*,1815—1860),纽约,1960 年,第 343,356 页。

3. 有关交易会的内容,见盖茨,同上,第 312—315 页;比较 W.C.尼利(W. C. Neely),《农业交易会》(*The Agricultural Fair*),纽约,1935 年,第 30,35,42—45,71,183 页;P.W.比德维尔(P. W. Bidwell)和 J.I.法尔克纳(J. I. Falconer),《美国北部地区农业史》(*History of Agriculture in the Northern United States*),第 186—193 页。

4. 凯尔乐·范多伦(Carl Van Doren),《本杰明·富兰克林》(*Benjamin Franklin*),纽约,1938 年,第 178 页;P.W.比德维尔(P. W. Bidwell)和 J.I.法尔克纳(J. I. Falconer),同上,第 119 页;艾弗里·O.克雷文(Avery O. Craven),《埃德蒙顿·鲁芬,南方人》(*Edmund Ruffin, Southerner*),纽约,1932 年,第 58 页;哈里·J.卡门(Harry J. Carmen)编,《杰西·布尔:农业改革家》(*Jesse Buel: Agricultural Reformer*),纽约,1947 年,第 10 页;艾伯特·L.得莫利(Albert L. Demaree),同上,第 38 页;詹姆斯·F.W.约翰斯顿(James F. W. Johnston),《北美笔记:农业,经济与社会》(*Notes on North America: Agricultural, Economic, and Social*,Edinburgh)第 2 卷,1851 年,第 281 页。

5. 得莫利,同上,第 4—6,10,48—49 页。关于过度浪费的耕作,见盖茨,同上,他从区域特点和民族特性两方面进行了分析。

6. 理查德·巴道夫(Richard Bardolph),《农业文献与早期的伊利诺伊州农民》(*Agricultural Literature and the Early Illinois Farmers*),厄巴纳,1948 年,第 14 页;比较第 13,103 页。

7. 卡门,同上,第 249—250 页。另见文章,第 234—254 页,以及布尔的评论《论改进畜牧业的必要性与方法》(*On the Necessity and Means of Improving Husbandry*),第 8—21 页。

8. 卡门,同上,第 53 页。对身体力行的农民过于重视实践而轻视教育的态度,另一个编辑做出了温和的回应,见《为〈书本耕种的农民〉致歉》(*An Apology for Book Farmers*),《农民杂志》(*Farmer's Register*)第 2 期,1834 年 6 月,第 16—19 页;比较《书本农耕法》,《农民杂志》第 1 期,1834 年 5 月,第 743 页。

9. 得莫利,同上,第 67 页。关于自耕农与有关农业的书籍,见 113—116 页;比较西德尼·L.杰克逊(Sidney L. Jackson),《美国为自由教育而战》(*America's Struggle for Free Schools*),华盛顿,1940 年,第 111—114,

142—144 页。最受农民欢迎的世俗读物似乎是他们的历书,古老的历书往往迎合了他们反智的情绪,里面有一些生动的轶事或诗歌描写了知识分子多么不切实际和愚蠢。杰克逊,同上,第 12—13 页。

10. 盖茨,同上,第 358—60 页。

11. 《农学院》在《新英格兰农民》杂志第 4 期,1852 年 6 月重印,第 267—268 页;同上,第 250—252 页。

12. 杰克逊,同上,第 172 页;比较,第 113,127 页。

13. 1852 年耶鲁大学教授约翰·P. 诺顿(John P. Norton)写道:"如果任意选出 6 个州要在今年内成立农业学校或学院,若主要是各州资助建立图书馆、设施、图书馆、设备、校舍和土地,那么在整个北美大陆都找不到足够数量的教职人员。"他甚至怀疑仅仅是在纽约建立一所这样的学校,都凑不齐能够"胜任的教职员"。得莫利,同上,第 245 页。

有关改善农业教育的简史,见 A. C. 特鲁(A. C. True),《美国农业教育史 1785—1925》(A History of Agricultural Education in the United States, 1785—1925),华盛顿,1929 年。1851 年,爱德华·希区柯克(Edward Hitchcock)替马萨诸塞州议会做了一个有关欧洲农业教育的调查,结果发现与欧洲的许多国家相比,美国的许多州都相当落后,尤其是法国和德国。

14. 厄尔·D. 罗斯(Earle D. Ross),《民主的大学》(Democracy's College),埃姆斯,1942 年,第 66 页。

15. 明尼苏达州参议员赖斯(Rice)在国会辩论中反对政府拨地建立大学,算得上是不同的声音:"如果你们愿意建立农学院,倒不如给每个农民 160 英亩的土地,那就是他们自己的大学……但是联邦政府不应该把土地分配给各州,让他们以牺牲公众利益为代价培养那些富家子弟。我们不要那种华而不实的农民,我们也不要那些华而不实的机械工……"I. L. 坎德尔(I. L. Kandel),《联邦政府资助的职业教育》(Federal Aid for Vocational Education),纽约,1917 年,第 10 页。

16. 罗斯,同上,第 5、第 6、第 7 章,第 66,72,80,87,89—90,96—97,108—109 页。其中一篇文章把农学院称作"研究古典专著的傻瓜和政治教授的庇护所",另一篇指出,必须要"清除那些沾沾自喜的博士和满脸麻子的'教授',让那些虽然没有学问但是每天忙着应对各种实际问题的人取代他们吧"。同上,第 119—120 页。比较,詹姆斯·B. 安格尔(James B. Angell),《旧事》(Reminiscences),纽约,1912 年,第 123 页:"农民……是最不相信我们可以帮助到他们的人。"

17. 米尔本·L. 威尔逊(Milburn L. Wilson),O. E. 贝克(O. E. Baker)、R. 波索迪(R. Borsodi)和威尔逊,《现代生活中的农业》(Agriculture in Modern Life),纽约,1939 年,第 223—224 页。

18. 坎德尔,同上,第 103 页;比较第 106 页。有关这些大学中农业和机械专业的学生人数,见第 102 页。

19. 德曼,《社会主义的心理学分析》(Zur Psychologie des Sozialismus),耶拿,1926 年,第 307 页。

20. 冈珀斯,《七十年的劳动与生活》(Seventy Years of Life and Labor)第 1 卷,1925 年,编辑:纽约,1943 年,第 55,57,97—8,180,382 页。工人运动中对知识分子的不信任感也得到了早期运动领导者的呼应,例如约翰·R. 康芒斯(John R. Commons)认为工人运动总是吸引一些领导能力极差的知识分子。见康芒斯,《我》(Myself),纽约,1934 年,第 86—89 页;另见他的《工业的善意》(Industrial Goodwill),纽约,1919 年,第 176—179 页。

21. 参议院教育与劳动委员会,《劳动力与资本的关系》(Relations between Labor and Capital)第 1 卷,华盛顿,1885 年,第 460 页。比较冈珀斯在 1896 年还做了另一段非常经典的评论:"工会是挣工资者的商业组织。"《美国劳工联合会第十六次年会报告》(Report of the Sixteenth Annual Convention of the American Federation of Labor),1896 年,第 12 页。

22. 我的讨论中有一部分参考了塞利格·佩尔曼(Selig Perlman),《工人运动的理论》(*A Theory of the Labor Movement*),1928 年;纽约,1949 年编,前言第 8—9 页,正文 154,176,182 页和第 5 章。威利斯所说的个人运动领导者也是白手起家的人引起了不少争议,见《新权力者》(*The New Man of Power*)第 5 章,纽约,1948 年。

23. 虽然美国的工人运动一向支持发展公立教育,但是它们却一直对高等教育和高等文化保持怀疑。在劳动阶层的期刊中,总是对富翁向图书馆、博物馆和大学的捐赠冷嘲热讽,指出这些钱其实是榨取工人的薪水得来的——"数百万美元都是劳动者辛苦的血汗钱,却捐给了这些机构,可是劳动者和他们的子女却从来没有享受过这些资源"。工人阶级对大学尤其怀有敌意,认为他们的孩子永远没有机会进大学,而这些大学"花费上数百万美元教富家子弟如何粗暴地踢足球"。可以理解,工人阶级的主编担心大学会因为接受捐赠而粉饰现状,它们会成为培养破坏罢工的恶棍的温床。在洛克菲勒捐助兴建的大学,能教给学生什么东西呢? 是教会他们人权理论还是富人的优越感? 1905 年,一位作家提出,在企业的领导者中,新式的从大学毕业的"理论家"取代了老一代的"实干家",他们与工人之间的距离更疏远,因为他们根本不是来自工人阶级。大学生与普通的劳动者没有任何共同点,他们看不起工人,就像过去的贵族瞧不起平民,或者南方的奴隶主鄙视奴隶一样。1914 年,《美国劳工联合月刊》(*American Federationist*)指出,私人捐款不利于对真理的追求,是对平等自由制度的威胁。如果这些私立学校无法更好地致力于对真理的探索,"那么他们何尝不让位于用公共资金建立的公立学校"。《美国劳工联合月刊》第 21 期,1914 年 2 月,第 120—121 页。见《铁路售票员》(*Rail Road Conductor*),1895 年 11 月,第 613 页。《印刷日报》(*Typographical Journal*),1896 年 6 月 15 日,第 484 页;《锅炉制造厂杂志》(*Boilermakers' Journal*),1899 年 3 月,第 71 页;《铁路售票员》(*Railway Conductor*),1901 年 8 月,第 639—640 页;《美国劳工联合月刊》第 10 期,1903 年 10 月,第 1033 页;《电工》(*The Electrical Worker*),1905 年 5 月,第 40 页;《铁路人杂志》(*Railroad Trainman's Journal*)1907 年第 24 期,第 264—265 页;1907 年 4 月,第 368 页;《机车消防员杂志》(*Locomotive Firemen's Magazine*)第 44 期,1908 年 1 月,第 86—87 页。无疑,随着美国的知识分子对一些社会问题越来越认同,这种情绪有所抵消。1913 年,《美国劳工联合月刊》中的文章指出,事实上"对社会和实业中出现的一些问题,学术界有了更多的富有同情、与民众更相近的理解"。许多大学都邀请冈珀斯做演讲,他也愿意投入大量时间与它们改善关系。《七十年的劳动与生活》第 1 卷,第 437 页。

24. 见冈珀斯,《有组织的劳动者:他们的斗争、敌人与愚蠢的朋友》(*Organized Labors: Its Struggles, Its Enemies and Fool Friends*),华盛顿,1901 年,第 3,4 页;冈珀斯,《完善生活机器的机械》(*Machinery to Perfect the Living Machine*),《美国劳工联合月刊》第 18 期,1911 年 2 月,第 116—117 页;米尔顿·J. 纳得沃尼(Milton J. Nadworny),《科学管理与工会》(*Scientific Management and Unions*),剑桥,1955 年,尤见第 4 章。

25. 关于这种联盟有一些松动的内容,见施莱辛格,《有组织的劳动者与知识分子》(*Organized Labor and the Intellectuals*),《弗吉尼亚季刊评论》(*Virginia Quarterly Review*)第 36 期(1960 年冬),第 36—45 页。

26. 这里的讨论以及对工会领袖和工会专家部分的引用,来自于哈罗德·L. 维伦斯基(Harold L. Wilensky),《工会中的知识分子》(*Intellectuals in Labor Unions*),格伦科,1956 年,尤其是第 55,57,68,88—90,93,106,116—120,132,260—265,266n,267,272—276 页。有关工会中知识分子权力的限制见 C. 赖特·米尔斯(C. Wright Mills),同上,第 281—287 页。

27. 译者注:劳特莱·扶轮社(Rotary Club),由商人和专业人士组成的社交与慈善组织分支。

28. 哈罗德·威伦斯基(Harold Wilensky),同上,第269,276页。

29. 许多来自富裕阶层的人对社会主义感兴趣,令幽默作家芬利·彼得·邓恩(Finley Peter Dunne)觉到很好笑。杜力先生说:"范德汉克比尔克克夫人向出席女富翁联合会的女士表达了歉意……著名的社会主义运动领袖 J. 克拉伦斯·拉姆利(J. Clarence Lumley)在会上致辞,他也是拉姆利家族财产的继承者。这位著名的无产者说,在父亲的影响下成了一名社会主义者。他认为如果有一种制度能让人集聚千百万的财富,那么这种制度肯定有问题……在座的女士们知道那些实业家是多么愚蠢,因为她们知道自己丈夫每天早上起来时的样子……在通过了一项让这些女老板的丈夫们跳河的决议后,会议结束。"邓恩,《杜力先生》(*Mr. Dooley*:*Now and Forever*),斯坦福,1954年,第252—253页。

30. 查尔斯·多布斯(Charles Dobbs),《智识》,《国际社会主义评论》(*International Socialist Review*)第8期,1908年3月,第533页,其中提到"'知识分子'批评'知识分子','工会的领导者'对'工会领导'进行最猛烈的抨击"。

31. 大卫·香农(David Shannon),《美国的社会党》(*The Socialist Party in America*),纽约,1955年,第57页;罗伯特·R. 拉·拉蒙特(Robert R. La Monte),《高效的智识与粗野的文化》(*Efficient Brains versus Bastard Culture*),《国际社会主义评论》第8期,1908年4月,第634,636页。关于社会主义运动中的知识分子,见香农,同上,第8,12,19,53—58,281—282页;丹尼尔·贝尔(Daniel Bell),《马克思学派的社会主义在美国的背景与发展》(The Background and Development of Marxian Socialism in the United States);唐纳德·德鲁·艾伯特(Donald Drew Egbert)和斯托·珀森斯(Stow Persons)编,《美国的社会主义运动1897—1912》(*The American Socialist Movement*, 1897—1912),纽约,1952年,第307—311页,贝尔对这篇文章的评论见《新领袖》(*The New Leader*)1953年12月7日。

32. 贝尔,《马克思学派的社会主义在美国的背景与发展》,第294页中记录了1912年右派领导者马克斯·海耶斯(Max Hayes)在党代会中对空谈的社会主义者与理论家的攻击。美国社会党《会议事项》(*Convention Proceedings*),芝加哥,1912年,第124页。

33. 《革命者》(*The Revolutionist*),《国际社会主义评论》第9期,1908年12月,第429—430页。有关斯莱登的内容,见香农,同上,第40页。一位社会主义者对斯莱登的质疑作出了回应,他认为无产阶级应该包括知识分子,见凯尔乐·D. 汤普森(Carl D. Thompson),《无产阶级由那些人构成?》(*Who Constitute the Proletariat?*),《国际社会主义评论》第9期,1909年2月,第603—612页。

34. 《社会主义策略》(*Sound Socialist Tactics*),《国际社会主义评论》第12期,1912年2月,第483—484页。在罗伯特·米切尔斯(Robert Michels)在《政治党派》(*Political Parties*)中发表这些言论的三年后,这篇文章分析了欧洲左翼党派中出现的寡头政治倾向。

35. 引自丹尼尔·亚伦(Daniel Aaron),《左翼作家》(*Writers on the Left*),纽约,1961年,第254—255页。我引用了书中大量的内容,见第25,41,65,93—94,132n,162,163—164,168,209,210—212,216,227,240—242,254,308,337—338,346,409,410,417,425页。在1935年前,美国共产党对知识分子相当苛刻,此后采取的是"统一战线"的路线。

36. 与20世纪50年代的麦卡锡主义一样,古尔德也是一个反哈佛等名校毕业生的强硬派,所以他被迫否认自己曾经在那里短暂的学习经历。"一些敌人散布谣言,说我曾经上过哈佛,这完全是一个谎言。我曾经在波士顿的垃圾站工作,如果我和哈佛有什么联系,那么它们都在波士顿,仅此而已。"

第五部分

民主社会的教育

第十二章

学校与老师

1

任何谈到"反智主义"是美国社会的一大特征的人,都会注意到这个重要现象,即美国一向强调大众教育的普及。无论过去还是现在,很少有人会怀疑美国人在这个方面的重视程度或坦诚。在评价 19 世纪美国人的主要特点时,历史学家亨利·斯提尔·康麦格(Henry Steele Commager)指出,"教育就是他们的宗教",虽然他很快就补充说他的意思是美国人对教育的期待与对宗教的期待是一样,即它最好"是实用的,能给他们带来收益"[1]。美国是现代历史上仅次于普鲁士,最早建立免费公立教育制度的国家。美国很早就在法律中规定,政府土地中有一部分要用作办学。迅速建起的校舍和图书馆证明了美国人对知识传播的重视,文化团体和夏季成人教育活动的兴起都表明对教育的热情在成年人中得到延续,并没有随着学校教育的结束而终止。

从一开始,美国的政治人物就坚持强调教育对共和国的重要性。华盛顿在他的告别演说中呼吁同胞们"为了普及知识的传播,要发展教育机构"。因为政府工作的开展需要倾听公众的意见,所以他认为"公众的意见必须是开明的"。1816 年,杰弗逊在晚年时警告美国人:"一个无知散漫的国家没有历史,也没有未来。"1832 年,年轻的林肯第一次做竞选演讲,他告诉桑加蒙县的选民,发展教育是"我们这个民族最重要的使命"[2]。年幼的林肯躺在火堆前借着闪烁的火光读书的画面,已经深深地刻在美国千百万学童的脑海中,我相信他们一定好奇他读的究竟是什么书。只要有机会发表自己的观点,主编或演讲者就会大谈特谈教育的重要性。1836 年,一位来自中西部小镇的编辑写道:[3]

> 如果这个庞大的结构最终瓦解,喜悦的火光……逐渐暗淡,那是因为民众的无知。 如果我们继续团结在一起……如果我们的土地不被专制的政府践踏;如果我们的国家始终受到上帝的恩宠;如果你想让阳光继续洒在自由人的脸上,那么让这片土地上的每一个孩子都接受教育吧。 只要这么做,就可以让暴君从他权力的美梦中惊醒,让受压迫的人民蛰伏的能量爆发。 只有智慧才能支撑整个国家的荣耀;只有智慧和道德才能防止它灰飞烟灭。

但是,如果将注意力从过去那些华丽的辞藻转到今天的现实,我们一定会感到震惊,因为大量的批评表明美国人对教育的热情似乎已经消失了。教育领域出现的许多问题都源于不重视——教师收入太低、班级人数超负荷、学校实行双重时间表、校舍破败不堪、教学设备缺乏以及由其他问题导致的新问题,例如过度重视体育运动和鼓乐队、少数族裔社区和贫民窟的学校教育质量差、文化课程的减少、忽视重要学科的学习和忽略有学术天分的学生。有时,美国的学校似乎被体育运动、商业活动和媒体的意见所主导。这些情况甚至在高等教育中出现,最糟糕的例子莫过于俄克拉荷马大学校长竟然说,他希望该大学可以发展成一所令校足球队自豪的大学。[4] 显然,某些教育的最终目标似乎永远和美国人擦肩而过了。他们耗费了大量的精力和费用把相当多的年轻人送去念大学,但是当年轻人进了大学之后,却似乎连书都不想看。[5]

2

　　虽然我们一直对重视教育夸夸其谈,但是美国在发展教育的过程中有一些严重的问题,那些把我们的期待真正当回事的教育工作者对此再清楚不过。当代的教育评论家沉溺于怀念旧日的好时光,然而它们显然没有那么美好,因此,许多有关教育方面的文章都对这些人提出了质疑。这些文章的作者都是受人尊敬之人,他们的文章中充满了尖锐的批评和强烈的抗议。美国人愿意创立公立学校的制度,却不愿意给予这些学校足够的支持。在世界各国中,美国是最先提倡普及民众教育的国家之一,但是他们却选用一些不合适的人担任教师,付给他们马车夫一般的薪水。

　　美国教育改革者的故事,就是一群人与对教育不利的环境抗争的历史。哀诉(jeremiad)是教育方面文章中的一个重要主题,就像清教徒的布道中运用哀诉作为主题一样。这些文章中体现的强烈抗议并不令人意外,因为这是任何寻求进步的人都会讨论的主题。但是,在这种不满中潜藏着一股几近绝望的情绪。此外,不仅是在西部那些教育不发达的地区,或者黑人最多的密西西比州,就连公立教育领先、全国教育最发达的马萨诸塞

州,也出现这种情况。1826 年,马萨诸塞州的教育改革家戈登·卡特
(Gordon Carter)曾发出警告,如果不立法改变当前的政策,公立学校在 20
年后就会走向终结。[6]

曼恩曾在 1837 年担任马萨诸塞州教育委员会秘书长,虽然该州在美
国的教育制度中遥遥领先,但是他依然提出了严厉的批评,非常发人深省。
他说:"校舍太小了,所处的区域也不好,学区委员会为了省钱,都没有统一
学校的课本,一门课可能同时使用八到十本教材;学区委员会的成员不仅
收入低,社会地位也不高;只要社区中有一部分人对教育不重视,他们就不
会愿意对教育进行投入,但是那些富人早就放弃公立教育而选择把孩子送
去私立学校;许多城镇没有遵守该州有关教育的规定;公立学校里普遍缺
乏称职的老师;不管现有的老师多么力有不逮,但是大众还是可以接受;阅
读课本的难度明显需要提高;从学生的拼写来看,在过去十几年,教育退化
了;读写课中 90%以上的学生无法理解课本中单词的意思。"他担心"不尽
责的学区委员会、不称职的老师、对教育漠不关心的民众可能会进一步使
教育状况恶化",直到免费的公立教育体制彻底瓦解。[7]

对教育的不满继续发酵,从新英格兰一直蔓延到全国大部分地区。
1870 年,当美国正处于大力发展中等教育的前夕,时任明尼苏达威诺纳师
范学校校长,后来成为全国教育协会主席的威廉·富兰克林·菲尔普斯
(William Franklin Phelps)说道:[8]

> 这些小学中的大部分老师都很无知或者没有接受过专门训
> 练。 孩子们只能学到一点儿皮毛,当他们毕业进入更广阔的社
> 会时, 既不遵守纪律也缺乏耐心。 ……全国大部分的学校教育
> 质量都很糟糕,老师也不行。 很多学校简直太差了, 以至于如

果关闭了也没有关系……让人惊讶的是，它们花纳税人的钱，却蒙昧无知以为这样还可以一直延续下去……很多学校比那些无法无天的少年聚众的地所好不了多少。

1892年，约瑟夫·M.赖斯（Joseph M. Rice）到全国各地考察了教育的发展状况，发现每个城市的情况都不容乐观，只有个别地方例外：教育成为选区政治的产物，无知的政客聘用无知的教师，教书成了无聊的重复劳动。[9]十年后，在进步运动即将开始之际，纽约的《太阳报》收到另一种抗议：[10]

当我们还是小孩子时，在学校里至少还是要做一点儿功课的。不是老师哄着我们去学，而是强迫。拼写、写作和算术都是必修课，没有讨价还价的余地。现在的孩子则"幸运"多了，在很多地方小学教育已经成为杂耍表演，必须让孩子开心地学，他们可以选择自己喜欢的课程。许多"聪明的"老师嘲笑过去的那些基础知识，好像让小孩子学习阅读就是一场灾难或者犯罪。

数十年后，美国中等教育已经发展成熟，教育本身也成为一个高度专业化的职业。来自师范学院的托马斯·H.布里格斯（Thomas H. Briggs）在哈佛大学英格里斯中等教育讲座中，评价美国对中等教育的"巨大投入"时，总结道：可惜的是，它"出岔子了"。他解释说，教育"没有取得任何值得称道的成就，即使是中学课程中规定的学科"。他认为，如果让学生将所学的数学知识应用到商业中，肯定会导致破产，或者进监狱。即使告诉学生圆周率的值和所有必需的数据,也只有一半的人能算出一个圆的面积。学外语的学生既不会读也不能用外语交流。学了一年法语的高中生,只有一半人能翻译出"Je n'ai parlé à personne"这句话的意思;选修法语的学生中只有1/5学习两年以上。在拉丁文方面,情况也一样糟糕。学了一年古代史的学生竟然不知道梭伦(Solon)是谁;学了一年美国史的学生,也没法准确说出"门罗主义"的意思——即使这两个内容在课程中被反复强调。大多数人虽然学习了英语的课程,还是无法培养出对文学的兴趣,而他们的文章也足以证明教育的失败。[11]

今天的我们生活在一个系统性调查研究非常成熟的时代,教育上失败的例子已经到了不胜枚举的地步。[12]至于这些实例的实际价值则千差万别。许多专业的教育工作者认为这进一步说明他们一贯的主张是正确的:传统课程的学习并不适用于这个学生人数众多的庞大教育制度。教育制度的批评者则认为这些结果只能证明,美国必需要提高教育的要求,提振整个教育界的精神面貌。大家对教育倒退的现状没有什么异议,而这种倒退本身却突出了美国社会遇到的一个难题:为什么全社会如此重视教育,这种教育制度的结果却让人如此失望?

3

当然,我们可以怀疑这些结果和批评多少有些混淆视听。教育机构和教育改革者一贯的不满,不正好表明自我批评是有益的吗?不正是由于这些不满和抗议,才产生了诸多改革?如果美国的公立教育制度不是按照追求完美的抽象标准,而是通过当初制定时的目的来衡量,那它不也是很成功吗?从这个角度看,无疑可以作进一步解释。美国公立教育是为了来自不同民族、流动性很强的广大民众服务的,学生来源于不同的背景并怀有不同的目标。教育的目的就是让他们团结成一个民族,能够有一定的读写能力,具备一个民主共和国最基本的公民素质。这么看来,它已经做到了。即使在19世纪美国在文化方面没有什么成就可以让世界震惊,但是它的学校教育至少让国民素质达到了令其他国家仰慕的程度。

在此,当然要对美国教育的理念进行更深一步的审视。普及大众教育的想法并不是出于提高民众心智的目的,或者纯粹是因为对知识和文化的热爱,而是由于教育对政治和经济的帮助。当然,一些著名学者和像曼恩这样的教育改革家,关心的还是智识的内在价值。但是,在向有社会影响力的人和社会大众解释教育的重要性时,他们会特别指出教育有助于维持公共秩序、保障政治民主以及促进经济发展。因为他们明白,在"推销"教育的过程中,必须要强调他们不是为了推动高雅文化,而是要打造一种可行的民主社会。他们努力说服美国人,在一个民主的政府中,普及大众教育绝对是必要的。对富人来说,虽然他们常常担心发展教育会让他们交更多的税,但是他们认为提高公民素质可以避免社会发生动乱,提高劳动的知识技能,降低犯罪率,防止政府管理不当以及出现激进运动。对中下阶层的人民来说,接受公立教育为他们参与民主政治打下了基础,给他们提供了更多的机会,在他们追求成功的道路上可以创造更加公平竞争的环境。[12]

对于众多不善言辞的美国人民来说,他们很难说清自己对教育的期待究竟是什么,只知道这是为子女提供了上升的通道。所以,很明显他们最关心的不是提高孩子的智识能力。我们已经讨论过,在宗教、政治、商业领域都存在"反智"的情绪,在教育中也不例外。大家似乎普遍认为不应该让孩子过于重视智识。露丝·米勒·埃尔森(Ruth Miller Elson)在研究了19

世纪教科书内容的后发现,这些书的编者希望把孩子们对智识、艺术和教育的态度培养成大人那样,[13] 而后者的态度我们都已经非常清楚了。书里有许多不错的文章,但是选择这些文章只是因为它们能培养孩子的创造性。

正如埃尔森所说,在这些书中智识最重要的价值体现在它的实用性。一本书中写道:"我们都是学习有用知识的人。"杰迪代亚·莫尔斯(Jedidiah Morse)的大作《美国地理》(American Geography)中自豪地写道:"当许多国家浪费大量的精力保护那些愚蠢却令它们骄傲的文化遗产时,美国人却在共和主义精神的领导下,在各个公共和私人行业中从事实际的工作。"教科书的作者为初级知识在美国普及感到骄傲,即使要付出减少高级学者的代价也没关系。"美国没有牛津、剑桥那样华丽的学校,在那里拿着高薪的文学教授就像修道院的修士一样无所事事……这个国家的人民没有那么重的书卷气——他们宁愿从事实际的工作。"在美国的大学中也有类似的心态,与欧洲的学校不同,它们不光注重知识的学习,还培养学生的道德品质。美国的大学很高兴被描述成一个培养品格和修行,而不是只追求真理的地方。

一般公众认为,设立公立学校就是为了实现这个目的。1882 年的一本三年级教科书选用了诗人爱丽丝·卡瑞(Alice Cary)的一篇作品:"小朋友,你们必须要努力做一个好人,而不是一个聪明的人。"另一位作者写道:"智慧既不是唯一也不是最吸引人的地方。"内心的美德比聪明的头脑更重要,这一点从教科书中喜欢选取英雄故事就可以看出。欧洲的英雄也许都是骄傲的贵族,在战场上具有破坏力的士兵、"领取俸禄、奉承权贵的学者"和"亵渎才华、纵容朝廷腐败的诗人"。但是,美国的英雄却是简单真诚、品格高尚的人。华盛顿就是教科书宣扬的典型。许多书把他描绘为一个没有多少文化,但是注重实际、凭借自己努力成功的人。19世纪八九十年代的一本历书教科书中说:"他不是那种头脑聪明的人,而是一个脚踏实地的人;他有很好的判断力而不是天赋过人。他不喜欢在公众场合抛头露面,也不喜欢看书,没有什么藏书。"甚至连富兰克林也没有被描写成一个18世纪的知识分子领袖,或者杰出的科学家,而是一个靠个人奋斗成功的榜样,节约和勤勉的人。

教科书用的知识分子形象也证实了这些反智的情绪。在19世纪的前50年,华兹华斯作品中有关反智的诗句经常被引用,在后50年则经常出现爱默生的诗句。1884年的一本五年级教材中引用了他的《告别》(*Goodbye*):

> 我嘲笑那些知识,还有骄狂的人,
>
> 那些诡辩者的学校,还有那些知识名流,
>
> 当人们在树林中就可以和上帝相遇,
>
> 他们那高傲的狂妄又有什么价值?

当然对智识给人带来快乐的想法也遭到了鄙视,禁止阅读小说的命令也屡见不鲜;甚至还不时出现为了娱乐而读书是非常错误的说法。"反复传阅以至于把书翻烂或拆散,那么书就被糟蹋了,但是如果一个人只是为了消遣去读书,那么书则是用错了地方。"埃尔森在对教材经过一番深入分析后总结道:"在美国历史中,反智并不是新生事物,而且这种思想还深深地印刻在书本里,自共和国建立之日起,一代代的学童就接受这种教育。"

对艺术的推崇并不能弥补贬低智识造成的损失。当人们谈论到自学成才的艺术家和国家纪念馆,或者颂扬美国艺术时,总是会和音乐和美术

联系起来。对编写教材的人来说,重要的不是艺术作品中的美学情趣,而是它们体现了艺术家在艺术创作中的坚持不懈。本杰明·韦斯特(Benjamin West)就被描绘成一个年少时因为家境贫寒,买不起画笔,不得不扯下猫尾巴上的毛来做画:"我们看到,凭借他的聪明才智和不懈努力,最终成为当时新英格兰地区最著名的画家。"不过,如果钻研艺术可以锻炼一个人的品格,那么它也可能是危险的。18世纪英国道德家汉娜·摩尔(Hannah More)在一篇文章中说道:"在所有推崇高雅文化的国家,对艺术无保留的热爱是女性堕落的最主要原因……虽然过度发展艺术导致的腐败会造成国运衰退,但是它粉饰了它们即将溃败的状况。"人们经常拿意大利为例,说明杰出的艺术成就往往与糟糕的国民性格有紧密度联系。随着时间的推移,面对欧洲人对美国文化的批评,学校的教科书逐渐倾向于用美国艺术和文学的发展作为反击。艺术被看作体现民族自豪的工具,因此至少它们是可以被接受的。

当然,我们不清楚教科书的内容到底对孩子的影响有多大。但是,任何接受了书中宣扬的观点的孩子都会把学术与艺术看成是代表着欧洲文化的装饰品,与之相比,美国文化则要高出一大截。他们会认为艺术主要是为了民族主义服务的,只从他们对品格的影响这个唯一的标准来评价它们的价值。正如埃尔森指出的那样,他会成长为一个"诚实、勤勉、虔诚和品行端正的人。他会成为一个有用的公民,不会受到艺术和学术这些娘娘腔甚至危险的事物的影响"。教科书中体现的文化观念为他今后的生活做好准备,"他将致力于对物质财富的追求,不断完善自己的品格,而智识和艺术的成就只有在它们有实际用途时才显得重要"。

通过这些教科书中节选的片段,读者可以清楚地看到19世纪的美国人对教育的看法。也许他们的教育理念中最令人感动的一点,则是他们坚

定地认为教育不应该是少数人的特权,而是所有人都可以获得的机会。值
得称赞的是,他们实现了这个决心:学校为学生获得更多的机会打开了大
门。美国人不太清楚评价质量教育的核心标准究竟是什么,尽管他们设定
了这些标准,但是难以在全国教育的大环境下施行它们。教育的功能在于
培养有用的技能、拓宽社交创造更多发展机会,这是永远都不会改变的。
为了提高心智和想象力,或者为了思考的乐趣发展教育,绝对是少数人的
看法,不会得到普遍的认同,因为许多美国人会有这样的疑虑:这种教育只
适合那些有闲阶级、贵族子弟或者是属于过去的欧洲,它没有什么用途,但
是危险却不小。如果过于强调智识的发展,会有助于傲慢情绪或者自我陶
醉的滋长,这些心态在道德败坏的人身上很常见。

4

美国人在发展教育的过程中不愿意肯定智识的价值,即使有一支专业
合格的师资队伍也无法改变这种情况,况且这样的团队并不存在。美国人
从来都不注重发展教师这种职业,即使曾经有过,在美国当时的社会环境
下,也很难找到或者培养出一流的专业教育人才。

教师的形象可以被看作是任何一个现代社会的重要标志。在大多数
孩子的成长过程中,老师是他们接触到的第一个专职、专业以知识谋生的
人。孩子对老师的感觉以及他对这个职业社会地位的认识,都在他早期对
知识教育观念的形成中发挥重要作用。在小学阶段,这一点并不明显,因
为小学主要是培养学生一些基本的知识技能。但是到了中学,孩子们在心
智上会忽然开窍,他们开始接触到各种各样的思想观念。不管是在初级教
育阶段还是在高等学府,老师都不仅是一个教书匠,他们也是学生们潜在

的学习榜样,从他们身上学生可以看到许多成人世界的看法和态度。通过老师的教导,学生可以培养出自己的思维方式;通过观察老师在社会中的受尊重程度,他们很快就可以知道社会如何看待教师这个职业。

法国、德国和北欧的国家都非常重视教育在发展智识中的作用,教师,尤其是中学教师在当地有很高的社会地位,这是因为他们体现的个人与职业价值都是人们学习的榜样。在这些地方,人们愿意成为一名教师,因为这份工作不仅有意义,而且被人认可。对于那些天资聪颖但是在家里没有很好成长环境的孩子来说,如果遇到这些善于发现学生闪光点且自身具有很好教养的老师,那真是太重要了,因为这些学生无法从其他地方获得启发。可是相反,纵观美国的历史,在大多数时候教师都没有承担启发心智的角色。事实上,这些老师不但没有发展自身智性的打算,他们甚至不具备做好本职工作所需要的才能。不管他们自身素质如何,较低的收入和他们大多出于无奈才选择这份工作的现实,都让人们把"受剥削"和"受威胁"与教师这个职业联系起来。

美国的老师待遇差、不受重视,这已经成为公认的事实。几年前,时任健康、教育与福利部长的马里恩·福尔森(Marion Folsom)就说,教师收入之低可称得上是"国家的耻辱",这反映了民众对教育普遍缺乏重视。[15] 媒体报道中经常提到这种情况。例如,在密歇根州的某市,教师的年收入居然比清洁工还要低 400 美元;佛罗里达州的一些老师在发现州长竟然给他的厨师开出 3600 美元的年薪后,写信向报社控诉,这个收入比许多大学毕业的老师还要高。[16] 与美国的其他行业一样,从绝对收入来看,美国教师的收入高于欧洲的教师,但是如果拿教师的年收入与各国的人均收入做比较,美国则要落在所有西方国家的后面,除了加拿大。1949 年,美国教师平均年收入是全国人均收入的 1.9 倍,英国是 2.5 倍,法国 5.1 倍,西德 4.7

倍,意大利 3.1 倍,丹麦 3.2 倍,瑞典 3.6 倍。[17]

在美国,教师职业的社会地位不仅低于其他国家,还远低于美国的其他行业。正如利伯曼所说,从事教师这行的人一般是"社会中下阶层中的上等人"。上层或者中上层社会的人几乎都不会考虑教师这个职业。在学期中或者暑假期间,老师们通常会找一些社会地位更低的兼职,补贴微薄的收入,例如餐厅、酒吧和赌场的服务员、管家、清洁工、农场帮工、送奶工或一些体力活。他们大都来自中产阶级及以下的家庭,《星期六晚报》和《读者文章》是他们家中最常见的读物。[18] 对大多数老师来说,他们的工作即使收入不高,也好过他们的父辈,而且同样的,他们的孩子也会超过他们,接受更好的教育,过上更好的生活。

虽然《黑板丛林》(The Blackboard Jungle)中骇人惊闻的描述和城市中许多学校混乱的状况令人不安,但是我们有理由相信美国中学教师与学生之间的关系很好,尤其是他们与来自中上层阶级家庭孩子的关系,因为这些孩子会积极地响应学校教育的目标,也更受老师们的喜爱,虽然下层阶级的孩子能力并不比他们差。然而值得注意的是,与其说美国的青少年仰慕自己的老师,不如说是同情他们。学生们知道老师的待遇不好,所以他们觉得老师应该涨工资。他们中能力出众和有更高理想的人甚至得出结论,教师这一行不适合自己。[19] 因此,优秀的人才不愿意做教师,这个职业也只能一直平庸下去。如果在学生面前老师代表着知识和知识带来的回报,那么在无意之间,他们让自己的生活看上去是那么得没有吸引力。

教师不受待见的境遇其实可以追溯到美国建国之初。美国人对教育的热情从来就没有高到让他们更积极支持教师的程度。这一部分是由于英美国家对教育功能一贯的态度,这与欧洲大陆国家对教育的重视真是天壤之别。[20] 不管怎样,在美国要找到称职的老师一直是个问题,在美国早期这个问题尤为突出。在殖民时期,受过教育的人本来就很少,他们也有很多机会,因此鉴于教师的收入之低,他们不乐意从事这一行。为了招到老师,各种办法都想到了。一些小学请上流社会的女士来当老师,这些学校通常是私立学校,但是有时也有一些或者许多公共财政资助;直到19世纪,美国学校中都主要是女性担任教师。在一些小镇,牧师也兼职做教师,或者教师也从事当地的一些其他工作,包括为市民或者教会服务,例如在教堂定时敲钟、在街头传递公告或者抄写文书。还有人认为,教书不可能是一份终身的职业,只能是一些有志青年暂时委身于此,他们最终要成为牧师或者律师。虽然有些地区可以通过这种方法暂时找到一些优秀的教师,但是他们短暂的从教经历似乎又证明了对一个有能力和抱负的人来说,教书不过是人生道路上的一个驿站。

因此,一直从事教师这种职业的人就会被认为是平庸无能、无力参与职场竞争。也许只有恶名才能被历史记录,所以威拉德·S. 埃尔斯布里(Willard S. Elsbree)在他的《美国的教师》(*The American Teacher*)一书中记录了殖民时期教师的种种丑态,他们酗酒、出轨、诽谤他人、出言不逊、官司缠身。[21] 但是,殖民地也出现过契约形式的教师。特拉华州的一位牧师在1725年左右指出:"每当载有移民的船靠岸,经常会听到有人说'走,我们去买个老师',因为他们要给孩子雇个老师。"1776年,《马里兰日报》(*Maryland Journal*)中刊登一则广告,里面说到一艘从贝尔法斯特和科克开来的船刚刚抵达巴尔的摩,"船上有各种待售的爱尔兰商品,包括啤酒、猪肉、土豆和老师"。大概在同一个时期,康涅狄格的报纸也登了一条寻人启事,悬赏追拿一个"在逃的老师,白人、短发,他瘙痒严重,腿上长疮"。残疾人因为找不到更好的出路所以常常成为老师。1673年,阿尔巴尼镇在原有的三名教师基础上,增加了一个面包师做老师,因为"他的手已经无力再揉面做面包了"[22]。虽然然这种善心是放错了地方，但这也恰恰说明实在很难找到一个合适的人选。在教育方面，马萨诸塞州一枝独秀，因为有许多人接受过良好的教育，所有相当比例的大学毕业生后来成了中小学教师。

虽然还是会有称职敬业的教师，但是不称职的教师似乎太刺眼，以至于整个行业的形象都被他们给破坏了。一位观察者在 1725 年时写道："事实上，人们对教师这个这个职业的印象太差了，没有别的办法，大家必须认真地考虑孩子们的教育了。"[23] 这种情况持续到 19 世纪，下列文字记录了这样可悲的状况："这种身体残疾的人实在不能从事任何劳动，他又瘸、又胖，有气无力，患有肺结核或者癫痫，要么就是他太懒了，不过他们通常从这样的人中间挑选老师，也只能让他们当老师了。"此外，对于老师，人们还抱有一种刻板的看法：老师多半是独眼龙或者只有一条腿；因为无法抵抗酒精的诱惑而被逐出教会成为教师；他们是瘸腿、骗子，或者"在周六喝得烂醉然后周一处罚全班的老师"。[24]

只要关心教育发展的人都会担心美国教师的素质。卡特在描述 1824 年马萨诸塞州学校的状况时说，[25] 那里的男老师可以被分成三类：一类是认为教书比一般的工作轻松，而且收入也不错；一类是受过良好的教育，不过只是把教书作为一份临时的工作，可能是为了赚点生活费，或者在找到一份更稳定的工作前给自己一点喘息的机会；一类是清楚自己的能力有限，知道不可能再找到更好的工作了。"只要一个年轻人的品行端正，不至于进监狱，那么他应该不难找到一份教师的工作。"

数年后，北卡罗莱纳州大学校长约瑟夫·考德威尔（Joseph Caldwell）在谈到该州教师的素质时，越说越激动：[26]

有没有人天生好逸恶劳，喜欢成为别人的负担？ 如果有这种人，那么有一个办法可以摆脱他，那就是让他做老师。 在许多人眼里，教师不过是一个站在那里一动不动，无所事事的职业。 如果有人挥霍掉所有财产，最终因品行不端或者行为轻率负债累累，那么教师这个职业向他敞开怀抱，因为这不需要什么能力就可以胜任。 有没有人因为酗酒、放纵或者任何言行不当而自毁前程呢？ 不会的，他只要进监狱出来后悔过即可。这种人缺乏道德，不被人们信任，可是如今，他却开办学校来教小孩子。 我们大家都认为他只要会读会写，能开根号，就能成为一个好老师。

除了华盛顿·欧文小说中的主人公伊卡伯德·克莱恩（Ichabod Crane），[27] 美国文学中还有哪个人物形象更能代表人们对教师的普遍印象？

给他起"鹤"（Crane）这个绰号真是太合适不过了。 他身材高挑，简直像根竹竿，肩膀很窄，细胳膊细腿，两只手在空空的袖口外晃荡，脚大得跟铲子一样，这个躯干就像是松散地拼搭起来似的。 他的头很小，额头扁平，长着一对大耳朵和一双绿得发亮的大眼睛。 鼻子又尖又长，就像是放置在他细长脖子上的风向标，指明风的方向。 如果看到他在山风中昂首阔步，衣服随风飘荡，人们也许会以为他是 "饥饿"天神下凡，或者从玉米地逃跑的稻草人。

欧文所描述的克莱恩（Crane）并不是一个一无是处的坏人。在他四处打工讨口饭吃的过程中，他尽可能地亲切友善，让农民们觉得他好相处，做各种杂活儿，帮着照看小孩子。在女人中间，他还是有点地位，他至少要比她们每天面对的乡巴佬要有修养。但是，在男人眼中，这个"既有点狡猾，但是也有点可信的"家伙绝对称不上是个英雄。当布罗姆·伯恩斯（Brom Bones）粗俗的扮相把他吓跑，拿着南瓜砸向他容易轻信的脑袋时，又让人们想起美国男性心中昔日教师的形象。

5

考德威尔和卡特这些人都希望能对教育进行一些改革，所以在他们的抗议中，难免会把美国教育的问题夸大。如果确实如此，那么这些只是体现了美国人对教师的刻板印象。然而，真实的情况是，美国的教育正不断恶性循环。美国各地本来就很难找到或者培养出好老师，更糟糕的是，人们还不愿意出高价聘请称职的老师。他们只能有什么人用什么人，所以大部分的老师不是不够资格就是不适合做老师。他们就此认为教师这个职业只能吸引那些无赖，当然也就不愿意付给这些人高于他们价值的薪水。不过可以肯定的是，如果真有品行端正、称职的老师，那么他肯定会大受欢迎，而且很快就能赢得比其他地方老师更高的社会地位。但是，要想普遍提高教师的素质水平，还需要经过相当长的一段时间和努力。

真正让美国的教育摆脱这种恶性循环的是教学分级制和大量女性从事教师这个职业。为了解决大城市中出现的教育问题，很多学校从 19 世纪 20 年代开始把学生分成不同的年级，这种制度不断发展，到 20 世纪 60 年代时已经逐渐普及。之后大部分的城市都施行这种措施，小孩子 6 岁入学,14 岁毕业。分年级办学的方式主要借鉴了德国的经验,这样可以做到小班化,让教育水平相当的学生在一起学习,从而保证了教学的质量。这样一来就增加了对教师的需求,也为女性进入这个职业打开了大门。在1830 年之前,大部分的教师都是男性,女性主要负责年龄非常小的学生和暑期的学习。这么安排主要是担心女老师可能无法维持课堂纪律,尤其是当班级人数较多或者学童年龄大一些的时候。分年级教学则在一定程度上否定了这种看法。虽然社会中依然有反对女性从事教师职业的声音,但是当有人指出她们的收入只有男教师的 1/3 或者一半时,他们就立即消停了。美国人找到了一条既可以普及民众教育又可以节约成本的捷径。到1860 年,美国女教师的人数超过了男教师,内战的爆发更加速了学校里教师性别比率的变化。据估计到 1870 年女教师占教师总数的六成,且还在不断快速增长。到 1900 年的时候,超过 70% 的教师都是女性,仅过了 25年后,这个比例超过了 83%。[28]

　　聘用女教师既解决了教师素质的问题,又控制了教育的成本。相当数量品学兼优的年轻女孩愿意接受较低的收入成为教师,而且她们也符合教育委员会严格,有时甚至是苛刻的道德要求。即使这样,依然没有完全解决缺乏高素质师资的问题。这些新老师基本上都很年轻,教学经验不足。有很长一段时间,没有公立机构对她们进行专业培训,虽有一些私立的教师学校,但是数量有限。在专业教师培训方面,欧洲比美国要早 100 多年,对此也更加重视。曼恩是美国教师教育的重要推动者,他于 1839 年在马萨诸塞州建立了第一所公立师范学校。但是直到内战初期,这类学校的数量也不过才十几所。1862 年后,师范学校的数量快速增长,然而直到 19 世纪结束时还是无法满足社会对教师大量的需求。在 1898 年,只有很少一部分的新教师——约 1/5——从公立或者私立师范学校毕业。

此外,这些学校的教师培训也不尽如人意。首先,录取标准非常随意,即使到了 1900 年,高中文凭都不被认作是录取的必要条件。只要参加两年的高中学习,或者有同等经历,基本上就可以读两到三年制的示范学校了。而四年制的师范学校在 1920 年以后才开始普及,此时它们也开始被师范学院取代。即使在 1930 年,根据美国联邦教育署的调查,美国当时师范院校的毕业生中只有 18%念的是四年制教育课程,2/3 的学生上的是一两年学制的课程。[29]

尽管在 20 世纪后美国各界努力地满足社会对高水平师资的需求,但还是跟不上学龄儿童的爆发式增长的速度。教师严重的供不应求妨碍了教师素质的提升。据估计,在 1919—1920 年美国教师中有一半年龄在 25 岁以下,有一半教龄不足四年或者五年,有一半在初中毕业后(八年级)只接受了不到四年的教育。在接下来的几年中,接受师范教育的人数快速增长,不过质量不能保证。1933 年美国联邦教育署公布的《全国教师教育状况调查报告》显示,美国只有 10%的小学教师、56%的初中教师和 85%的高中教师有本科文凭。小学和初中的老师几乎都没有本科以上学历,高中老师中也只有大约 1/6 多一点儿的有硕士文凭。与欧洲的一些国家相比,美国教师的学历完全处于劣势,远落后于英国,和法国、德国和瑞典的差距也很大。这份报告的作者写道:"让我们非常担心的是,从整体上学生和大部分的教师,并不比普通人群更聪明。"[30]

很难说优秀的学生不愿意当老师,与教师收入微薄和教师素质低下有多少关系。教师们在所教的课目上缺乏足够的专业训练的确是不争的事实,但是,更令人惊讶的是,不管他们在自己感兴趣的课程上做了多么充分的准备,他们还是很可能被安排教别的科目。针对学校现状的调查发现,高中教师即使对某一个学科做好充分准备,也只有不到一半的几率被派去教那门课。这一部分是因为行政部门的失职,但主要是因为美国有许多规模较小的高中,从而导致教育资源的浪费,在 1959 年这种情况依然存在,哈佛大学校长詹姆斯·布赖恩特·科南特(James Bryant Conant)曾对此提出批评。[31]

　　当我们回顾美国教师培训的历史时,我们无法忽视埃尔斯布里曾得出的结论,即"在我们努力保证公立学校有足够的教师时,我们为了数量而牺牲了质量"[32]。我们对教育的一贯看法是,美国人都应该接受国民教育,总体上这个目标已经实现了,除了南部的一些地区。但是,美国却无法或者不愿意为了提高国民的教育,更进一步加强教师队伍建设,对更便宜的教师劳动力的需求一直都存在。教师被视为公职人员,而根据美国人的平等主义思想,公职人员的收入不能太高。在殖民时期,各地教师收入虽然差别很大,但是总体上与当地技术工人的收入水平相当或者略低,要明显低于专业人士。1843 年,曼恩在对马萨诸塞州一个社区的各个行业收入进行调查后发现,熟练的技术工人的收入要比同一地区教师的收入高 50%—100%。此外,女教师的收入要低于工厂女工。1855 年,新泽西一所学校的负责人认为,尽管教师总体上"非常不称职,但是他们的表现却远好于他们自身的实力"。他还指出,期望能力出众的男性做老师,只付给他那点儿薪水,是荒谬的。所以,在大家看来,从事教师这个职业在某种程度上是一种耻辱。许多农民宁可多花点钱给马蹄配一副铁掌,也不愿意"找一个更合适的老师教他们的小孩"[33]。

　　当然,教师在收入上的不足没有通过提高他们的社会尊严或者地位得到补偿。此外,女教师人数的增加虽然极大地解决了对教师品行不端的担忧,但也制造了一个严重的问题。在世界上的其他国家,人们大体上都认同男性在教育中应该发挥重要的作用,在中等教育中尤为如此。他们在实际招聘教师的过程中也是按照这种想法操作的。美国是唯一一个西方国家,小学里几乎清一色的都是女教师,在中学女教师也是占大多数。1953年,在世界各国中,美国的教师职业女性化倾向独树一帜:中小学老师中女性的比例分别是大约93%和60%。只有一个西方国家——意大利——中学女老师的人数占学校教师总数的一半以上(52%)。[34]

当然,问题的关键不是女教师不如男教师,事实上有些时候,特别是对小学低年级,女老师更合适。但是在美国,教师一直被认为是一种女性职业,所以男性在这个行业中很难找到合适的位置。教育和文化领域中女性化倾向严重,再次加固了美国社会对男子气概的崇拜,它无疑有一部分也是由于男孩子在学校里的经历。他们通常缺少男老师作为榜样或偶像,告诉他们男性也可以充满智慧,去追求知识和文化,成为教师也是一种成功的人生,从而让孩子们也愿意加入这个行业。所以,这些孩子长大以后会认为男老师有点娘娘腔,对他们有一种奇怪的感情,既有一种表面的尊重(就像他们对女性那样),也有一种男性的优越感。[35]从某种严格的意义上说,男老师也许受到学生的尊重,但是他不是"男孩中的一员"。

但是,教师一职中男性气质的问题只是这个大问题中的一个很小的方面。在19世纪,男性通常只是把当老师作为最终成为律师、牧师、政客或者大学教授之前的短暂过度,或者他们人生失意,在没有更好选择的情况下,被迫的落脚地。研究显示,即使在今天,一些有能力的男性进入这一行时也是抱有最终要成为教育方面的管理者,否则就彻底转行的想法。近几十年来,一个新兴的领域从公立中学吸收了许多有才干的男老师或女老师:许多社区大学招生爆满导致师资极缺,因此有想法的老师就会努力提高自己的能力和学历以便晋升到社区大学任教,因为那里不但收入更高、更受人尊重,生活也更加轻松。不过,在那里他们教的内容跟一些一流高中教的可能没有多大区别。高中毕业后再在另一种教育环境中读一两年也许会带来一些好处,但是这并没有总体提高美国教师的素质。在扩充师资数量、提高教师素质的道路上,美国的教育却陷入了一种尴尬的处境。就读教育中的上层梯队——大专院校的回报越高,就读这些学校的学生则会越多,它们就会把更多下层教育体系中的人才吸走。在一个很少有人愿意成为教师的社会,似乎很难找到足够的优秀人才向广大群众普及基础教育。

注 释

1. 亨利·斯蒂尔·康麦格(Henry Steele Commager),《美国人的心智》(*The American Mind*),纽黑文市,1950年,第10页;比较第37—38页。拉什·维尔特(Rush Welter),《美国的大众教育与民众思想》(*Popular Education and Democratic Thought in America*),纽约,1962年中介绍了美国人对教育的期待。

2. 华盛顿,见理查德森(Richardson)编,《总统文集》(*Messages and Papers of the Presidents*)第1卷,第220页;杰弗逊,P. L. 福特(P. L. Ford)编,《作品集》(*Writings*)第10卷,纽约,1899年,第4页;罗伊·P. 巴斯勒(Roy P. Basler),林肯(Lincoln),《选集》(*Collected Works*),第1卷,新不伦瑞克省,第8页。

3. R. 卡莱尔·布利(R. Carlyle Buley),《西北拓荒时期,1815—1840》(*The Old Northwest Pioneer Period*, 1815—1840)第2卷,印第安纳波利斯,1950年,第416页。

4. 罗伯特·M. 哈钦斯(Robert M. Hutchins)对教育问题做过简短深刻的批评:《对美国教育的一些观察》(*Some Observations on American Education*),剑桥,1956年。

5. 于美国人在校内和校外的阅读状况,见莱斯特·阿谢姆(Lester Asheim),《对最近研究的调查》(*A Survey of Recent Research*),普莱斯(Jacob M. Price)编,《为生活阅读》(Reading for Life, Ann Arbor),密歇根,1959年;戈登·杜珀(Gordon Dupee),《强尼的父母识字吗?》(*Can Johnny's Parents Read?*),《星期六评论》(*Saturday Review*)1956年6月2日。

6. 《大众教育论文》(*Essays upon Popular Education*),波士顿,1826年,第41页。

7. 贺拉斯·恩(Horace Mann),《关于教育状况的讲座与年报》(*Lectures and Annual Reports on Education*)第1卷,剑桥,1867年,第396,403—404,408,413,422,506—507,532,539页。曼恩在1843年写的一份报告非常有意思,他详细比较了美国和普鲁士的教育状况。他说:"在那里,教师职业有很高的社会认同,所以与美国不同,那些在其他职业或者商场上失败的人不会把做老师成为最后的退路。"《生活与作品》(*Life and Works*)第3卷,波士顿,1891年,第266,第346—348页。哈佛大学哲学教授弗朗西斯·鲍文(Francis Bowen)也同意他的观点;他在1857年回顾新英格兰地区的教育状况时说,现在教育退化得很严重,资金不足导致校舍破旧,教科书的质量很差,连农民都可以当老师。《美国教育杂志》(*American Journal of Education*)第4期,1857年9月,第14页。

8. 《全国教育协会会议记录》(*NEA Proceedings*),1870年,第13,17页。有关类似的抗议以及1865—1915年间的情况,见埃德加·B. 卫斯理(Edgar B. Wesley),《全国教育协会:一百年》(*N. E. A.: The First Hundred Years*),纽约,1957年,第138—143页。

9. 《美国公立学校制度》(*The Public School System of the United States*),纽约,1893年。

10. 玛丽安·G. 瓦伦丁(Marian G. Valentine),《麦克斯维尔与进步的教育》(*William H. Maxwell and Progressive Education*),《学习与社会》(*School and Society*)第75期,1952年6月7日,第354页。对这种

状况的不满最早是作为对"新教育"的回应。见 R. 弗里曼·巴兹(R. Freeman Butts)和劳伦斯·克雷明(Laurence Cremin),《美国文化中教育的历史》(*A History of Education in American Culture*),纽约,1953年,第385—386页。

11. 托马斯·H. 布里格斯(Thomas H. Briggs),《巨大的投资：民主国家的中等教育》(*The Great Investment*：*Secondary Education in a Democracy*),剑桥,第1124—1128页。

12. 在众多调查中,最有意义的是1951年对洛杉矶3万名学生进行的一项调查。结果发现每7个八年级的学生中,就有一个无法在地图上找到大西洋在哪里,十一年级的学生(年龄在16—18岁)中,也有类似比例的学生无法计算出36的50%是多少。《时代》1951年12月10日,第93—94页。

13. 劳伦斯·克雷明(Laurence Cremin)讨论过教育改革家们的观点:《美国的公立学校》(*The American Common School*),纽约,1935年;莫尔·柯蒂(Merle Curti),《美国教育者的社会观念》(*The Social Ideas of American Educators*),纽约,1935年;罗伯特·西德尼·L. 杰克逊(Sidney L. Jackson),《为公立教育而战的美国》(*America's Struggle for Free Schools*),华盛顿,1940年。对美国社会历史最有意义的记录,见罗伯特·西德尼·L. 卡尔顿(Robert Carlton)(贝纳德·拉什·霍什)《新的采购,在遥远西部的七年半》(*The New Purchase, or Seven and a Half Years in the Far West*),1843年,这本书对中西部地区人民对教育的看法有全面的介绍。

14. 埃尔森的文章对我有很大启发,《十九世纪美国的教科书与"文化"》(*American Schoolbooks and "Culture"*),《密西西比河谷评论》第46期,1959年12月,第411—434页;下列段落中的引用均来自这篇文章,第413,414,417,419,421,422,425,434页。

15. 《纽约时报》1957年11月3日。

16. 同上,1957年3月24日。

17. 迈伦·利伯曼(Myron Lieberman),《教育作为一种职业》(*Education as a Profession*),纽约,1956年,第383页;这本书的第12章介绍了美国教师的经济状况。虽然美国教师的收入比欧洲各国都低,但是这些数据统计并没有考虑到教师的其他非收入所得,例如退休补贴和免费的医疗等。

18. 利伯曼对教师职业状况做过最精辟的讨论:同上,第14章。其他的研究表明教师的社会地位比我这里说的要好,但是它们依据的是民意调查,我认为这种研究方法的结果并不能真实地反映实际情况。有关教师的社会地位,也可以参考另一本非常精彩却被忽略的著作,见威拉德·沃勒(Willard Waller),《教育社会学》(*The Sociology of Teaching*),纽约,1932年。

19. 有关青少年对老师的态度,见 H.H. 雷莫斯(H.H. Remmers)和 D.H. 拉德勒尔(D. H. Radler),《美国的青少年》(*The American Teenager*)印第安纳波利斯;关于教师与学生间的关系,见奥古斯特·B. 霍林斯黑德(August B. Hollingshead),《艾尔姆镇的青年》(*Elmtown's Youth*),纽约,1949年;W. 劳埃德·华纳(W. Lyoyd Warner)、罗伯特·J. 哈维格斯特(Robert J. Havighurst)和马丁·B. 罗卜(Martin B. Loeb),《该教育谁?》(*Who shall be Educated?*),纽约,1944年。

20. 19世纪早期英国劳动力市场的状况也许有些不同,但是公立学校中教师的社会和经济状况似乎还不如美国。见亚瑟·特罗普(Asher Tropp),《学校的老师》(*The School Teachers*),伦敦,1957年。女王的巡视员 H. S. 特莱蒙赫尔(H. S. Tremenheere)在19世纪50年代访问美国后,写到"有鉴于教师这个职业的特点,每个来到这些学校的英国人都会为他们有如此高的社会地位感到震惊……"《寻访美国和加拿大期间有关公共问题的笔记》(*Notes on Public Subjects Made during a Tour in the United States and*

Canada)，伦敦，1852 年，第 57—58 页。我相信英美两国的读者对这些内容应该非常容易理解，但是欧洲大陆的读者可能感到有些费解。另一位英国的观察家也发现美国教师的地位高于英国，不过他们的收入都非常低，见弗朗西斯·亚当斯（Francis Adams），《美国的公立教育制度》（*The Free School System of the United States*），伦敦，1875 年，第 176—178，181—182，194—195，197—198，238 页。

21. 《美国的教师》（*The American Teacher*）第 2 章，纽约，1939 年。

22. 霍华德·K. 比尔（Howard K. Beale），《对美国学校中的教育自由的回顾》（A History of Freedom of Teaching in American Schools），纽约，1941 年，第 11—12 页；埃尔斯布里，同上，第 26—27，34 页。

23. 比尔，同上，第 13 页。

24. 布利，同上，第 2 卷，第 370—371 页。

25. 詹姆斯·G. 卡特（James G. Carter），《1824 年马萨诸塞州的学校状况》（*The Schools of Massachusetts in 1824*）老南区分页第 135 号（*Old South Leaflets No. 135*），第 15—16，19，21 页。

26. 比尔，同上，第 93 页；比较关于美国早期教育状况的论文，塞缪尔·霍尔（Samuel Hall），《教育讲座》（*Lectures on School-Keeping*），波士顿，1829 年，第 26—28 页。关于西南部地区教师职业状况（"大部分的老师都只是探险家"），见菲利普·林德赛（Philip Lindsley）的文章，刊载在理查德·霍夫斯塔特（Richard Hofstadter）和威尔逊·史密斯（Wilson Smith）编，《美国的高等教育：历史记录》（*American Higher Education: A Documentary History*）第 1 卷，芝加哥，1961 年，第 332—333 页。

27. 译者注：卡伯德·克莱恩（Ichabod Crane）是华盛顿·欧文的小说《沉睡谷》中的一个小学教师。他贪婪、迷信、自负、懦弱而又愚蠢，只有受过良好教育的他才相信鬼怪巫术以及无头骑士的传说。Crane 本意为鹤，作者用这个词作为这个人物的姓一语双关。

28. 埃尔斯布里，同上，第 194—208，553—554 页。到 1956 年，这个数值降到了 73%。在农村，女教师的收入大约是男教师的 2/3。在城市里，教师的整体收入更高，不过她们在刚工作时的收入只是男教师收入的 1/3 多一点儿。

29. 埃尔斯布里，同上，第 311—34 页。

30. E. S. 埃文登（E. S. Evenden），《总结与解释》，《全国教师教育状况调查报告》第 6 期，华盛顿，1935 年，第 32，49，89 页。有关教师从业人员素质的内容，见亨利·昌西（Henry Chauncey），《择业学院资格考试在延迟大学生入学中的应用》（*The Use of Selective Service College Qualification Test in the Deferment of College Students*），《科学》第 116 期，1952 年 6 月 25 日，第 73—79 页。另见利伯曼，同上，第 227—231 页。

31. 根据他的仔细观察，科南特总结到，"除非毕业班的人数在 100 人以上，否则所有班级中高级科目和分章节的教学在有限的预算下都无法进行"。他的研究表明，全国 73.9%的高中十二年级的学生人数不足 100 人，31.8%的十二年级学生就读于这样的学校。《今天美国的高中教育》（*The American High School Today*），纽约，1959 年，第 37—38，77—85，132—133 页。当然，无法充分发挥教师学科专长的一个重要原因是教师毕业文凭中明确要求了有关教育类课程的学习，却忽视了对所教学科的学习。

32. 同上，第 334 页。

33. 同上，第 273 页；曼恩，见第 279—280 页。

34. 利伯曼，同上，第 244 页，书中记录了 25 个国家的数据。英国、法国、西德和加拿大这 4 个国家中，女教师占全体中学教师总数的比例为 34%—45%不等，平均 41%。在苏联，60%的小学教师和 45%的中学教师为女性。见第 241—255 页中对这个问题的讨论。

35. 沃勒对这个问题进行了回顾:同上,第 49—50 页。"据说女人和黑人都不被男性世界接受。也许还应该加上男教师。"也许两个因素使这个问题更加复杂,第一个是教师在公众心中的印象是一个没有性别之分的职业,第二个是对已婚女教师长期存在的歧视。19 世纪的美国人有一种奇怪的观念,也许现在这种情况好一点儿,即人们认为老师的个人生活应该是很怪异的。这种想法在小镇特别盛行。无疑,教师队伍中的一些无赖确实败坏了教师的形象,但是这部分也是因为家长喜欢让没有性别特征的人教孩子。即使在今天,这依然让许多无辜的女孩饱受折磨,虽然老师也许是出于好意,但是却对她们的生活施加各种严格的限制。1852 年,一位男老师在给学校的一封信中抗议到,学校不允许他和女助手一同来往学校。埃尔斯布里,同上,第 300—302 页。霍华德·比尔(Howard Beale),《美国的老师有自由吗?》(Are American Teachers Free?)记录了学校对老师个人生活的种种严格限制。1927 年南方一所学校甚至强迫所有老师承诺,"不恋爱、不订婚或者私下结婚"。沃勒,同上,第 43 页。马丁·麦尔(Martin Mayer)观察到,即使在今天,"有趣的是,欧洲的大部分学校虽然是男女分校就读,但是学校中的男女老师可以自由交流,不受约束;多数美国学校已经是男女同校了,但是教师的活动却按性别严格地分开"。《学校》(The Schools),纽约,1961 年,第 4 页。对已婚女教师的歧视一直存在,已经到了她们一旦结婚就要被迫放弃工作的地步,所以很多女教师要不是大龄未婚,要不是非常年轻的女孩。关于反对已婚女教师的原因,见 D. W. 彼得斯(D. W. Peters),《已婚女教师的状况》(The Status of the Married Woman Teacher),纽约,1934 年。

第十三章

"生活调整"教育中的反智

1

美国职业教育中存在一种颇具影响力的反智浪潮,这也是美国社会文化的一个显著特征,它在很大程度上决定了美国成人教育的结果。要想理解这种浪潮,首先得回顾一下自 1870 年以后美国公立教育出现的主要变化。因为从这一时期开始,美国开始在中等教育阶段大力推广免费的公立教育,一直到 20 世纪,公立高中才真正地普及。

美国的教育体制有一些特殊之处,首先它以教育的民主与普及为首要目标。除了美国,没有哪个国家会认为所有孩子都应该接受教育直到高中毕业。虽然现在已经不那么明显,但是欧洲大部分国家的教育制度实际上都是与它们的阶级相联系的。一般说来,欧洲的儿童在 10 岁或 11 岁之前会接受统一的教育,此后各自进入不同类型的学校,或者至少学习不同类别的课程。在 14 岁后,大约 80% 的学生将不再接受正规系统的教育,剩余的 20% 则会继续就读于大学的预科。在美国,每个孩子必须在学校读到

16 岁或者更久,上大学的学生比率也比欧洲的更高。美国人还希望能有一个统一的中等教育制度,通常是在学区内的公立高中实行单一的培养方案,尽管学生选择的课程有可能不同。人们期望学生们不会因为他们来自不同的社会阶级被区分开来,无论是从社会环境还是学习环境。虽然美国的学校追求教育民主,但是贫困和歧视少数族裔这些无情的社会现实,无法避免地造成了阶级分化的现象。不管怎样,如果早期教育阶段没有规定学校对学生进行分类教学,他们最终的职业发展方向则没有必要这么早就确定下来。在美国,直到研究生阶段或者至少在两年的大学学习之后,学生才会为今后的工作进行有针对性的准备。美国教育的目的是在一段较长的时间里提高大部分人的文化程度,所以它的影响面更广,更具有民主特征,节奏较为缓慢,要求也不太严格。最重要的是它造成了大量的浪费:如果说阶级化的教育制度埋没了下层阶级的天才,那么美国的教育制度则浪费了所有阶级学生的才华。

在教育制度,尤其是中等教育上,美国与其他国家的差异并不总是那么大。在大规模建设公立高中之前,美国的中等教育更倾向于欧洲具有选拔性质的办学理念,而不是它一贯推崇的民主观念。在 19 世纪,大多数美国人小学读完之后就不再上学了,有些人接受的教育还更少。直到 1870 年之后的 30 年里,美国人才可以在小学毕业后继续享受免费教育。在 1870 以前,美国与欧洲一样,决定孩子在 13 或者 14 岁以后是否读书的主要因素是他们的阶级。那些富裕的家境如果能负担得起学费,希望孩子在智识和专业上有所成就,则会把他们送进基本上是寄宿制的私立学校。从富兰克林时期起,这些学校的课程就已经将传统和"实用"相结合:它既有通识课程,如拉丁文、希腊文和数学,又有科学和历史;但是在许多学校,学生可以在"拉丁文"与"英文"之间进行选择,后者则更"实际"。与古典课程相比,现代课程指的是对商业更有用的学科。这些学校的教育质量差别很大,差学校则照抄公立学校的那一套,好学校会提早开设一些大学里的课程。难怪其中一些最顶尖学校毕业的学生在进入大学后,为大学一年级、二年级还要"再学一遍"高中课程而感到厌烦。[1]

教育方面的专家不会忽略这种矛盾的现象:美国尽其所能地保证每一个人拥有平等的教育机会,却在中等教育阶段严重依赖私立学校。一方面,几乎所有人都可以进入公立小学就读;另一方面,大专院校快速发展——当然它们不是免费的,不过并费用不高,而且也不会对申请者区别对待。在这两者之间却有一个巨大的中等教育缺口,除了少数新建的公立高中,大部分都是私立的学校,据估计在1850年共有约600所。早在19世纪30年代,人们就对这些学校提出过批评,认为它们只为贵族服务,与美国的民主精神相悖。对于一个致力于建立免费的公立教育制度的国家来说,接下来似乎必然要将这个制度推广到中等教育。各行各业迅速发展,需要掌握的职业技能也更加复杂。因为社会急缺大量的技术人员,所以只有在中等教育阶段推广免费的公立教育才能兼顾实用和平等的要求。

大力主张发展公立高中的人认为这样做既可以提高从业人员的道德素质,也可以增强他们的职业技能,这些倡议的法律基础早已体现在公立教育制度中。虽然有些目光短浅、自私自利的人因为担心这会增加自己的税收支出,提出反对,但也无济于事。在1860年之后,公立高中的数量大幅增加。从1890年有准确的入校人数统计时算起,到1940年,美国高中总的录取人数几乎每十年增加一倍。在1910年的时候,17岁的人群中有35%在高中就读,今天这个数字已经超过了70%。照这样的速度发展下去,几乎每个美国年轻人都将就读高中,有2/3的人可以完成学业。

尽管大家对高中教育的质量看法不一,毕竟各地差异很大。但是不可否认,免费的中等教育是美国教育史上一项重要成就,它标志了我们希望让教育成为大众获取更多机会,打开社会阶层晋升通道的途径。虽然接下来将讨论高中课程的诸多问题,但是在此必须肯定这方面取得的成绩,而且即使教育的质量未必值得恭维,但就教育的普及程度而言,美国高中的教育是欧洲国家竞相效仿的对象。

　　高中教育发展为一种大众普及教育之后,极大地改变了它的性质。在20世纪初,高中数量尚且较少,所以要经过非常激烈的竞争才能被录取。读高中的学生大多都是出于强烈的个人意愿,因为他们以及他们的父母都渴望能抓住这个特殊的机遇。有一种误传,六七十年前,孩子们上高中的主要目的是进大学。在过去的15年里,倒是有这种趋势。今天,大约有一半的高中毕业生继续进入大学深造,这是一个相当惊人的比例。虽然我不清楚在20世纪初念大学的人数比例是多少,但是有数据表明准备读大学的人数情况。在1891年的时候这个比率是29%,到1910年,49%以上的高中毕业生打算继续他们的高等教育。此后,这个比率一直在不断波动。[2]

　　对高中教育影响最大的变化是,以前学生就读高中完全出于自愿,所以升学的竞争非常激烈,但是现在至少对于16岁及以下的学生来说,这已经成为义务教育的一部分,不需要经过选拔就可以入学。在高中数量增长最快的那些年,正好是进步派和工会主义者对传统工业中存在的童工问题进行猛烈抨击的时期。而予以反击的最有效方法之一就是延长义务教育的时间。在1890年,有27个州规定高中阶段的学习属于义务教育,到1918年之前,美国所有的州都有类似的法律规定。立法者也希望对义务教育阶段毕业的法定年龄进行限制。1900年,在有相关法律规定的州,当时学生毕业时的平均年龄是14.5岁。到20世纪20年代,学生毕业时的平均年龄已经接近现在的水平,达到16.3岁。此外,福利制度与强大的工会组织也在积极努力,确保相关法律可以落实到位。既要保护青少年,防止他们被剥削,也要保护他们的父母,避免他们让年幼的子女过早进入劳动力市场。

然而现在,学生们几乎不需要经过选拔就可以进入高中,而且有一些人并不想读高中,这种情况还大有递增之势。一些学生不想读书,但是必须要遵守法律的规定。责任的主体则相应发生了转变:以前,那些自愿读高中的人把公立的高中教育当作一个宝贵的机会,现在学校里则有许多被迫就读的学生,教育管理者必须迎合他们的需求。1940 年,美国青年委员会教育分会的一份报告中写道:"如果有一个学生的学习不好,我们应该谨记他是因为被迫才念高中的,所以我们要尽可能帮助他,这是社会赋予他的合法权利。"[3]

因此,学校中不愿意读书甚至厌学的学生不断增加。我们可以推测,学生的平均水平和学习兴趣都在逐年下降。1890 年时全国约有 35.9 万高中生,所以当这个数字增长到数百万时,过去的那套课程肯定就不再适用了。如果普及大众教育主要是指初等教育,那么美国人认为每个人应该接受教育、都能接受教育的想法不难实现。但是如果大众教育把中等教育包括在内,那么是否每个人都应该接受这样的教育就得打一个问号,不过可以确定的是肯定不能用同一种方法教育所有人。无疑,这就需要进行改变了。

学校的管理者面临的状况着实堪忧。即使在 20 世纪 20 年代,在很大程度上,学校也不过是由社会批准代行管理职能的准"监管"机构。虽然它们是负责看管孩子们的机构,但是它们不得不把那些对学习根本没有兴趣,但是根据法律不得不上学的学生留在学校。此外,学校不仅必须履行法律的规定,而且要尽可能吸引大部分的学生,让他们愿意主动学习。[4] 在勇敢地接下这个任务后,教育工作者就开始想方设法开设一些能激发年轻人兴趣的课程,尽管按照传统的教育标准,它们的价值可能会遭到质疑。这些课程离高中教育原本设定的培养要求越来越远,越来越不强调学术方面的能力。当然,打算上大学的学生无论如何都会坚持那些方面的学习,但对于学校来说满足其他学生才是最重要的。渐渐地,人们在讨论中等教育时,经常会穿插一条重要的新评价标准来评价学校——"对学生的吸引力"。

　　学校必须开设不同的课程,才能既满足不同目标、不同能力学生的需求,又实现学生监护人的功能。再也不可能像1890年或1910年时那样,一成不变地使用统一的中学课程了。但是摆在公立教育决策者面前的问题是:学校是否应该根据每个学生的意愿和能力,尽可能对他们的学习成绩和智识发展严格要求,有没有某种合理的理由可以在这两个方面不对他们提出要求? 坚持强调学生知识文化的学习,离不开公众和教育行业对智识价值的重视,这也需要教育管理者更富有创新精神,对许多地方来说,这也意味着需要更多的财政资助。

　　但是这一切不过是想象中的事。美国的职业教育注重数量而忽略质量,注重实用价值而忽略智识发展,逐渐成为一种普遍现象。教育者不但不认为资质平庸、不愿学习或者能力不足的学生是学校在致力于培养学生学习兴趣,开发他们的才能和智慧时的阻碍,反而把那些不爱学习、没有天分的学生大肆宣扬成英雄。他们不仅认为发展学术和智识的教育理念必须向美国的社会现实妥协,还扬言这种理念已经过时,没用了,迎合孩子的直接需要,给他提供最有用的东西,才是民主的教育制度最崇高的目标。这种做法最终以20世纪四五十年代出现的"生活调整运动"告终,虽然它的失败早已注定,但是需要引起我们的重视,因为它代表了公众对成长与教育、品格与理想、智识与生活相互关系的普遍看法。

2

通过全国教育协会和美国联邦教育署等机构的一些半官方声明,也许可以看出中等教育发展的新思路。当然,这些声明对地区学校委员会或者校长并没有强制的约束力。它们代表的是教育思路的转变,尚不足以反映课程设置中的实际变化。

19世纪末,公立高中已经存在两种截然相反的办学宗旨相互角力的现象。其中一个我们不妨称之为"传统派",它重视学生的智识发展,在1910年之前一直是教育界的主流,在之后的十年也依然颇具影响力。支持这种立场的人认为在高中阶段,学生应该通过学习文化课程提高智识水平,这才是最重要的。他们当然非常清楚许多学生的求学之路在高中毕业后就结束了,但是他们坚持学习那些为大学打基础的课程,对于学生今后的生活也一样重要。因此,用文化课程的主要倡导者威廉·T. 哈里斯(William T. Harris)的话说,即使学生不考虑继续深造,高中教育的目标也应该是提高学生的"心智文化"。他们认为不管学生学习的具体内容是什么,都要深入学习每一门功课,掌握其中核心的部分。在这场持续的教育目标之争中,知识分子最关心的莫过于学生要"掌握"文化知识,而反对者们则认为满足学生的"需求"才是最重要的。

1893年,全国教育协会十人委员会提交了一份著名的报告,它是提倡中等教育应该注重培养智识文化的最佳体现。该委员会的设立是为了解决高等教育与中等教育之间关系的争论,并为高中课程的设置提供建议。它的成员主要来自大学教育者,与之后的成员构成形成了有趣的对比,虽然该委员会创立的目的并没有改变。委员会主席是哈佛大学校长查尔斯·威廉·艾略特（Charles William Eliot），成员包括教育部长威廉·T. 哈里斯（William T. Harris），其他四所大学的校长，两所著名私立高中的校长，一位大学教授，以及唯一一名公立高中校长。该委员会召开了一系列的会议讨论高中课程中文化课应占的比重，从中也可看出大学教授有绝对的话语权。虽然许多中学校长参与了会议，但是与会者中也有很多大学教授，他们都是美国知识界的名人，包括日后将成为总统的伍德罗·威尔逊。

十人委员会推荐在高中开设下列四门课程——古典研究、拉丁文、现代语言和英语。这些课程可以各有侧重，但是所有学生至少要学习四年英语、四年外语、三年历史、三年数学和三年科学。读者不难发现，这个要求差不多是哈佛大学校长詹姆斯·布赖恩特·科南特（James Bryant Conant）在对近几年高中教育状况调查后对"有学习天赋的学生"提出的最低要求。[6]

十人委员会给出的课程规划表明，他们认为中等学校应该是一个培养学生文化知识的地方。不过，好在他们没有错误地认为这些学校只是大学的预科。相反，他们说到"只有相当少的一部分"高中毕业生能上大学。因此，高中的主要功能是"为了今后的生活做准备"，而不是上大学。如果能持续、深入地教授学生这些主要学科……并坚持下去……则有助于培养学生的观察、记忆、表达和推理能力，学生们在智识方面的训练将有益于他们今后的大学学习或者为他们进入社会作准备。"不管学生会选择哪条道路或者学到哪一步，在中学阶段，所有的课程都应该以同一种方式、同一种程度教授给每一个学生。"[7]

虽然委员会承认高中课程中可以增加音乐和艺术的比重，但是显然他们认为这些内容是次要的，可以留给当地教育机构自行决定。他们还提议语言的学习应该从小学最后四年就开始,可惜这个建议没有引起重视。他们意识到提高高中教师的素质是这些建议得到有效执行的关键,因此呼吁要提升师范学校的办学标准,希望大学能更多地参与到教师人才的培养。

事实上,高中并没有完全按照委员会设想的方向发展。即使在 19 世纪 80 年代,就已经有大量的实用和职业培训课程,如手工活、车间工作等。那些关注高中课程及管理的人越发对学校坚持以知识文化培养为目标感到不满,认为这是高中教育被向大学教育"奴役",向后者"臣服"的结果。在他们看来,高中的社会责任应该是培养产业工人,而不是为大学输送新生。高中应该被视为"人们的大学"而不是大学的预科。根据民主的原则,高中必须重视那些不想上大学的孩子的需求。如果我们考虑到他们的需求并尊重儿童发展的规律,"掌握"文化知识的教育目标就应该被抛弃,让年轻人自由地选择课程。固执地逼迫学生学习某些课程,只会增加他们退学的风险。

放在历史的背景下看,许多社会因素也支持了这种新的教育理念。首先,商业社会为之拍手称快,鼓励发展实用主义的职业教育。其次,学生人数的增加为这种理念赢得了更多的支持者。教育的民主原则在 1890 年以后又被重新提出,在社会产生不小的反响。大学数量太多了,竞争太激烈了,它们的质量也千差万别,所以在招录学生时,都不惜放松过去的录取标准,以争取更多的生源。此外,大学对于学习传统古典课程的价值开始动摇,大约从 1870 年起就开始尝试开设更多的课程,采取学生自行选课的制度。大专院校的教育者不再那么关心高中教育中的问题,因此改革者也很少再受到权威人士的批评和反对。各州师范院校的毕业生开始为高中输送大量的师资,高中教材不再由高校专家编写,取而代之的是由公立学校的管理者、高中的校长或督学,或者研究教育理论的学者来负责。

3

十人委员会对新的高中办学理念的些许让步并不能缓和大众的不满。他们没有预料到高中生的人数很快就会暴增,学生间的差异也将会越来越大。不久,委员会提出的课程建议就被否定了。到 1908 年的时候,全国教育协会的规模和影响力不断发展壮大,它提出要改变高中是大学"补习学校"的观念(事实上,十人委员会也不同意高中是大学的补习班),要求高中"根据全体学生的需求作出调整,包括想上大学的学生和想工作的学生",还建议高校也根据这些需求调整课程设置。[8] 因此,教育的天平发生了倾斜,高中不再为大学服务,相反,大学应该尽可能为高中服务,或者向它们靠近。

1911 年,国家教育协会下属的一个新委员会"高中与大学衔接九人委员会"提交了另一份报告,里面指出教育界正发生一场革命。光从委员会内部的人员变化,便可略见一斑。名牌大学的校长和知名的专家教授都不再担任委员,就连私立中学的校长也不在名单中。九人委员会的主席是布鲁克林,一所以手工技能为专长的职校老师;成员中没有包含文化课程方面的权威,而是由中学校长、学监、管理者以及一名教育学教授和一个大学系主任组成。之前的十人委员会是一群来自大学的人给高中制定课程,现在新的九人委员会则是一群来自公立中学的人,通过全国教育协会向大学施加压力:"高等院校录取时有一项规定,要求所有的学科都得读四年,除非这门课对所有高中生都合适,否则这项规定就不合理,根据该委员会的裁定,应立即中止。"

该委员会主张,高中教育的目标"是让学生成为优秀的公民,帮助他们在择业时做出明智的选择",还应该培养他们独特的个人才能,这"与发展文化知识一样重要"。学校需要发掘"所有学生共同的"兴趣爱好。委员会还质疑通识教育优先于职业教育的看法:"一个完整的教育理念应该在早期教育阶段就注重个人专长的培养,因此要包含通识教育和职业教育……"他们呼吁学校要更加重视机械、农学、家政等学科,它们才是所有学生理应学习的知识。因为传统上高中被认为是为大学做准备:[9]

> 它们让成千上万的学生无法学习他们适合的和需要的内容,而去学那些不适合他们或者他们不需要的东西。 学习书本里那些死板的知识, 只会让学生对文化产生错误的看法, 因而在物质财富的创造者与其分销商及消费者之间产生鸿沟。

到1918年高中教育要从大学的教育理念中"解放",不再受到大学约束的目标似乎已经实现,即使全国高中还有一些通识课,但是至少在理论上是这样。这一年,全国教育协会下属的中等教育改革委员会明确了美国中学教育的目标,埃德加·B. 卫斯理教授(Edgar B. Wesley)对它评价是:"美国教育史上大概没有能比这份32页的小册子更重要的文件了。"[10] 这份题为《中等教育的重要原则》的声明得到了美国教育部的官方认可,印发了13万份。这也标志着全国范围对教育政策的讨论,一些示范学校对此非常重视,甚至要求学生背诵其中的核心部分——讽刺的是,这种做法违背了"新教育"原则的中心思想。

改革委员会指出进入四年制高中就读的学生中有超过2/3的人无法毕业,而在毕业的学生中,大部分也没有进入大学深造。因此,绝对不能忽视这些学生的需求,必须重新审视过去把文化知识学习作为教育目标的做法。学校应该注意到学生学习能力和学习态度上的差异。新制定的教育规范需要对教学方法和学科的必要性进行评估,而不能再将这些学科视为"理所当然要知道的知识"[11]。简而言之,许多学科不应该再作为必修课,而是要遵从新的教育规范,至于是否开设有待进一步论证。

此外,学校不再把学生当作开发智识能力的对象,而是要把他们培养成优秀的公民。这些倡导新理念的教育者认为不能指望知识文化程度高的人就一定会成为一个公民素质高的人,必须对学生进行公民素质、民主观念和文明道德的教育。在委员会列出的一系列教育目标中,发展智识能力和掌握文化知识都没有包涵在内。他们指出,学校的职责是促进美国民主制度的发展,通过提高每一个学生的能力使他们成为一个合格的公民。因此,教育的主要目标是让学生在家庭、职场和社会三个层面都很出色。所以该委员会认为"教育的目标应包括下列几点:1.身体健康;2.掌握基本技能(很显然这里是指阅读、书写和计算这三项基本的技能,毫无疑问,委员会肯定了中等教育阶段需要继续这些方面的教育);3.成为一个优秀的家庭成员;4.为事业成功打下基础;5.成为合格的公民;6.培养有益的休闲;7.养成高尚的品格"。

该委员会还认为以往学校忽略了对学生音乐、美术、戏剧等兴趣的培养,只是把它们看作文化必修课的有益补充,是一种备选课程。这么说,倒也不失公允。"高中教育过于注重知识文化课程,所以不重视文学、美术和音乐,殊不知它们可以唤起学生的美好情感,提高他们的品位。"更糟糕的是,高中阶段要高强度地学习大部分的文化课程,所以应该调整教学安排,对于那些今后不打算读大学的学生来说,一门课只学一年无疑更合适。这么做"既能满足想继续上大学的学生,也能满足觉得高中文凭就够了的学生"。

　　该委员会还指出,大专院校应该像高中一样,让自己成为提供大众教育的场所,相应地调整课程设置和教学目标。它预言"在民主的原则下,高等教育只是为少数人服务的观念将不再存在"。也就是说,如果高中毕业生读大学,不光可以接受通识教育,还可以学习职业技能。在大学里,他们可以自由选择那些"对自己和对社会有用"的课程。为了接纳人数不断增长的学生,大专院校应该开设一些高级职业课程,替代学术类型的研究。该委员会呼吁一般学生都应该接受全日制教育,直到18周岁。

　　委员会在报告中指出,高中课程的设置应该差异化,给学生有更多的选择,下文可以清楚地看出委员们对此的具体看法:

> 　　从广义上说,课程差异化应该以职业发展为基础,因此课程可以分为农业、商业、宗教、工业、美术、家政等。当然,对于那些文化专业成绩优秀的学生,也要考虑到他们的兴趣和需求。

"也要考虑到他们的需求",在谈到高中教育在文化专业方面的目标时,此处的措辞已经与50年前"十人委员会"报告中的相去甚远,当时"加强文化智识的培养"还是高中教育的主要目标。

　　从"九人委员会"报告里的用词我们可以清楚地看到,委员们不认为自己的建议是教育的倒退,而是向实现民主理想迈出了坚实的一步。这份报告充满了进步时期的理想主义色彩,希望让教育促进民主制度的发展,让每一个儿童都拥有充分的机会取得成功。正如该委员会所说,我们的中等教育"必须首先让年轻人实现对完整、有价值生活的追求"——因此,教育已经超越了以往只发展人们心智的狭隘目标。中学教师需要"努力探索和追求卓越的伟大民主运动的内在价值"。在培养个人和不同群体的优秀才能时,高中"必须积极地培养他们具有共同的理想、价值、思维方式、情感和行为,以使富饶、团结的美国有一群有完整生活经验和团结一体的公民,为世界各国人民的民主事业作出贡献"。

4

《中等教育的重要原则》为接下来所有有关中等教育政策的半官方声明定下了基调,它也清晰地表达了"生活调整运动"的观点。这段时间里,美国高中人数急剧增长,从1910年时的110万人,迅速增加到1930年时的480万人。在这份报告发布时,美国所有的州都已经施行义务教育,密西西比州是最后一个通过义务教育法的州,它于1918年也加入这个行列。

此外,在1880年到第一次世界大战期间,移民的大量涌入使得学龄儿童的数量大幅增长,学校需要解决这些孩子的入学问题。例如,到1911年的时候,在美国最大的37个城市中,公立学校有57.5%的儿童都来自移民家庭。[12] 当他们进入中学后,也会出现和小学同样的问题,包括阶级差异、语言不同和难以融入美国社会等。因此,对许多学校的管理者来说,向这些孩子普及美国的生活和最基本的卫生知识,似乎比提高他们的课业文化水平更重要。不难理解,对于一个生活中布法罗的波兰移民的孩子,学好拉丁文肯定不是最重要的事。他们的父母初来乍到不熟悉美国的生活方式,也就无法帮助孩子适应新的环境,这时学校则承担起家长的责任。这些孩子早上要在学校里接受"美国化"的教育,下午回家后,再要把学到的卫生知识和美国人的行为方式传达给父母,让他们牢记于心。在这种历史背景下,人们也许可以更好地理解委员会提出的"重要原则"中强调"成为一个优秀的家庭成员""身体健康"和"成为合格的公民"的意义。经常有人批评现在的学校承担了太多其他社会组织的职能,例如它们扮演了一些父母的角色,这正是他们就这个问题对教育者作出的准确评价。

职业教育中出现的变化也需要对中等教育重新定位。充其量只能算作弥补教师缺口权宜之计的师范学校,现在已经被师范大学等专业教育院校取代。教师培训和教育理论研究都更加专业化。不过,劳伦斯·克莱明(Laurence Cremin)注意到,教育院校发展的自主性非常强。[13]从事专业研究的教育家渐渐与大学里的学者越走越远。曾有人打趣地说,哥伦比亚大学的教师学院与该校其他学院之间的巨大分歧,让纽约第120街成为世界上最宽的街道,这正反映了美国教育结构中的极大差异。这些教育专家可以自由地发展自己的观点,不受"智识"的约束,而大学教授却渴望通过交流提高"智识"。与艾略特担任教育部长时期相反,学者们非常鄙视地回避中小学教育的问题,认为这些只是笨蛋才会关心这些。不过教育专家却很开心其他人不插手此事,这样他们就能自主制定中学及以下教育的方针计划,实现自己的理念了。

在《重要原则》取代十人委员会的相应措施时,一种主要建立在"民主"和"科学"基础之上的教育观念正在形成。杜威就是支持这种教育民主观点的代表人物,爱德华·李·桑代克(Edward Lee Thorndike)则代表了要把科学的原则应用到教育中的代表。很少有人怀疑民主与科学的结合会产生任何问题,因为社会上存在一种普遍的看法,即两者之间肯定已经建立了一种契合——既然它们都是有益的,所有肯定会产生好的结果,也就是说,一定存在一种"民主科学"。[14]不过要指出的是,桑代克并不认同这个观点。

　　我将在下一章讨论杜威观点的应用与误用。在此,我们先谈一谈测试方法的应用以及一些心理学和教育学的研究。虽然此类研究肯定是尝试性的,但大多数都非常有价值。问题在于,在职业教育兴起的背景下,本该持续进行的研究被拔高成一种信仰,这么做的不是真正的研究者,而是被那些渴望尽快将研究应用于实践,急着用科学的权威性来支持自己观点的激进改革者。美国人似乎特别迷信数字,认为以数字表现出来的知识就是最终的真理。第一次世界大战时对军人进行的智力测试就是很好的说明。很快,人们就相信军队里做的智力测试能准确衡量一个人的智力水平,判断他的心理年龄,而测试的结果,如智力水平和心理年龄,是固定不变的。结果显示,大部分美国人的心理年龄只有 14 岁,因此教育的对象应该是一群和智力迟钝的儿童差不多的人。[15] 虽然对这些测试盲目的解读遭到了杜威等人的激烈批评,但是滥用这些测试在美国教育中还是常有的事。当然,如果认同美国人智力低下的测试结果,则会得出不同的结论。桑代克等无意将教育与美国的民主挂钩的人,则认为智力测试是鼓励精英主义的教育。[16] 但是,坚决推行"教育民主化"的人却认为,大部分人的心智不成熟这个研究结果证明了需要进行教育改革,使教育的方法和内容适合资质平庸或者对学习不感兴趣的人。这些教育民主化的拥护者不妨借用林肯的话:上帝一定会怜爱那些学得慢的人,因为他创造了太多这样的人。精英主义者也许会无视数量众多的平庸者,但是民主的教育者会像一个母亲那样爱护自己残疾的孩子,尽力去寻找适合这些孩子的课程。

　　这里需要强调的是,进步主义的思想推动了教育民主化信念的形成,因为后者出于一种博爱的精神和理想主义,认为所有天资较弱、家庭条件差的学生也应该受到重视。多年来,教育者一直在寻找一种既符合民主的需要,又以科学的研究结果为依据的教育原则,它的正确性现在终于得以证实。这种"教育民主化"的呼声越来越高,几乎在美国各处都可以听见:为了民主进行教育,为了公民精神进行教育,为了儿童的需求和利益进行教育,为了所有的年轻人进行教育。美国教育者的脑海里似乎有一种坚韧与严肃的精神,对于更加世俗的人来说,它永远都是一个不解之谜。这些教育者承担的任务越艰巨,他们的声音就越响亮,责任就越崇高。当他们发现有机会可以开设一些家政方面的课程时,他们又拉响了理想主义的琴弦。当他们感到马上就可以有机会还清洁工以尊严时,他们立刻就两眼发光兴奋起来。当他们让学校标明厕所的位置,这样即使最笨的学生也能找到方位时,他们欣喜若狂,似乎已经实现了民主的理想和人生的追求。

自此,教育研究的愚蠢时代到来了。教育的专业化使人们高度重视地严肃对待每一件小事,教育专家却开始拙劣地模仿和嘲笑学院迂腐的做派。他们不喜欢被看作是低级技能的拥护者,而把最简单、最基本和尝试性的提议披上最华丽的外衣,打着最高尚的社会与教育目标的噱头。例如,学校应该教育孩子有关安全方面的知识吗? 如果是的话,校长在全国教育协会上发言时,不应该讨论如何教育学生注意安全这种虽然重要但是也许很常见的话题,而应该谈论"安全防范事故指导在协同课程设置中的重要性"这样高大上的主题。因此,现在大家可以假装同意教孩子怎样避免被烫伤或者被汽车撞伤不是最重要的,重要的是让这些知识与所有教学中的崇高价值相结合。不管怎样,至少发言者这样总结到:"请允许我这么说,教育孩子怎样防范事故,不仅有助于所有课程的整体协调,也确实可以减少意外的发生。"[17]

5

　　如果一个外国人对美国教育的了解仅限于教育改革者们所写的文章，那么他很可能认为美国的中等教育一成不变地遵循僵化的传统，只是为了高校服务，注重学术研究，忽视了学生不同的需求。1920年，在全国教育协会大会上，一位发言人曾抱怨，高中依然"以大学录取的要求和标准为指导"，里面的校长和老师都是在以知识文化为主的制度下培养出来的，还是认为"学术至上"。[18]这样的抱怨在教育改革者的文章中可以引起许多共鸣。事实上，他们在高中课程的改革上已经取得了相当大的成功。对一个外行，甚至一个教育工作者来说，很难准确地说他的话究竟有几分道理。但是有两件事似乎是确定的：首先，1910年之后的课程改革简直可以说是革命性的；其次，到20世纪四五十年代，提倡"生活调整运动"的教育改革者提出了一个几乎无法满足的要求，他们希望彻底取消文化课程。

　　十人委员会支持的那套传统课程，在1910年的时候发展到顶峰。当时，学习外语、数学、科学或英语中任何一门学科的学生人数，都超过所有学习非文化课程学生人数的总和。在接下来的40年里，高中的文化课程占总课程的比例从大约75%下降到大约20%。1910年，九至十二年级的学生中有49%学习拉丁文，到1949年，这个比例只有7.8%。选修现代语言课程的学生从84.1%下降到22%，代数从56.9%下降到26.8%，几何从30.9%下降到12.8%，学习各类数学课程的总人数从89.7%下降到55%。如果剔除"科学概论"这门新开的课程，学习科学课的总人数从81.7%下降到33.3%；如果包括在内，则是降到54.1%。虽然许多学期都会开设英语课，但是在许多学校中它的重要性也被淡化了。历史和社会研究则呈现出一幅复杂的画面而无法用数据表示,但是不断变化的情况显示这些课程不仅教学时间上缩短了,而且开设的学校也减少了。因此,就要大大压缩欧洲史和古代史的部分,把重点放在近现代史和美国史上面。

十人委员会在 1893 年考察美国高中课程时发现,学校里总共开设 40 门课程,但是有 13 门课只在极少数的学校开设,所以另外 27 门就成了基础课程。然而截止到 1941 年,全国的中学至少教授 274 门课程,其中只有 59 门被划分为文化课。令人惊讶的不是课程的数量增加了十倍,也不是只有 1/5 的课属于文化课,而是教育理论家对此的反应:他们认为中学教育依然被文化课程的学习绑住了手脚。20 世纪 40 年代末和 50 年代期间,在美国教育部的鼓励下兴起了"生活调整运动",它旨在发动全国的中学参与教育改革,让教育更好地满足那些在一定程度上"不可教"的学生的需求。[20]

在某种程度上,"生活调整运动"的兴起源于"二战"开始美国年轻人精神低迷所引起的危机。但是,情况远不止于此:美国教育部和教育领域的领导者希望反对智识成为这项教育改革运动最重要的目标,而这股强烈的反智情绪从 1910 年开始就一直存在了。在简要回顾了"二战"结束不久后美国中学的教育状况时,时任教育部长的约翰 · W. 斯图德贝克(John W. Studebaker)发现,10 个孩子中只有 7 个人读高中(十到十二年级),高中顺利毕业的不足四人。[21] 尽管在过去 40 年里一直强调要增强学校对学生的"吸引力",依然有大量的学生没有兴趣读完高中。从教育的主要目的来看,扩充文化课程的努力以失败告终,因此自然有人提出建议,也许课程的改革还不够完善。

"生活调整运动"的目的是通过"改进教育内容,使其为学生进入社会后的生活做好准备",从而解决学生无法念完中学的问题。这就需要制定一套教育模式,"让学生更好地适应社会、服务社会,在这个民主的国家做一个好的家人、员工和公民"。1947年5月在芝加哥召开的全国教育工作大会上,与会者通过了一项决议。该决议由明尼苏达州一所教育研究机构的专家查尔斯·A.普罗塞(Charles A. Prosser)博士起草。"为了避免误解",原稿在措辞上稍微作了调整,不过它清楚地表达了参加会议者的立场:美国的中学未能充分地满足大部分学生的需求。据说,其中有20%的学生准备念大学,另外20%的学生想学习职业技能。根据改革者的描述,剩下的60%上述两种情况都不适用,应该对他们进行适应生活的教育。这方面的教育理论家非常了解这些学生的特点:他们大多来自低收入家庭,父母多半不具备专业技能或者只有一些不熟练的技能,教育程度较低。他们入学较晚,学习成绩一直排在后面,智力测试和学科测验的分数都很低,缺乏学习的兴趣,"性格也不成熟,容易紧张,缺少安全感"。

　　在列出这些学生令人遗憾的特点后,撰写第一份有关"生活调整"教育指南的作者继续指出,"他们不能因为这些特点就被贴上低人一等的标签"。根据这些教育者对"民主"的理解,他们认为家庭文化程度低的孩子虽然不成熟、没有安全感、容易紧张、学习迟缓,但是"绝不比家庭文化程度高、更成熟、有安全感、自信和天资聪颖的孩子差"[22]。这种对"民主"的无限崇拜似乎让这些专家忘记了他们实际上把美国大多数的孩子说得一无是处,都是无法教育的人。按照普罗塞的话说,他们不仅不适合学习文化课、上大学,甚至连可以让他们"找到理想的技术工作的"职业教育课程也不适合。那么究竟什么样的教育才适合这么多不幸的孩子呢? 当然不是智性教育或者日积月累地学习知识,而是可以使他们成为一个好的家人和公民的实际技能。必须教会他们生活的道德伦理,持家之道,如何做一个优秀的公民,如何利用闲余的时间,如果保持身体健康,如何"为了今后的职业做适应性的准备"。正如《年轻人的生活调整教育》作者所说的,这是"把生活的价值置于习得知识之上的教育哲学"。隐藏在这个观点背后的是知识对于"生命的价值"几乎或者完全没有用途的想法,它也是整个"生活调整运动"的基本前提。发起这项运动的教育者不停地强调,智识的培养对于解决普通年轻人"实际生活中的问题"毫无帮助。

6

　　从美国教育部编撰的一系列类似的布告很难看出"生活调整运动"背后真正的意图,但是在这项改革被冠以"生活调整"的名称之前,普罗塞博士在讲话中就已经提出了它的基本理念。作为一个经验丰富的职业学校的管理者,他于1939年在哈佛大学举办的格里斯中学教育讲座[23]中表达了这些观点。虽然在已经发表的讲稿中偶尔可以见到他受杜威"教育民主"思想影响的痕迹,但是普罗塞主要以心理学研究为依据,这也体现了他对"科学"发现的虔诚信仰。有意思的是,提出"生活调整"教育的教育家一再打着"科学"的名号,却不愿意让孩子学习科学。普罗塞认为,桑代克等人的研究已经表明,没有可以让我们把所学知识转化到其他领域的智识能力。"可以肯定地说,科学已经证明一般性教育是一个伪命题,它的基本理论——可以通过学习培养学生的记忆力、想象力、意志力和理性——根本就是错误的。"如果抛弃了这些过时的观念,教育就应该是教授各种专门的技能。没有所谓的一般性机械技能,只有经过实践和应用获得的具体技能。智力也是一样。没有"记忆力"这种抽象的东西,只有具体的事实和概念,我们觉得它们有用时,就会想起它们。

　　虽然人们认为传统的教育以发展智识为目标,但其实并不存在笼统的智识能力,它们都是具体、可知晓的能力。这些能力的有用性与是否"可以被传授"是相关的;某一种知识越是有用,就越容易被传授。一门学科的价值在于它的知识在多大程度上可以直接应用到实际生活中。因此,重要的并不是教会学生总结和归纳,而是教会他们日常生活中直接用到的知识。例如,我们不用教他们生理学的知识,而是告诉他们怎样保持身体健康。传统的课程只包含了曾经有用但是现在没用的知识。"一般说来,学校里教的知识越新,在校外应用的价值就越大,知识越古老,就越不能满足实际生活的需求。"如果学校里学到的知识可以直接转换应用,学生就越乐意去学习。事实上,学科的真正价值决定了它对思维能力的提高作用。"因此,做生意时用到的算术比平面几何或立体几何重要,增强体质的方法比法语重要,如何选择职业的技巧比代数重要,日常生活中的科学比地质学重要,简单实用的商务英语比伊丽莎白一世时代的经典文学重要。"

　　普罗塞说,最好的教学素材就是"适合生活发展,而不是为了学习而学习的内容",这是科学研究得出的不容置疑的结论。那么,为什么大专院校坚持要求高中教授那些没有用也没法教的传统课程呢? 他认为,主要原因不是为了不让任课老师失业,而是高等院校需要利用这些学科筛选出智识能力更出众的学生,淘汰掉剩余的。(代数和语言课程就有这个作用,它们不是任何学生都能学好的科目,只是给那些成绩差一点儿的学生制造障碍,让他们知难而退不想上大学。)这种过时的选拔方式让学生浪费四年宝贵的时光,学习这些所谓的"文化"课程,却一无所获。普罗塞认为,可以花上几个小时对学生进行智力测试,就可以选出适合上大学的学生,这种方法既经济又准确。这样的话,也许我们可以用这种公正的方法说服那些传统派,取消至少一半的学术类课程,只保留一些有实用价值的传统学科。按照这种标准,"所有的外语课和数学课都应该从升入大学必修的课程中删除",留下更有用的课程——物理、英语和社会研究。

　　教学内容中应该包括许多有直接应用价值的学科:提高"沟通能力"的英语;反映现实社会状况的文学;教授年轻人"日常生活最基本的科学原理",让生活更加舒适、更富裕……更好地完成工作的科学(只有"定性"科学课程);美国的年轻人也应该学习一些实用的经济知识和"基本的经济学常识",辅以"适合年轻人的经济史";教学生如何处理"道德问题"和当地社会问题的公民课;应用数学;关注"社会整体再创造"的社会研究;行为举止,娱乐休闲,家庭、社会问题和"适合青年人的美国社会史";当然还有"美术欣赏""实用艺术欣赏"和职业教育。通过这种方式,所有课程就符合了现代心理学研究得出的教育规律,所有的学生可以更受益于中学教育。[24]

　　普罗塞以一种不加掩饰的方式表达了许多教育学家从实证心理学中得出的结论,即"科学"推翻了文化课程有助心智成长的说法,也就否定了通识教育理想的基础。他自信地说,"没有什么比科学"更能证明通识教育的理由是错误的。在他这么强硬立场的背后,可以找到历史的相似处。19世纪的美国和其他地方推崇的通识教育理念,是建立在两个假设的基础之上:第一个是所谓的官能心理学,它认为心智是由许多"官能"(faulty)构成的复杂实体,包括理性、想象力、记忆力等。就像身体机能一样,多加练习可以增强这些方面的能力。同理,通过不断地心智训练,通识教育可以逐渐提高它们的能力。此外,人们都同意一些课程对于"锻炼心智"特别有用,首当其冲的是拉丁文、希腊文和数学。加强这些学科的学习,不仅为进一步学习这些课程打下基础,更重要的是它可以锻炼人们的心智,更从容地面对任何挑战。[25]

　　很快人们就发现如果以哲学分析或者科学研究的方法来探讨心智的

功能,官能心理学则无法经得起推敲。此外,随着知识体量的增长和课程内容相应的增加,如果依然相信只要学拉丁文、希腊文和数学就能锻炼心智,那么这种想法也太狭隘和自负了。[26]

但是,大部分现代心理学家和教育家都知道,即使功能心理学与古典语言及数学的课程已经式微,也无法就此否定通过心智训练可以实现教育的目标。如果心智训练是毫无意义的,那么千百年来,以通识教育的理念为基础进行的教育就都是错误的。心智是否可以被训练或者培养这个问题经受住了官能心理学的检验,现在又演化成另一个更具体的问题:通过学习某种学科培养出的心智能力,是否有助于其他心智能力的发展? 当然,这个笼统的问题可以分解成无数个具体的小问题:多背诵某些方面的知识是否能增加其他知识的记忆? 训练某一种感觉辨识力是否能提高其他方面的辨识力? 学习拉丁文能否促进法文的学习? 如果能力是可以迁移的,那么经过多年通识教育的努力积累,人们的心智能力会整体提升。如果不可以,那么除了这些知识本身,学习这些专业的知识就没有多大意义了。

不管怎么说,实证心理学家受到桑代克的激发,在 20 世纪初开始寻找学习能力能够迁移的实证证据,他们相信能把这个重要的问题解释清楚。任何读了这些实验描述的人都会发现,他们的研究问题太过局限,根本就是一叶障目;无论是从个体还是整体上说,都不足以如他们希望的那样解决这个复杂的问题。虽然如此,许多新颖有趣的实验得出了大量有用的依据,其中发布在桑代克 1901 年和 1924 年的两篇研究论文中的结果尤为重要。教育理论家以此佐证智识训练培养出的能力并不能转化迁移。其他类似研究结果也被一些教育家大量引用。W. C. 贝格利(W. C. Bagley)曾说:"任何支持或者证实放松教育要求的理论都会受到欢迎。"虽然那些人并非故意而为,但还是会曲解研究结果,以此证明他们对高中教育必须为大众服务的诉求。[27]

事实上,这些实验的结果有时自相矛盾,让人费解,因此坚持认为结论确凿的人就会选择性地忽略那些对自己不利的证据。所以他们这种滥用研究证据的做法,在教育思想史上确实是个大丑闻。如果定量研究是有意义的,那么这些教育家是在无视大量的事实,因为 4/5 的研究都得出了这个结论:即在一定条件下,习得的能力是可以迁移的。实证心理学家不可能赞成普罗塞这些教育家的观点:智识能力不能迁移,因为"科学已经证明了"。时至今日,实证心理学的研究成果更是直接否定了他们的观点。布鲁纳在他的《教育的过程》(*The Process of Education*)一书中总结说:"过去20 年里,几乎所有对学习特点和迁移的研究都表明……经过适当的学习,存在大量的迁移,在最理想的情况下甚至可以让人们学会'如何学习'。"[28]人类教育的实际经验大概要比心理学的实证研究更能说明通识教育的教育理念是正确的。但是如果真的要通过科学研究来对它加以评判,那么结果应该更支持认同心智锻炼价值的人,而不是主张"生活调整"教育的人。

7

"生活调整运动"是职业教育经过 40 多年发展的极致表现:在相当普及的中学教育中,不可能大范围地严格要求学生学习文化课程。"生活调整"教育的支持者强行把这个比例划定为 60%,在反对者看来,这种做法实在太武断了。其依据还是离不开他们对"科学"的信仰。1940 年,普罗塞博士担任全国青年总署委员,他与联邦政府在青年人问题上的看法非常接近。著名的心理学家路易斯・M. 特曼(Lewis M. Terman)是智力测试方面的专家,他在该机构主办的刊物中发表了一篇题为《美国青年的状况怎么样?》的文章,里面说到要学好传统的高中课程,智商需要在 110 以上,而美国 60%的年轻人智商在这个水平以下。虽然这个数值与推行"生活调整运动"的教育者认为的结果有很大差别,[29] 但是更重要的是,仅仅依据这一个结果来制定整个国家的教育政策,是非常不负责任的。一个人的智商是否由基因决定、一成不变在 1939 年依然是一个争论不休的话题,心理学家对此看法不一。此时已有研究表明,只要对孩子多加关照并采用适当的教育方法,他们的智商值可以提高 15—20。如果给予后进的孩子特殊的关照,结果会更令人吃惊。在纽约市推行"更高标准"的教学方案后,许多来自贫民窟原本智商较低的初中生,学习成绩和智商都有所提高,有些还被大学录取,甚至获得了奖学金。此外,绝对不能仅凭智商高低就决定一个人是否已经到了教育的上限,还有一些其他影响因素没有被考虑到,例如教师的水平、作业的多少,以及学生学习的动力和上进心。到底有多少学生可以受益于传统以学业为重的课程,心理学家和教育家的看法始终都存在分歧,特别是考虑到现在教育不景气的情况。[30]

最后,"生活调整运动"在判断是否可以教授美国学生传统课程时,没有考虑其他国家在中等教育方面取得的成绩。在这些新一代的教育专家眼中,西欧国家的中学课程是"贵族化"、选择性、传统且受到阶级属性约束的,对于追求中学教育民主化、普及化和具有前瞻性的美国来说,它们不再有可取之处。因此,美国的教育者在制定教育政策时宁可舍弃欧洲教育的传统,在"现代科学"的实际指引下,以追求"民主"为动力。欧洲的教育代表着陈旧的过去,科学和民主才是未来的方向。冷战时期与苏联的科学竞争则强化了这种看法。苏联与美国不同,它的中学教育不是一种普及和平等的教育,也不能被称为是贵族式或者传统的,但确实是在很大程度上受到了西欧教育制度的影响。它强调大部分学生都要进行专业文化课程的学习，以至于让我们无法再忽略这种教育制度的可能性。

我们千万别认为只要能让那些处在最底层、被遗忘的 60% 学生实现自己的教育目标，主张"生活调整"教育的专家学者就会满足。如果低估了这项运动想实现的理想，那就是大错特错。1947 年，普罗塞博士在"生活调整"运动大会中的总结发言明确地指出了他们的最终目标："教育史上从未召开过这么伟大的一场会议……会上，所有人都真诚地相信，这是一个绝佳的机会，让美国所有的年轻人都能获得他们曾经无法享受的教育。我们制定的教育计划，值得我们为之奋斗——值得我们用生命捍卫……上帝保佑你们。"

所以，"生活调整"教育的倡导者很快就希望能扩大他们的影响范围，而不仅是被遗忘的 60%：适合他们的教育肯定也适合美国所有的年轻人，不管他们的天赋任何。在一篇文章中，作者甚至坦言，"这简直就是一个乌托邦式中学的蓝图"，"只有极具天分的老师才能办好这个学校"。[31] I. L. 坎德尔（I. L. Kandel）对此讽刺地评价说，按照"生活调整运动"的观点，"适合 60% 高中生的教育，也适用于所有学生，虽然研究显示上学对他们也没什么好处"[32] 现在这些人正好把传统课程支持的那一套颠倒过来支持自己的观点，让所有的学生都学习他们提倡的新课程。以前，人们认为文化通识教育对所有学生有益，现在则是所有学生都学习原本为后进学生准备的课程。美国人的实用性和美国式的民主现在倒是以"所有年轻人接受一样的教育"这种方式实现了。"生活调整运动"想永远树立一种观念，即后进的学生"绝对"不比天资聪颖的学生差，所有的课程应该像孩子一样，虽然有差异但却是平等的。1952 年全国教育协会教育政策委员会在谈到农村中学的教育目标时说，"没有所谓的贵族课程"，"数学和机械，艺术和农学,历史和家政,它们都是平等的"[33]。

　　许多教育家以效用、民主和科学的名义,把那些所谓"没法教育"或者"不好教育"的孩子视为中学教育的中心,而把天资聪颖的孩子放到了一边。有一些教育工作者甚至希望"有一天,注重文化的贵族式教育传统完全被抛弃",对资质过人的学生的态度是"我们当然要给他们帮助,不过这些天生就占据优势的孩子可以直接从他们周围的环境中学习提高。在他们的成长过程中,我们的作用是次要的。因此,学校没有必要制定针对这些特殊孩子的教学计划,这么做也是徒劳的"[34]。在这种环境下,布鲁纳说,"公立中学最优秀的 1/4 学生将会成为我们整个社会知识阶层的领导者,但是在近些年来,他们却是最被我们的教育制度忽视的一群人"[35]。的确,许多教育工作者确实忽略了这些学生,有些人甚至不但不把他们视为美国教育的希望或者应该培养的目标,反而认为他们是异类、次要或特殊的问题,有时甚至将他们当作一种病态。或许这么说有些夸张,但是如果不这样,实在很难理解教育部的一位官员竟然写出这么默然的话:[36]

　　　　有许多儿童,大约 400 万人,他们的心理、身体和行为非常怪异,需要进行特殊教育。他们当中有些是失明和弱视,失聪或有听力障碍,瘸腿,身体柔弱,有癫痫或者精神问题,有些则是无法适应社会,却特别聪明的人。

8

　　这些教育理念,尤其是要求教育要一视同仁的主张,其实一直都遭到全国各地的家长、学校委员会和教师的反对。然而，为了迎合这种新式教育的观点，许多中学的课程已经"扩容"，增加了乐队、合唱团、汽车驾驶、人际关系、家庭生活、家政和消费者教育等课程。每一个美国的孩子都可以与学校里大多数孩子一样，不必担心他所在高中的课程在其他地方可能遭到质疑，或者与他的志向完全不一致。几年前，耶鲁大学校长 A. 惠特尼·格里斯瓦德（A. Whitney Grisworld）曾说过一个例子，高校负责招生的官员可能对此都不陌生。一位来自中西部地区的年轻人申请就读耶鲁大学，他很有才华，被录取的希望很大，但是他在高中的最后两年只学了两门专业文化课：两学年的英语和一学年的美国历史，其他都是些合唱、演讲、打字、体育、新闻学、婚姻与家庭等课程，因为这个原因而被拒绝。[37]

　　如果人们仔细研究一下公立高中新课程的内容和特点，以及分别代表新旧两种观点的教育者辩论的言辞，就会发现关于"生活调整"教育讨论的核心问题，实际上是大众文化中教育问题的体现，而大众文化则是一个更容易引起争议的话题。当然对于这么庞大的高中生群体，他们究竟可以并且应该学习什么样的文化，这是许多学校都关心的问题。传统的教育相信学习各类学科都是有意义的，认为如果孩子在一定程度上掌握了专业文化课程，他们就可以触类旁通地应付生活中的其他问题，为他们今后从事商业等高级的职业打基础。如果有些学生的能力不足以参与这种竞争，职业教育可以满足他们的需求。事实上，传统教育并不像教育改革者所说的那样全然不顾学生的实际情况和需要，只不过认为大体上学生通过学习专业文化课程，能够从智力活动中获得一些乐趣，如果他不断学习下去，就会有成就感。在学习的过程中难免会心烦气躁，如果能苦其心志克服这种情绪，则也是一种收获。难怪有人讽刺地说，不管孩子学什么，只要他对学的内容没兴趣就行，反正烦躁是有益的。这些极端的观点正好助教育改革者一臂之力。从政治的角度来说,传统的教育是保守的,因为它维护的是现有的社会秩序,要求学生在一定框架下自我发展,主要是指遵守 19 世纪个人主义的规范。但是,在某种程度上这也是民主的,因为它没有假设大部分人,无论他来自哪个社会阶层,肯定无法适应专业学习的激烈竞争,无法掌握专业知识,或者无法锻炼心智或者品格,更不用说它会支持这种观点。

　　而从政治上来说,新式教育的本质也是保守的,不过它使用了大量热情洋溢民主的言辞,对孩子的态度更加和善,使它看起来——至少对它的支持者来说——更"进步"或者甚至是激进的。它承认大部分人在智识能力上是有限的,希望接受、鼓励后进的学生并给他们提供机会,这些都令它的支持者引以为豪。这种教育理念是以学生为基础,避免对他们的能力有过高的期望。它不指望学生能从智识活动中得到快乐或者成就感,尤其是当这些活动难度很大时。相反,它认为学校满足学生的需求和兴趣才能让他们体会到上学的乐趣,这是教育最基本的目标,因此教育改革者乐于以学生的兴趣作为制定教学内容和安排的基础。他们不觉得自己忽视了孩子思辨能力的培养,但是他们与传统教育者就应该训练孩子思考的内容,以及需要积累多少知识才能做出正确的判断,有完全不同的看法。首先,他们会从孩子的角度出发,其次他们乐意在学生的思维框架下指导他们的思想,不管他们的想法是否狭隘或者浅薄。他们也不承认自己放弃了孩子品格的塑造,而是坚称他们鼓励学生发展一种更社会化、更民主的性格。

　　如果仔细研究一下教育改革者们主推的新课程的内容和范围——在一定程度上它们已经成功落实,则不难发现这种新式教育实际上想要培养出一个"完整的孩子",也就是说要全面地塑造他们的品行和性格。新式教育的主要目标不是培养孩子的竞争力、上进心、使命感、创造力和分析能力,让他们能立足社会,而是要让他们学会在这个世界怎样消费、娱乐、享乐和迁就他人——简而言之,就是要"适应生活"。对学生而言,重要的不是学习化学,而是知道哪种洗洁精好用;不是物理,而是学会驾驶和维修汽车;不是历史,而是知道当地煤气厂的生产运营方式;不是生物,而是认识去动物园的路;不是莎士比亚或狄更斯,而是会写一封商业信函。新式教育不再把引导学生消费及生活方式的工作留给家庭或者其他机构,而是把家庭生活或者家务变成具体的学习对象,有时甚至对其重新评价(例如,我们的家庭怎样才能更加民主?)。一位支持"生活调整运动"的教育者解释说,他希望学生能学会在学校提出以下问题:"我怎么才能更健康?我怎么才能更漂亮?我该怎么和别人更好地相处?怎样培养兴趣爱好使我更成熟?"[38] 当然,那些坚定支持"专业文化课程"学习的老师肯定会提出反对。改革者还认为学校教育的内容应该符合青少年的兴趣,包括媒体广告宣传的东西。例如,在纽约州的某个地区,所有七年级到十年级的学生都要学"家庭生活课",该课程包括以下主题:"如何遵守校规","如何照看小孩","如何与人相处","如何受人欢迎","如何去除粉刺","如何收拾卧室","如何让房间看上去更漂亮"等。八年级的学生在考试中会遇到这样的判断题:"只有女生需要使用除臭剂吗?","肥皂可以用来洗头发吗?"[39]

今天,"生活调整运动"发展的高潮已经过去了,并逐渐走下坡路。这一部分可能是因为在今天的社会中,中学教育的作用已经发生了长久的变化。著名教育社会学家马丁·特罗(Martin Trow)教授指出,美国的中学教育"最早是精英的预备教育,为大学选拔少部分优秀人才;经过一些年的大力发展变成了一种普及性的终极教育,高中是大部分人的最高学历;现在它正经历第二次痛苦的转型,要成为普及性的预备教育,大部分人高中毕业后都要上大学"[39]。当初进行课程改革的社会背景已经发生了变化,而且也不再有那么多支持者了。从 1900 年到 20 世纪 30 年代,大部分高中生的家长都没有读过高中,他们当中的很多人是新移民,不会说英语,因此往往被动地接受教育专家提出的教育改革方案。今天,高中生的家长至少是高中毕业,他们和许多大学毕业中产阶级的家长一样,十分关心教育问题。他们对高中教育的内容以及知识文化的意义有自己的看法,所以对新式教育提出的方案不会全盘接受,也有很多人赞成亚瑟·贝斯特(Arthur Bestir)和莫蒂默·史密斯(Mortimer Smith)等人对新式教育提出的质疑。此外,与早些时候不同,高中已不再是教育的终点,现在一半以上的学生毕业后都要继续深造。过去的高中只需要培养学生可以胜任普通白领的工作,如今许多人需要掌握更加复杂的专业技能。所以高中的办学理念和内容设置都必须进行调整。家长们越来越担心本地学校的教育质量会影响自己的孩子进入名校,因此往往向当地教育主管部门施压,希望学校提高对学生的要求。苏联人造卫星的成功发射,更是给美国人带来了极大的压力,促使家长加紧脚步积极行动,因为我们正在和苏联进行一场至关重要的教育竞赛。近些年来,这些反对"生活调整"教育的努力开始取得成效。但是,对它的支持声却绝没有就此从教育领域或者公众的视线中消失。职业教育的管理层与核心教育团队中的大部分人,对提高学生专业素养没有兴趣。美国的教育有点儿像一个刚刚上台的政府,要强力推行新政府制定的政策,因为行政部门里有许多顽固的反对者。

注 释

1. 要上大学,不一定非要进入这些学校学习,也可以进许多大学为一些准申请者开设的预科学习经典作品、数学和英语等,为大学课程做准备。这样的预科已经有许多,到1889年400所大学中依然有335所开设预科,足以证明缺乏足够的中学为准备上大学的学生提供相应的教育。卫斯理,《全国教育协会:第一个一百年》(*N. E. A. : The First Hundred Years*),纽约,1957年,第95页。关于这些学校的介绍,见E. E. 布朗(E. E. Brown),《建立我们的中学》(*The Making of Our Middle Schools*),纽约,1903年。

2. 见约翰·F. 拉蒂莫(John F. Latimer),《我们的高中怎么了?》(*What's Happened to Our High Schools?*),华盛顿,1958年,第75—78页。有关自1870年以来,美国社会中学教育状况的深入介绍,见马丁·特洛(Martin Trow),《美国中学教育的第二次转变》(*The Second Transformation of American Education*),《比较社会学国际期刊》(*International Journal of Comparative Sociology*)第2期,1961年9月,第144—166页。

3. 《高中应该教什么》(*What the High Schools Ought to Teach*),华盛顿,1940年,第11—12页。

4. 当然,这种情况由于大萧条和工会势力的增长更加突出。但是即使在1918年,全国教育协会也是坚持一般的孩子应该接受义务教育,直到18岁。《中学教育的重要原则》(*Cardinal Principles of Secondary Education*),华盛顿,1918年,第30页。

5. 卫斯理对这一争论进行了概括:《全国教育协会:第一个一百年》(*N. E. A. : The First Hundred Years*),纽约,1957年,第66—77页。

6. 科南特建议学习四年数学,四年外语,三年科学,四年英语,三年历史和社会研究。此外,他认为许多有学习天赋的学生可能想学两门外语,或者再学一门社会研究方面的课程。《美国高中的现状》(*The American High School Today*),纽约,1959年,第57页。科南特认为高中毕业的最低要求是至少学完一年科学,四年英语,三年或者四年的社会研究。

7. 相关文章见《全国教育协会中等教育研究委员会研究报告》(*Report of the Committee on Secondary School Studies Appointed at the Meeting of the National Education Association*)(1892年7月9日),华盛顿,1893年,第8—11,16—17,34—47,51—5页。该委员会认为如果学生打算继续念大学,他们在高中学的内容可以为进入大学作准备。只要认真学习了高中的课程,学生应该可以符合大学生的标准,不管他学了哪些内容。可是,现在的情况却不是这样,委员们发现高中的课程简直就是七拼八凑,很多学科都是只学了点儿皮毛,学生虽然可能什么都知道一点儿但是绝对算不上深入透彻。

8. 《全国教育协会会议事项》(*Proceedings*),1908年,第39页。

9. 《高中与大学衔接九人委员会报告》(*Report of the Committee of Nice on the Articulation of High School and College*),《全国教育协会会议事项》(*Proceedings*),1911年,第559—561页。

10. 卫斯理,同上,第75页。

11. 这里与下一段的引用皆来自《中学教育的重要原则》。

12. 有关这个主题的研究,见艾伦·M. 托马斯(Alan M. Thomas, Jr.),《美国的教育与移民》(*American Education and the Immigrant*),《教师学院记录》(*Teachers College Record*)第 55 期,1953 年 10 月—1954 年 5 月,第 253—267 页。

13. 《学校的转变》(*The Transformation of the School*),纽约,1961 年,第 176 页。

14. 近期美国政治思想中对科学与民主结合的分析,见伯纳德·克里克(Bernard Crick),《美国政治科学》(*The American Science of Politics*),伦敦,1959 年。

15. 有关早期测试的影响,见E 莱明,《学校的转变》(*The Transformation of the School*),第 185—192 页。

16. 柯蒂对桑代克的观点进行过讨论,见《美国教育者的社会观点》(*The Social Ideas of American Educators*)第 14 章,纽约,1935 年。

17. 《全国教育协会会议事项》(*Proceedings*)1920 年,第 204—205 页。

18. 同上,1920 年,第 73—75 页。

19. 在《我们的高中怎么了?》(*What's Happened to Our High Schools?*)中,拉蒂莫详细列举了教育部的统计结果,这里引用的是他的数据,特别是他书中的第 4 章和第 7 章。需要指出的是,用百分比来表示录取情况并不是要掩盖这个事实,即随着高中入学人数的增加,美国有许多年轻人可以学习一些文化课程,虽然只有少部分的高中生会坚持学习这些课程。然而,从 1933 年到 1939 年,学习这些课程的学生绝对人数和比例第一次同时出现下降。也许对这种情况很值得进行一番研究。在"二战"期间,高中数学教育的问题引起了一些重视。在 1941 年,海军军官训练营报告说,在 4200 个大学一年级的申请者中,62% 的人数学推理考试不及格。只有 23% 的人在高中学习数学的时间在一年半以上。此后,1954 年的一项调查显示,全国 62% 的大学认为高中阶段学习代数是入学的必要条件。见坎德尔,《二十世纪美国的教育》(*American Education in the Twentieth Century*),剑桥,1957 年,第 62 页;H. S. 戴尔(H. S. Dyer)和 F. M. 罗德(F. M. Lord),《数学教育中的问题》(*Problems in Mathematical Education*),普林斯顿,1956 年,第 23 页。许多高中似乎认同"生活调整运动"理论家的这种观点,即外语、代数、几何和三角几何"没有什么实际价值,除了为进大学或者学习一些大学课程做准备","因此这些方面的学习应该等到大学再开始"。哈尔·R. 道格拉斯(Harl R. Douglass),《美国年轻人为适应生活接受的中学教育》(*Secondary Education for Life Adjustment for American Youth*),纽约,1952 年,第 598 页。

20. 当然,认为教育应该适应生活的教育者没有使用"不可教"这个词。我是翻译了一个人在评价中学生时说的话。他说这个学生既读不进文化知识,又学不会有用的专业技能。

21. 《年轻人的生活调整教育》(*Life Adjustment Education for Every Youth*),华盛顿,1948 年,前言第 3 页。由联邦安全局下属教育部发布,下设的中学教育部和职业教育部起草。普罗塞和其他人的陈述,见第 2—5,15n,18n,22,48—52,88—90 页。

　　同时,教育部支持"生活调整"运动,总统的高等教育委员会在 1947 年的一份报告中提出,大学不应该再选拔"那些有语言表达禀赋、抽象思维能力强的学生",而应该更注重其他能力的培养,例如"社会活动力、各方面的才艺、审美能力、机械技能和灵活的驾驶技巧"。《为了美国民主的高等教育》(*Higher Education for American Democracy: A Report of the President's Commission on Higher Education*)第 1 卷,华盛顿,1947 年,第 32 页。

22. 这场运动非常令人困惑的一点是,它以"民主"的名义,把大部分美国年轻人归为没用的人。然而,有一个改革的支持者在被问到这么做的影响时，说到这个被忽视的群体缺乏"可以被激发的兴趣或者明显的天赋"，但是"这可能对社会是件好事，因为许多工作不需要特殊的天赋或者兴趣"。爱德华·K. 汉金（Edward K. Hankin），《生活调整教育的难点》（*The Crux of Life Adjustment Education*），《全国中学校长协会布告》，1953 年 11 月，第 72 页。这是一个可能的观点，以及对生活调整教育影响的一个较为现实的评价，却远谈不上是"民主的"。

23. 《中学教育与生活》（*Secondary Education and Life*），剑桥，1939 年。这里以及下文中总结的内容主要见第 1—49 页，尤其是第 7—10，15—16，19—21，31—35，47—49 页。

24. 该学校对课程内容看法的全面和权威表述，见哈罗德·阿尔伯蒂（Harold Alberty），《重建高中课程》（*Reorganizing the High School Curriculum*），纽约，1953 年。

25. 1828 年耶鲁大学的一份报告对心智锻炼做出了最精辟的阐述，它最早刊载于《美国科学与艺术杂志》（*The American Journal of Science and Arts*）第 15 期，1829 年 1 月，第 297—351 页。此后又在霍夫斯塔特和史密斯编写的书中被引用：《美国的高等教育：历史资料》（*American Higher Education: A Documentary History*）第 1 卷，第 275—291 页。

26. 这也是许多低质量的教育自我辩护的招数。有大量的证据表明，传统学院中古典语言课程的教学只注重语法，而没有结合当时的社会文化生活。见霍夫斯塔特和沃尔特·P. 梅仔格（Walter P. Metzger），《美国学术自由的进步》（*The Development of Academic Freedom in the United States*），纽约，1955 年，第 226—230 页；霍夫斯塔特和 C. 德威特·哈迪（C. DeWitt Hardy），《美国高等教育的发展与范围》（*The Development and Scope of Higher Education in the United States*）第 1 章，纽约，1952 年，第 53—56 页。

27. W. C. 贝格利（W. C. Bagley），《教育理论本质改革的意义》（*The Significance of the Essentialist Movement in Educational Theory*），《古典杂志》（*Classical Journal*）1939 年第 34 期，第 336 页。

28. 杰罗姆·S. 布鲁纳（Jerome S. Bruner），《教育的过程》（*The Process of Education*），剑桥，1960 年，第 6 页。布鲁纳指出，必要时要考虑到学习者从根本上领悟所学的知识。有关心智锻炼的讨论和对教育实证研究的历史概述，见沃尔特·B. 科勒斯尼科（Walter B. Kolesnik），《现代教育中的心智锻炼》（*Mental Discipline in Modern Education*），尤其是第 3 章麦迪逊，1958 年。

29. 如果按照特曼的结果，60% 的美国年轻人可能都不适合学习普通高中的课程。但是，他们当中肯定有许多人适合普罗塞在报告中说的那些理想职业。

30. 关于对学科能力分布的预测和教育政策的影响，见高等教育总统委员会报告：《为了美国民主的高等教育》（*Higher Education for American Democracy*）第 1 卷，第 41 页；拜伦·S. 霍林斯黑德（Byron S. Hollinshead），《谁应该上大学》（*Who Should Go to College*），纽约，1952 年，尤其是第 39—40 页；达尔·伍尔夫（Dael Wolfle），《美国具有特殊才能的人》（*America's Resources of Specialized Talent*），纽约，1954 年；查尔斯·C. 科尔（Charles C. Cole, Jr.），《鼓励科学才能》（*Encouraging Scientific Talent*），纽约，1956 年。一位教育心理学家写道："我相信如果接受好的教育，高中里一半或以上的学生……都能从（传统课程）中获益。"保罗·伍德林（Paul Woodring），《国家的四分之一》（*A Fourth of a Nation*），纽约，1957 年，第 49 页。

31. 《中学教育前瞻》（*A Look Ahead in Secondary Education*），美国教育部，华盛顿，1954 年，第 76 页。

32. 《二十世纪的美国教育》（*American Education in the Twentieth Century*），第 156 页；比较第 173—181 页。关于"生活调整运动"希望在所有学生中推广，见莫蒂默·史密斯（Mortimer Smith），《降低的心智》（*The*

Diminished Mind），芝加哥，1954 年，第 46 页。

33.《展望适合所有美国青年的教育》（*Education for All American Youth，A Further Look*），华盛顿，1952 年，第 140 页。

34. 查尔斯·M. 麦克康奈尔（Charles M. MacConnell）、欧内斯特·O. 麦尔必（Ernest O. Melby）、克里斯琴·O. 阿恩特（Christian O. Arndt）和莱斯利·J. 毕夏（Leslee J. Bishop），《适应新文化的新学校》（*New Schools for a New Culture*），纽约，1953 年，第 154—155 页。如果要给这种奇怪的言论找一点儿理由的话，那么不妨这么说，我们的中学通常很难对有天赋或者特别有才华的学生有什么帮助。

35. 布鲁纳，同上，第 10 页。比较科南特说的"尤其是，我们往往会忽略极具天赋的学生。我们既没有及早发现他们，也不能给他们合适的指导，更没有给他们足够的教育"。《一个分裂世界的教育》（*Education in a Divided World*），芝加哥，1948 年，第 65 页；比较第 228 页。关于有天赋的学生的教育问题，见弗兰克·O. 科普利（Frank O. Copley），《美国的高中与有天赋的学生》（*The American High School and the Talented Student*），安娜堡，1961 年。

在 20 世纪 50 年代中期，天资聪颖的孩子中大约只有 5% 得到了学校的重视。早前的调查（1948 年）显示，大约 2 万名学生进入了为聪明的孩子特设的学校或者班级，约 87000 名学生进入了为智力较弱的孩子设立的班级或者学校。有关数据，见科尔，《鼓励科学天才》（*Encouraging Scientific Talent*），第 116—119 页。

36. 这段文字引自美国教育部高等教育助理理事劳埃德·E. 布劳驰（Lloyd E. Blauch）的文章，收录在马利亚·欧文（Mary Irwin）编，《美国的大学和学院》（*American Universities and Colleges*），美国教育理事会，华盛顿，1956 年，第 8 页。虽然作者提出要像其他特殊的学生一样，对聪明的学生进行特殊教育，但是在我看来把他们与其他有问题的学生相提并论，依然十分荒谬。

37.《自由的教育与民主的理想》（*Liberal Education and the Democratic Ideal*），纽黑文，1959 年，第 29 页，这个例子最早由格里斯瓦德（Griswold）在 1954 年引用。

38. 里查德·A. 穆马（Richard A. Mumma），《实用课程的真正障碍：教师》（*The Real Barrier to a More Realist Curriculum：The Teacher*），《教育管理与监督》（*Educational Administration and Supervision*）第 34 期，1950 年 1 月，第 41—2 页。

39.《基础教育委员会布告》（*Bulletin of the Council for Basic Education*），1957 年 4 月，第 11 页。在学校中很少对这些课程展开真正的讨论，但是研究核心课程的教育者却认为它们很重要。例如，阿尔伯蒂在《重建高中课程》第 15 章中，就列出了学生的兴趣，建议以此为开设课程的基础。

40.《第二种转型》，第 154 页。

第十四章

儿童与世界

1

新的教育政策在理念上有两个支柱:科学的运用(或误用)和杜威的教育哲学。后者更为重要,因为它不仅包含了科学可以启发教育思想的观点,而且还为教育工作者提供了一种更全面和包容的世界观,从而发挥他们博爱的精神,鼓励他们利用教育推动民主的发展。杜威的贡献在于他认同并推动了在19世纪末社会对儿童的一些看法,并把它们与实用主义哲学以及对社会变革的渴望结合起来。可以这么说,他成功地把对儿童的新看法和对世界的新看法联系在了一起。

任何关心新式教育的人肯定知道它借鉴了杜威的观点。在研究"反智"问题时讨论这一点,难免会被误认为是要把杜威简单地归到"反智"的队伍中,事实上他坚持应该教育儿童如何思考,所以这么说未免有失公允。此外,这么做也可能被看成是让他背美国教育失败的"黑锅",虽然这种看法不可避免,但是真正的目并不是这样:我只是希望探讨一些观点,而杜威对它们的解释则是最有影响力的。

　　我们对这些观点局限性和被误用的讨论,不能被理解为对进步教育思想的全面批判。劳伦斯·克莱明(Lawrence Cremin)在对教育史进行了深刻的研究后发现,"进步教育"包含了几股主要的思想流派和许多小的派别。虽然它受到一些位于边缘的极端分子的无端攻击,但是从本质上说,"进步主义"是合理的,也是非常重要的。今天,在一定程度上由于许多"保守"的学校已经聪明地借鉴了"进步教育"的改革思想,我们很容易忘记"保守"的教育方式曾经是多么差劲却又沾沾自喜,它是如何接受甚至利用学生在教育中应该是被动接受者的观点,它给予了教师过度的权力,过分强调死记硬背。"进步教育"的最大优点在于它对教育方法的创新。它试图激发学生的兴趣,知道学生希望通过活动学习知识,并把师生的想法结合在一起,老师不一定非得严格执行教育机构制定的教学方法,培养学生的表达能力和学习能力才是重点。虽然很多人满足于现状,但它还是不断探索更好的方法。在一所实验学校中,人们发现挑选出一些师生,如果让他们对教、学投入不同的热情,往往会得出令人兴奋的结果,在许多推行"进步教育"的学校都会出现情况,现在也是。[1] 可是不管结果多么令人振奋,这种在特殊环境下取得的成果是无法大规模推广的。

　　"进步教育"的价值在于它的实验性与它对年幼的儿童进行了研究;它的缺陷在于它无法普及成功的经验,无法评价自身在实际应用中的局限,尤其是它始终倾向于进行课程改革。这种倾向对于较大一些孩子的教育来说,则愈发明显,特别是到了中学阶段,学生们需要进行更复杂、更系统地深入学习,这时课程的问题就特别突出。到目前为止,我一直避免涉及"教育中的进步主义"这样的词语,而是在探讨更笼统和宽泛、我称之为"新式教育"的问题。新式教育指的是将某些进步主义的原则总结为一种理念,试图将它们广泛应用到大众教育中,把幼童教育的实验成果推广到所有年龄的公众教育中,最后在"进步主义"的旗帜下对现行的课程和通识教育发起攻击。为了实现这个目标,杜威的教育思想自始至终都不断被提及。1918年的《重要原则》原封不动地引述了他的话和观点,此后每一篇关于"新式教育"的文章也都有所引用。他们赞扬他的思想,复述他的观点,重复他的话,讨论他的主张,奉他为圭臬,有时甚至朗读他的著作。

人们通常认为杜威被误解了,而且不断有人指出他最终一定会不得不出来抗议一些教育方面的措施是假借了他的名义。也许,他的本意经常被人曲解,但是他的文章确实叫人很难读懂。他的散文非常晦涩,可以从很多角度进行解读,对此威廉·詹姆斯(William James)曾评价说"真是太可恶了,你甚至可以说是可恶至极"。他的写作风格就像是远处传来敌人的隆隆炮声,让读者仿佛察觉到在触不可及的远方有一些大动作,但又不能确定它究竟是什么。也许这就是杜威行文的特点,在他重要的教育著作里得到了最极致的体现,这不免让人怀疑他对教育有如此大的影响力,在一定程度上也许是因为没人能真正理解他的思想。许多不同的教育思想流派都是按照自己的意思去解读杜威的作品。尽管人们很可能草率地认为杜威的著作被最"反智"的新式教育改革者粗暴地误读了,但是我们不妨承认即使是"生活调整"教育的支持者,也会在巧妙地还原了大师的本意后,借用大师的话语支持自己的观点。克莱明发现"不管杜威的《民主与教育》和'生活调整运动'声明间的思想联系多么曲折,但总能划出一条线把它们连起来"[2]。

事实上,人们也许可以怀疑这条连接线本来不应该这么曲折。如果"仅仅"是风格的问题,文章也不至于被人误解,肯定是它们在概念上存在问题。如果说杜威的思想被他愚蠢或者狂热的追随者扭曲了,其实更有可

能是他的思想含糊不清、缺乏连贯的逻辑,从而导致理解上的困难。这些
含糊和缺乏逻辑本身也体现了在教育理论和文化上,原本就存在一些未解
的难题。无论是否经过大师本人的许可,他的追随者对他的思想所做的诠
释与引申,都是对"领导"和"指导"概念的批评,而主张自发性、民主和实
用性。从这个角度看,他们是把政治上的平等思想、宗教上的福音主义和
商业活动中的实用主义,运用到教育上。要具体分析杜威的哲学观点如何
为它们所用,我们先讨论一下这种哲学中的基本论点,以及它产生的思想
背景。

2

　　杜威的教育理论是他总体哲学思想的一部分,该理论中包含了一整套
宏伟的目标。首先,他希望能设计出一个符合达尔文主义原则的教育理
论,阐释智力的发展和知识的作用。杜威出生于 1859 年,这一年刚好是达
尔文发表《物种起源》,而且正值进化论风行,他自然会认为离开了科学,现
代教育就毫无意义。

　　因此,首先,杜威认为一个学习者是以他的头脑为工具学习解决周围
环境中出现的各种问题。随后,他又建立了一套"学习者发展"的教育理
论。他相信,现代教育制度必须跟得上民主、科学、工业化的时代节奏,一
定要符合时代的要求。因此,教育首先要抛弃过去的那一套做法——它们
是民主和工业社会开始前的产物,与贵族和有闲阶级的观点一致,认为知
识就是对既定事实的思考。杜威觉得他与他同时代的人必须超越历史遗
留下来的一系列二元论的看法,其中最主要的是"知"与"行"之间的二元
对立。在他看来,"行"其实包含了"知",但是这两者并不像他的批评者指

出的那样,"知"服从于"行",而且没有"行"重要,而是说"知"是"行"的一种表现形式,"行"是获取、应运知识的一种方式。

杜威还试图找到一种适合民主与进步社会的教育制度。怎样构建一种教育制度,它不再只是简单地按照现有社会的模式培养孩子,从而避免已经存在的错误不断发展下去呢?如果一个民主的社会真正地要为所有社会成员服务,它必须有一种不同的教育制度,当孩子还处在成长的早期,他们的能力就能得以培养,不是在他们的身上简单地复制现有社会的特点,而是学会如何改进它们。这么看来,他把教育视为重新构建社会的一股重要力量。简单地说,如果要重塑社会,首先必须找出儿童可以给社会带来怎样的新鲜血液。杜威认为,除非学校以学生为中心,破除教师的权威,让发展学生的兴趣取代传统繁重的课业,否则就难以实现社会重建。在成年人的引导下,调动学生学习的兴趣和积极性,不仅有助于他们的学习,而且可以培养他们的品格和心灵,适应社会改革的需要。

以上是对杜威教育理论的过度简化式描述,但从中我们至少清楚地说明了他是如何提出他所关心的问题,以及解决这些问题的重点是要以孩子为中心。在此,我们不妨从这里开始讨论他的观点,因为儿童这个概念——不仅是智识上的建构,而是一系列深层情感责任和需要的焦点,它是"新教育"的核心所在。在对这个概念进行详细地探讨前,我认为杜威和他同时代的人对儿童这个概念的理解要比后达尔文时代的理解更加浪漫和朴素。这个概念后来成为"新教育"的一部分,它与儿童成长的相关假设让杜威和他的追随者很难推翻那些他一直想推翻的二元对立,虽然他不断试图加以解释,但是依然无法避免如果学校为学生为中心,必然会破坏学校的秩序和权威这种情况。最后,无限拔高儿童在教育中的地位,也让人们很难切实讨论民主在教育中的角色。

要理解杜威和他的同时代人在谈论儿童这个概念时的情感责任,必须要还原当时的社会文化背景。处在 19 和 20 世纪之交的那一代人,正开始试图对美国的教育进行改革。此时的美国和欧洲,人们忽然对儿童的教育产生了兴趣,从事教育职业的人在观念上也发生了改变。1909 年,瑞典的女权主义者艾伦·凯伊(Ellen Key)完成了她的代表作《儿童的世纪》(*The Century of the Child*),体现了所有认为要重新看待儿童问题的人的心声,里面提及的观点逐渐得到普及。1900 年,佐治亚州教育厅长在全国教育学会年会上,发表了一篇名为《这个孩子将变成什么样?》(*What Manner of Child Shall This Be?*)的文章,非常振奋人心。其中说道:[3]

> 如果有人问我这个世纪最伟大的发明是什么,我会忽略人类利用木头、石头、铁或者黄铜做成的所有辉煌成果。我不会认为是印刷机、织布机、蒸汽机、蒸汽船、海底电缆、电报、无线电、电话或者留声机。我也不会指着满天繁星,说它是我们发现的太阳系中的某颗行星。我不认为它是彻底改变了给人类大脑和身体的研究带来革命性进步的 X 射线,也不是省去人类体力劳动的机器和装置。我会掠过以上所有的人类发明,把我的食指准确无误地指向孩子,在这个世纪行将结束之际,重新发现他们的价值才是我们最伟大的发现。

在肯定了"发现儿童"的重要性后,他继续总结了在过去 100 年里教育领域取得的进步。教育从"少数贵族阶层独有的特权"变成"大部分人都能拥有的权利"。美国的孩子已经有了平等的教育机会,不过改革依然任重而道远。"我们已经明白旧的教育制度不再适合孩子……我们不会再强迫孩子去适应这个制度,而是要修改制度满足孩子的需要。"他还用宗教中的意象,把美国的老师比作耶稣,因为就像耶稣让已经死去的拉撒路复活那样,他们把孩子从禁锢窒息的环境中解救出来,让他们自由发展。他相信未来老师将要接受更艰巨的神圣使命,要拯救上帝最可怜的孩子:"以前,教师能力的高低在于他们怎么教育聪明的小孩,从现在开始起,我们将进入一个新的世纪,他们的能力要通过如何教育资质平庸和有缺陷的孩子来衡量。考验他们教学能力的时候到了,从来没有像现在这样,他们水平的高下不在于如何培养最优秀的学生,而在于怎样启发最后进的学生。"[4]因此,新的教育心理学将是教育"天才儿童和迷途羔羊"的心理学,只有当美国的教育能够关心每一个孩子,重视每一个人的发展,我们才能说已经掌握了儿童的心理,我们的教育制度已经完善,这时美国人民才能真正的欢欣鼓舞。"当我们拯救了每一个美国儿童,他们将为美国伟大的民主事业贡献财富、智慧和力量时,我们一定会为此欢呼雀跃。"

尽管上述内容来自一个一线的教育工作者而不理论家,但是他所总结的观点与许多当时盛行的教育理论是一致的。它们体现了"新教育"对基督教的信仰和慈悲心,把儿童放在当今社会最重要的位置,认为实现教育民主和机会平等是评价教育成果的标准,重视后进的孩子和他们的学习需求,对儿童心理研究和教育研究充满乐观,认为教育的意义在于儿童的发展,相信虽然理想的教育是关心孩子的自我实现,但是它也会相应地促进民主社会的发展。

这位佐治亚州的教育官员也许读过当代教育方面的一些代表著作,因为他对儿童的看法在很大程度上与那些内容一致。杜威那时刚40出头,正开始开展对教育的研究,因此格伦肯定读过他的文章。不过,我们不妨先谈一谈在杜威之前当时更具影响力的两位人物:教育家弗朗西斯·韦兰·帕克（Francis Wayland Parker）和心理学家 G. 斯坦利·霍尔（G. Stanley Hall）的观点。杜威曾把帕克称作"进步教育"之父，他是一个极富活力的人，一位优秀的教育家，也是一位杰出的学校管理者。在 19 世纪 70 年代，他对马萨诸塞州昆西这个地方的教育制度进行了改革，即使不从传统以学习成绩为标准的角度来看，也算得上非常出色。不久，他前往芝加哥库克郡师范学校出任校长，在此期间他更进一步丰富了自己的教育理论和教学方法。无疑，他为杜威树立了一个榜样，因为杜威在 1896 年建立自己的"实验学校"前，对库克郡的师范学校印象深刻。而对于霍尔，他每年都会拜访一次帕克的学校，"以使自己的教育理念跟得上步伐"。

其实，帕克的教育理论在许多方面都过于老旧，很难跟得上时代思想的潮流。例如，在他的观点中完全看不到进化论的影子，没有较为复杂的功能主义心理学的痕迹，而正是后者令杜威的思想大受欢迎。不过帕克对孩子的看法极其重要，它在很大程度上借鉴了德国教育家福禄培尔（Froebel）的思想。他说，"孩子是上帝创造出的最杰出的作品"，所以在回答"孩子是什么？"这个问题时，首先要了解上帝。"他赋予了儿童神圣的光辉，在追寻看得见摸得着的真理中，这种神圣性可以得以体现。""儿童自发性的行为倾向，就是天生具有神性的显现，"他说，"老师们，我们在这里只有一个目的，就是要理解他们这些行为倾向，让它们继续发展，按照天性延续下去。"如果说孩子是神性的体现，是"历史的果实和未来的种子"，那么自然可以得出这个结论："所有教育活动的中心都是孩子。"我们可以大胆的猜测，帕克对儿童自发性倾向的关注是有益而不是有害的，这部分是因为他也认为孩子对各方面都很好奇，对所有学科都有一种与生俱来的兴趣，好像他们天生就是一个智者，生来就是艺术家或者能工巧匠。所以，他提出了一套相当严格的课程，完全不同于之后的"进步教育"，他甚至认为在小学各年级都要教授文法,因为学生应该"完全熟练地掌握"。

与在他之后的杜威一样,帕克也非常强调学校应该是一个小社会:"一个学校应该像一个模范家庭,一个完整的社区,一个萌芽期的民主团体。"只要能妥善运用教育资源,它也许可以成功地塑造儿童:"我们必须相信我们可以挽救'每一个孩子'。每一个公民都应该在心中默念:'我期待通过美国的公立教育,这个世界获得新生。'"[5]

帕克写下上述文字时,儿童教育方面的领导者霍尔正好也表达了相似的看法:"儿童的守护者首先要力排阻挡天性发展的障碍……他们应该深刻地体会到,从上帝手中来到人间的孩子,是最纯洁的,是这个世界最完美的体现……没有什么比孩子的身心成长更值得我们关爱、重视和付出。"此时的杜威也说,"孩子们的天性与能力为各类教育提供了条件"。而且,"突然让孩子接受一大堆跟他们自身生活无关的知识,要求他们学习阅读、写作、地理等,是在违背他们的天性,会适得其反。学校里学习的重点不是科学、文学、地理或者历史,而是孩子的社会活动"[6]。

显然,新式教育提出的不单纯是教育方式的改变,它更是一种观念上的变化,不再只是希望通过教育提高技能、增加知识,而是渴望教育最终可以拯救个人或者整个民族。霍尔预言,符合儿童生长规律的教育,将会培养出"超人"。杜威早期也曾对教育的作用做过类似的高度评价。他在名为《我的教育信念》这本书中说,"教育是社会进步和改革的基本途径"。因此,必须把教师的职责看成"是培养全社会正确的生活行为方式,而不仅是教育一个人"。相应地,每一位老师都应该把自己看作"维护社会正常秩序,保障社会健康发展的公仆。这么说,老师可以算得上是上帝派来的先知,是带领大家进入上帝的国度的指路人"[7]。显然,这些过高的期望,令任何一项教育改革的提案都肩负着巨大的压力。

　　这种信念,这种具有斗争性质的信仰,首先必须要面对顽强的抵抗,才能最终被大部分人接受。认为自己必须参与到这场教育改革的人一般不会关心细节,或是探究他们观点的局限和危险。不幸的是,像教育这种实际的领域,重要的不是抽象的哲学或者信念,而是如何应用它们解决具体的问题,而且根据这些理论也不会自动生成适当的方法。例如,早期"新教育"的支持者提出要尊重儿童,但是到底要多尊重呢? 会不会过犹不及呢? 尽管在 20 世纪 30 年代,杜威警告大家在引用他的思想时,不要误用或者随意删减,但是在之后的著作中,他不得不承认很难做到在不舍弃他的一些本意的同时,进行"适度"地解读。

3

　　杜威和他那一代的教育家对儿童的看法之所以那么受欢迎,也许是因为浪漫主义的传统,它的吸引力与后达尔文时期的自然主义相当,甚至超过了后者。欧洲的作家对儿童这个概念进行了最详细地解释,他们对儿童的看法充满浪漫主义,杜威在提起他们时满怀敬意,包括卢梭、裴斯泰洛齐(Pestalozzi)和福禄培尔,爱默生对杜威的影响也很大,他的散文《文化》(Culture)中有许多观点被杜威借鉴。这些教育改革家在 20 世纪初提出的教育观念颇具浪漫主义色彩,这是因为他们将个人的发展与社会秩序的要求作了对比,前者是要培养人的感性、想象力和自我提高的需求,后者是要大量学习知识、道德礼仪以及遵守传统和制度。他们希望能在被人为制定的制度约束的社会中培养出自然的孩子。对他们来说,孩子带着灿烂的云彩来到这个世界,因此教师要保留他们自由的天性,不能让外在的约束束缚他们,这就是教师神圣的使命。他们希望孩子能够直接接触大自然,积极参加活动,而不是让他们接受只对成年人才有意义的传统习俗,或者阅读他们不感兴趣的书籍,掌握只有成人社会才需要的技能。[8]

在19世纪末、20世纪初,这种教育观念在西方思想家中又开始流行起来,而美国是对此最积极响应的国家。美国社会向来对儿童非常的宽松,很多在19世纪来带美国的旅行者都注意到这一点。此外,美国的教育制度独树一帜,不像欧洲会受到传统的束缚,灵活性较强,比较愿意接受新事物。美国的福音派思想也是一股影响力量:教育改革者口中的"拯救"每个美国儿童,以及他们暗示每一个孩子也将拯救文明,非常契合福音派的观点。1897年,年轻的教育改革家们真诚地相信好的教师能带领人们进入"上帝的国度"。不过在几十年后,世俗的杜威却对这种观点没什么兴趣。

如果我们注意这些"新教育"改革者的声明中,对自发性、本能、活动和天性的强调,我们就会发现这种教育的问题所在。儿童是自然和神圣的化身——这种说法结合了后达尔文的自然主义和传统浪漫主义的观点——儿童的需求和本能具有"自然的"特征,教育者如果违反了这种特征,就是一种亵渎。

下面,我们可以仔细品味"新教育"的核心观点了:教学的重点不在于社会的需求,也不是以抽象的教育目标为基础,而是要开发儿童的兴趣和探索他们的需要。也就是说,教育不能压制儿童的天性,而且这么做也是徒劳的,说这些也是多余的。换句话说,教育过程应以孩子的天性为积极引导,孩子会自发地产生对学习的需求和兴趣,从而给教育活动带来启发。

1901年,霍尔在一篇题为《根据对儿童的研究得出的理想学校》的文章中,试图找出这种教育指导原则究竟是什么。他说,他想"暂时抛开当前所有的措施、传统、方法和理念,去思考如果教育完全是从对孩子的天性和需要的全面理解出发,会得出怎样的结果"[9]。简而言之,他想摆脱教育的传统观念,冲破早已过时的看法的束缚,并且认为当代对儿童的研究更切合实际。霍尔指出,从词源上看,"学校"(school)一词来源于"自由"(leisure),它的意思是"不工作,不必为了生存辛苦奋斗,一直过着伊甸园般的生活"。如果理解了这层意思,我们就会明白学校代表着健康、成长与传承,"即使是很小的一部分都值得很详细的指导"。

因为孩子们天生就是健康、自由自在、不断成长的,这些也都神圣不可侵犯,所以在要求他们接受每一项课程之前,一定要再三思量,确保没有问题才能最终实行:

> 我们必须克服对与字母、乘法表、文法、度量衡和书本的狂热崇拜,必须要仔细想想卡德摩斯(Cadmus)发明了字母无异于在人类的大脑种下了毒牙;查理曼大帝和许多伟人都不会读写;学者们也说过,但丁和莎士比亚笔下的女主角,甚至连圣母,可能都不识字。中世纪的骑士和精英领袖都认为读写不过是书记员才干的活计,那些不齿用自己的才智了解他人想法的人会对此不屑一顾,因为他们只需要知道自己的想法就够了。

当然,绝对没有人会想到,霍尔这样的人会认同颠覆智识是新式教育的目标之一,[10] 因为在他那一代人中,他接受过最优秀,也是最传统的教育——他曾就读于哈佛和德国著名的大学。他的观点之所以重要,是因为他认为儿童的发展有它自然和一般性的规律,即使是向孩子强行灌输知识也要遵守这个规律。他的一些建议尤其有道理,[11] 有些至今还在发挥作用。有趣的是,帕克坚持文法学习的重要性,而霍尔虽然认为重视自然规律是最重要的,但也没必要完全砍掉拉丁文或者希腊文的课程。毕竟对有些学生来说,这些语言还是可以学的。虽然时间已经过去了 70 年,但是在今天的读者看来,他的观点依然特别有意思,因为他认为自己能准确说出在孩子成长过程的哪一个时间点,学习这些课程才是"自然的"。"如果学习这些已经不再使用的语言,最好在 10 岁或 11 岁前开始学习拉丁文,学希腊文的年龄不能晚于 12 或 13 岁。"在一代人以后,"新教育"的支持者大多数都用不到这些语言,如果知道在小学就要学习拉丁文或希腊文,他们肯定会被吓到。

霍尔认为,根据对儿童科学研究的结果进行教育改革,明显是乌托邦式的幻想。得益于充足的研究经费,他进行了五年的实证研究,"丝毫没有怀疑或者担忧",坚信将会得出一个能够实现教育改革的目标,甚至能制定一个说服对改革有顾忌的保守者的方案,"因为最好的内容都包括在内"。

> 但是,从本质上,制定这个方案的重点在于教育研究,而不是提高学生的知识文化,这有点儿类似宗教改革,它坚持认为安息日、《圣经》和教会是为人服务的,而不是相反。因此,这种教学计划与现代科学和心理学研究具有实践性的结果相吻合。它会让宗教和道德更有效,而且最重要的是,一方面它将体现美国的民主,赋予学校充分的权力发挥其自主性;另一方面它将提高全民的素质,让人们成为艺术、宗教、科学、家政、政治、文学等方面的"超人"。

无疑,霍尔对一个 10 岁的拉丁文学习者的期望或者能培养出"超人"的愿望与后来提倡"生活调整"教育改革者的目标相去甚远。后者反对锻炼心智的课程,认为学校里应该多讨论"怎样才能让每一个人都参与晚会的活动?"或者"我应该在初中就约会吗?"这样的问题。[12] 不过,乌托邦式理想的设计者往往会亲眼见证它们的失败。

4

"新教育"的浪漫主义和达尔文主义背景让我们很容易理解为什么杜威把"教育"定义为"成长"。他对教育的这个定义既不是随意下的,也不是一个空洞的比喻:它体现了对教育过程本质的定位和重述。在杜威的《民主与教育》一书中,有一段话被反复引用,它清楚地体现了杜威令人费解的行文风格,以及"教育就是成长"这个概念在他教育哲学中的重要地位。他这样写道:[13]

> 我们一向关心成长的条件和它可能的结果……当我们说教育就是发展时,一切都取决于如何理解发展。我们认为生命就是一种发展,而发展、成长就是生命的过程。如果用教育学的术语表达,则意味着:1.教育的过程除了它本身以外没有其他目的;它本身就是目的;2.教育的过程是不断重新组合、重新构建和转化的过程……
>
> 在现实生活中,没有什么是成长的参照物,没有什么比教育更重要……教育意味着为成长或者充实的生命提供充分的条件,不论年龄大小……
>
> 因为成长是生命的特征,所以教育的最终目的在于成长;除此之外没有其他的目标。因此,评价学校教育的标准在于它

在多大程度上可以为持续的成长创造有利环境，为这种有利环境的形成创造条件。

我们必须理解上面这些话的含义：它不是告诉我们教育与成长"相似"——它们有一些相同点，或者教育也许可以被看作是成长的一种特殊形式，而是在说我们必须认为教育"就是成长"，"成长就是生命"，"生命就是发展"。最重要的是，试图给教育设定目标是没有意义的，因为不可能有比教育本身更高的目标。"教育的目的在于让每一个人都能继续他们的教育。"[14]

教育就是成长的观点乍看起来，让人难以否定。教育当然不可能是一种倒退。如果说教育即是成长的话，似乎承认了学习的过程与自然的世界之间存在一种良性的联系。这个观点绝不是呆板机械的，它证明了我们的理解是正确的：学习是积累和自我扩充的过程，最终会让我们的思想更丰富、更深刻，使我们的品格更全面、更高尚。但是一些批评者也说，"教育就是成长"这个观念也会给我们带来没完没了的问题。我也相信杜威的追随者把这个观点变成了现代教育史上最令人困惑的比喻之一。成长是一种自然和动物性的过程，而教育则是一种社会化的过程。从字面上看，儿童的成长应该是自然的，只需要正常的看护和营养就够了；成长的结果主要由先天的基因决定，而教育的结果取决于投入的多少。在思考孩子的教育问题时，我们可能会考虑他能否学习两门语言；但是在思考孩子的自然成长时，我们不能选择他是否能长出两个脑袋。

既然成长从本质上说，是一个生物学的比喻和一个个性化的概念，因此这个观点必然会让我们从教育的社会功能转向它的个人功能。它关注的不是儿童在社会中的位置，而是在社会背景下他们的兴趣。[15] 成长的概念要求教育专家在内生性、自主决定、自我引导的成长与由外部塑造的成长之间划出一条界线,前者是好的,后者是不好的。当人们提出"杜威肯定过教育过程的社会性,以及它最终的社会功能吗?"这样的问题时,杜威的支持者也许会断然否认他的教育思想过分强调生物性和个体性,而忽视了教育过程的集体性与社会性。

　　然而,问题并不在于杜威未能意识到教育的社会属性,而是那些执着于"儿童中心论"的教育家绑架了"个人发展"的概念。尽管杜威本人不接受儿童与社会是截然相反的两个对立面的观点——事实上,他希望两者间能保持和谐的关系——但是,"教育就是成长"的观点必然会提高儿童的地位,而绕开社会问题。因为儿童的成长代表了健康,而社会的传统(尤其是课程传统)代表了已经过时、过于专断的要求。一位著名心理学家在谈到自己对传统的看法时说,"社会的权威或者任何一方面的权威,都不应该作为儿童的行为准则,而要依靠每一个儿童自己的经历。全社会的准则,只有他们认为是合适时,才会遵守"[16]。

　　虽然杜威的支持者和批评者都认为他赞成教育不需要有明确的指导,但是他从没有这么说过。关于这点,他的态度是非常明确的。他在早期与稍晚时期的教育著作中经常说,小孩子如果没有人指导,他是说不清自己到底学到了什么的;并不是他们的每一种兴趣或者心血来潮都一定是有价值的;老师必须在不强加"外在的"教育目标的基础上,引导、指导和发展这些兴趣,使它们保持下去。[17]

　　杜威的教育理论另一个难以说清的地方在于:他认为教育就是成长,因此除接受更多的教育外,没有其他目标,但是他无法告诉这个社会,老师究竟该怎样指导或引导学生的兴趣冲动。虽然按照他的说法,老师有权根据学生的兴趣和需要给他们一些指导,但是不去涉入学生应走的方向。[18]

要引导学生继续发展兴趣,那么该怎么引导呢？合理引导学生的前提就是
需要一个明确的教育目标,就是要有成年人希望儿童学什么和成为什么样
的人的预期。杜威曾说,"让孩子的天性尽情地发展到应有的程度"[19],但
是如果存在"应有的程度",就暗示了存在一种孩子看不到、时间不确定的
结果或目标。从这点上说,虽然这种"进步教育"在教学方法上不断创新,
也很有成效,但在教育的目标上却是非常含糊和无果的。它提出的教育方
法是非常有价值的,但是就在哪些方面应用这些方法,却相当模糊,有时甚
至是胡闹的。在开始阶段,它可以有效地调动学生的学习积极性,但有时
这些热情却取代了学习本身。"进步教育"越是有明确的教学技巧,它就越
说不清教学的目标是什么——也许,这也正是美国生活的一个侧面吧。

从"教育就是成长"这个概念来看,杜威对课程的含糊表述是可以理
解的。在他的教育生涯中,当然写过大量关于课程的文章,但是从他的重
要著作里很难找到他对优秀课程的定义究竟是什么,或者在美国的教育体
系中,哪些课程应该是选修课。他不仅对课程没有明确的说明,也没有确
切地告诉我们教育的目的或者目标到底是什么,因为他认为教育唯一正当
的目的就是儿童能够继续接受教育。当他写《民主与教育》时,他认为"现
行的课程里有大量传统的内容",因此需要"不断加以监督、批评和修改"。
他还认为"课程代表的是家长的价值观念,而不是儿童或者青年人的,或者
是上一代学生的,而不是现在的"。从这点看,他似乎支持课程应该从根本
上由儿童的需求决定,即使课程不需要每年都修正,但是也要"不断"地检
查和改正。[20]

有一个问题杜威是非常直截了当的:"任何主题,只要有吸引力,就没
必要询问它的优点"。在这里,他让读者看见他少有的具体说明:"例如,不
能因为拉丁文本身作为一门学问有抽象的价值,就有充分的理由在学校教

授这门课。"人们当然会同意这一点,但是杜威继续补充到,也不需要因为拉丁文将来可能会有用,就认为应该教它。"如果孩子真的对学习拉丁文感兴趣,就足以证明它的价值了。"[21]

杜威的本意当然是好的,因为他只是说学生能对所学内容产生自发的兴趣更重要,但是这并不意味着他们要学习任何令他们愉快的东西。他至少有一次提醒过教育者,"不要仅仅因为一些内容有趣,令人激动,就想让学生去学"[22]。但是如果按照他的要求,任何学习的价值都取决于当时的具体情况,那么难免会得出这样的结论,即为了制定课程而对学科进行长期评估将是一件非常困难的事。杜威说,"从理论上讲,没有所谓的价值高低或者先后顺序",所以"我们没法把教育的价值分成不同的等级"。[23]

我们可能会再次同意这样的看法:如果把教育的价值进行分级排序,人们会认为教育应该有一种对所有学生都平等适用的外在价值。根据这个观点,也很容易得出这样的结论:所有学科都是平等的——就像全国教育协会所说的,"数学与机械、艺术与农学、历史与家政,都一样重要"。在杜威看来,一个孩子若"真的很想学拉丁文",就足以证明它的价值了。如果有人认为"汽车驾驶"或者"美容"这两门课能"让人很感兴趣",就提出拿它们替代"拉丁文",那么他一定会明白后来的教育者是如何"玩弄"杜威的理论的。杜威大概不会做这种替换,但是却无法阻止别人借用自己的理论这么做。

这么说来,杜威的教育哲学对课程体系设置的影响是灾难性的。即使我们知道把各门课程的价值分成不同等级是受当时条件和情况的限制,但是在制定一个长期课程规划时,我们的心里必须有一个先后顺序,在低年级先开一些课是为高年级做准备。迫切的渴望学习拉丁文这样的课程,不可能是任何一个孩子"自发的"兴趣。用杜威的话说,只有当成人社会确定学习拉丁文对有些儿童是有益的,以及适合学习这门课的年龄,儿童才会对学习拉丁文产生"真正的兴趣"。只有成年人先安排他们上一些其他课程,给他们一些社会或者智识上的储备,他们才有可能做出选择,这种选择也才有意义。简而言之,成年人必须对课程有一定的主见和设想,并愿意落实这些想法。[24] 这些具体操作虽然留给孩子很大的选择余地,但还是将超越杜威所说的课堂"指导"或"引导"的范围。

5

杜威对个体的关心主要体现在"成长"这个理想上,而教育的社会功能则体现在教育的目标是否为民主服务。我曾指出,虽然个人"成长"的理想被许多教育者用作反对社会的工作,但这根本不是杜威的本意。他认为个人的成长与民主社会秩序的利益没有任何冲突,它们可以成为一个非常和谐的整体。在他眼中,"新教育"绝对不是"无政府主义的"或者"极端个人主义的"。在摆脱了传统的束缚后,儿童要学习并接受他们的社会责任——他对同龄人和未来的责任。相比"旧教育","新教育"对社会责任的要求更严格,也承载了更重要的社会意义。它的目标是完全实现民主的原则。在这一点上,杜威与美国的传统保持高度一致,因为建立了公立教育制度的伟大改革者也希望教育制度的改革将有助于民主的发展,此外,他也与时代精神完全一致,因为进步主义者最根本的愿望之一就是复兴并发展美国的民主。

杜威认为,传统教育的基础——那些知识理论和道德观念,只符合民主社会出现之前的社会,因此如果它们依然在民主社会施行,则会妨碍民主理想的实现。从古希腊罗马时代开始,社会就被分成了有闲的贵族阶级和被奴役的劳动阶级,前者坚定地捍卫知识理论,而后者忙于劳作、学习实际知识,这种分化严重割裂了"知"与"行"。[25]

然而,在一个民主的社会,每一个人都有其社会功能,大家有许多共同的利益和目标,因此也许可以跨越这个鸿沟,对知识形成统一的看法,公正地评价社会行为中的各个要素。因此,民主和进步的社会,"必须有一种新的教育制度,让个人在社会关系和社会约束中能满足个人的利益,具有能够促进社会变革、不至于扰乱社会秩序的思想"[26]。

杜威从未幻想过社会变革的重任应该全部由教育承担。他在《民主与教育》中说,教师的直接教导和劝诫本身并不能改变学生的思想或者品格,这些变化还需要"政治经济条件"上的改变,不过他并没有明确指出具体内容。虽然如此,教育还是很重要:"通过学校,可以创造出我们希望实现的社会类型,培养学生的心智,从而逐渐改造更加复杂的成年人的社会。"[27]这句话简要地概括了杜威以"民主"的名义向学校提出的要求,但同时也显现出他教育哲学的一个核心问题:他必须假定儿童的需求和兴趣与"我们希望实现的社会"之间已经建立了一种和谐的关系。否则,就得牺牲"教育就是成长"的理想,或者放弃根据成年人对社会的设想来"培养儿童心智"的目标。

杜威对于教育该怎样为民主服务的看法,与之前的教育改革者不同。后者希望公立教育制度不仅可扩大普通人改变自己命运的机会,还可以让大众具备民主社会所需要的文化道德素质。他们认为成年人要设定教育的目标,并且制定出实现这些目标的课程,从这点看,他们的观念是传统的,杜威是不会接受的。他要寻找另一种更巧妙、更普遍但是更"自然"的方式表达教育与民主之间的关系。因此,他的《民主与教育》只是笼统地讨论了有闲阶层与劳动阶层,而几乎没有详细地谈论美国社会的阶级划分,教育机会与这种阶级结构的关系,或者增加教育机会、打破阶级固化的途径。总之,他在分析教育与民主的问题时,不是从经济或者社会,甚至政治的角度出发,除非是最广义上地论述;而主要是从心理学或者社会心理学的角度进行探讨。按照他的理论,民主教育的目标是通过儿童的社会化得以实现,要培养他们的合作精神而不是竞争力,让他们具有"服务"的意识。

在书中,杜威一开始就对以阶级分化为基础的教育制度进行批判。他认为正是因为同时存在有闲的贵族阶层与被奴役的劳动阶层,才导致了"抽象知识"与"实际能力"的脱节。只有依靠民主的教育体制才能打破"抽象知识"与"实际能力"、"思想"与"行动"之间的对立,让不同家庭背景的孩子在一起学习,而不是在教育中再次复制他们之间已经存在的社会阶级。他认为,民主"不仅是一种政治制度,它主要是一种社会生活的模式,一种共同沟通经验的模式"[28]。民主思想的教育者的问题在于,他们把学校塑造成一种特殊的环境,一个小型的社区,一个初具雏形的社会,它要尽可能消除真正的社会中存在的不好现象。文明社会不是要把"所有东西"都传给下一代,而是"只传承对一个更好的社会有益的东西"[29]。

那么,究竟什么才是民主学校的特征呢?老师当然不再是令人敬畏的权威,强迫学生接受外在的教育目标。相反,他们应该留心学生自发与天生的兴趣,利用它们帮助学生取得积极的成果,在必要的时候进行适度指导。学生则要主动制定自己的学习目标和方法。学习不再是被动的个人行为,而是主动的集体活动,从中学生将学会交流观点和经历,培养学生互相关心、互相尊重和合作的能力。当孩子们步入社会时,这些习惯将会改变社会。虽然这种说法有点言过其实,不过正如杜威所说,"在成年人考虑如何指导年轻人的过程中,他们决定着年轻人的未来,也在决定他们自己的未来"[30]。

　　追求民主的目标对教学内容和方法都产生了深远的影响。在人们否定了教育是有闲阶级的活动这个传统观念后不久,传统教育的方式也遭到质疑,认为它不符合民主、工业化和科学时代的要求。在现代社会,知识的传播已经让教育不再受到阶级观念的束缚,智识上的启发也许随处可见。"单纯的智性生活,换句话说,为了知识的提升而生活,因而有了非常不同的含义。跟'学术'或'学者'有关的词不再是荣誉,反而成为责备。"我们仍在努力摆脱"中世纪教育观念"的桎梏,它认为我们只需要充分调动人类追求智识的天性,即对学习、积累和掌握知识文化的渴望;而不是天生对发明、创作的兴趣,无论是艺术还是实用的东西。

　　其实,单纯的智识学习可能只对少部分人是有意义的:"事实很简单,对大部分人来说,他们主要的兴趣不是智识文化,而是实际的事物。因此,许多年轻人在完成基本的读写和数学课程后,就不再读书了。"另一方面,"如果我们把对教育目的和目标的定义扩大一些,如果我们在教育过程中增加一些可以让喜欢动手创作的学生有兴趣的活动,那么学生就会更愿意学习,校园文化也更加丰富"。杜威说,教育正朝着这个方向发展,如果我们在教育体系中"能彻底实现这些新的变化",我们的未来就会更有希望。"如果把每个孩子都培养成学校这个小社会中合格的一员,培养他们的奉献精神,教会他们如何有效的自我引导,那么我们就一定能建设一个美好和谐的社会。"[31]

　　在实现这些目标的过程中,杜威和他的追随者最终要面对一些矛盾,一方面他们担心以儿童为中心会使成年人失去权威,另一方面他们又渴望社会进行改革。正如我在前面就已经指出过,杜威始终都支持教师要在课堂上对学生加以指导,但是他反对由成年人制定教育的目的或目标,因为根据"教育就是成长"的原则,教育应该不存在既定的目标。但是,教育者

中对社会改革的呼声越大,就越能看出社会改革毕竟是成年人的愿望,要
实现它不能指望学生的配合。

这种情况在大萧条时期尤为明显。到了 1938 年,杜威在《经验与教
育》中,他发出严厉的警告,"新教育"太过分了,让老师都不敢在教室对学
生进行指导。他甚至听说老师把书本、材料交给学生后就不管了,完全让
学生自己去学习,因为他们觉得不应该告诉学生应该怎么做。"那么,何必
给他们书本呢,书本不也是某种建议指导吗?"所以,老师还是课堂活动的
领导者,要给予指导,但只是在符合学生的利益的情况下,而不是为了"展
示个人的权力"。

虽然如此,依然有很多人担心成年人的权力过大,担心他们"为了实现
教师而不是学生的目标,强迫学生进行一些活动"。杜威反复指出,"新教
育"中最合理的一点是它强调"让学习者参与制定学习的目标,它们将指
导他们的学习活动"。但是,他也指出,"制定学习目标是一个非常复杂的
智力活动",不过他却没有提那么小的年纪如何参与这么重要的决定。[32] 采
取"进步"措施的学校在课程规划上遇到的重重困难,令他深感不安,[33] 但
是我们不清楚,他是否认为这与要求小孩子参与如此复杂的智识活动
有关。

杜威之所以担心成年人在教育中的权力过大,是因为他想尽力避免对
孩子进行思想灌输,使他们成为一个唯唯诺诺的人。我们也一直努力地防
止这种情况发生,但是的确很难。如果说有什么是他最不愿看到的,那就
是培养孩子顺从的性格。他认为只有成年人的社会,以及它的代理人——
老师,才会造成"顺从"的危险。在说到传统教育时,他写道:[34]

> 因为培养孩子的"服从"精神是教育的目的,所有他们的

个性就被丢在一边，或者被认为是造成品行不端或者社会失序的根源。服从就是"千篇一律"的代名词。因此，会导致对新鲜事物缺乏兴趣，不思进取，害怕不确定和未知的事物。

杜威过于担心成年人的外在影响对儿童造成的威胁,以至于他很难意识到他们的同龄人其实也会对他们构成威胁。人们很难相信他确实希望把孩子从成人的世界解放出来,把他们丢进强调成员间一致,将彼此差异最小化的同侪文化。在杜威的教室里,几乎没有空间留给那些爱思考、爱啃书本的学生,因为把学习当作一种社会活动的做法令他们无所适从。杜威赞成:"在社会的背景下,孩子要以所在群体的其他成员为参照,设法融入这个群体中。"[35] 因为在这种活动中,参与者会形成一种共识。他是否想过,可能有些孩子不合群或者根本就不愿意参加社会活动呢？杜威写道:[36]

依赖是一种力量而不是软弱，它有互相依靠的意思。过于独立会降低一个人的社交能力。因此，越是独立的人，就越自给自足，但也越有可能与社会脱节或冷漠。这经常会导致一个人对人际关系漠不关心，从而产生一种错觉，以为能完全独立生活、独自行动，这其实是一种无可名状的荒唐行为，也是世界上许多痛苦的原因，这些痛苦原本是可以医治的。

这些话放在 19 世纪美国的大背景下,是完全可以理解的。杜威的思想形成期正值经济领域中个人主义的迅速发展,它塑造了一种独立的性格,即使不至于疯狂,也至少是反社会的。在课堂上,传统的教育给了这些专横严厉的老师可乘之机。在 1916 年,任何人都不太可能得出大卫·里斯曼（David Riesman）在《孤独的人群》（*The Lonely Crowd*）中得出的结论：儿童与同龄人交往时会产生一种从众心理，或者无论在课堂上还是儿童的生活中，成年人的威严都会下降。今天，当我们担心孩子的从众心理时，我们通常更担心他们屈从于来自同伴的压力，或者过于受到大众传媒的影响，而不是听老师或家长的话。我们也明白了，如果大人在孩子眼中的权威过弱，它造成的问题可能与家长过于严厉一样严重。

杜威在建立自己的教育理论时尚未考虑到这些问题，不过也许他的理论本身带来了他原先没有预料的结果。有些核心课程的老师借用杜威"即时性""实用性"和"社会性学习"的原则，鼓励学生在课堂中讨论"我怎样才能更受欢迎？"或者一些暗中反对家长权威的问题，如"为什么我的父母那么严格？""我该怎样与古板的父母相处？"以及"我应该听同伴的还是听父母的？"[37] 这些话题代表了从众心理反映到课程内容中，但是如果以这种方式修改课程，杜威肯定会提出反对的。虽然顺从和权威之间的矛盾确实存在，但是无法通过改革传统教育解决。

或许，杜威在一定程度上高估了学习的社会性。他与一些同时代的思想家一样，如著名社会心理学家乔治·H. 米德（George H. Mead），都热衷于研究如何建立儿童心理本能的社会性格，从这方面看他们已经非常成功。然而，从社会性的角度解释他们的心理，可以说是在为杜威的教育理论辩解。如果心理活动本质上具有社会性，那么我们则可以说学习的"社会前提"可以通过多种类型的学习实现，而不仅仅是课堂里的社会"合作"。而"新教育"的支持者也许不愿承认，一个孩子独自坐在教室里阅读哥伦布发现新大陆的故事，也是在进行一种社会活动，虽然与一群孩子在学校做轮船模型不同，但都一样的复杂。根据杜威的理论，一件事从它的社会属性中获得价值，这是一个重要和很有说服力的观点，但有时却转变为所有的学习必须通过公开的社会活动共享[38]，这就令人怀疑了。

此外，还有一个更重要的观点，即教育过程与结果间存在一种直接的因果关系，而在杜威这样认为人生是一种动态的平衡的人看来，这种关系过于机械，因为这等于承认了遵从教师权威的课堂教学必然会培养出随波逐流的顺从者，注重学习社会性的教育一定会培养出理想的社交性格。这种观点乍看起来很有意思，不过人生并不是严格地按照这种逻辑发展的。例如，杜威果真认为传统教育让美国人形成"对创新缺乏兴趣，反对进步革新，害怕不确定和未知的事物"这种心态吗？建立在教师权威基础上的教育，一定会培养出只会服从的人吗？在教育的制度与教育的结果间必然存在完全对应的关系吗？在讨论教育过程时，杜威应该不会想到，伏尔泰曾就读于耶稣会（Jesuits）创办的学校，极其严格的清教徒家庭走出了对现代民主发展至关重要的人物。指望所有的教育只培养出一种类型的人，就等于违反了历史的规律。

最后，认为教育根本不应该被看作是为了孩子今后的生活做准备（杜威总是称之为"遥远的未来"），而是生活本身，是生活的缩影，或者是构成生活的体验，这种观点在实践起来会有很多严重的问题。把学校里学习的经历延伸到其他方面，是件好事。但是杜威不满足于"教育就是生活"的看法，还认为学校应该为儿童提供一种"经过筛选的"环境，它尽可能体现一个美好的社会，把不好的部分剔除。但是，如果学校越是刻意这么做，就越脱离了教育体现或者代表生活的理想。当一个人承认学校里的生活不是真实生活的全部时，他就是在说"筛选"的过程是由某种外在的目的决定；这样一来，他等于接受了传统的观点，即教育不是生活的完整"映像"或"复制"，而是生活中专门体现某种特殊功能的一部分。

如果"新教育"者确实希望在课堂中复制生活本身，他们首先必须对生活是什么有一个理想化的构想。对于每一个成年人来说,生活不仅意味着合作、成功、喜悦,还意味着竞争、失败和挫折。但是,"新教育"者认为这些内容不应该在学校这个小社会里出现。相反,他们竭力地保护学生,不让他们看到在成年人的世界里自身存在的缺陷,可能是个错误。他们的立场与"有机教育"的先驱、"进步教育协会"的创始人之一约翰逊(Marietta Johnson)女士的观点很相近,她曾说:"不应该让孩子知道失败是什么……学校应该满足儿童天生的需要,而不是对他们提出要求。在任何一所学校,如果有的孩子成绩好,有的孩子成绩差,那么这所学校就是不公平、不民主、不合格的。"[39] 杜威夫妇在《明天的学校》一书中,对她在亚拉巴马州创立的一所实验学校大加赞赏。没有考试,成绩评定,也没有留级,成功不是以学到知识的多少或者进步的程度来衡量,而是由学习本身的付出和快乐来决定。这种教育到底是否比传统教育对学生更有益尚不清楚,但是如果说它与"生活"的关系更近了一步,这就不会有问题了。

面对这样的质疑,"新教育"的支持者给出了一个他们自认为理想的答案:"新教育"的目的不是要学生了解或者适应过去充满自私自利的个人主义的生活,而是让他们学习适应现在和将来的生活,但愿它是更具有社会性、合作性和人性化的生活,更接近杜威所说的"今天科学民主的社会"[40]。

但是,这个答案只让我们把注意力放在怎么找到一种特定的教育制度,它既适合儿童成长又能改造社会,这无疑是个难题。随着时间的推移,许多"新教育"的支持者开始怀疑杜威的"教育就是儿童成长"和"教育就是社会重建"这两个观点是否可以有机统一。1938 年,博伊德·H. 博德(Boyd H. Bode)评论说,目前这种成长的理念"让(教师)无法意识到他需要一种社会理论的指引"[41]。若要人们相信上述两点可以有机地统一,首先要相信儿童的天性与并非人人认同的民主文化是和谐共存的。因此，在一些批评者看来，强调儿童的天性和自发性，与强调为了建立民主社会发展教育，必须放弃其中的一个。毕竟，儿童在成长到某个时间段，天生会叛逆，但是我们无法让"改造社会"或者向他灌输的"服务精神"成为他的天性。在大萧条时期，"教育就是社会重建"的支持者都承认，学生缺乏改造社会的热情，如果期望将来的社会变得更好，教师得认识到所有的教育都要对学生进行一些思想"熏陶"，教育过程中难免会向教育的对象施加外在的目标。[42] 虽然人们很快就对教育的社会改造功能失去兴趣，但是它的确让进步思想的教育者意识到，"外在的"，即成年人的目标，在学校中肯定是起主要作用的。杜威在 1897 年时说，教育是"社会进步和改革的基本手段"，如果真是这样，就不可能像他希望的那样，把教育完全交给学生。

6

杜威希望建立一种综合的教育理论，推翻传统教育思想中的两极分化和二元对立。他认为，必须打破阶级社会思维框架下形成的儿童与社会、兴趣与纪律、职业与文化、知识与行动之间的对立关系，使它们最终成为和谐统一的整体，这才是进步的民主社会中应有的状态。这种乐观主义的情绪对杜威的教育理论至关重要：他认为教育中的二元对立不是理清人类问题本质的线索，而是可以抛弃的历史包袱。他在早期一些非常有影响力的著作中说，这个世界其实是在不断进步的。科学和民主的时代会比任何人类已知的社会都更好、更理性、更加充满智慧。因此，它一定会带来一种更好的教育，并将成为这种教育的受益者。

因此，杜威的教育理念中隐约有一种乌托邦的思想，正因为如此，许多教育理论家才为之吸引。杜威的乌托邦思想并非建立在理想的教育制度的基础上。他是个聪明人，不会再为一个已经成形的世界绘制蓝图，而且这也有悖于他认为"教育是经验的不断重建"这个论点的本质。他的乌托邦是方法上的：他相信传统的两极分化和二元对立是社会中不好的一面，必须抵制、减少和加以限制，它们是过去对这个世界的错误理解产生的误判。虽然可以用一些局限性却未必令人满意的方法消除它们，但是把它们融合为一个有机的整体不更好吗？

从这点上看，杜威与他之前的许多思想家一样，对历史持否定的态度。他的话让人们留下一种印象，即他把人类历史看作是错误的根源，必须要纠正。要想让教育这样的事业保持活力，必须剥去历史的残留。《民主与教育》中有一段内容与他晦涩难懂的笔风截然相反，他明确地说"现在不只是过去的延续……而是将过去抛开后的生活"。因此，研究过去的文化产物无助于我们了解现在。重要的是要理解过去的生活本身，虽然这些文化产物中体现的历史生活已经死去，但是过去的生活本身也是一种超越之前的生活的过程。"过去的知识和遗产只有融入现在的生活中，才有意义，否则不然。"如果教育的主要内容是研究过去，那将导致现在与过去脱节，"会让过去与现在竞争，使现在变成对过去无谓的模仿。如果这样的话"，他接着把自己的论述推向高潮，"文化就变成了一种点缀和安慰；成为避难所和难民营"[43]。因此，它不再是可以改变现在，创造未来，进行社会改造的力量。

现在，我们必须回到孩子这个中心，因为他们才是决定未来的关键；他们的才智可以把这个世界从历史的重负中解放出来。但是，在解放世界之前，他们必须先获得自由——并且只有在合适的教育制度下才能得到真正的自由，摆脱这个世界的压迫，摆脱所有腐朽的文化，摆脱社会对教育的种种限制。杜威是个现实的人,他肯定明白让儿童自发的兴趣冲动指导教育的过程,存在局限性。但是,正是这种自发的兴趣爱好引起了美国教育者的注意。因为杜威希望把孩子从历史的束缚中解放出来,好让他们改造传统文化,所以教育者利用他的理论贬低过去的文化及其只有修饰、安慰作用的"产物",并最终制定出一种可以让孩子充分发展的教育方案。杜威曾经把孩子放在核心的位置,把教育定义为没有止境的成长,他极其重视对教育目标的讨论,不过虽然25年来不断地澄清,却也无法阻止别人把他的思想曲解为"反智"的言论。

与弗洛伊德一样,杜威认为教育就是社会向年轻人灌输规则、禁令与习惯的过程,这是强加于他们的外在束缚。但是,杜威对此的看法比弗洛伊德乐观。弗洛伊德认为,个人社会化的过程不仅会阻碍本能的发展,还是某种不可避免的悲剧。而在杜威看来,社会虽然会破坏儿童的"可塑性",但是它会赋予他们"改变盛行的习俗的能力"。教育借用"粗暴无礼的强迫、旁敲侧击的引诱、冠冕堂皇的教学形式",打消了年轻人的活力和好奇心,已经变成一门"利用年轻人无助心理的艺术",[44] 而教育本身则成了社会阻碍其内在自我进步能力的艺术。在杜威看来,虽然现实世界是孩子们痛苦的根源,但是可以通过教育弥补;而弗洛伊德却认为儿童与现实世界是对立的,虽然这种关系可能改变,或者在一定程度上在细节处会改善,但是从本质上是无法克服的。[45]

不只是进步主义教育者那一代人的实践证实了弗洛伊德的观点。虽然"旧教育"的一些问题得到解决,有时还是相当成功的,但是其他问题却因为"新教育"越发突出。孩子们不再服从严厉的成年人的意愿,但是向同侪压力低头成为现在一个严重的问题。教师的权威性虽然逐渐降低,但是老师又换成另一种微妙的方式对学生进行操控,这么做不仅自欺欺人,还经常引起学生的反感。学生对课业失败的担心依然没有消除,而试图消除这种担忧的措施只会导致学生更多的挫折感,因为它们没有具体的衡量标准,没法肯定学生的努力,也无法给他们带来成就感。

在他最后一部重要的教育学论著中,杜威说,"传统的教育体制竭力同化新制度,让它们遵从旧制度"。虽然他肯定了进步教育的一些做法,但是也懊恼自己有份参与的一些观点和原则变成了条条框框的制度。"在师范学校等地方,这些想法和原则变成了既定的主题或严格的规定,要按照标准化的步骤进行学习和背诵。"背诵和标准化的步骤!他再次提醒读者,这是"用正确的原则错误的方法"培养教师,这不会有什么用。杜威最后一次严肃地提醒进步主义教育者,只有正确的方法才能培养出好的教师,而不是教授他们什么主题或者规定。遵循正确的方法,也许可以建立一个民主社会;坚持"专制的原则",教育就会"歪曲和摧毁民主社会的基础"。[46] 因此,需要寻找一种方法,使反对制度的正确方法变成一种制度固定下来。

注　释

1. 从这方面讲,实验学校的例子可以被比作工业社会学领域著名的霍桑实验,后者本来是想研究可以提高生产力的工作环境,结果却发现实验本身改变了研究对象的心理状况,而不是任何特殊装置,使生产力不断提高。

2. 《学校的转变》(*The Transformation of the School*),第 239 页。

3. G. R. 格伦(G. R. Glenn),《这个孩子将变成什么样?》(*What Manner of Child Shall This be?*),《全国教育协会会议记录》,1900 年,第 176—178 页。

4. 当然,这与更为传统而不那么具有福音主义精神的教育家的看法不同,例如查尔斯·威廉·艾略特(Charles William Eliot)曾说:"不管学生是哪个年级,教育机构的政策都不能以满足最差的学生的需求为目标……"《教育改革》(*Educational Reform*),纽约,1898 年。

5. 帕克,《关于教育的讨论》(*Talks on Pedagogic*),纽约,1894 年,第 3,5—6,16,23—24,320—330,383,434,450 页。

6. G. 斯坦利·霍尔(G. Stanley Hall),《以儿童研究为基础的理想学校》(*The Ideal School as Based on Child Study*),《论坛》(*Forum*)第 32 期,1901 年 9 月,第 24—25 页;杜威,《我的教育信念》(*My Pedagogic Creed*),1897 年新编,华盛顿,1929 年,第 4,9 页。

7. 《我的教育信念》,第 15,17 页。

8. 我们可以联想到卢梭在《爱弥儿》中说的话:"当我摆脱了儿童的那些课程,就除掉了他们烦恼的来源,即主要是书本。对儿童来说阅读真是一种受罪,但这几乎是儿童唯一可以做的事。爱弥儿在 12 岁时还不知道书是什么……当他觉得书有用的时候,我相信他一定会去学习阅读的,但是在此之前,他不会对它感兴趣。"

9. 霍尔,同上,第 24 页。下面段落中的引用,见第 25,26,30 和 30 页。帕克曾说:"我希望把这些内容用斜体标注,在我们看来最重要的既不是天性,也不是历史和文学,孩子才是最重要的,他们是上帝最伟大的创造,他们的身体、头脑和心灵都有自己的规律,它们决定了生长的规律和条件。"《在科罗拉多州丹佛的赫巴特俱乐部开场中的讨论》(*Discussions at the Open Session of the Herbart Club, Denver, Colorado*),1895年 7 月 10 日,第 155—156 页。

10. 这个目标得等到下一代的教育者才能实现。出处同上,第 1 章。

11. 我发现这个建议特别富有见地:"富人家的孩子通常比较自我,或者过于自我,特别是小时候,所以必须对他们加以管教并且要驯服他们;而穷人家的孩子一般比较没有主见,所以应该让他们放纵一点儿。"这个观点比霍尔所说的要顺应"自然的"特点,更强调社会的背景。

12. 例子来自阿尔伯蒂,《重建高中课程》(*Reorganizing the High School Curriculum*),第 472—473 页。

13. 《民主与教育》，纽约，1916 年，第 59—62 页。

14. 同上，第 117 页。在杜威早前的著作中，他曾说道："教育的过程和目标是一回事。在教育本身之外设定任何目标，制定教育的目的和标准，都会减少教育的过程中包含的意义，往往会让我们依赖错误或者外在的激励来教育孩子。"《我的教育信念》(*My Pedagogic Creed*)，第 12 页。

15. 比较博得在《处在十字路口的教育》(*Education at the Crossroads*)，纽约，1938 年中的批判，尤其是第 73 页。在众多批判中，这篇与坎德尔，《不确定性的狂热》(*The Cult of Uncertainty*)，纽约，1943 年最有启发性。

16. 古德温·华生(Goodwin Waston)被坎德尔引用在《不确定性的狂热》一书中，第 79 页。

17. 《儿童与课程》(*The Child and the Curriculum*)，1902 年；芝加哥，1956 年编的全书，尤其是在第 14—18 页和第 30—31 页有一段的精彩论述，他辩解说，儿童的兴趣与他受到的指导之间有某种持续的互动，因此两者会存在某种动态的和谐。另见《民主与教育》，第 61—62 页；第 133 页中，他说道："天然的，或者天生的能力是所有教育的动力和约束，但它们不会确定教育的目标或者目的。"1926 年，杜威曾一改他一贯和善的提醒，严厉地说，一些推行"进步教育"的学校在教育中避免对学生进行指导，是"非常愚蠢的"。

18. "(由价值或老师)制定儿童成长的目标是荒谬的，因为就像是农民定下农耕的计划一样，这是完全脱离实际情况的。"《民主与教育》，第 125 页。

19. 《儿童与课程》，第 31 页。

20. 帕克也有类似的观点："同一件事不要重复两遍。不要做你已经做过的事。如果这个孩子已经站起来过，就让他坐下去。不管你做什么，都要有些新花样。不要墨守成规。这就是流水不腐，户枢不蠹的道理。"《全国教育协会会议纪要》，1880 年。

21. 《民主与教育》，第 283—284 页。

22. 《学校与社会》(*The School and Society*)1915 年；芝加哥，1956 年编，第 136 页。这个警告实际是要求不断学习杜威所说的"职业课程"，而不是专业文化课程。杜威对学科内容设置的批评，见克莱明，同上，第 234—236 页。

23. 《民主与教育》，第 280—281 页。

24. 相反，杜威认为，因为目前的教育中存在这些外在的目标，所以才会强调要为学生的未来做准备，这让教与学都过于机械单调，缺乏创造性。同上，第 129 页；全篇文章都在讨论教育的目标，第 124—129 页。

25. 杜威对这个主题的进一步阐释，见《哲学的重建》(*Reconstruction in Philosophy*)，纽约，1920 年。

26. 《民主与教育》，第 115 页。

27. 同上，第 370 页。

28. 《民主与社会》，第 101 页。尽管民主的标准可以应用到其他社会组织和政府机构，但是如果鼓励人们把民主理解为一种在家庭、学校和这些机构普遍适用的标准，则是没有理解它的真正意义。我相信杜威对美国教育造成的一个重大损害是，作为美国教育界权威的杜威，允许美国教育者滥用"民主生活"这个词，以至于我们根本无法从其他方面讨论教育的目的和方法。

29. 同上，第 22—24 页；比较《学校与社会》(*The School and Society*)，第 18 页。

30. 《民主与教育》，第 49 页。

31. 《学校与社会》，第 24—29 页。比较《民主与教育》中第 9—10，46—47，82—83，88—89，97—98，226，

286—290,293—305 页中的内容。对"发展在民主生活中需要的技能"感兴趣的现代教育者,通常会这样解释:"学校的民主生活,应该与校园外的生活有机联系起来,这样学生就能理解'民主生活'的意义,并把它拓展到可能涉及他们的所有情况。"阿尔伯蒂,《重建高中课程》,第 50 页。

32. 《经验与教育》,第 84—85 页;比较第 4,59,64,66,77 和 80 页。

33. 同上,第 95—96 页。

34. 《民主与教育》,第 60 页。杜威对传统教育的讽刺,有时候几乎与进步主义者对其的嘲讽一样。虽然传统教育有时非常死板,缺乏想象力,但是如果杜威把它描述为"专制的"和"严厉的",对学生严加约束,就像用铁链把囚犯拴在一起,完全反对个性的培养,教学就是炒冷饭,在这种制度下,任何人只要想获取知识,就得"丧失灵魂:失去自己的鉴赏力和价值观",我怀疑他言过其实了。《经验与教育》,第 2—5,11,24,46,50 和 70 页。

35. 《民主与教育》,第 47 页。

36. 同上,第 52 页。

37. 阿尔伯蒂,同上,第 470,474 页。

38. 《民主与教育》,第 46—48 页中,杜威对"社会性的"一词进行了解释。

39. 玛丽埃塔·约翰逊(Marietta Johnson),《成人世界中的年轻人》(*Youth in a World of Men*),纽约,1929 年,第 42,261 页;比较杜威夫妇在《明天的学校》中对这个学校大加赞赏,特别是第 27 页。

40. 《明天的学校》,第 165 页。

41. 《处在十字路口的进步教育》,第 78 页。

42. 弗雷德里克·里尔奇(Frederic Lilge)深刻分析了杜威理论存在的一些政治问题:《教育理论的政治化》(*The Politicizing of Educational Theory*),《伦理学》(Ethics)第 66 期,1956 年 4 月,第 188—197 页。

43. 《民主与教育》,第 88 页。约翰·赫尔曼·兰德尔(John Herman Randall Jr.)对杜威有关哲学历史的理解进行了批评,他问:"杜威会不会因为这个世界还没有通过行动变得焕然一新,就把想象中的一切都抛诸脑后?"P. A. 施利普(P. A. Schilpp)编,《杜威的哲学》(The philosophy of John Dewey),芝加哥,1939 年,第 77—102 页,尤其是第 101 页。

44. 《人类的天性与行为》(*Human Nature and Conduct*),1922 年,现代图书馆编:纽约,1929 年,第 64 页。

45. 与杜威一样,弗洛伊德的思想对教育的影响有好有坏。在许多地方,后人对弗洛伊德的误解比对杜威的更严重。在 20 世纪 20 年代,弗洛伊德心理学常被进步教育者用作支持释放学生本能的理论依据,同时也催生了一种教育心理学,它不再关注基本的教学任务,试图把教育过程变成一种业余的心理治疗的替代品。当然,在把学生心理需求合理地看作教育过程的一部分,与可能用心理学,甚至心理控制替代教育之间,很难划一道清晰的界线。对于他们关于本能和冲动与社会之间关系的看法,菲利普·里夫(Philip Rieff)在《弗洛伊德:伦理学者的思想》(*Freud:The Mind of the Moralist*, New York, 1959)的第 2 章有简洁明练的讨论。

46. 对埃尔希·R.科拉普(Elsie R. Clapp),《简介》(Introduction),《教育资源的利用》(*The Use of Resources in Education*),纽约,1952 年,前言第 10,11 页。

第六部分

结　论

第十五章

知识分子：　疏离与从众

1

　　虽然反智主义在美国社会中以各种各样的形式继续存在，但是与此同时，智识有了一种新的积极意义，社会对知识分子更加宽容，在一定程度上，他们的地位提高了。这倒令他们有些进退两难。因为多年来一直不被大众认可，所以知识分子以为这种状态将会持续下去，逐渐形成了一种风气，许多人认为与社会保持距离是最合适、最有尊严的方式。然而，令他们害怕的并不是被社会拒绝或者外在的敌意，他们早已学会如何处理并把它们视为自己必然的命运，而是这种疏离感的消失。许多新生代的知识分子尤其担心，随着自己越来越被重视、被接纳和被重用，他们将变得顺从，不再具有创新和批评精神，也就不再对社会有真正的作用了。这正是令他们进退维谷之处——虽然他们痛恨反智主义，将之视为一种严重的社会问题，但是当他们被社会接纳后，却为此感到迷惘，而且在知识分子群体中对究竟如何面对这种局面产生了非常大的分歧。也许，在今天的知识分子中引起最多争议的问题,莫过于如何看待以往与社会的疏离和现在的融合。我们先来看看这个问题的现状和知识分子界的历史地位,能给我们带来怎样的启发。

面对 20 世纪 50 年代社会上流行的反智情绪,知识分子群体,尤其是他们中的中生代和老一辈,并没有像他们在 20 世纪 20 年代时那样,对美国的价值观发起猛烈的攻击。颇具讽刺的是,在他们受到最严厉的指责,被指控对国家不忠时,他们反而积极地拥抱美国的主流价值观,连麦卡锡主义者也阻挡不了他们:他们对麦卡锡之流可能摧毁某些被忽视的价值的担心,提醒着人们,美国的一些传统价值观是非常可贵的。一些极保守派参议员虽然是麦卡锡的支持者,但是他们却为人正直,是美国受人尊敬的道德楷模。

1952 年,代表美国知识分子立场的《党派评论》(*Partisan Review*)分数期围绕《我们的国家与我们的文化》[1] 这个醒目的标题进行专题讨论,这标志着对知识分子的一种半官方性质的认可。该杂志的编辑解释说:"美国的知识分子以一种新的方式看待美国及其制度。……许多作者或者知识分子感到现在自己与祖国以及祖国的文化关系更紧密了……不管是好是坏,大部分的作者不再把远离社会当作美国艺术家的宿命,相反,他们渴望融入美国的生活。"

25 位作家就美国的知识分子与这个国家的关系作出的回答表明,他们中的绝大多数不仅清楚地感受到知识分子与社会的关系逐渐向好,而且大部分人对此表示肯定。如果忽略了他们的态度并非毫无保留或者他们在文中警告人们不要过于乐观,我们就会夸大他们对主流观念的接受程度。尽管如此,我们在总结了他们的观点后发现,曾经如此"脱离"社会的知识分子已经发生了改变。过去大家都习惯于"任由这种疏远的关系继续下去"，现在大部分都不再同意这种做法。他们中有些人认为疏离是一种历史现象，并强调它是一种模棱两可的复杂感情，因为许多伟大的作家和思想家在批评美国社会的同时，也包含了对社会的深刻认同和社会价值的强烈肯定——可以这么说，伟大的成就通常离不开"反对"与"支持"的角力。

没有人会怀疑知识分子保持思想独立、不随大流的重要价值，也不会认为他们应该放弃自己的立场，只知道为社会主流观点辩护。大家已经意识到，美国的知识分子不再把自己的国家看作必须逃离的文化沙漠，或是如一位作者所言，在与欧洲比较时，不再带有一种"青春期的羞涩"。与二三十年前相比，他们更加适应当下的美国社会环境，已经接受了社会现状。一位作家写道："我们见证了美国知识分子阶层被资产阶级化的过程。"改变的不只是知识分子，整个国家也在变，而且变得更好。美国的文化已经走向成熟，不再处处以欧洲为榜样。权贵阶级已经学会接受知识分子和艺术家，甚至对他们满怀敬意。因此，美国也成为适宜知识分子和艺术家发展的土壤，他们在此也结出了丰硕的成果。即使一位感觉整个论坛对知识分子的境况有点过于得意的作家都总结说："如果现在还说美国是一片蛮荒之地，那真是太愚蠢了。"

2

参与该话题讨论的 25 人中，仅有 3 位——欧文·豪伊（Irving Howe）、诺曼·梅勒（Norman Mailer）和 C. 莱特·米尔斯（C. Wright Mills），完全反对应该对编辑提出的问题表示默许；另一位德尔莫尔·施瓦茨（Delmore Schwartz）则指出，现在知识分子中很流行归顺主流文化的心态，必须要抵制这种倾向。对于这些异见者来说,重新拥抱美国就等于是屈服于社会压力,向保守主义和爱国主义投降,被舒适与沾沾自喜俘虏。一想到"我们的国家"和"我们的文化"这些字眼就令他们愤怒——"这是甘于接受现状,"米尔斯说,"因为软弱和焦虑而顺从,""是在为知识分子的行为进行无益的辩解。"老一辈的知识分子经历过二三十年代的文化争论,所以现在选择了放弃自己曾被误导而采取的立场,不再与社会疏离,这在年轻一代看来是一种道德缺失,是他们无法理解的。

两年后,布兰迪斯大学(Brandeis University)的豪伊教授在《党派评论》中撰文,炮轰该杂志对知识分子与美国社会关系的讨论中的主流观点。他与大多数人的观点不同,在《这个顺从的年代》[2]这篇文章中,他认为,这个专题讨论"揭示了一个令人难堪的现状,即知识分子在接受主流文化的道路上,已经越走越远"。他说,"近代资本主义已经给予知识分子荣耀的地位",他们不再排斥被同化,而且很乐意"回到祖国的怀抱"。"在一定程度上,我们都算是顺从者。"虽然依然有人坚持批评的立场,但是他们也变得"更有责任感,更加温和,可以说是温顺了"。大众文化产业的发展和高等院校数量的增加创造了更多工作岗位,使知识分子有机会参与到"永久性战争经济"[3]之中。"在美国,智识的自由饱受攻击,可悲的是,总体而言知识分子缺乏勇气捍卫自己的思想自由。"

对这种顺从主流文化的自鸣得意,豪伊不是第一个站出来反对的人,还有波西米亚群体。福楼拜曾说,"波西米亚是我的祖国"。豪伊也认为波西米亚精神是美国文化创造力的先决条件。"美国知识界思想最活跃的时期,正值波西米亚精神的兴起,"对此他随后又补充解释,"马萨诸塞州的康科德镇也是一种波西米亚,它集深沉、颠覆性、超验主义精神于一身。"波西米亚曾经是凝聚艺术家和作家反抗这个世界的力量,现在这股凝聚力已经被瓦解了。"波西米亚不再是知识分子的精神支柱，剩下的只是刻意或虚假的内容。波西米亚精神的消失，对美国的知识分子产生了深远的影响，令他们感到失落、沮丧，仿佛被孤立，这严重打击了他们的自由主义乐观情绪。"他们曾经是年轻的作家，共同面对这个世界，现在他们已经"沉沦，居住郊区的乡间别墅，生活在大学城里"。

　　豪伊说，这不是斥责他们"出卖"了理想，或者呼吁知识分子抵御物质主义的诱惑。问题的关键在于"这些一连串看似很小的妥协，慢慢地消耗了一个人坚定和独立的意志"。"最值得警惕的是，知识分子的理想——毕生致力于商业文明无法实现的价值——逐渐失去了吸引力。"在他眼中，反对商业文明本身就具有一种重要的价值。如果要让商业文明与文化艺术的价值之间的矛盾不再像以前那样激烈，他断言，"等于是让我们抛弃 20世纪最优秀的文学、批评和抽象理论中大部分的内容"。

　　知识分子失去了以前让他们抵抗商业文明诱惑的那份坚定，霍尔为此深感遗憾。莱昂内尔·特里林（Lionel Trilling）在专题讨论中说，美国在 20世纪 50 年代的文化环境虽然不尽如人意，但是与 30 年前相比，已大为改观。对此，霍尔尤为反感。他反驳说，"任何将 1923 年时充满乐观自由的文化生活与 1953 年时的枯燥乏味相比较的做法，或者对两个时期的文学成就进行比较"，都不过是美梦一场。如果说有钱人接受了知识分子，那只是因为知识分子变得顺从，不再是大家想象中那样与"富人"作对，而是有些颜面尽失地拜倒在他们面前。知识分子从未这么软弱，尤其是这些现实主义者，他们"攀权附贵，放弃了表达观点的自由，却无法换来政治地位。一旦被既定的社会制度同化，他们不仅失去了一贯的反叛精神，而且在某种程度上，也失去了作为知识分子的作用"。不管什么，都比出卖自己的才智好："远离权力与名望，即使是盲目地批判我们的文化，都比趋炎附势好，因为那也是个人意愿的自由表达。"

　　豪伊的文章不仅代表他个人的观点,也是左派知识分子的宣言。若干年后,年轻的历史学家罗兰·巴里茨(Loren Baritz)就社会规约进行评述时,表达了类似的观点,他解释说"任何一味接受、认同社会所有观点的知识分子,就像是出卖自己肉体和灵魂的娼妓,背叛了知识分子的传统"。他问道:"按照对知识分子的定义,他们是否必须坚持批判的立场?那些发自内心相信和支持社会运动的知识分子,是否既能坚持自己的思想,又能顺从社会的其他声音?"[4] 他呼吁知识分子要坚持原则,远离权力,不要试图在社会机构中谋求职务:"如果知识分子被社会接受,他们就有被同化的风险……如果他们接触到权力,权力就会令他们动心。"正确的做法是有意识地与社会责任保持距离:"当知识分子想承担更多社会责任,而不是专注于提高他们的心智时,他们的思想就会失去自由和活力,这些都是成为知识分子最基本的条件。"如果知识分子退回到象牙塔里,那是因为"需要他们减少对社会的责任和与社会的联系,只有远离社会才能使他们的思想保持自由"。

3

　　当我们先后读到《党派评论》专题论坛中多数派的观点与豪伊等少数人的异见时,我们仿佛听到了一段耳熟能详的对话。近两个世纪以来,西方世界的知识分子一直很关心"与社会疏离"这个令人尴尬的重要问题,它不只是今天美国的知识分子所独有的。在人类文明早期,知识分子的工作和生活都与教会或贵族密切相关,或者与两者都有联系,因此他们不大可能与社会始终保持较远的距离。但是随着现代社会的发展,从18世纪开始，不仅出现了新的经济与社会环境，一种新的思想意识也应运而生。现代资本主义早期的丑陋、物质主义以及对人的残酷剥削，遍布西方世界，令知识分子愤愤不平。艺术家和知识分子的作品不再依赖权贵的资助，而是由市场决定，这令他们与中产阶级的观念产生了尖锐的矛盾，经常导致不愉快的结果。知识分子以各种方式对这种新生的资产阶级世界表达不满，包括个人浪漫主义的反资本主义宣言，波西米亚式的同仇敌忾，还有政治上的激进主义运动。

豪伊自然会把目光转向伟大的前辈，例如福楼拜，因为这位作家对法国资产阶级的昏庸愚蠢如数家珍。[5] 在英国，马修·阿诺德（Matthew Arnold）在《文化与无政府》（*Culture and Anarchy*）一书中，以另一种方式分析了这种新的文化状况。在美国，超验主义者在作品中，反复提到个人感性在接受现代社会时所遇到的困难。

每个国家在这个问题上都有自己的特殊情况，就如同资产阶级的发展在每个国家都会有各自特点一样。美国知识分子与社会疏离的大背景，使得决不妥协的孤立在 20 世纪的知识分子看起来代表着一种不言自明的传统；因为在 19 世纪的美国社会，不管是被社会接受的典型作家，还是先锋派作家，他们都与社会保持一定距离，只是程度不同而已。人们完全可以说，大约在 19 世纪中期的美国社会，即使那些被认为是属于这个社会的知识分子，也不是完全属于的。因此，今天，一些对自己角色的认知深受历史影响的知识分子，会觉得如果知识分子获得成功，或者与权力沾上关系，是一件非常奇怪，甚至可耻的事。

但是情况并不总是如此。在美国的早期，知识分子中的两类人都对社会产生了广泛的影响力：清教徒牧师和美国的国父。不过随着时间的推移，他们的影响力逐渐减弱，这部分是因为他们自身的缺陷，部分是因为历

史的发展不受他们的控制。不过,他们都留下了丰富的历史遗产。清教徒
牧师建立了新英格兰地区尊重智识的传统,新英格兰人无论走到哪儿都会
带着这种传统,他们也为美国整个 19 世纪和 20 世纪思想界的繁荣做出了
巨大贡献。[6]虽然清教徒的先辈也并非完人,但是他们至少尊重思想,精神
顽强,这些都是结出智慧果实的必要条件。一旦在社会上生根,这种顽强
的精神通常具有振奋人心的力量。

国父们的遗产也有一丝清教徒思想的痕迹,它们也一样重要。在建立
新国家的过程中,人们努力地摆脱殖民地位,塑造新的认同感,因此知识分
子总是发挥着重要的作用。在这场美国的启蒙运动中,领导者的影响显而
易见:他们确立了美国人共同的身份和奋斗目标,赋予了这个新的合众国
一个统一且可行的价值观念、明确的历史定位,民族情怀、政治制度和
规则。

大约在 1820 年后,领导了独立战争和宪法制订,培养了联邦党人与杰
弗逊主义者这一代人的共和精神,被一系列的社会经济变化彻底摧毁。随
着人口大规模西迁,工业迅速发展,政治上平等主义兴起,南方杰弗逊主义
的衰落,原先领导和控制着美国民主的贵族阶级越来越落寞。普通信众与
福音主义者早已推翻了教会的传统。具有崭新政治风貌的新一代民主领
袖把商业—职业阶级赶出了政治权力的宝座。不久,新的实业家和销售专
家也将取代他们在商业社会中的地位。

在这场变革中,只剩下有闲有钱、有文化的士绅阶层。虽然几乎没有
什么政治权力或者影响力,但是他们是严肃文学和文化的爱好者和赞助
者。他们中的许多人阅读美国权威作家写的书籍,订阅知识分子们看的杂
志,出资建设图书馆和博物馆,送他们的孩子去传统的文理学院学习经典
课程。他们形成了特有的温和抗议社会的传统,因为他们还是带有强烈的

贵族气息,所以不屑与盛行的、草根性质的大众民主为伍,他们举止优雅,
也看不上资产阶级新贵和种植园主身上散发的铜臭味。这些士绅子弟中
最坚定的反抗者,奠定了美国最有说服力的道德批判传统。

　　但是如果我们认为他们继承了共和的传统,那些国父所代表的传统,
那么我们就能立刻发现他们的缺陷:他们固然继承了贵族的举止、理想以
及偏见,却不像他们那样拥有权力。领袖们的共和精神,虽然在贵族阶级
得以传承,但日渐式微,失去了活力和影响力。国父们所代表文化的继任
者,我将其称之为"中立主义"(mugwump)文化。这里指的不是镀金时代
上层阶级的改革运动[7]所体现的文化,而是失势的贵族阶级的智识文化理
念。在整个19世纪,这个群体是美国独立思想与高雅文化主要的受众。[8]
他们所代表的"中立"思想依然深受新英格兰传统的影响,继承了清教徒
的某些严肃和高尚的风格,但是缺乏延续它们的热情。从国父与美国的启
蒙运动那里,他们继承了先辈们致力于发展智识思想和提高公民素质的责
任感。然而,在这种保持"中立"的氛围下,知识分子身上的18世纪的共和
精神逐渐衰退和枯萎,这主要是因为这些"中立的"思想家几乎没有机会
把这些精神与社会实践密切或者有机地联系起来。国父们所代表的文化
有一个非常重要的特点,即它必须接受实践的检验,用来解决严肃复杂的
权力政治问题。然而"中立主义"文化的特点却恰好相反,它与社会现实、
政治权力的联系越来越远。

　　"中立"派思想再现了国父们推崇的古典主义,他们建立社会秩序的
激情,对思想的尊重,使世界更加合理、让政治机构合于理性的渴望,对社
会地位是政治权力重要支柱的假设,以及他们对个人应扮演的社会角色的
理解。但是,他们没有参与这个国家正在经历的最迫切、激动人心的变革,
被挤出了政治与经济的核心管理层,主动选择拒绝认同普罗大众的渴望,

所以这些贵族形成了一套特有的文化,它过于精致,晦涩乏味,孤傲势利——它具有桑塔亚纳(Santayana)所说的士绅传统的所有特征。这种文化的领导者在意的是智识是否被尊重,而不是它是否有创造性。英国作家C. K. 切斯特顿(G. K. Chesterton)用在其他地方的一句话,也许可以用来描述他们:他们为拥有智识而骄傲,而不是为可以利用它们而高兴。

与大多数美国人不同,这是一群非常重视传统的人,但是对他们来说,传统并不是力量的源泉或者崇拜的对象。在传统与个人才华不可避免的角力中,他们竭力反对所有展现个人主张或者创造性的内容,因为他们的哲学中有一个基本观点,即任何这样的表达都只是自我陶醉和自我主义的。他们批判事物的原则,正体现了这是一个焦虑地试图保住自己社会地位的阶级。他们所进行的批判,就是要培养"正确的品味"和"健康的道德观念",他们谨慎地将品味与道德观念定义为政治或美学上所有对现有秩序的反叛。因此,文学应该是"道德价值"坚定的捍卫者,所谓的道德观念,永远是传统意义上的社会道德,而不是艺术家或思想家所追求的艺术形式或者对真理的理想,赋予他的独立精神。文学应该体现乐观主义,向人们呈现生活的快乐与美好,而绝不能描写残酷的现实或者渲染悲观的情绪。幻想、晦涩、神秘主义、个人主义和反叛,都不应该被接受。

因此,1823 年,美国评论家萨缪尔·吉尔曼(Samuel Gilman)在《北美评论》中撰文,批评英国诗人华兹华斯和骚塞(Southey)"他们的作品脱离了普通大众的智识风格和情怀"。吉尔曼认为,他们这些作家不得人心是理所当然的:"他们的作品是独白式的诗句,所写的内容与这个世界无关,把自己置于社会现实之上。他们的初衷不过是炫耀自己的才华和诗兴大发。"[9] 当然,这里对他们抒发个人情感的批判与 19 世纪欧洲许多最优秀的诗人遭到的批评没有什么不同。区别只是尽管欧洲也有吉尔曼那样的批评者,但是它的整个社会环境比较复杂,所以给了作家一些自我表达的空间。而美国的文化较为单一,往往会被一个阶级的看法所控制,虽然他们的出发点可能是好的,却有很大的局限性。

这个阶级在面对真正的天才时的不安情绪,可以通过托马斯·温特沃斯·希金森(Thomas Wentworth Higginson)与艾米莉·迪金森(Emily Dickinson)间的关系体现出来。虽然他曾给予迪金森许多鼓励,有时甚至是支持和理解,但仍然摆脱不了把她看作一个普普通通想出名的女诗人的看法,还经常把她称作"阿默斯特(Amherst)镇精神有点不正常的女诗人"。还忍不住地建议她,参加一些波士顿妇女俱乐部的活动,也许可以打发一下寂寞。[10]

多年来,传统的文学批评就是为了让作家们响应"与世界保持距离,并高于世界"这种社会情感。清教徒的顽强信念已经消失了,虽然它曾经培养出激昂的异见者和坚定的法律法规捍卫者;此外,挑战社会现状与权威的斗争精神也消失了,虽然它曾经铸造和考验了国父们的心智。我们应该看到,虽然清教徒人数不多,且面临着巨大的经济困难,他们却为建立了了不起的智识传统打下坚实的基础,先后在宗教与政治方面创作了许多重要的作品。国父们在当时严峻的政治形势下,向世人展示了理性治国的典范,他们那一代人在文学、科学和艺术等方面都取得了长足的进步。尽管"中立主义"文化诞生于一个相对富裕的社会环境,但是它既没有创造出杰出的政治经典,也没什么科学发明。只是在历史和风雅文学方面还有一些成就可言,但是因为对自发性和原创性的内容不感兴趣,所以不过是赞助一些二流的而不是一流的人才。如果二流的作家出现在他们面前,他们就绝不会歌颂一流的作家。因此,他们忽略了最具有美国精神的思想家——霍桑、梅尔维尔、爱伦·坡(Allen Poe)、梭罗和惠特曼,却给予小说家库珀最高的礼赞,他们认为他才是美国最杰出的作家,除此之外,他们还对欧文、布莱恩特、朗费罗、洛威尔和惠蒂尔等人大加赞赏。当然,我们会轻视这种"中立主义"文化的代表者,但是他们毕竟积极支持了美国文化事业的发展。不过,他们未能给予美国大部分最优秀的天才以充分的肯定与支持,终究是历史无法回避的一页。

不管怎样,美国文艺评论界早就意识到"中立主义"文化不重视智识和思想对美国文学造成的影响,并为此深感痛惜。1915 年,范威克·布鲁克斯(Van Wyck Brooks)曾抱怨说,美国文学两极分化非常严重,不是高雅的精英文化,就是浅薄的通俗文化。在他之后的菲利普·拉甫(Philip Rahv),也借用 D. H. 劳伦斯的话,认为社会文化的两极分化有如白种人与印第安人的差别那么明显,就像亨利·詹姆斯(Henry James)和沃尔特·惠特曼间的区别一样。这些文艺评论家认为,美国文学和思想界中存在的分歧走向了两个极端,一方面是感性、精致、理论与纪律,另一方面是自发性、活力、感官现实与抓住机会。简而言之,思想品质与现实生活之间的联系令人遗憾地被割裂了。这种分裂可以追溯到"中立主义"文化时期,在今天的美国文学界依然可以找到许多这样或那样的代表。霍桑写下下面这段话时,他不仅是为自己,也是为 19 世纪美国所有有识之士向这种割裂提出抗议:"我没有活过,只是幻想自己生活着……我对这个世界了解太少,所以没法凭空编造故事……"

也许这可以帮助我们理解为什么在 19 世纪会出现反智的思潮。当人们宣扬强硬阳刚的实用主义文化,批评柔弱、不谙世故的贵族文化时,他们的观点并非没有道理。但是,如果像他们那样,把周围的一些苍白无力的智识表现当成智识的全部,那就错了。他们没有意识到自己的一些举动其实在一定程度上助长了人们对智识的偏见。他们的责难阻碍了智识在美国的发展——包括彻底的民粹主义和对"实用性"的盲目崇拜，这都是他们竭力坚持的。反智主义者已经实现了自己的预言。在一定程度上由于他们的"功劳"，人们把"智识"与"失败的事业"联系在一起，认为它代表着逐渐失去生命力与影响力的社会阶层，被束缚在无法穿透的世界中。

4

如果我们把关注的焦点从公众转移到作家本身，我们就会发现几乎直到 19 世纪末，他们关心的都一直是一些基本问题，例如他们的自我认同与写作技能。他们已经在这个国家找到自己的声音，把自己从英国文学的狭隘模仿中解放出来，不再过于依赖英国文学的标准来评价自己，与此同时也要小心不要走向另一个极端，误入文学沙文主义的陷阱。一方面他们当中的一小部分人倾向于贵族的生活方式——库珀就是最好的代表，另一方面他们的周围普遍存在美国式民主的氛围，它所体现的活力、刚毅与美好愿景，让人难以抗拒，因此必须要在这两者间找到一个平衡点。他们中最优秀的作家不得不接受被社会孤立的现实，这本身就是一个引人注目的主题。美国的生活为有创造力的作家提供了丰富的素材，他们要根据这些内容作出自己的回应，这与欧洲作家所面对的社会环境是完全不同的。这里没有纪念碑、没有古迹废墟、没有伊顿牛津、没有埃普瑟姆赛马节、没有皇家阿斯科特赛马会、没有古物传奇，甚至没有传统意义下的社会——从霍桑到亨利·詹姆斯，甚至往后的作家，都为此深深地叹息。偶尔有克雷夫科尔这样的作家认为这样没什么不好，至少不会有封建主义和压迫。而爱默生等人认为，如果要在文学作品中充分展现美国社会的潜力，需要一些适当的想象力。[11]

再一次地,绝对有必要为这些文人创造出一种适合他们的职业(同时,也是为一些在学院教书的学者。这些学校大多乏善可陈,没有图书馆,里面住着一些教官和聚众闹事的青少年,就像受到某个教派的管控)。一开始,几乎没有作家可以靠严肃文学赚取可观的版税,他们的经济状况本来就很拮据,再加上当时缺乏国际版权协议,英国名作家的作品在美国盗版猖獗,不择手段的印刷厂大量翻印,压低了整个图书市场的价格。直到19世纪40年代浪费罗和惠蒂尔的作品赢得了大众的青睐以前,整个作家圈中只有欧文和库珀能靠自己的作品赚点钱,但是他们俩本来就不靠这些稿费生活。基本上每个作家都必须有一份稳定收入来源,包括祖传的家产、妻子作为嫁妆的信托基金、演讲、在大学教书、担任杂志社或报社编辑,或者像梭罗一样,从事几年体力劳动,[12] 版税只是他们额外的补贴。

在那几十年里,美国作家对于自己不尽如人意的境遇,用各种方式提出了抗议——转行、出国或者公开批评。但是,他们往往把自己与社会的疏离看成是追求其他价值的结果,而不是一种价值本身。总体而言,他们不像当代的思想家那样,会为一个非常迫切的问题所困扰,即每个人都是自我意识的产物。虽然现实社会令他们痛苦不堪,但是他们并未因为意识到自己的痛苦而感到无法忍受。[人们不禁会想起梭罗的冷幽默。他的《在康科德和梅里马克河的一周》(*A Week on the Concord and Merrimac Rivers*)印了1000本,却有700多本堆在房间里卖不出去,他说道:"现在我的图书馆大约有900本书,其中有700多本是我自己写的。难道作家不应该拥有自己劳动的果实吗?"如果当代的作家遇到类似令人失望的情形,肯定会长篇大论,对当代文化进行全面总结。]如果人们在把美国作家的遭遇与真正令人痛苦的疏离的例子——例如爱尔兰的乔伊斯——做比较,那么他们的状况似乎并不那么严重。美国的作家对待社会的态度实际上是非常模糊的,而此后为自己与社会间的距离困扰的文学评论家,应该可以从早前这些作家的作品中找到一些亲切感。他们自然会注意到梅尔维尔说过"在这里,我觉得自己就是一个流亡者",而忽略他在其他地方表达了对美国的认同感:"我认为美国应该注意到,她的作家越来越伟大。我这么说是为了美国,而不是美国的作家。如果其他国家在美国之前,表彰那些拿笔的英雄,这将是多么没面子!"大体上说,人们应该完全相信理查德·蔡斯(Richard Chase)在《党派评论》的专题讨论中说的话:他从不相信"美国过去伟大的作家感到与社会非常'疏远'或者'失落',连许多当代评论家所说的一半都没有。"

　　然而,大约在1890年以后,美国的作家与其他领域的知识分子逐渐团结起来,对保守思想和风流文雅感到厌烦,并拿起武器开始向美国社会宣战。在1890年到20世纪30年代期间,他们为了争取言论自由和批评自由展开积极地行动,而他们与社会间的疏离成了把他们凝聚到一起的动力,是他们在政治或审美方面提出抗议的一部分。在此之前,美国的知识分子主要是因为维护传统价值的信念团结在一起的。现在,无论在历史现实,还是公众意识上,他们都与"追求创新"联系在一起,包括政治与道德上的新思想,艺术与文学上的新理念。19世纪美国的知识分子被安全和温和的理想主义所包围,现在却迅速地确立讨论腐败与剥削,性与暴力等现实问题是自己的权利,甚至义务。在反对者和支持者眼中,知识分子一直都是被动和徒劳的代名词,但是现在,他们逐渐再次参与政治权力,并与之建立联系。他们曾经被公众认为是保守阶级,持有右倾的政治立场,但是在1890年后出现的知识分子却代表着某种左翼的力量,在大萧条时期,他们中的大部分人发展成极左派。

　　这就把我们带到有关知识分子的地位这个尖锐的问题上。希望经过前面的论述读者们已经清楚地看到,美国的反智主义是在民主的制度与平等的观念中形成的。无论知识分子这个群体是否享受精英阶级的特权,从思想与行动的方式上看,他们都必然是精英。直到大约 1890 年的时候,美国大多数的知识分子都来自有闲的贵族阶级,不管这个阶级有什么其他的缺点,都不会妨碍他们认同自己属于精英的身份。在 1890 年以后,这种情况发生了改变。对知识分子来说,身份认同的问题再次成为一个难题,因为每当他们的观点与社会大众不同时,他们就越是极力支持各种所谓反对特殊利益团体的政治运动,哪怕它们具有民粹主义、进步主义,或者马克思主义的风格。

因此,20 世纪的知识分子发现自己身陷矛盾之中:一方面他们试图成为一个民主社会的优秀公民,但另一方面他们拒绝接受这种社会不断产生的低俗文化。既要保持该阶级的精英气质,又要实现民主的理想,美国的知识分子很少有人能坦然面对这个难以解决的矛盾。他们普遍都不愿意面对这个冲突,其中最极端的体现则是有些作家一边不停攻击阶级间的壁垒,一边不停地表达对获得尊重的渴望。既然知识分子与民众间的结合注定是有缺陷的,那么忠于民主理想的知识分子阶级注定会经常大失所望。如果政治气氛充满了希望与活力,例如在进步主义的高潮时期和罗斯福新政期间民主事业蓬勃发展的时期,这些失望或许会被淡化或者忘记,但是这种情况不会持续太久。进步主义之后就是 20 世纪 20 年代的反动,新政后紧跟着就是麦卡锡主义。社会的政治文化状况迟早会令知识分子不满,后者在感到受伤或震惊后便要寻找能够表达自我感受的途径,但又不会过于偏激地去批评自己与民众间的结合。大众文化的低俗给了他们与民众保持距离的机会。社会主义的希望破灭了,甚至也不会有任何新的社会改革运动,他们不再对与社会大众"和解"抱有期望。许多知识分子为大众文化着迷,除了因为这个问题本身的重要性,还因为他们为自己有意回避民主社会,找到一个正当的而不是政治的借口。需要指出的是,一些对大众文化最猛烈的抨击正是来自民主社会主义者,他们曾经是,现在依然是民主社会主义者。他们在批判大众文化时常出现尖锐,甚至非人性的论调,也许在一定程度上是因为他们暗自抱怨大众辜负了他们的期望。

1890年后,我们第一次可以将知识分子看作一个阶级来谈论,也许这是对知识分子的地位在20世纪出现转变最重要的明证。随着知识分子群体逐渐脱离有闲阶级,人们将重启对知识分子与社会之间关系的讨论。19世纪诞生了许多有非凡才智的人,有些还是从事专业研究的知识分子。但是,当时还没有出现一些机构可以将知识分子凝聚成一个人数众多的社会阶层,让他们可以在全国范围加强交流和联系。直到19世纪末,美国才有了一套真正的大学制度;有助于前沿研究的大型图书馆;接受新思想、发行量大、稿酬丰厚的杂志;大量有实力、有魄力,遵守国际产权保护协议,善于发现美国本土作家且不受上流文化约束的出版社;各种学科领域组织有序的专业协会;各类学术期刊;大量需要专业技能的政府机构;最后,还有能资助科学、文学等学术发展,实力雄厚的基金会。过去从来没有出现过的一些智识行业,现在在全国范围纷纷出现。要想知道究竟发生了怎样的变化,我们可以作出这样的假设:例如,19世纪30年代出现专门揭发丑闻的杂志,杰克逊时期创办《哈佛法学评论》(Harvard Law Review),波尔克总统时期(1845—1949年)设立古根海姆奖,[13]克利夫兰总统时期(1885—1889年和1893—1897年)像公共事业振兴署在大萧条时期那样推出"联邦戏剧计划"。

当知识分子的数量开始大幅增加,队伍逐渐壮大,更积极地参与到美国社会各类机构和经济活动中的同时,他们也越来越清楚地意识到自己与社会间的疏离。之前他们意识到这种疏离,是由于"中立主义"文化的特殊情况造成的。它的根源是这些作家因为被忽略所产生的孤独感,或者是贵族的失落感,亨利·亚当斯在接近于"中立主义"文化晚期所写的自传《教育》(*Education*)最能代表他们内心的想法。这本书直到他在 1918 年逝世后才出版,被"一战"后的知识分子广泛用来传递自己的心声和他们对自己在美国文化中地位的感受,也恰巧是这一代人重新发现了已经被遗忘很久的梅尔维尔的价值。显然,"一战"以后的知识分子与亚当斯有许多共鸣,并不是因为他们有任何相似的生活经历,或者与他一样为失去继承权而悲愤,而是因为他严厉地批评"一战"后的美国是一个粗俗、物质化、缺乏思想的社会,这符合他们对美国 20 世纪 20 年代的看法。虽然"中立主义的"知识分子与社会保持距离的历史背景完全不同于这一代"先锋派"的知识分子,但是疏离、不安、挫败与悲痛这些共同的感受让他们之间建立了一种精神纽带。至少对一些人来说,即使是"民主派"知识分子,他们在社会中的处境比"贵族式"知识分子也好不到哪里去,这一点越来越明显。

有点讽刺的是,在"一战"前,年轻的知识分子已经对这种疏离感心领神会,疏离已经成了一种行为准则。那些年正好是美国被称作"小文艺复兴"的时期,文学和政治文化似乎再次充满活力与独创性,一扫以往那种令人沮丧的论调。然而,知识分子与艺术家一直以来都具有的社会疏离感,开始凝聚成一种特殊的意识形态,利用美国知识分子的传统进行某种个人的抗争。对美国的作家来说,重要的不是脱离整个现代社会、现代工业主义或者资产阶级,而是与它们在美国所表现的方式保持距离。

范威克·布鲁克斯在 1915 年和 1918 年分别出版了《美国的成年》(*America's Coming-of-Age*)和《文学与领导》(*Letters and Leadership*)这两本著作,竭力说明美国文学十分贫乏,敦促美国人认真看待文学,以致他后来都有点儿后悔,觉得不必这么言语激烈,慷慨陈词。不过,他确实揭露了一个可悲的事实，即"美国这个国家从来没有为了生活而培养生活"。他认为，从一开始，美国人的思想就受到清教徒恪守极其严格的教义和商业社会强调自我肯定两方面的影响，所以形成了一种不健康的双重性，妨碍了一流艺术家和思想家的创作，或者至少限制了他们才能的发挥。这就造成了两种极端：一方面，它铸造了一种理想化的世界，完全是脱离现实的抽象概念；另一方面，它造就了一个充满占有欲的世界，追求物质财富却没有灵魂。夹在中间的知识分子，虽然他们曾经是思想活跃的青年，但是到了中年，他们的活力和干劲儿很快就枯萎凋敝。这个国家的生活处在一个"被抑制的发展"状态，"美国人的思想脱离了文学创作获取灵感价值的经验"，结果大量的天才被浪费、扭曲或者埋没了：[14]

> 诗人、画家、哲学家、科学家和神学家被限制，被攻击，被打压，甚至从他们寻求自我发展的第一步起就受到阻挠，这就是我们这个社会令人惊讶的缩影。这个社会需要优秀的领导者，但是却无可救药地拒绝被领导，破坏所有有助于培养领导者的要素。

美国从来没有形成一种发展智识的传统，也从未培养出重视智识的土壤，因此"我们是所有民族中最需要伟大领导者与伟大理想的国家，所以我们无法把美国的伟大潜能发扬光大，而且即使不断努力，也（因为很多人才流失到海外）失去了不可估量的成就伟大的机会"。此外，个人主义的过度膨胀阻碍了集体主义精神的形成。以占有与征服为主要目的的拓荒精神，滋生了反对质疑和创新的物质主义观念，而清教主义思想又巩固了拓荒精神，这种思想是拓荒者的心灵哲学，不过这种哲学忽略了人的本性，因为它在释放人性中的占有欲的同时,却压抑了他们的审美冲动。诞生于拓荒者精神、清教主义思想和机会主义中的美国商业,自然比其他国家的商业更加锐意进取、惊险刺激,但是也因此吸取了"美国精神"中更多的精髓。这么说来,美国是一个多元社会,但是几乎"根本没有本土的文化",所以"我们传统的文人,不管他们以什么为榜样,对艺术的看法都无法超越最原始的观念,认为它们只是用来娱乐或者催眠的工具,这一点都不奇怪"。

　　布鲁克斯是在对马克·吐温和亨利·詹姆斯进行研究后,发表了上述激烈的批评,它们也预示了与他同时代的作者在评论文章或者文学作品时将给出的评判。从著名记者 H. L. 曼肯(H·L·Menken)颇受欢迎的评论文章,到《匙河诗集》(Stone River)、《小城畸人》(Winesburg)和《巴比特》(Babbitt)[15] 等文学作品,知识分子以不同的方式对美国社会进行了尖锐的批判。这些小说刻画了单调、狭隘、自私而压抑的美国小镇生活。[16]19 世纪90 年代的文人最先对美国社会的这种现象发出了微弱的批评,在随后的"小文艺复兴"时期,这种反对的声音越来越掷地有声,而在现在旅居海外的美国知识分子中已经成为一种坚定的信念,几乎到了执着的地步。1922年,哈罗德·斯特恩斯(Harold Stearns)编辑了一本名为《美国的文明》(Civilization in the United States)的文集,布鲁克斯与曼肯的文章也被收录在内。其中有几位作者似乎在争着证明美国根本就没有文化。他们说出了那一代美国人的心声,他们认为萨科和万泽蒂案件[17] 代表了美国的正义,对斯科普斯的审判体现了美国对科学的看法,对三 K 党的纵容代表了美国的包容精神,禁酒令展现了美国人的娱乐生活,大都市中肆意横行的匪徒代表了美国对法律的尊重,还有股市的疯热体现了这个国家最强烈的精神信仰。

5

美国知识分子与社会疏离的一个潜在原因，可能是他们认为美国文化中的问题不是现代社会一个严重的通病，而是美国独有的一种反常现象。这么说，好像在其他国家资产积极的平庸之辈与具有反叛精神的艺术家、不被赏识的作家或者流亡海外的知识分子之间，不存在令人尴尬的对立。因此，美国知识分子界对疏离的追捧，扭转了人们对美国与欧洲的普遍看法。一般看来，欧洲代表着压迫、腐败和颓废，而美国代表着民主、纯真与活力。现在，知识分子完全推翻了这种过于简单的认识：欧洲是文明的象征，美国则是庸俗的化身。从本杰明·韦斯特（Benjamin West）和华盛顿·欧文（Washington Irving）开始，许多美国的艺术家和作家践行了这种与社会疏离的想法，离开美国，在国外度过了他们创作生涯的大部分时间。在20世纪20年代，甚至有一大批知识分子效仿这种做法，前往巴黎生活。

但是到30年代以后，上述把美国与欧洲进行简单对比的观念逐渐瓦解。随着时间的推移，人们开始意识到这种观念其实是错误的，而且现在看来可能从来都不是真实的。欧洲国家与美国一样，已经进入商业化，也形成了自己的大众社会。尽管骄傲的欧洲人可能会说，欧洲是受到美国的影响，被"美国化"或者"可口可乐化"了，好像大众社会不过是美国的舶来品或者美国文化的入侵，但是像托克维尔这样的聪明人就会明白，美国是工业化和大众文化的先锋，她不过是预示着欧洲也将发生的景象，而不是给欧洲带去美国的文化。

从20世纪30年代开始，美国与欧洲的这种对比就彻底改变了。大萧条令许多旅居海外的知识分子回到美国，他们发现在自己面前的是一个崭新的美国。在 20 世纪 30 年代中期,美国出现了完全不同的社会和道德氛围。美国的政治智慧又恢复了活力,从大萧条的沉闷状态中苏醒。在刚开始时,新政政策遭到了知识分子的怀疑,不过最终却赢得了绝大多数人的青睐。现在,这个国家似乎需要知识分子,开始重视他们了。重新兴起的工人运动肯定不会是另一个利益团体的代表,而是一种社会改造的力量。民众也比以往更积极,他们既想努力地摆脱自己痛苦的生活状况,也更加坚决地反对他们的统治者。整个社会充满了反抗的气氛与对重新发现机遇的渴望。20 世纪 20 年代知识分子的那种谈笑式的愤怒与不满已经成为过去时,光是对社会大众的幻想破灭与道德上的混乱状态,不足以与国内的反动势力与国外的法西斯主义抗争。现在所需要的是一种积极的信念,并借鉴历史经验。

　　旧的氛围一旦消失,新的氛围就开始形成,令人惊讶的是,一切的转变如此步调一致——众多的思想家与作家虽然风格、动机和出发点各不相同,却开始团结起来,因为同一个精神目标走到了一起。文学上令人惊讶地重新掀起一阵民族主义的风潮,艾尔弗雷德·卡津(Alfred Kazin)在他的代表作《在本土上》(*On Native Grounds*)的最后一章对此给予了中肯的评价。知识分子热切地渴望重新认识美国,报道、书写、记录这个国家。作家们对美国的历史产生了新的兴趣,并以一种更加尊重的态度来看待它。例如,20 世纪 20 年代传记中的主要风格是贬低和嘲讽:如 W. E. 伍德沃德(W. E. Woodward)笔下的华盛顿,埃德加·李·马斯特斯(Edgar Lee Masters)所写的林肯,以及范威克·布鲁克斯对马克·吐温的批评,但是在 20 世纪三四十年代,传记作品的风格发生了转变,内容更加丰富,笔触更加细腻,记录更加全面,卡尔·桑德伯格写的林肯传记则是最好的体现。

　　范威克·布鲁克斯曾经预言了知识分子与美国社会的疏离,而又是他最先再现了美国的风貌。1936 年,他出版的《新英格兰:花开时节》(*The Flowering of New England*)拉开了当代最伟大的历史记录之一——《创作者和发现者》(*Makers and Finders*)系列的序幕。为了撰写这套丛书,他深入研究了 1800 年到 1915 年间美国文学史上一流、二流甚至三流的作家。现在他似乎对美国的一切都不再陌生,除了他自己早前的作品,不过他也为在这些作品里对美国文化的猛烈抨击感到后悔。他不再盯着重要作家的缺点不放,对它们大肆批评,而是转向那些不怎么出名的作家,尽可能寻找他们的闪光点。他就像一个撰写家族史或族谱的专家,不放过每一个细节,哪怕是小道消息。他几乎重新构建了整个美国文学的历史,虽然里面不乏出色的见解,但是鲜有他以往批评时的激情。

当然,不只有布鲁克斯发生这种转变。曼肯在批判美国时的讽刺幽默曾经与布鲁克斯的冷峻严肃相得益彰,现在连他也难以抵挡怀旧的情绪。没错,他对"新政"政策的挖苦讥讽,让他被冠以前朝旧人的恶名:他的无礼似乎完全符合哈定与柯立芝总统时代的风格,在小罗斯福时代则显得非常唐突,他幽默的天赋现在似乎派不上用场了。不过,在他最终完成三卷引人入胜的自传时,书中充满了浓厚的怀旧之情,几乎可以和布鲁克斯媲美。任何知道曼肯曾经是多么"顽劣"的人,都会发现他还是有温和的一面,毕竟这样的社会环境让他既可以充分发挥自己嘲讽的天赋,又可以实现个人价值。同样地,辛克莱·刘易斯的小说《多兹沃斯》(*Dodsworth*)出现了一种新的论调,而在 1938 年他发表《挥霍的双亲》(*The Prodigal Parents*)时,书中的"美国主义"已经相当明显,这本沉闷的小说似乎在为用美国资产阶级价值观对抗青少年的叛逆辩护。他终于对充满怀疑的欧洲读者承认:他写《巴比特》不是出于对美国文化的仇恨,而是爱,其实一些美国评论家早就猜到这一点了。甚至连年轻一代的作家也是如此,例如约翰·帕索斯虽然最先在激进的小说中表达了对美国文明的厌恶,但是在《我们的立场》(*The Ground We Stand On*)中,他希望从历史里寻找有助于形成新的政治信仰的内容。

这种不断发展的"美国主义",在一定程度上是欧洲的文化和道德渐渐对美国的知识分子失去吸引力的结果。美国与欧洲之间的文化关系现在要完全转变过来。T. S. 艾略特、格特鲁德·斯泰因(Gertrude Stein)和艾兹拉·庞德(Ezra Pound)是最后几位旅居海外的美国作家。在大萧条之后,大批美国知识分子回到美国,此时欧洲法西斯主义的兴起也让许多欧洲的艺术家和学者纷纷逃往美国,因此,这种流亡海外的潮流完全倒转。美国不再是知识分子的流出地,而是他们要迁入的目的地。欧洲的知识分子开始考虑前往美国,这不完全是因为他们要逃命,也是由于他们认为美国是一个适合生活、有益于发展的地方。1933 年前,已经有少部分知识分子开始移民美国,此后很快大批知识分子纷纷涌入,包括奥尔德斯·赫胥黎(Aldous Huxley)、W. H. 奥登(W. H. Auden)、托马斯·曼(Thomas Mann)、爱因斯坦、索恩伯格(Schoenberg)、斯特拉文斯基(Stravinsky)、米约(Milhaud)、亨德米特(Hindemith)以及一些不那么赫赫有名的人物。他们都是各个领域的专家,如艺术史、政治学与社会学等。美国曾经是世界上领先的工业国家,现在成了西方世界的"文化首都",如果真的存在这样的首都的话。[18] 但是从许多欧洲人的角度来说,这是难以接受的。不管怎样,美国与欧洲的关系对比对大西洋两岸来说,都已经失去了它原先的文化意蕴。美国与欧洲的对话已经不再重要,现在应该把所有的西方人与西方社会看作一个整体。

在 20 世纪 30 年代,欧洲已不再是世界政治与道德的领导者。法西斯主义展现的专制统治是美国人闻所未闻的,民主国家对此采取的绥靖政策也体现了整个西方政治体制的软弱。纳粹德国与苏联在 1939 年签订的协议——只有最容易轻信的人才看不出来苏联的外交政策其实和法西斯政府一样残忍——刺破了苏联与民主国家志同道合的幻想，不可能让民主自由主义与马克思主义继续混为一谈，后者当时作为执政党已接近十年。美国无法再从外国政治制度中寻找道德或者意识形态的启发了。"二战"之后，当骇人听闻的纳粹死亡集中营被曝光时，就连美国历史上最丑陋的事件都相形见绌。与此同时，饱受战争创伤的欧洲，让美国产生了担负世界领导者重任的希望。1947 年，美国正式启动"马歇尔计划"，意在帮助欧洲战后恢复和重建。埃德蒙顿·威尔逊（Edmund Wilson）这位胸怀天下的作家在从欧洲回来后，自豪地说"美国现在是世界上政治最先进的国家"[19]，并把 20 世纪的美国文化描述成"民主文化的复兴，它诞生于合众国成立之初，随后蓬勃发展一直到内战爆发"。在他看来，20 世纪令"美国的艺术和文学取得了伟大的复兴"。

6

我们已经对《党派评论》专题讨论的历史背景进行了详细地回顾，现在又回到问题的起点，再次来探讨参与讨论的知识分子所表达的观点。20 世纪二、三十年代，令知识分子产生强烈疏离感的某种过度渲染的气氛，现在已不复存在。但是，在一些持有不同意见的作家中，有一种要唤醒这种曾经的疏离感的风气，这对新一代的知识分子格外有吸引力，特别是那些最活跃、具有批评精神的作家。这些新的异议者提出的主张有一定道理，我们的社会没有什么时候比现在更需要不同的声音、自由的批评，因此他们认为知识分子曾经对疏离感的推崇依然是有意义的。这些作家对现有的文化状况或者世界的政局感到不满——谁又能指责他们呢？正是因为这种强烈的反感，他们对思想家、艺术家和知识分子的角色，形成了自己的看法。不过，在我看来，这种看法是对历史的思考过于简单处理的结果，这造成了他们对知识分子生活与行为的认识产生偏差。

把疏离感视为一种必须接受的道德要求，究竟是促进还是阻碍了社会的进步，这才是这些作家真正关心的问题。无论如何，从他们讨论的内容可以看出，知识分子所慨叹的重点自20世纪30年代起，已经发生了巨大改变。过去的知识分子之所以会不满，主要是因为他们对社会的作用和从事的工作不被重视，甚至不被认可，因此他们得不到社会的认同和鼓励，收入微薄。这种情况现在虽然依然存在，但是在过去的20年里，他们的文章中传递出一种新的声音：人们常常读到，现在知识分子有了更多的自由与机会，也更有影响力，所以就慢慢被腐化了；因为他们得到了社会的认可，所以知识分子就失去了独立性，甚至失去了身为知识分子所担负的社会责任。他们虽然获得了某种成功，却为此付出了过高的代价。他们的生活变得安逸，有些人可以算得上富裕，在大学、政府部门或者媒体中任职，不过他们得改变自己才能符合这些机构的要求。他们就此失去了创作出一流作品所需要的那一丝愤怒，对社会进行公正的批评必须具备的否定和反叛精神，和在科学上取得杰出成就必须具有的主动性和独立性。

因此，知识分子的命运似乎只能有两种结果：谴责自己受到不公平对待，无法获得财富、成功或名誉；或者为自己接受这些而感到愧疚。当掌权者无视知识分子的意见时，他们感到苦恼，但是如果掌权者向他们示好，他们又害怕自己被腐化，更加烦恼。用豪伊教授的话说：当资产阶级社会拒绝知识分子时，这不过证明了这个社会的庸俗；当社会把知识分子奉为"贵宾"时，那是在拉拢他们。因此，知识分子只能选择被排斥或者被收买。

在任何对知识分子不怀好意的人看来,这两种对立的态度似乎不合常理,甚至是可笑的。但是,事实上,这些态度恰如其分地体现了知识分子特殊的尴尬处境,他们一方面想要坚持自己崇高的理想,另一方面又受制于对现实利益和权力的渴望,真是太可悲了。令这些持有异见的作家不安的是,美国社会向知识分子敞开怀抱的时候,正是这个社会最需要他们的良知进行批判,独立思考的时候。他们应该受到公众的批评,不是因为他们感到这种不适,而是因为他们对这种不适背后的悲惨困境缺乏认知。

在西方知识分子中,美国的知识分子最容易受到这种良心的谴责,也许是因为他们认为需要不停地为自己正名。英国和法国的知识分子通常把自己为社会创造价值当作分内之事,因此向社会开出价码也是理所当然的。但是,虽然今天的美国在世界上的影响力逐渐增加,但是在国内政治中,尽是些愚蠢、伪善的言论,知识分子对此多次发出警告,这些都令一直为罪恶感所折磨的美国知识分子更加痛苦。(美国的政客中有多少人敢像一个成年人那样,理性、负责地谈论红色中国这个问题?)但是,恐怕与当今所有要考虑的问题一样值得我们注意的是,就在不久前,疏离的传统还是一种道德指令,上一辈的知识分子在面对这个强制性的要求时,都必须遵守;而如今,他们却觉得自己被误导,不应该再受到它的约束了。过去20多年的现实教训,令他们彻底清醒,与社会疏离并不能解决真正的问题。他们不再只从单一的角度看待自身的道德立场,不再把它看作一个简单的问题。与任何一个经过深思熟虑的人一样,在理解了事物的复杂性之后,他们不再冲动好战。然而年轻一代的知识分子,尤其是他们中直接或间接受到马克思主义影响的人,觉得置身事外,与社会疏离是不可原谅的,因此他们开始用年轻人一向犀利尖锐的语调,以及左派政客特有的严苛用语,对此加以谴责。

今天,美国年轻的知识分子几乎从他们职业生涯的一开始就感觉到,成功总是伴随着诱惑与压力,这也是我们的文化形态发生转变的结果,它既令人鼓舞,也令人愤怒。1890 年到 1914 年的那一代知识分子努力奋斗的目标早已实现:艺术与政治上拥有一定的自由,对自然主义与现实主义的追求,对性、暴力与腐败等问题表达意见以及批评政府当局的权利。但是这些胜利的果实有些变味了。在我们所生活的时代,"先锋"思想已经被固化,失去了以往对社会问题发动猛烈攻击的冲劲儿。这个社会已经非常善于消化"新鲜的力量",这种吸收接纳本身也成为一种"传统"——"新事物层出不穷的传统"。昨天的"先锋"运动就是今天的"时尚",而在明天又将沦为"陈旧之物"。想要在抽象的表现主义中寻找突破、追求艺术自由的美国画家,几年后却惊喜地发现他们的作品已经飙升到 5 位数的高价。"垮掉的一代"(Beatnik)在大学的校园中成为追捧的对象,他们最先是受欢迎的表演者,之后变成深奥的喜剧家,他们的作品展现了复杂的政治、文化问题。在批判社会方面,万斯·帕卡德(Vance Packard)这些预警社会问题的职业作家受到了读者的热捧。C. 莱特·米尔斯(C. Wright Mills)等严肃作家在他们的作品中对美国社会的方方面面进行了深入的剖析和批判,因此得到了高度重视和好评。里斯曼的《孤独的人群》深刻地描绘了美国人压抑的内心,是社会学史上最畅销的作品。威廉·H. 怀特(William H. Whyte)的杰作《组织人》(The Organization Man)则是每一个在组织机构中工作的人的必备读物。

因此,我们不难理解为什么许多有识之士会认为出现这种情况可能弊大于利。脱离了现实的成功比失败更糟糕。这些书籍在大量自由派中产阶级读者中大受欢迎,只能说明知识分子的作品尚能被大众接受,距离产生巨大反响还很遥远。对于放弃了自我价值而向社会妥协的作家来说,读者们现在读到他们的作品时，会称赞"太有趣了"，甚至"太真实了！"而对于那些不在乎版税多少，只是真诚地希望能够促进社会进步，或者增强这个时代道德意识的作家来说，这种消极的接受只会令他们感到愤怒。他们拒绝严肃的思想被当作消遣，而不是一种对社会的质疑。有时，他们也会反思问题是不是出在自己身上：是否因为个人的妥协——不得不说，他们总是作出妥协——导致自己的想法最终无法准确传达给读者；是否从本质上说，自己已经与所谴责的对象成为一类人？[20]

人们或许会期望作家们出于自省的真诚会产生好的结果，然而不幸的是，它最终陷入一种绝望，也许它本身是为了寻求社会的认同，但结果却成了为自己寻找一个社会"地位"或者是故作姿态。持有不同意见的知识分子时常觉得，作为一个知识分子，就要接受道德审判，所以自己主要的道德责任应该是批评社会、破除旧秩序。这样一来，衡量知识分子的标准不在于他们发挥想象力创造出什么，或者可以精确计算出什么结果，而是在最大程度上具备否定精神。因此，人们认为知识分子的应尽之义首先不是启迪社会，而是发出反对社会的声音——这么考虑的前提是每一种异见都应该具有启发性，而且无论如何，异见之声会让作家更有勇气、更加诚实。

支持左派立场宣扬与社会保持距离的知识分子，无疑希望为建立某种负责任的"反抗政治"打下基础，但是当社会开始思考知识分子的地位时，他们的语气就强硬起来。因此人们经常听到他们说：若要在道德上作出让步，还不如"不加任何解释地一概拒绝"；听到他们追忆，"当年那些知识分子是多么坚定决绝，所以他们可以轻易拒绝社会的诱惑"。他们还说知识分子最难能可贵的品质在于他们敢于抨击社会，绝不会沦为出卖自己最基本社会责任的"妓女"或者背叛自己知识分子身份的"叛徒"；社会的责任与智识的责任两者是对立的,前者代表着被社会"招安",走向腐败,是不好的,后者代表着坚持知识分子的理想,独善其身,是好事。归根结底,他们的意思是,知识分子不仅应该接受这种疏离感,因为这是追求真理或者某种艺术表现的必然结果,而且,只有保持对社会的否定立场或姿态,他们才能获取灵感创造艺术、深刻洞察社会或者坚守道德情操。但是,需要注意的是,用罗兰·巴里茨(Loren Baritz)教授的话说,他们提出这个观点的理由是,知识分子的首要责任是攻击社会,而不是为了追求真理或者进行创作,他们必须站在社会的对立面。他与社会的疏离不是他为了保持正直,需要冒的风险,而是为了完成作为知识分子的其他责任,必须率先履行的义务。疏离不再是一种单纯的生活状态,而是作为一个真正的知识分子必须遵行的处世之道。

实际上,这些人距离那些提倡与社会疏离更加彻底的人只有几步之遥,后者的核心思想虽然与左派的作家不同,但是他们都认为"疏离"是知识分子应该遵循的重要原则。这些要与社会保持更远距离的人充其量也只能算是浪漫的无政府主义者,最糟糕的要属"垮掉一代"的叛逆青年或者是以诺曼·梅勒(Norman Mailer)为代表的道德虚无主义者。这些提倡"疏离"的文章有一个特点:尽管它们的作者希望能维护和平、推进民主、发展文化和释放个性,但是他们对政治和文化的讨论却出奇地呆板无趣,没有幽默感,有时甚至缺乏人性。

不过,这些政治上的异议者吐露出要"与社会疏离"的心声,至少在政治上是有意义的,而且无论他们是否过于极端,他们与其他的知识分子进行了某种对话,并尽到了自己的责任。但是在他们的身后是垮掉的一代,他们构成了今天社会中相当大的一部分群体,也是我们文化中一个非常难以处理的问题。"垮掉的一代"不可能比政治上的异见者更左——用一个流行的术语说，他们只不过是"走得更远"。用之前描述知识分子气质的话来说，政治上的异见者常常被"虔诚"的情绪所左右，而这些"垮掉的一代"则带着"玩味"的态度与社会保持距离。在对社会的看法上，他们同意政治上的异见者对商业主义、大众文化、核军备、民权等问题的意见。但是从总体上，他们不想参与与资本主义世界的严肃争论。用他们自己的话说，"垮掉的一代"所体现的疏离是一种"脱离"。他们已经远离尘嚣，[21] 放弃了取得智识成就和不断进行社会反抗所需的"使命感"。

　　"垮掉的一代"用他们自己的方式对知识分子进行批判，并且全身心投入到感性生活中——如果用更富有同情的词来说，他们是"神圣的野蛮人"，劳伦斯·立普顿（Lawrence Lipton）在一部同名作品中透彻地分析了这些过着一种神圣生活的人，他们放弃正常的职业和收入，安贫乐道。毫不出奇的是，"垮掉的一代"创作出的佳作少得可怜，连对他们充满同情的评论家也不得不承认。他们对美国文化最大的贡献可能就是他们那些有趣的暗语。他们的探索主要是一种文学形式上的突破，既没有像达达主义那样，开创一种新的趣味或想象，也没有像实验小说家格特鲁德·斯泰因（Gertrude Stein）那样，为文学作品开辟一条新的道路。这场社会运动最终只停留在年轻人的激情上，无法深入下去。杰克·凯鲁亚克（Jack Kerouac）是"垮掉的一代"的代表人物，他曾建议"要去除一切文学上、文法上和句法上的约束"，提出"不要加以限制，只需要强烈的情感表达和抗议就可以了"，这让人们觉得他其实与早期对文学表现形式的探索不同，而更接近于进步教育改革中近乎疯狂地过度放任孩子的倾向。《评论》月刊编辑诺曼·波德霍雷茨（Norman Podhoretz）对此评价："'垮掉的一代'打着追求'原始主义'的名义，对'智识主义'进行激烈地攻击，这倒让普通美国人对知识分子们的敌视看起来更'温和'。"[22]

在与社会保持距离的态度上，"垮掉的一代"与波西米亚式的作家是一致的，但是他们却远没有后者那么幽默，也自然不太重视个体性。哈利·T. 莫尔（Harry T. Moore）曾指出："有天赋的人通常都是脱离社会的，的确这样，特别是艺术方面的天才；但是，如果有大批的人远离社会，那就是另一回事了。'垮掉的一代'中的大部分人对历史以及政治并没有充分地了解，所以无法看清这些问题，不过，他们也不想看清：他们只需要厌恶或者怀疑这个世界就够了……"[23] 他们对这种群体性疏离和集体不行动自相矛盾的看法，让人们联想起一位大学生关于现代文化的一篇报告，这篇严肃的报告给人留下了深刻的印象："除非大量的个体从群体中脱离，否则这个世界无法被拯救。""垮掉的一代"常常遭到大众媒体和其他社会文学嘲讽的一个原因是，他们的思想行为太统一，甚至连穿的衣服都是一个风格。因此，他们又引出了一个新的悖论：一致与社会保持距离。在其他支持与社会保持距离的知识分子看来，他们夸张的做法背离了"疏离"的初衷，而且不可原谅。

所以，我们可以理解在一些坚决与社会疏离、"成熟的"知识分子眼中，"垮掉的一代"的行为跟小孩子的胡闹没什么区别。他们遭到这场运动的老将肯尼斯·雷克思罗斯（Kenneth Rexroth）的愤怒斥责，就连原本同情他们的文学评论家诺曼·梅勒也对他们过于消极和缺乏主见感到失望，虽然他曾高度肯定他们对感官愉悦的追求。若干年后，梅勒在著名的《异见》（Dissent）杂志上发表了一篇题为《白色黑人：对嬉皮士的反思》（The White Negro: Superficial Reflections on the Hipsters）的文章，可以算是对这种坚定的疏离感最直率的辩护。他认为"垮掉的一代"具有"嬉皮精神"，他们从黑人那里认识到生命中最大的恐惧，而且感同身受，"没有黑人走在街上，不害怕肯定会遭到的突然袭击"。

现在,美国人民面对着两种暴力与死亡的威胁:一种是原子战争带来的"快速死亡";另外是屈从于一致性导致的"慢性死亡"。梅勒欣赏的是嬉皮士愿意接受随时会降临的死亡挑战,愿意"脱离社会,无所依靠,开启前无古人、反抗到底的人生之旅。简而言之,不管是否会犯罪,"他们做出的决定是为了调动最大的激情,哪怕是几近精神异常的状态,去探索完全没有安全感的体验,因为安全感是一种病态……"嬉皮士特有的"精神异常的才华",一般人是不会理解的,因为"嬉皮是广阔丛林中集智慧与原始于一体的复杂集合,因此它的魅力是一个受到现代文明影响的人无法理解的"。嬉皮士的影响力不在于他们人数的多少——据梅勒的估计,最多不超过 10 万人——而在于"他们是一群精英,他们与精英一样意志坚定、义无反顾,他们的语言通俗,大多数青少年都能理解,因为嬉皮士对生命的看法与青少年的经历以及他们对叛逆的渴望完全一致"。

梅勒说得很清楚,如果他们的行为最终违反了法律,比如两个小混混打爆了糖果店老板的脑袋,这肯定称不上勇敢的行为,所以也不会"有益健康",但是至少"也要有点勇气才能做出这样的事,因为这不仅是杀了一个软弱无力的中年人,也是打破了一个制度。他们侵犯了私有财产,要与警察进行交涉,甚至还让自己的生命受到威胁。因此他们是在挑战未知的一切……"[24] 当然,这些话是美国早前提出与社会疏离的知识分子根本不曾想到的。

7

"垮掉的一代"、嬉皮士和左派文人对于到底在多大程度以及如何与社会保持疏离,各有各的看法,争论不休,但是他们都认为,知识分子需要一种合适的风格、姿态或者立场,这样艺术家才能发挥自己的个性和创造力,社会批评家才能保持激昂的战斗热情,从而避免腐败的发生。他们坚信与社会疏离本身具有一种价值,这种看法有两个思想基础:浪漫的个人主义与马克思主义。150多年以来,资本主义世界中知识分子的状况令我们清楚地认识到个人的创造性与社会的实际需求之间一直存在一种紧张的关系。此外,西方的知识分子与艺术家对自己的境况越清醒,他们就越明白社会不可能按照自己的意图左右这些天才或者优秀人才的作品,而只能接受他们作品本来的样子。当人们对这些伟大的艺术家或者作家进行仔细研究后,会发现伟大的人物通常不是"友好"、温和、人缘好、肯通融的人。天才一般都会有些性格不羁。要想利用他们的才华,社会必须向他们的任性让步。埃德蒙顿·威尔逊(Edmund Wilson)在《创伤与箭》(*The Wound and The Bow*)中讨论帕特罗克洛斯(Patroclus)的故事时,已经对这个问题做了非常精彩的分析。我们之所以对艺术家的疏离感有这么深的理解,主要是因为浪漫主义的传统;而马克思则确定了思想家与社会疏离的社会价值。他认为在资本主义最危急的时刻,资本主义制度将被知识分子抛弃,他们宁愿参与各项运动热情拥抱即将到来的新时代,也不愿意与腐朽衰败的旧制度有所牵连。

　　如果接受了疏离是坚持某种艺术价值或者政治信仰的必然结果这个观点,人们则很容易得出疏离本身具有价值的结论。但是,这是一个错误的推断,就好像因为天才通常都是"喜怒无常",所以以为只要培养出古怪的脾气,就有了天才的特征。当然,没人会一本正经地说,如果一个年轻的作家也像陀思妥耶夫斯基一样,养成了赌博的嗜好,他就有望具备这位伟大作家的才华。但是,只要这种错误的假设存在,人们就会轻易地相信,如果知识分子缺乏"个性"，就无法实现自我价值。就像我们可能误以为怪脾气是天才的体现，桀骜不驯、性情乖戾会被当作知识分子批判精神的代名词。头脑清醒的作家自然不会支持这种观点，但是一般人一说起知识分子，就会产生这种印象。

此外，美国社会文化中的诸多约束，令美国的作家希望寻求一种与现行社会制度相对立的状态，这种理想的社会环境可以促进知识分子的发展。19世纪，美国在学术上向德国的大学取经，在艺术家上向法国或者意大利的艺术圈学习，希望文学的地位能向法国的"大作家"看齐。[25] 然而因为各种原因，尽管它们曾经帮助美国的知识分子认清了自己的价值，促进了美国文化生活的发展，但是这些理想最终失去了光芒。像豪伊教授这样的知识分子，他们希望能有一个理想的社会，这样作家们在与社会进行斗争时可以得到保护，在反抗时可以获得支持，这也是所有知识分子一直以来的期望。既然欧洲已经不再是美国的榜样了，现在只有波西米亚的"理想国"才是值得学习的对象，它是打开自由与创造之门的钥匙。但即使是波西米亚，还是要对此进行批判才能接受。没有人会否认波西米亚社会在智识和政治上具有重要的价值，难道这些价值不是主要在于它们为每个人，在他们早年思想处在转型期时提供一个理想的天堂吗？这些年轻的作家或者艺术家，会在生命中的某段时间努力地探索、追寻自己的个性和风格、追求自由，而波西米亚式的生活令他们感到巨大的解脱。但是，世界上伟大的文学作品中，只有很小一部分是在波西米亚式的生活中创作出来的，而且认为许多知识分子的成熟期或者高产期是处于波西米亚式的生活中，这种观点是经不起历史考验的。在美国尤其如此。美国一流的作家大多性格孤僻。豪伊教授说康科德镇是超验主义作家心中的波西米亚，也许是在开玩笑，它绝不是事实。那里的知识分子都不喜欢波士顿，所以康科德就成了他们遁世避俗,"隐居生活"的好地方。但是,这里与人们想象中的波西米亚完全没有任何联系,而且令人意外的是,在这里生活的知识分子少得可怜,根本形成不了"知识分子的圈子"。我们只需要想一想梭罗与爱默生简短的交集,霍桑与邻居的关系,布朗森·奥尔科特(Bronson Alcott)几乎不与任何人往来的故事,就会明白虽然这些作家都生活在幽静隐逸的康科德,但是这里根本谈不上是一个知识分子社会。

为了避免误会,豪伊教授在描述康科德的波西米亚时,赶紧解释它是一种宁静的生活方式,这里不仅没有波西米亚式的陶醉,连知识分子的圈子也不存在。梭罗在日记中记录到,当他与爱默生"说话或者想要跟他说话时",他"浪费了我的时间——不,几乎让我不知道自己是谁",两人陷入没有意义的争吵,谁也说服不了谁,而爱默生也抱怨梭罗"只知道反对"他的话。(难道爱默生不明白,自从梭罗与"自然"相遇后,甚至连他都懒得理会了吗?)在总结超验主义作家的特点时,爱默生说"他们的书房充满了孤独"。[26]

所以,某种与世隔绝、遗世独立更多与文学创作有关,而不是波西米亚式的生活消遣。我们不应该贬低知识分子的团结一心、互相认可与彼此鼓励,尤其是当他们遇到外部的压力时。但是,这不能与波西米亚生活所标榜的亲密接触混为一谈。真正有创造力的思想想要与人交往的时候,绝不少于他需要孤独的时候。高产的知识分子不会依靠波西米亚式的生活与他人一起"共同面对这个世界",而会依靠自己的才智独自面对世界。"共同面对世界"是政客们的策略,而独自面对世界则通常是创作者的立场。

对于那些关心如何有效地表达不同政见的批评者来说,波西米亚的历史并不能令他们感到鼓舞。在第一次世界大战前,美国历史上曾出现过辉煌的一刻,当时美学上的实验创新、大胆的社会批判与波西米亚生活似乎融合在一起,创办《群众》杂志的马克斯·伊斯曼(Max Eastman)所生活的年代最能代表这种情况。当时,总体而言,波西米亚风格更倾向于宣扬个人的浮夸与叛逆,而无法对美国的政治生活产生实质的影响,从这点上说,"垮掉的一代"倒是继承了波西米亚的传统。如果我们的历史中缺少了波西米亚这一章肯定是个遗憾,但是如果把波西米亚式的生活当作创作严肃作品的源泉或者解决政治问题的良药,那就对它寄予太高的期望了。

8

最早提出与社会疏离的知识分子不喜欢与"官方机构"打交道,这也预示着智识阶层从根本上厌恶与权力有任何牵连。也许一旦知识分子进入"官方机构",他就不再是知识分子了。这么说,可能会把所有的大学教授从智识界一脚踢出去,因为学校也是官方认证的机构。这真是一个可怕的想法,也许可以被看作是对以下这个现实问题不加掩饰的表述:知识分子职业的需要,与他们所在机构的需求之间,存在着某种矛盾。学者们早就认识到,在这些机构中工作付出的代价,比离开这些机构的资助独立生存的代价要小。事实上,他们也没有选择的余地:他们需要图书馆和实验室,或许甚至还有学生,这些都只有官方设立的机构才能提供。

对于凭借想象力创作的作家来说,这个问题尤为严重。学术生涯提供的优渥条件以及严格的制度规定,不仅有碍于想象天赋的发挥,还会令真正有创造力的作家感到不安。此外,学术的生活过于狭隘,会过度限制一个人的经历。因此,如果我们阅读的文学作品的作者全都是教"创意写作"这些课程的大学老师,那真是太糟糕了,因为他们的经验基本上就是这些课程的心得。同样的,如果一个极具才华的诗人把时间都花在担任某个委员会的委员,讨论修订大学一年级的写作课程上,那他也是在浪费时间——就像是陷进了土豆浓汤里的蜂鸟。然而在许多时候,大学给作家和艺术家提供的部分或者临时的资助,对他们还是帮助很大,否则许多人将沦为文化界不得志的流氓无产阶级。

但是,对于所在学科受到专业问题影响的知识分子来说,大学不过是智识与权力的关系这个更重要、更严重的问题的缩影:我们几乎出于本能地反对知识与权力的分离,但是我们又受到现代观念的影响,反对两者的结合。然而,也有例外的情况:古希腊和古罗马时期的伟大知识分子,接受中世纪教育的医生,文艺复兴时期的学者,启蒙运动时期的哲学家,他们都曾试图为知识与权力的结合找到一条路径,但是也不会过于乐观或者天真地看不到中间存在的风险。他们希望与权力连接在一起后,可以促进知识的发展,就像与知识联系起来的权力,会更加文明。在前面的章节中我曾提过,在国父们生活的年代,知识与权力相结合的情况就符合这种理想:在同一个社会群体,在绝大多数人的心中,知识与权力的地位几乎是平等的。其中的原因并不像当代的一些评论家认为的那样,国父比我们更优秀,虽然他们确实如此。也不是因为杰弗逊读的是亚当·斯密,而艾森豪威尔读的是西部小说。这个时代与国父们的时代最根本的区别是,在18世纪,社会没有这么细的专业分工。在本杰明·富兰克林生活的年代,人们可以在自己的木料间里做点儿科学实验,如果在政治上有天赋的话,还能从种植园主变成律师,再成为大使。今天,知识与权力的功能已经完全不同了。如果权力寻求知识的帮助——这个必然趋势也越来越明显,它需要的不是智识的自由思考和批判,而是它包含的专业技能,那些可以为其服务的价值。当权者很少会尊重专家眼中非常重要的"客观中立"。曾经有一位州长邀请了几位杰出的社会学家,就一个有争议的热点问题向他们征询意见，但是州长特意提醒了他们自己期待的结果。

　　如果一个当权者只是想把知识当作实现自己目的的工具，那么在今天的美国，掌握专业知识的"专家"正好投其所好。之前我们曾讨论过，知识分子所具有的专业知识正是这个国家所急需的，这令他们成为美国政坛的一股力量。但接下来的问题是，如果知识分子成了"专家"，他们还是真正的知识分子吗？用历史学家 H. 亨利·休斯（H. Stuart Hughes）的话说，他们是否变成了一个单纯的脑力工作者，只是为雇佣他们的人效力？与在大学或其他经"官方认证"的机构工作一样，这个问题的答案并不是那么简单的，也不是那么绝对的，而且真正的答案肯定不会令当代的知识分子满意。现实的情况是，美国的教育基本上是为了培养"专家"，他们根本就不是知识分子或者文化人，而当这些人进入政府部门、企业或大学以后，他们不可能立刻变成知识分子。

　　如果是真正的知识分子进入权力部门工作后，情况则会更加复杂。难道这些具有反思精神的优秀人才只是因为成为驻印度或者南斯拉夫的大使，或者总统幕僚，就不再是知识分子了吗？毫无疑问，会有一些知识分子说，如果一个人从权力层的视角看待世界，或者为了获得权力做出妥协，他就失去了知识分子最可贵的品质了。但是在我看来，这似乎是一个个人选择，不能被一概归为知识分子与社会疏离的道德责任，无论是为了让当权者接受知识分子的建议，牺牲一些批评的自由，还是像浮士德一样出卖灵魂，以换取从老式学院中学到无法了解的世界。

　　那些坚决与任何权力撇清关系的知识分子都明白——几乎是太明白——正是因为他们没有权力，才让他们看清这个社会。但是他们往往忽略，获得权力，直接参与社会问题的解决，会给他们带来其他的启发。批评当权者的知识分子期望通过影响公众的观点改变世界，而参与权力的知识分子则希望直接运用权力来实现知识分子的理想。这两者未必一定是相互排斥或者对立的。选择任何一种都存在个人或者道德上的风险,也不可能让如此重要的个人选择成为所有人都要遵守的命令。知识分子在批评当权者时所犯的错误在于,他们对行使权力的限度缺乏认识。他们最大的道德失误是过于清高,但是当一个人不承担任何责任时,当然可以保持清高。至于那些给当权者出谋划策的知识分子,他们的错误则是不愿意把自己独立思考的能力化为审视和批评社会的源泉。也许他们被当权者的观点迷惑了,所以无法从权力中抽离出来,失去了独立思考的能力。长期以来,美国的知识分子一直被排斥在权力层之外,也不被社会接受,所以如果他们突然与权力接近,就会迷失自我,失去判断力。

正如我所言,对知识分子来说,重要的是他们究竟该作出怎样的个人选择;而对整个社会来说,重要的是知识分子界不应该不可挽回地走向两极分化,一种是只追求权力并愿意为了权力而妥协的技术专家;另一种是宁愿逍遥遁世,也不愿与当权者“同流合污”的知识分子。毫无疑问,无论是技术专家,还是在精神上独立于社会并对它进行严厉批判的知识分子,数量都不在少数,而且他们也会各尽所能,让人们注意到他们的存在。也许,他们之间的争论应该继续下去,这样智识界内部就会有在权力世界与批判世界之间进行调解的各种意见。如果这样的话,知识分子这个群体就可以避免分裂成敌对、不相往来的小团体。我们知道,这个社会在很多方面都出了毛病,而一个社会是否健康,关键在于它的多元性,以及不同元素间自由地交流。如果所有的知识分子都只想着为权力服务,那将是一种悲哀;但是如果所有与权力接触的知识分子都被迫认为,自己不再属于知识分子,那同样是一种悲哀,因为这只能导致一个结果:他们只对权力负责。

9

　　几年前，马库斯·坎利夫（Marcus Cunliffe）在一篇很有见地的历史评论中建议，可以把美国的知识分子思想分成两种类型：一种是"知识精英"（clerisy），这个词最早是柯勒律治（Coleridge）在他的文章中用到，指那些与社会主流思想接近，并在一定程度上是社会代言人的作家；另一种是"先锋派"（avant-garde），他们则与社会主流思想有很大区别。[27] 在美国历史上，大部分才华横溢和具有原创力的知识分子都属于"先锋派"。但是"知识精英"中也有许多杰出的人物，例如富兰克林、杰弗逊和约翰·亚当斯，此外还有库珀、爱默生（至少在他成熟期），以及大法官赫尔姆斯（Holmes）、哲学家威廉·詹姆斯、小说家威廉·豪威尔斯和专栏作家沃尔特·李普曼。虽然先锋派知识分子的名头更响亮，但是还有第三类令人印象深刻的知识分子，他们思想活跃、才华出众，不过他们的出发点往往很复杂，所以让人难以把他们归为前两类中的任何一类。例如马克·吐温，他代表了这种分裂思想的集合体，既与社会保持疏离，又与社会产生认同，简直就是两个极端。而亨利·亚当斯也是一样，只不过表现的方式不同罢了。这里，我得纠正一下：这些天才最令我们钦佩的，是他们让人捉摸不透的深奥和复杂，而不是我们可以轻易地把他们归为某一种类型。与社会疏离的问题如此，而思想状态和生活方式，更是如此。不管是波西米亚还是资产阶级的生活方式，引起我们注意的不是单一的形态，而是它的多样性与多元化。例如，在阿默斯特隐居的艾米丽·迪金森，享受多彩人生的惠特曼，在他保险公司副总经理办公室里写作的诗人华莱士·史蒂文斯（Wallace Stevens），同时从事银行业和写作两份职业的 T. S. 艾略特，既是诗人又是医生的威廉·卡洛斯·维拉姆斯(William Carlos Williams)。所以,如果硬是把他们归为某一种类型是徒劳的,就好比把这些人放在一起进行比较:约翰·杜威与查尔斯·皮尔斯(Charles S. Peirce),索尔斯坦·凡勃伦与威廉·詹姆斯,威廉·豪威尔斯与亨利·詹姆斯,奥利弗·温德尔·霍姆斯(Oliver Wendell Holmes)与路易斯·D. 布兰代斯(Louis D. Brandeis),马克·吐温与梅尔维尔,爱默生与爱伦坡,亨利·亚当斯与H.C.利(H. C. Lea),亨利·米勒与威廉·福克纳,查尔斯·A. 比尔德(Charles A. Beard)与透纳,伊迪丝·华顿与海明威,帕索斯与F. 斯科特·菲茨杰拉德(F. Scott Fitzgerald)。

　　任何一个有创造性思想的人在成为作家或者思想家之前,肯定是生活在一种特定的环境中,已经具有了一些后天难以改变的性格或者特点。这一切都是命运带给他的,他无法摆脱。要理解这点,我们可以比较一下大法官奥利弗·霍姆斯与经济学家索尔斯坦·凡勃伦。他们两位是同时代的人,都对智识有广泛的兴趣,充满了热情,而且都与社会保持一定距离,除此之外,他们几乎没有任何相似之处。他们中的任何一位,如果在职业生涯之初想要改变自己的生活轨迹,都是不可能的:比如霍姆斯放弃自己的贵族身份,想要过某种波西米亚式的生活,或者凡勃伦循规蹈矩,努力成为美国经济协会的会长。霍姆斯看待社会的方式,自然是受到出身新英格兰贵族家庭的背景影响,从富裕阶层的立场出发,而他最终也进入了所谓的"官方机构",成为最高法院的大法官。尽管如此,大家一致认为他并没有因此不再发挥一个知识分子的作用,或者停止创作一些有益社会的成果。凡勃伦是在洋基文化与挪威文化的夹缝中长大的,他从来没有认真考虑过前者的价值,而后者只是他父辈们的文化,并非真正属于他,所以作为一个移民,他注定将永远是一个边缘人,与美国主流价值格格不入。作为一个学者,如果他想在学术方面有所成绩,就必须在体制内——大学找到一份工作，但结果是无论他在哪所大学任教，都无一例外地成为那里的"问题制造者"。也许他天生就有某种智慧，即使周围的世界向他表现出友善的姿态，他也能与其保持距离。他一定能感觉到"固执"也是他的一种特殊天赋，虽然这令他麻烦不断。我们或许可以把它看成是他总是受到攻击的原因，但正是这种"固执"令他保持尖锐的锋芒。这么说来，他倒有点儿像社会学家版的英国作家乔纳森·斯威夫特（Jonathan Swift），虽然他说话慢条斯理，绝对比不上"讽刺艺术的大师"斯威夫特那么能言善辩，但是他们一样言语犀利。

从历史来看，自由民主社会的一大优点就是，许多不同风格的智识生活尽显其中——人们可以看到各种类型的人：热情且叛逆，优雅且奢华，简单且尖刻，聪明且复杂，耐心且博学，还有些人则比较循规蹈矩。真正重要的是要有开放和包容的心态，才能理解哪怕是单一而狭小的圈子，也有各种卓越的品质。有些人过于武断或悲观地预言：自由文化将崩塌，高雅文化将消失，他们可能是对的也可能是错的。但有一点是肯定的：这些观点只会向人们灌输自怜和绝望的情绪，而不是坚定和顽强抵抗的决心，或者发挥最大创造力的信心。当然，在目前的社会状况下，选择的通道正在被关闭，未来的文化恐怕将由单线思维的人决定。这也是有可能的，但是只要我们愿意以史为鉴，我们就可以相信将来也不一定会这样。

注释

1. 《美国与知识分子》重印,纽约,1953 年。

2. 《党派评论》第 21 期,第 7—33 页。

3. 译者注:1944 年,"二战"胜利在望,担任战争生产委员会主席的通用电器总裁查尔斯·E. 威尔逊 (Charles E. Wilson)提出,为了避免战后经济衰退,美国应该创造一种"永久战争经济体"。

4. 罗兰·巴里茨(Loren Baritz),《权力的仆人》(*The Servants of Power*),米德尔顿,1960 年;该作者在《国家》 (*Nation*)1961 年 1 月 21 日还发表了另一篇类似主题的文章。我对这些问题的讨论,发表在《智识与权 力的注释》(*A Note on Intellect and Power*),《美国学者》(*American Scholar*)第 30 期(1961 年秋),第 588— 598 页。

5. 必须指出,福楼拜意识到做一个批评者的危险。他曾写道:"经常批评笨蛋的人自己也有成为笨蛋的 风险。"

6. 事实上,如果不是这三方面文化的影响,很少有人会意识到在美国这样一个幅员辽阔、多元化的国家,智 识和文化生活会如此贫瘠:首先是新英格兰文化,它的影响主要是在 19 世纪;第二和第三种分别是犹太 人文化和南方文化的复兴,它们对 20 世纪的智识文化产生重要影响。

7. 译者注:mugwump 原意指(不支持任何政党的)游离者,在 1884 年美国大选中拒绝支持本党候选人的共 和党中立派。镀金时代是指美国 19 世纪晚期,1870—1900 年这段时间。

8. 在这里,我对这个词的解释与它通常使用的文化氛围不同。有时它被称为婆罗门(Brahmin)文化,但是 这里完全是指新英格兰当地的文化。桑塔亚纳所说的"士绅传统"虽然更贴切,但是我认为"中立主义 文化"能更好地表达这个社会阶级更广泛的政治含义。

9. 威廉·查瓦特(William Charvat),《美国批评思想的起源,1810—1835》(*The Origins of American Critical Thought*,1810—1835),费城,1936 年,第 25 页。佩里·米勒(Perry Miller),《渡鸦与鲸鱼》(*The Raven and The Whale*),纽约,1956 年,前几章一下子就让我联想起"中立主义"的智识文化氛围。

10. 乔治·惠彻(George Whicher),《这曾是一位诗人》(*This Was A Poet*),安阿伯,第 119—120 页。

11. 爱默生在 19 世纪 40 年代时写到,美国还没有一位天才可以从美国的未开化状态与物质主义中看到 "诸神的狂欢",如同人们从欧洲的历史——从荷马的年代到加尔文主义时期——中看到的那般景象。 "银行与税务,报纸与党团会议,卫理公会与神体一位论,对于蠢钝的人来说都是乏味无趣的,但是它们 与特洛伊和德尔菲神殿一样奇妙,不过很快就没人关注了。我们的伐木、捕鱼、巡回演说、黑人、印第安 人、恶人的器量与老实人的胆怯、南方的种植园经济、北方的贸易、西部的拓荒、俄勒冈和德克萨斯,这 些故事还没有被歌颂。但是,我们眼中的美国就是一首诗,它广袤的土地激发了我们的想象力,不久我 们就会创作出成篇的诗章。"《爱默生全集》(*Complete Works*)第 3 卷,波士顿,1903—1904 年,第 37—

38 页。

12. 威廉·查瓦特(William Charvat)曾对作家的经济状况进行过一番有趣的调查，在《美国的文学出版，1790—1850》(*Literary Publishing in America*，1790—1850)，费城，1959 年中第 23 页，他写道："1850 年前出版的有真正原创性的文学作品，没有一本具有任何商业价值，直到很长一段时间以后才出现，我们所说的经典名著中的大部分在商业价值上都是失败的……"

13. 译者注：古根海姆奖(Guggenheim Fellowships)由古根海姆夫妇于 1925 年创立，以奖励在艺术方面取得杰出成就的人才。

14. 安克编，《美国的成年》(*America's Coming of Age*)，纽约，1958 年，第 99,91—110 页。

15. 译者注：在辛克莱·刘易斯的作品《巴比特》(*Babbitt*)(1922)中，故事的主角乔治·巴比特是一位来自美国一个普通小镇泽尼斯的普通中产阶级。"巴比特"一词也因此成为狭隘、自满和庸俗的中产阶层的代名词。

16. 这真是一个亘古不变的话题！1837 年，朗费罗在谈到波士顿时，甚至说那不过是一个"大农村"，在那里"舆论的力量超过了任何信仰"。在 75 年后，查普曼写了同样的话："除非亲身经历，否则没人能想象得出美国的小镇是怎样的专制暴虐。跟它比起来，欧洲的美第奇家族、教皇或奥匈帝国的专政，简直就是小儿科。"塞缪尔·朗费罗(Samuel Longfellow)，《亨利·沃兹沃斯·朗费罗的一生》(*Life of Henry Wadsworth Longfellow*)第 1 卷，波士顿，1886 年，第 267 页；雅克·巴尔赞(Jacques Barzun)编，《查普曼选集》(*The Selected Writings of John Jay Chapman*)纽约，1959 年，序言第 11 页。

17. 译者注：尼古拉·萨科(Nicola Sacco)和巴托洛·范泽蒂(Bartolomeo Vanzetti)是受雇于马萨诸塞州一家鞋厂的意大利移民，并各自做鱼、肉生意。两人被控于 1920 年 4 月 15 日谋杀了鞋厂的出纳和门卫，抢走近 16000 美元现金。尽管他们申辩自己无辜，但仍被认定有罪，最终在 1927 年被执行电刑，公众认为他们受到了不公正的审判。

18. 查尔斯·斯诺(Charles Snow)爵士最近评价说："有多少英国人知道，或者想知道，在过去的 20 年里，美国取得的科学文化成就占整个西方世界的 80%？"《论慷慨》(*On Magnanimity*)，《哈泼斯》第 225 期，1962 年 7 月，第 40 页。

19. 《导游书以外的欧洲》(*Europe Without Baedeker*)，纽约，1947 年，第 408—409 页。

20. 我不想暗示这是一种普遍现象，许多作家都安于现状。正如阿尔弗雷德·卡津(Alfred Kazin)所说："如今，太多美国人满足于现有的社会制度，但同时也认为对它进行一点儿(完全是外部的)深刻批评是有益的。"《当代》(*Contemporaries*)，纽约，1962 年，第 439 页。

21. 在这方面，梭罗可以算是他们的前辈了，他曾说除非他自愿加入，否则他不属于任何一个社会团体。(有趣的是，反对现有社会制度的主题在美国的思想中反复出现。)当然梭罗把写作作为自己的工作使命，这与"垮掉的一代"是不同的。

22. 西摩·克里姆(Seymour Krim)，《一无所知的波西米亚者》(The Know Nothing Bohemians)，《垮掉的一代》(*The Beats*)，格林威治，1960 年，第 119 页。

23. 见他为艾伯特·佩里(Albert Perry)在 1960 年再版的《阁楼与伪名士——美国波西米亚史》(*Garrets And Pretenders: Bohemian Life In America*)，纽约，1960 年所写的跋中对"垮掉的一代"的评价，第 30 章。

24. 《异见的声音》(*Voices of Dissent*)，纽约，1958 年，第 198—200,202,205 页；这篇论文也刊载在《自我宣传》(*Advertisements for Myself*)，纽约，1959 年，第 337—358 页。

25. 法国以外的知识分子依然把法国视为尊重知识分子的典范。但是即使法国的知识分子也有他们的偶像。对司汤达(Stendhal)来说,他认为法国应该向意大利学习。今天,雷蒙·阿隆(Raymond Aron)则说是英国:"在所有的西方国家中,英国可能是对待知识分子最公道的国家。"《知识分子的鸦片》(*The Opium of the Intellectuals*),伦敦,1957 年,第 234 页;比较他对法国知识分子地位的批评,见第 220—221 页。

26. 马库斯·坎利夫(Marcus Cunliffe),《美国的文学》,伦敦,1954 年对这项颇有见地的研究做出了准确的评价(第 80—81 页;比较第 90—91 页):从爱伦坡开始,孤独和寂寞就是美国作家的特点。甚至最热情洋溢的美国人,例如惠特曼,都令人惊讶地很少有志同道合、经常走动或者交流的朋友,在新英格兰,除了波士顿的文化圈,尤为如此……爱默生、梭罗和霍桑都曾在康科德这个小镇生活过一段时间,他们也常常出现在彼此的日记或者信件里。但是,与其说他们彼此了解,不如说他们只是彼此认识。他们之间保持一定的距离,对对方有几分嘲讽,几分批判,始终不愿意深交。爱默生在日记中承认到:"我们认识的这些人,是多么孤僻,多么狭隘,真是可悲!"他还在日记中写道,快乐的作家,是忽视公众的评价,"只给不认识的朋友写作"的人。说起他所认识的朋友时,他说:"我的朋友和我都是性格古怪的人。让我挽着梭罗的胳膊,不如让我抱着榆树的树枝。"在霍桑去世后,他伤心地想,自己一直期待着"也许有一天,能获得他的友谊"。

27. 《知识分子:美国》(The *Intellectuals*:*The United States*),《遇见》(*Encounter*)第 4 卷,1955 年 5 月,第 23—33 页。

致　谢

　　1953 年 4 月 27 日,我受密歇根大学之邀在第一届凯尼斯顿讲座上发表演说。演讲结束后,手稿增加了一些内容并发表在同年 8 月 8 日的《密歇根校友季刊》中,题为《美国的民主与反智》(*Democracy and Anti-Intellectualism in America*)。这让我意识到文章中还有许多有待解决的问题,促使我要继续研究下去——这便是这本书最初的创作来源。我发现根据我曾经做过的讲座,把它们整理为书中的不同章节,可以有助于梳理这些问题。首先是我在 1958—1959 学年期间,作为美国史教授为剑桥大学历史学会的大学生做的一系列讲座。之后是 1961—1962 学年期间,我分别在俄亥俄州希拉姆学院的"斯佩里-哈金森讲座"、南加州大学"海耶斯基金会讲座"和史密斯学院"瑞思金德讲座"进行的演讲。最后是 1962—1963 年的秋季学期,我在普林斯顿大学文史研究院做高级访问学者期间,以及我在普林斯顿大学 1932 届班级任讲师时的演讲。我衷心地感谢他们中的许多人给予我的热心款待和真诚帮助。

　　这项研究在许多方面都得到了"哥伦比亚大学社会科学研究委员会"和美国教育发展基金会的"美国历史中教育的作用委员会"计划的资助。卡耐基基金会的赞助让我可以休假一年,专心研究,提前完成这本书的编写,并获得更充分的研究资源。我要特别感谢哥伦比亚大学,给了我大量自由的时间。尤其是在过去 25 年,我先是在这里读了研究生,随后成为历史系的一员,我所取得的成就都离不开她。

　　我还要感谢我的妻子碧翠斯·凯维特·霍夫斯塔特(Beatrice Kevitt Hofstadter)，她总是给我提出大量宝贵的批评意见。还有我的同事，彼得·盖伊(Peter Gay)和弗里茨·斯特恩(Fritz Stern)阅读了全书的书稿，给出了许多重要的意见。在我写作这本书的几年间，我的研究助理菲利普·格雷文(Philip Greven)、卡罗尔·格鲁伯(Carol Gruber)、内尔·哈里斯(Neil Harris)和安·莱恩(Ann Lane)都为这本书提供了丰富的原始素材。此外，还有许多的朋友和我一起讨论观点，提出建议，给我介绍新的材料，或者帮我阅读书稿，我真诚地感谢他们给予我的帮助：丹尼尔·亚伦(Daniel Aaron)、丹尼尔·贝尔(Daniel Bell)、李·本森(Lee Benson)、约翰·布鲁姆(John M. Blum)、卡尔·布里登博(Carl Bridenbaugh)、保罗·卡特(Paul Carter)、劳伦斯·克莱芒(Laurence Cremin)、芭芭拉·克罗斯(Barbara Cross)、罗伯特·克罗斯(Robert D. Cross)、马库斯·堪利夫(Marcus Cunliffe)、斯坦利·埃尔金斯(Stanley Elkins)、朱利安·富兰克林(Julian Franklin)、亨利·格拉夫(Henry F. Graff)、罗伯特·汉迪(Robert Handy)、H·斯图亚特·休斯(H. Stuart Hughes)、爱德华·C. 柯克兰(Edward C. Kirkland)、威廉·E. 洛希腾(William E. Leuchtenburg)、埃里克·麦特里克(Eric McKitrick)、亨利·梅(Henry May)、沃尔特·P. 梅茨格(Walter P. Metzger)、威廉·米勒(William Miller)、恩内斯特·内格尔(Ernest Nagel)、大卫·里斯曼(David Riesman)、亨利·罗宾斯(Henry Robbins)、多萝西·R. 罗斯(Dorothy R. Ross)、欧文·赛恩斯(Irving Sanes)、威尔逊·史密斯(Wilson Smith)、杰拉德·斯特恩(Gerald Stearn)、约翰·沃德(John William Ward)、C. 凡·伍德沃德(C. Vann. Woodward)和欧文·怀利(Irvin Wyllie)。因为我对一些问题的讨论也没有最终的定论，所以并不能说他们都同意我的观点。

　　这本书涉及的内容非常广泛，所以我的研究主要依靠参考的资料。虽然我在注释中标明了引用的主要来源，但是它们显然不足以充分地表达我对当代美国历史学者的感激之情。我注意到一个现象，我引用最多的书籍和文章几乎都是在近15年或20年完成的，它们已经构成了一个相当可观的研究成果集。也许我们在鉴定美国的智识成就时，也该把这一点考虑在内。